CW01640444

UNE COMÉDIE LÉGÈRE

Eduardo Mendoza

UNE COMÉDIE LÉGÈRE

ROMAN

Traduit de l'espagnol
par François Maspero

Éditions du Seuil

TEXTE INTÉGRAL

TITRE ORIGINAL
Una comedia ligera
ÉDITEUR ORIGINAL
Editorial Seix Barral, Barcelone
© Eduardo Mendoza, 1996

ISBN 978-2-7578-5180-7
(ISBN 2-02-031542-4, 1re publication)

© Éditions du Seuil, 1998, pour la traduction française

Le Code de la propriété intellectuelle interdit les copies ou reproductions destinées à une utilisation collective. Toute représentation ou reproduction intégrale ou partielle faite par quelque procédé que ce soit, sans le consentement de l'auteur ou de ses ayants cause, est illicite et constitue une contrefaçon sanctionnée par les articles L. 335-2 et suivants du Code de la propriété intellectuelle.

Chapitre I

1

Cet été-là, chez les femmes, la mode fut à la dentelle au fuseau. A part cette nouveauté, ce fut un été semblable à tous les étés : les journées étaient longues et chaudes, les nuits humides, le ciel radieux, sans nuages, d'un bleu intense, comme satiné ; il y eut aussi, comme tous les étés, des orages isolés, brefs, mais d'une grande intensité. L'hiver, en revanche, avait été particulièrement glacial et sombre, un hiver que les Barcelonais avaient supporté courageusement, réunis autour de la table ronde couverte d'une nappe, sous laquelle fumait constamment le brasero bourré de boulets de charbon, à se raconter les minuscules événements de leurs existences sans heurts, car on était dans une de ces époques tranquilles, sans beaucoup de distractions, où les jours et les heures s'écoulent lentement, bercés par la douce monotonie des longues journées de travail ou par les interminables travaux domestiques. Les hommes passaient la majeure partie de leur temps au bureau, y travaillant parfois, discutant avec leurs collègues, faisant des mots croisés ou jouant au loto sportif, tandis que les femmes combattaient leur solitude affairée en écoutant les feuilletons, les jeux et les programmes musicaux de la radio, ou en chantant à tue-tête, au milieu des vapeurs du repassage et des bruits d'assiettes et de casseroles, des chansons tristes où il était question de cruels chagrins d'amour.

L'ordre, la mesure et la concorde régnaient partout, la discrétion et l'élégance s'affirmaient en toutes choses, et les bonnes manières étaient respectées à tout moment et en toute occasion : les messieurs cédaient leur place aux dames dans le tramway et dans le trolleybus, et ils se découvraient devant une église. La circulation s'arrêtait au passage d'un enterrement, et les gens se signaient en sortant de chez eux et en partant en voyage car, en ces années-là, la religion jouait dans leur vie un rôle important, à la fois contrôle de soi et consolation : tout le monde était conscient de ce que chaque action, chaque mot, intention ou pensée était jugé par l'œil omniscient de la divinité, mais aussi de ce que, dans les contrariétés et les coups du sort, on pouvait faire appel à l'aide divine, soit directement, soit par l'intercession de la Très Sainte Vierge ou des innombrables saints et saintes du calendrier. La pratique des sacrements, les messes, les neuvaines, les exercices spirituels, les sermons, l'adoration nocturne et un assortiment de pieuses activités occupaient une grande part des heures, surtout chez les femmes, qui étaient les principales destinataires en même temps que les principales bénéficiaires de ce tissu complexe de ferveur et de cérémonie, car une femme qui n'avait pas encore trouvé de mari à l'âge de trente ans n'avait guère d'autre consolation ni d'autre passe-temps pour le reste de ses jours que la pratique assidue de la dévotion. Pour toutes ces raisons, le soin de l'âme et l'observation du rituel religieux étaient des choses compliquées à l'extrême, et la nécessaire présence des prêtres se faisait sentir partout. Fréquente aussi était la récitation du rosaire en famille. Personne n'aurait voulu s'écarter un tant soit peu du droit chemin, car flottait encore dans l'air le souvenir lancinant d'un temps récent où l'irréligion et l'anticléricalisme avaient d'abord conduit à toutes sortes d'excès puis, conséquence inévitable, à des années terribles au cours desquelles la ville avait vécu sous le règne de la violence, du pillage, de la pénurie et de la peur ; nul n'était à l'abri de la vengeance, de l'erreur ou des débordements, et beaucoup s'étaient vus privés sans motif et sans recours de leurs biens, de leur liberté ou de leur vie. Durant ces années terribles, comme dans la vision biblique, éclairs et tonnerre, grêle et feu étaient tombés sur la ville, tandis que les rues étaient le théâtre de luttes internes et que des crimes affreux étaient commis à la faveur de la confusion. Jour et nuit, le chœur des lamentations montait des ruines fumantes.

Aujourd'hui cependant, le souvenir de ces années s'était réfugié dans des recoins obscurs, et leurs séquelles ne se faisaient guère sentir que dans quelques aspects de la vie quotidienne. Même si les autorités faisaient de leur mieux pour résoudre les graves problèmes de ravitaillement, le pain, les haricots, les lentilles, les pois chiches, le sucre, la viande et l'huile restaient rares sur la table du pauvre, et, du fait du manque de matériaux qui empêchait la construction de nouveaux logements, les immigrés venus des autres provinces espagnoles devaient habiter dans des baraques de fortune, en torchis ou en tôle, groupées sans ordre ni règles dans des quartiers qui manquaient de tout équipement, d'écoles, de dispensaires, privés d'eau et d'électricité, sur des terrains à l'abandon qui n'étaient pas faits pour l'installation d'êtres humains, tels que les plages, les lits de rivières à sec, les versants abrupts des montagnes, où les pluies torrentielles d'automne causaient, année après année, des inondations et faisaient souvent des victimes. Il y avait également beaucoup de malheureux qui, sans travail, incapables même d'accéder à une cabane sur ces cloaques, rôdaient dans les rues en se livrant à la mendicité et dormaient sous les bancs publics ou à l'intérieur des camions stationnés à l'entrée de la ville. Mais ces petits désagréments n'étaient pas suffisants pour altérer la bonne marche de la cité ni le conformisme muet de ses habitants, disposés à payer n'importe quel prix pour leur quiétude. Ils avaient tant souffert que les hommes bornaient désormais toute leur ambition à gagner un salaire suffisamment honorable, à payer leurs factures, à parler politique sur un ton détaché, à discuter corridas et football et à se raconter des histoires drôles. Les femmes ne participaient jamais à ces discussions animées, osées et salaces, car elles se devaient de refléter autant que possible la réserve et la discrétion qui caractérisaient l'époque. En ces années-là, l'unique préoccupation sérieuse des femmes était les problèmes posés par une domesticité de plus en plus réduite, incapable et insolente. En dehors de ce sujet angoissant et irritant, les femmes échangeaient dans leurs conversations versatiles et discrètes des recettes, des conseils et des secrets culinaires, et parlaient surtout toilette, car l'époque voulait que, sans jamais perdre de vue les normes de la bienséance, elles apportent tous leurs soins à leur apparence. Sur ce terrain, les maisons de couture parisiennes exerçaient leur tyrannie impitoyable : cet été-là était celui de la jupe cloche ou à godets, de la taille serrée, des épaules larges, des cols Claudine et des décolletés carrés ; seuls étaient admis les couleurs douces et, pour le tissu, la soie, le shantung, le surah et le piqué. Même si certaines revues indiquaient discrètement la tendance, aucune femme décente ne se serait risquée à porter une jupe au-dessus du mollet, ni à mettre un pantalon, ni à se passer de bas en été. Pour Pâques et la Fête-Dieu, il restait de bon ton de porter peigne et mantille. Les autorités ecclésiastiques désapprouvaient ces frivolités qui ne correspondaient pas à la dignité et à la circonspection que l'on devait attendre d'une femme, et qui, en définitive, menaient droit à un gaspillage incompatible avec la situation de pénurie traversée par les couches moins favorisées du pays. Mais leurs admonestations pleines de bon sens se perdaient dans le désert. D'ailleurs cette affaire, comme d'autres du même ordre, était reléguée au second plan par l'arrivée subite des insupportables chaleurs estivales qui faisaient fondre l'asphalte durant la journée et empêchaient de trouver le sommeil pendant la nuit, et auxquelles les familles s'empressaient d'échapper en se transportant dans leurs coquettes résidences secondaires dès que l'année scolaire était terminée et que les collèges avaient fermé leurs portes. Les grandes familles passaient l'été sur la côte, les moins fortunées à la montagne. Certaines familles riches possédaient deux résidences secondaires et alternaient mer et montagne, arguant qu'on ne pouvait éviter d'aller à la plage puisque la mode l'exigeait, mais que l'air de la montagne était tonifiant pour l'esprit et beaucoup plus sain pour le corps que celui de la mer, considération aussi évidente que superflue car, à cette époque heureuse, les gens qui avaient les moyens jouissaient d'une santé enviable.

C'est ainsi que de la fin juin à la fin septembre, de la nuit de la Saint-Jean aux dernières fêtes votives, les femmes, les enfants et la domesticité abandonnaient la ville en emportant avec eux d'énormes bagages arrimés sur la galerie de la voiture par des courroies et s'installaient dans leurs villégiatures, tandis que les hommes, retenus à Barcelone par leur travail du lundi au samedi, car si l'on connaissait déjà la semaine anglaise on ne la pratiquait pas, survivaient de façon précaire à leur solitude, déjeunant et dînant dans des restaurants où ils avaient leur rond de serviette, et combattant le vide du foyer par des discussions de café ou par deux films consécutifs dans un cinéma pourvu de la climatisation Carrier où, à l'abri de la chaleur asphyxiante, affalés dans les fauteuils moelleux des derniers rangs, ils se mettaient à somnoler dès que s'éteignait la lumière et que retentissaient les premières mesures des actualités officielles, le NO-DO, pour ne pas céder à l'influence perverse des films sentimentaux de ces années-là, chargés d'un romantisme toxique et peuplés de femmes fatales qui soulevaient des vagues de concupiscence par leurs regards, leurs rires et leurs danses, et remplissaient le cœur de tristesse et l'âme de feu. Ils ne voulaient de rien qui puisse troubler la tranquillité de leur existence, et les femmes de mauvaise vie constituaient un risque dont personne ne pouvait se considérer comme étant tout à fait à l'abri ; d'elles venaient toujours le péché, la ruine et la discorde.

2

Émergeant d'une épaisse vapeur, le concierge se précipita hors de sa loge en voyant entrer Prullàs. Il le salua avec beaucoup de déférence ; il souriait, découvrant deux rangées de grandes dents en désordre, et tenait à la main un bougeoir en terre cuite avec un moignon de bougie, car le courant, dit-il, s'en allait aussi vite qu'il venait. Bien que les restrictions aient été supprimées depuis quelque temps, une légère surcharge dans la consommation d'énergie électrique, une défaillance dans le réseau de distribution ou toute autre cause pouvaient provoquer, et provoquaient de fait, de nombreuses pannes quotidiennes. Pour l'heure cependant, le plafonnier du vestibule du théâtre fonctionnait et une lampe de bureau projetait un cône de lumière jaune au-dessus du journal déplié sur la console de la loge. Le concierge bloqua l'espagnolette de la porte d'entrée du vestibule pour être certain que personne ne pénétrerait par là dans le théâtre en son absence et s'engagea dans le couloir sans se soucier des protestations de l'autre qui l'assurait qu'il n'avait pas besoin de se déranger. Voyons, Bonifaci, je connais le chemin et je ne vais pas me perdre.

Mais le concierge agitait la main qui tenait le bougeoir comme pour attirer l'attention du nouvel arrivant sur cet humble ustensile. Ce mouvement semblait comporter un message implicite : Si la lumière s'en allait tout d'un coup, comme c'est arrivé plusieurs fois cette après-midi, comment feriez-vous ? C'est ainsi qu'ils parcoururent tous deux le couloir pour déboucher sur un autre, plus étroit, sans portes ni fenêtres.

On n'est pas les seuls, dit le concierge tout en marchant, dès que la lumière s'est éteinte je me suis dépêché d'aller voir : tout le pâté de maisons était dans l'obscurité, et pas une lampe dans la rue ; il s'agissait certainement d'une panne générale, sans doute un transformateur.

Sans doute, confirma Prullàs, plus par solidarité que par conviction. Quelques jours plus tôt, dans des circonstances analogues, le portier de son immeuble avait attribué la panne à « la bombe anatomique ». Ces jours-là, la presse, la radio et les actualités cinématographiques avaient fait largement écho à l'explosion d'une bombe atomique dans le désert du Nevada ; la désintégration de l'atome et la réaction en chaîne étaient devenues des expressions que personne ne comprenait mais que tout le monde avait à la bouche. Prullàs était surpris et irrité que le portier de son immeuble dise « anatomique » pour atomique : il imputait cette erreur à la paresse. En revanche, Bonifaci, grand lecteur de la presse du soir, attribuait la panne à un facteur plus simple et plus proche. Même si le concierge du théâtre et le portier faisaient tous deux preuve d'une même ignorance en donnant leur opinion sur la panne, Prullàs ne pouvait faire moins que de louer en son for intérieur l'imagination de Bonifaci, plus mesurée et plus terre à terre.

A cet instant, les ampoules des appliques du corridor eurent des clignotements de mauvais augure. Qu'est-ce que je vous disais, don Carlos ? s'exclama Bonifaci. Et il lui demanda d'avoir l'obligeance de tenir le bougeoir pendant qu'il cherchait une allumette. La décision de Bonifaci ne pouvait être plus opportune : à peine l'eut-il énoncée que les ampoules s'éteignirent définitivement et le corridor resta plongé dans les ténèbres. Bonifaci frotta l'allumette. Après avoir allumé la bougie en faisant écran de sa main pour protéger la petite flamme qui palpitait sur la mèche, il se remit à marcher rapidement dans le corridor dont les murs semblaient s'ouvrir en laissant la voie libre à l'homme qui portait la lumière pour se refermer immédiatement dans son dos. En remarquant cet étrange jeu de géométrie, Prullàs eut la sensation de suivre Bonifaci dans un voyage à travers le temps. Il se souvint qu'en une autre époque, dans les années terribles, Bonifaci avait exercé le métier de pompier à titre provisoire et probablement volontaire. De ce fait, il s'était confectionné un uniforme qui venait de la garde-robe du théâtre : un casque en carton peint de pourpre et une veste rouge ornée de boutons et de brandebourgs, exagérations destinées à souligner l'effet comique que doit produire l'apparition rituelle d'un pompier dans la chambre à coucher des comédies de boulevard. Ce jour-là, Bonifaci portait une simple blouse grise. Le corridor débouchait sur l'avant-scène ; la faible lumière qui venait de la scène arrivait jusque-là.

Je vous laisse ici, don Carlos, si vous n'avez plus besoin de moi, chuchota Bonifaci. Tenez, servez-vous, Bonifaci, dit Prullàs en offrant une cigarette au concierge qui l'alluma à la flamme de la bougie. Pendant que Bonifaci se livrait à cette opération, Prullàs glissa le paquet dans la poche de sa blouse. Le concierge ébaucha une protestation que l'autre chassa d'un geste impérieux : Partez, partez.

*

Bonifaci s'éloigna avec un grand sourire. A la lumière d'un quinquet posé sur la table située à la limite de la scène, un homme, dos à la salle, étudiait attentivement des feuillets dactylographiés. La scène était éclairée par des projecteurs de faible voltage alimentés par un groupe électrogène qui ronflait sourdement dans un coin. Entre la table du metteur en scène et le centre des planches où se déplaçaient les acteurs, il y avait une frange d'obscurité à travers laquelle parvenaient leurs voix, creuses et stridentes.

JULIO : J'ai longuement réfléchi, Cecilia, j'ai soupesé toutes les possibilités, et je ne vois pas d'autre solution que l'assassinat.

CECILIA : L'assassinat ! Mais Julio…

JULIO : Oui, Cecilia, tu as bien entendu. Il faut assassiner Todoliu. Et nous devons faire vite.

CECILIA : Tu veux dire… de nos propres mains ?

JULIO : C'est comme ça, ma jolie. Il y a des choses qu'on ne peut pas confier aux domestiques.

CECILIA : Et tu dis qu'il faut faire vite ?

JULIO : Demain après-midi.

CECILIA : C'est embêtant : je vais être forcée d'annuler mon rendez-vous chez le coiffeur. On ne pourrait pas reporter à mercredi ?

JULIO : Pas question : il faut que ce soit demain sans faute. J'ai tout prévu, tout organisé. Ça ne peut pas rater… *(On entend un coup de sonnette.)* Ciel ! Qu'est-ce que c'est ?

CECILIA : Du calme, Julio ; c'est juste la sonnette de la porte.

JULIO : La sonnette ? Qui ça peut bien être ? Tu attendais quelqu'un ?

CECILIA : Non, mais on sera bientôt fixés. La bonne est allée ouvrir.

Entre Luisito.

LUISITO : Dis-moi, Ju-Ju… Julio, l'eau, c'est végétal, animal ou mi-mi… minéral ?

JULIO : Pourquoi me poses-tu cette question ?

LUISITO : Pou… pou… pour le concours de la ra-ra… radio. Qu'est-ce que tu répon-pon… pondrais, toi ?

JULIO : Eh bien, je dirais que l'eau c'est… de l'air mouillé.

LUISITO : Ah, Julio, ce que tu es inte-te… telligent !

Il sort.

JULIO : Notre pauvre frère, chaque jour qui passe le rend plus abruti.

CECILIA : J'espère que sa présence à la maison ne va pas interférer dans nos projets de… enfin tu sais de quoi.

JULIO : D'assassinat ? Mais non, voyons ! Au contraire, il est une pièce maîtresse de mon plan !

CECILIA : Luisito ?

JULIO : Silence, j'entends quelqu'un.

Entre la bonne.

LA BONNE : La mademoiselle du fiancé… Pardon. Le fiancé de Mademoiselle est là.

CECILIA, *sursautant* : Mon fiancé ? Enrique ? Chez moi ? A cette heure ? Impossible ! Et il n'a pas dit pourquoi il vient ?

LA BONNE : Non, mademoiselle. Il a dit qu'il voulait voir Mademoiselle. Il attend le salon dans mademoiselle… je veux dire Mademoiselle dans le salon.

CECILIA : C'est bon. Dis-lui que je descends dans un instant.

LA BONNE : A votre service, mademoiselle.

Elle fait une révérence et sort.

JULIO : Il ne manquait plus que ça !

CECILIA : Quelle mouche l'a piqué ? Ciel ! S'il avait flairé quelque chose…

JULIO, *furieux* : Il n'y avait que toi pour aller chercher un fiancé policier !

CECILIA : Et comment pouvais-je savoir, moi ? Quand nous avons commencé à sortir ensemble, il ne m'en a rien dit. Forcément, puisqu'il est dans la Secrète… Et puis, qu'est-ce que ça a de mal, d'être policier ? Les policiers sont des gens honorables.

JULIO : Eux oui, idiote, mais nous, nous sommes des criminels et nous projetons un assassinat, tu ne te rends pas compte ?

CECILIA : Ce que c'est que le hasard, tout de même ! Dis-moi, Julio : est-ce qu'on ne pourrait pas commettre l'assassinat et, ensuite, faire en sorte que mon Enrique découvre le coupable ? Ça serait formidable pour son avancement, tu ne trouves pas ?

JULIO : Si, bien sûr, et pour nous… l'échafaud !

Comment ça marche ? demanda Prullàs au metteur en scène, en profitant de la pause réclamée par ce dernier. Tu vois, répondit l'autre. Il a beau avoir la peau légèrement bronzée, comme s'il avait pris le soleil à la montagne, son aspect général ne respire guère la santé, remarqua Prullàs. Par inertie, tous deux continuaient à parler tout bas. Sans sortir du rond de lumière dessiné par les projecteurs, l'actrice principale protesta. Qu'est-ce qu'ils étaient en train de chuchoter, tous les deux ? Quels secrets fricotaient-ils dans son dos ?

Et toi, qu'est-ce que tu fricotes de ce côté ? demanda le metteur en scène sans élever la voix et en méprisant l'invective. Prullàs le regarda avec étonnement mais, avant qu'il ait pu dire un mot, l'autre ajouta que tout allait mal ; il y avait comme ça des fois où tout tournait mal, répéta-t-il, où tout paraissait se liguer pour le pire. La pièce ne fonctionnait pas, les acteurs se conduisaient comme des débutants, les bons mots tombaient à plat et, comme si cela ne suffisait pas, dit-il pour terminer, il fallait encore ces maudites pannes d'électricité.

Pepe, tu sais que je suis à ta disposition, dit Prullàs. La preuve, c'est que je suis venu dès que j'ai reçu ton message. Quel message, bon Dieu ? demanda l'autre sèchement. Je ne t'ai pas demandé de venir, je n'ai absolument pas besoin de toi, j'ai déjà assez de problèmes comme ça. Tu n'as pas appelé chez moi ce matin ? Tu ne m'as pas fait dire que tu voulais me voir d'urgence ? dit Prullàs. Mais il n'avait pas fini de parler qu'ils avaient déjà compris tous les deux d'où venait l'embrouille et qui l'avait causée. C'est un malentendu, dit-il. Excuse-moi de t'avoir interrompu, je m'en vais.

Il se leva sans rien ajouter et traversa la scène pour reprendre le chemin de la sortie. En entrant dans le champ éclairé par les projecteurs, il resta un instant aveuglé. Il entendit une voix qui lui demandait pourquoi il partait et ce qui s'était passé entre eux, et il se borna à lui répondre qu'ils se retrouveraient au bar, la répétition terminée. Il essayait de ne pas se faire entendre du reste de la troupe dont il imaginait les regards fixés sur lui.

Avant de pénétrer dans le corridor obscur qui menait au vestibule, il fut rejoint par le metteur en scène qui lui demanda pardon : depuis plusieurs jours, il ne se sentait pas bien. Je ne sais pas ce qui m'arrive, murmura-t-il, excuse-moi pour ce que je t'ai dit. Je n'ai rien entendu, Pepe, dit Prullàs en passant le bras autour des épaules du metteur en scène, nous parlerons de la pièce plus tard. Et ne t'en fais pas pour les répliques : ce qui ne te plaît pas, nous le changerons, point à la ligne. *Arrivederci, pollo !* n'est quand même pas du Calderón de la Barca. Bien sûr, dit l'autre. Il semblait sur le point de pleurer. Pris de pitié pour son ami, Prullàs eut un soudain pincement de cœur. On a toujours fait comme ça, Pepe : du texte le plus minable nous avons réussi à faire un succès, et ce ne sera pas différent cette fois-ci. Naturellement, dit le metteur en scène.

3

C'est fou ce que les jours rallongent, don Carlos, il est presque neuf heures et on peut encore lire son journal sans allumer, dit le garçon.

Quatre tables, huit chaises métalliques et deux parasols rayés installés sur le trottoir constituaient la terrasse improvisée du café, poétisée et séparée du reste du tissu urbain par une demi-douzaine de pots où de maigres arbustes luttaient pour leur survie dans de la terre desséchée. De l'intérieur du café parvenait l'odeur pénétrante des fûts de vin. Prullàs approuva. Il était toujours surpris en retrouvant la lumière du jour à la sortie du théâtre, ajouta-t-il. Mais que serions-nous sans l'artifice de l'ombre ?

Le garçon ne semblait pas disposé à le suivre sur ce terrain. Il avait été garçon de café toute sa vie, il avait trois fils et tous les trois, à leur tour, étaient garçons dans différents cafés et restaurants de Barcelone. Je suppose qu'on se fait à tout, don Carlos, déclara-t-il.

Prullàs s'installa à une table d'où il pouvait observer la porte latérale du théâtre et commanda un demi avec une portion d'anchois au vinaigre, puis il appela le cireur qui se tenait aux aguets mais sans intervenir dans cet échange de hautes considérations, lui donna quelques pièces et l'envoya acheter au kiosque le plus proche un journal du soir, un magazine de sport et une revue de tauromachie. Quand le cireur revint, Prullàs fit cadeau du magazine de sport au garçon. Il donna la revue de tauromachie au cireur, non sans avoir jeté un coup d'œil sur les photos. L'une d'elles montrait l'instant qui suivait un impressionnant coup de corne : le taureau n'était pas visible sur l'image ; on ne voyait que le torero blessé, au moment où sa cuadrilla l'emportait au pas de course derrière la barrière. La qualité de la photo ou de l'impression était mauvaise : le contraste entre le soleil et l'ombre était remplacé par un gris uniforme qui donnait à la tragédie un aspect sordide et chirurgical. La légende précisait que le coup de corne n'avait pas été grave ; le matador était revenu dans l'arène au bout de quelques minutes en boitant et avait terminé la faena sous les bravos du public. Prullàs feuilleta distraitement le *Noticiero*. Il essayait ainsi de meubler son attente ; en fait, il devenait de plus en plus nerveux. Même s'il croyait avoir liquidé le problème, l'algarade avec le metteur en scène l'avait laissé plein de regrets et de confusion. Il lisait maintenant les titres sans s'intéresser à leur contenu et entendait sans les écouter les commentaires du cireur aficionado, pour qui, cher don Carlos, rien n'était plus pareil depuis cette maudite après-midi aux arènes de Linares.

*

La porte du théâtre, que Prullàs n'avait cessé de surveiller du coin de l'œil, finit par s'ouvrir et Mariquita Pons apparut. Prullàs replia le journal, se leva et agita le bras pour signaler sa présence. La célèbre actrice lui répondit par un autre geste et se dirigea vers lui. La finesse de ses membres, l'apparente simplicité de sa mise et sa façon de se déhancher la faisaient paraître encore jeune ; ensuite, de plus près, cette première impression se modifiait. Mais pour le moment, la lumière oblique du soir prolongeait l'effet magique des feux de la rampe.

C'est toujours la même chose, pensa Prullàs, je la vois et je ne la reconnais pas. Hors du théâtre, son apparence la rend insignifiante. Rien chez elle ne justifie l'enthousiasme qu'elle peut arriver à déchaîner dans le public, se dit-il. On dirait qu'elle peut non seulement changer d'expression à sa guise, mais encore de physique, de complexion et de taille ; c'est peut-être en cela que réside son mérite : en sa capacité d'inspirer des fantasmes à volonté, réfléchissait Prullàs tout en la regardant s'approcher de sa table. Qui est-elle réellement ? s'interrogeait-il. Une grande actrice au couchant de sa jeunesse, soucieuse seulement de plaire et d'être aimée de son public ? La femme qui triomphe dans les salons par son charme et sa désinvolture ? Ou chacun des personnages qu'elle est capable d'incarner à la scène avec tant de conviction ? Quelle personnalité paradoxale ! J'aimerais bien savoir à laquelle de ces trois femmes j'ai eu affaire durant toutes ces années : peut-être à leur addition ; peut-être à une quatrième, que je suis le seul à connaître ; peut-être à aucune, juste à un rôle de plus à son répertoire, poursuivait-il en lui-même.

Le garçon, qui était accouru et à qui elle avait commandé une portion de gambas grillées et un vermouth blanc avec de l'eau de Seltz, la servit avec respect mais sans le moindre signe d'extase ; sans doute, pensa Prullàs, la célèbre actrice n'avait-elle pas daigné gaspiller pour lui une miette, même infime, de son immense pouvoir de séduction.

Comme si elle avait pu lire dans ses pensées, la célèbre actrice croisa les jambes en découvrant ses genoux délicats. Que s'est-il passé ? questionna-t-elle. Ça, Quiqui, j'aimerais bien le savoir moi-même, dit Prullàs. Sa collaboration avec Gaudet durait depuis des années ; ils avaient toujours connu les heurts inévitables entre un auteur et un metteur en scène, voire quelques violentes altercations, non exemptes d'insultes et de menaces. Cette fois pourtant, le metteur en scène semblait nourrir un réel ressentiment à son encontre, expliqua Prullàs. Et il ajouta que c'était peut-être dû à des ennuis de santé. Mariquita Pons approuva. Les acteurs, eux aussi, étaient désarçonnés par ce changement d'attitude injustifié chez un metteur en scène avec lequel ils avaient si souvent travaillé. Cependant, ajouta-t-elle immédiatement, ce n'était pas pour cette raison qu'elle l'avait convoqué, mais pour qu'il l'emmène ce soir au cinéma. Si ça t'est égal d'être vu au bras d'un tendron qui a trois fois quinze ans, déclara-t-elle en se désignant du doigt.

Mais Prullàs ne pouvait chasser de ses pensées l'objet de sa préoccupation. Je lui pardonne les insultes, grogna-t-il, mais je ne comprends pas pourquoi il a dit que les bons mots étaient nuls. Si tu m'emmènes au cinéma, dit-elle, je t'expliquerai. Explique-moi, et je t'emmènerai au cinéma. La célèbre actrice eut une expression bouffonne. Non, monsieur, le cinéma d'abord. Et ton mari ? demanda Prullàs.

Il est à Madrid, répondit-elle en accompagnant ses paroles d'un geste méprisant, comme chaque fois qu'elle prononçait le mot « Madrid ». De parents valenciens mais née à La Havane par un caprice du hasard, la célèbre actrice Mariquita Pons avait grandi à Madrid. C'était dans cette ville qu'elle avait débuté et que s'était déroulée une grande part de sa vie professionnelle. Puis elle s'était mariée à un Catalan et était venue vivre à Barcelone, ce qui avait interrompu sa brillante carrière. Elle avait du succès avec les comédies de Prullàs qu'elle créait toutes, sans exception, et qu'elle jouait ensuite en tournée dans l'Espagne entière, mais les grands rôles dramatiques semblaient réservés aux actrices installées à Madrid, où le théâtre avait toujours plus de prestige. Le cinéma n'avait pas non plus frappé à sa porte, sauf pour lui proposer de vagues seconds rôles dans des comédies de mœurs. En pensant à cela, l'humeur de la grande actrice s'assombrissait. J'ai renoncé à la gloire à cause d'un homme qui passe maintenant sa vie à Madrid pour ses affaires, disait souvent Mariquita Pons.

Et à quel film pensais-tu ? demanda-t-il. Pour toute réponse, elle sortit de son sac un prospectus et le lui montra. Prullàs lut la publicité : POUR ELLE, IL N'EXISTAIT D'AUTRE LOI QUE SON CAPRICE. Sous cette affirmation catégorique, on voyait les têtes de Bette Davis et d'Olivia De Havilland. Tu m'emmènes voir une sacrée paire de hiboux, protesta-t-il.

4

En sortant du cinéma Cristina, tandis qu'ils se dirigeaient vers la voiture stationnée sur la Rambla de Cataluña, la célèbre actrice s'accrocha à son bras. La nuit était chaude et l'air paisible. Dans sa tête résonnaient encore les dialogues du film.

Sers-moi encore un verre, Mitch.
Tu as assez bu, Peggy. Pourquoi ne rentres-tu pas chez toi ?
Allez, Mitch, sois bon garçon. Encore un et je m'en vais, promis.
Qu'est-ce que tu as ? Tu as revu Mr Morton ?
Oh, Mitch ! Pourquoi tous les hommes intéressants sont-ils déjà mariés ?
Tu devrais peut-être chercher ailleurs, Peggy.
Comme dans la boutique de Mrs Merryweather ? Oublie ça, Mitch. Je ne suis pas faite pour avoir une belle-mère et quatre ou cinq enfants. Et puis quel mal y a-t-il à s'amuser un peu ?
Peut-être que tout n'est pas qu'amusement dans la vie, Peggy.

Emmène-moi boire quelque chose, Carlos ; je meurs de faim et de soif. Prullàs ne répondit pas. Il n'avait pas envie d'être vu en public avec Mariquita Pons, dont la célébrité étouffait dans l'œuf toute tentative d'anonymat, mais il ne pouvait pas non plus refuser de lui faire plaisir. Un mendiant s'approcha silencieusement, comme s'il avait l'intention de leur révéler un grand secret. J'ai ma femme qu'elle est au lit avec la tisie, murmura-t-il. Prullàs lui donna une peseta et le mendiant s'éloigna en bafouillant des remerciements. La célèbre actrice semblait encore perdue dans ses pensées. Reconnais que le film t'a plu, dit-elle. Non, répondit Prullàs. Bah ! tu dis toujours ça parce que tu n'aimes pas le cinéma, dit-elle. Bien sûr, et comment je l'aimerais ? répliqua Prullàs. Tout est faux au cinéma ; je ne sais pas comment tu peux prendre au sérieux des photos qui parlent. Tu as raison, Quiqui, j'ai horreur du cinéma et particulièrement du cinéma américain. Dans les films américains, les gens portent des noms impossibles à se rappeler et vivent toute l'année dans des maisons de campagne, qu'est-ce qu'il y a d'intéressant là-dedans ?

Il y a que ça fait rêver, répliqua Mariquita Pons, les gens normaux aiment rêver qu'ils vivent dans une maison de deux étages avec portail, garage et jardin. Ils aiment aussi rêver qu'ils ne s'appellent pas Pérez ou García, mais d'un nom étranger ; ils croient que ce nom les emmènera loin de leur travail, de leur maison, de leur famille, de tout ce qu'ils ne supportent pas. Les gens vivent dans un film permanent projeté à l'intérieur de leur tête ; de temps en temps, ils doivent interrompre la projection et revenir dans la réalité, mais ensuite ils éteignent de nouveau les lumières et se replongent dans le film qu'ils écrivent, mettent en scène et jouent eux-mêmes. Moi, en tout cas, dit Prullàs, je n'aimerais pas du tout m'appeler Broderick Crawford et encore moins avoir sa gueule.

Le maître d'hôtel du Terminus ne montra pas le moindre signe de familiarité en les voyant entrer, mais il les conduisit tout de suite à une table écartée, dans un coin discret. Là, à l'abri de la curiosité de la clientèle, il les salua avec effusion et leur demanda des nouvelles de leur santé. Prullàs commanda un verre de cognac. La même chose pour moi, Luis, dit la célèbre actrice. Tu viens de me dire que tu avais faim et soif, dit Prullàs, quand le serveur fut parti. Mais oui, je crois que le cognac est rafraîchissant et nutritif, rétorqua-t-elle.

*

Tandis qu'ils buvaient posément leur cognac, Prullàs revint au sujet qui le préoccupait depuis plusieurs heures. Les répétitions de sa pièce en étaient-elles vraiment au point mort, comme l'avait dit le metteur en scène ? Et, si c'était le cas, quelle en était la raison ? Peut-être l'état de santé, passablement précaire, du metteur en scène lui-même ? Mariquita Pons répondit par l'affirmative. C'est possible, dit-elle, puis elle ajouta : Et aussi que la pièce soit un authentique navet.

Prullàs vida son verre de cognac d'un coup. Haussant la voix, il répliqua qu'elle disait cela pour se venger, parce qu'il avait mis en évidence son goût stupide et injustifiable pour le cinéma. Eh bien, va donc à Hollywood, voir s'ils t'engagent pour jouer le shérif dans un western ! finit-il par dire. Sans se troubler, Mariquita Pons répondit qu'elle ne comprenait pas d'où lui venait ce brusque changement de ton. Après tout, il lui avait demandé son opinion et elle l'avait donnée. Et d'ailleurs, s'il préférait les flatteries à la vérité, il ne manquait pas de gens pour lui en prodiguer ; s'il y avait quelque chose qui proliférait dans ce métier, c'étaient bien les adulateurs et les lèche-culs, dit-elle. Mais je te dis les choses comme je les pense, ajouta-t-elle au bout d'un moment, telles qu'elles sont, que ça te plaise ou pas ; et il faut quand même croire que ça te plaît, sinon tu ne resterais pas toujours collé à mes jupes. Qu'est-ce que tu crois, Quiqui, dit Prullàs, je me colle à toutes les jupes par principe. Et je n'accorde jamais la moindre importance à ce que tu me dis. Explique-moi plutôt pourquoi *Arrivederci, pollo !* est un navet. Parce que l'argument est forcé, les personnages invraisemblables et les bons mots plus vieux que le déluge, répondit Mariquita Pons ; ça te semble des raisons suffisantes ? Suffisantes, mais fausses, protesta Prullàs ; l'intrigue est ingénieuse, le dénouement inattendu et les bons mots si drôles que je ris moi-même en les entendant.

Eh bien ! tu es le seul, mon chou, dit-elle. Elle posa son verre sur la table, soupira et ajouta, après un silence : Pour l'amour du ciel, Carlos, qui peut avoir l'idée, à notre époque, de balancer un bègue sur la scène ? Ça fait un siècle qu'on ne le fait plus.

D'accord, je reconnais que je n'ai pas eu la prétention de casser la baraque, répondit Prullàs, mais, enfin, le personnage de Luisito est un personnage classique, il appartient à une ancienne et noble tradition : celle du bouffon, que l'on trouve dans tout le théâtre du Siècle d'Or. Il donne de l'allant à l'action quand une situation s'éternise et il sert à remplir les temps morts, comme dans ma pièce ; on sonne à la porte, la bonne y va, tous se taisent dans l'attente de savoir quelle est cette visite inopportune ; à ce moment apparaît le bouffon, il introduit une note d'humour et laisse à la bonne le temps de revenir.

Très bien, mais baisse la voix, tout le monde nous regarde, le prévint la célèbre actrice. Et elle ajouta : Je suis fatiguée, ramène-moi à la maison.

5

Il dormit jusqu'à midi. Puis il se rasa, se doucha, s'habilla et téléphona à Gaudet. A l'autre bout du fil, la voix du metteur en scène était pâteuse, comme s'il s'était levé tard lui aussi, mais il accepta immédiatement l'invitation de Prullàs. Je suis content que tu ne sois pas fâché pour hier après-midi, dit-il. Je ne le suis pas, mais je me fâcherai pour de bon si tu continues à dire des âneries, déclara Prullàs avant de raccrocher.

Il prit son petit déjeuner et lut tranquillement la presse du matin. Le relâchement de l'été se faisait fortement sentir dans les journaux. La plupart des correspondants et collaborateurs habituels étaient en vacances et ceux qui restaient présents sur le front des rotatives se bornaient à remplir les pages d'informations d'un intérêt éphémère et superficiel, soit par manque d'événements substantiels à relater, soit parce qu'ils considéraient que les lecteurs souhaitaient ne pas voir rompre la trêve estivale. Fêtes populaires et chroniques tauromachiques, faits étranges, phénomènes inexplicables, inventions farfelues et, comme ultime recours, la récolte d'un légume géant constituaient le gros des nouvelles. Les chroniques de l'actualité et les éditoriaux étaient entre les mains de remplaçants qui vaticinaient sur tout et n'importe quoi au fil de leur inspiration, et énonçaient les idées les plus banales avec un enthousiasme véhément, comme s'ils étaient parvenus aux conclusions les plus cachées par des voies quasi surnaturelles. Ce matin-là, la section internationale annonçait l'apparition d'une soucoupe volante au-dessus du désert du Nevada et la reprise des procès de Nuremberg. Ces procès qui, à leur heure, avaient suscité une immense attente avaient fini par perdre leur intérêt avec le temps, dans la mesure où les gros poissons, les plus connus, ceux dont la seule image suffisait pour raviver tant de souvenirs et provoquer des sentiments si intenses et si contradictoires, ceux à qui étaient imputés des crimes d'une perversité donnant la chair de poule et d'une ampleur incalculable, avaient été jugés les années précédentes et leurs condamnations exécutées sur-le-champ. Aujourd'hui, devant des juges déroutés par la nécessité de passer outre le Code pénal du temps de paix et peu assurés de la légitimité dont ils étaient investis, comparaissaient des officiers subalternes, des fonctionnaires et de simples citoyens dont les actes, accomplis en plein maelström, posaient des problèmes qui relevaient plus de la conscience que du Droit. Étaient-ils vraiment coupables, s'interrogeaient les journaux les plus sérieux, ces hommes qui s'étaient bornés à exécuter les ordres de leurs supérieurs ou à remplir leur mission avec efficacité et rigueur, sans méchanceté ni haine, étrangers au mal que leurs actes pouvaient causer à des tiers du fait d'un enchaînement de circonstances imprévisible et, en fin de compte, impossible à modifier ? C'était là un débat qui traînait depuis plusieurs années, et dont la solution pratique semblait devoir davantage aux raisons du vainqueur qu'aux arguments du moraliste. Tout bien considéré, cette histoire laissait Prullàs indifférent. Ce jour-là pourtant, l'information revêtait un intérêt supplémentaire, car celui qui se trouvait assis au banc des accusés était une figure mondialement connue et admirée, héritière d'une illustre dynastie, portant un nom mythique : Alfred Krupp. La renommée de la famille Krupp remontait au XVIIe siècle, époque à laquelle un ancêtre de l'homme qui comparaissait aujourd'hui à Nuremberg avait commencé à fabriquer des armes pour la guerre de Trente Ans. Depuis cette date lointaine, aucune guerre européenne à grande échelle n'avait pu être menée sans la contribution de la famille Krupp. Les Krupp avaient derrière eux quatre siècles voués à la fabrication et au perfectionnement des pièces d'artillerie. Telle n'était pas la raison, cependant, pour laquelle Alfred Krupp était assis au banc des accusés. Nul ne lui reprochait d'avoir fabriqué des armes, mais, en revanche, d'avoir mis sa colossale industrie et son immense fortune au service d'une mauvaise cause.

Prullàs sortit de chez lui et entra dans une librairie voisine, un local bas de plafond, garni de rayons en bois sombre, avec du parquet sur le sol. Dans l'arrière-boutique fonctionnait une petite imprimerie où les habitants du quartier faisaient faire leurs cartes de visite et leur papier à en-tête ; au printemps, l'imprimerie travaillait du lever au coucher de soleil pour tirer des images de première communion et des faire-part de mariage. La boutique vendait aussi du matériel scolaire. L'atmosphère épaisse du local sentait le papier, l'encre, la gomme et la colle. Malgré la chaleur excessive, l'air presque irrespirable, Prullàs s'y sentait bien : c'était un endroit tranquille, apaisant.

Vous ne partez pas en vacances ? demanda-t-il à la dame qui s'était avancée pour le recevoir. Elle leva les yeux au plafond. *El meu marit !* s'exclama-t-elle. Son mari avait été un intellectuel ; deux décennies plus tôt, il avait signé un manifeste futuriste et publié un livre de poèmes qui ne manquaient pas de certaines qualités, même s'ils avaient peu à voir avec les principes prônés dans le manifeste et beaucoup avec les stéréotypes qui y étaient précisément stigmatisés. De plus, il buvait beaucoup, en conséquence de quoi, au lieu de devenir un poète maudit comme c'était sûrement son plus cher désir, il avait fini en malade à demi idiot, régulièrement en proie à d'effroyables délires. Avant de tomber dans cet état lamentable, il avait épousé une fille du quartier, sans grâce, crédule et tout à fait inculte. Au bout de quelques années, elle avait dû prendre en main le commerce, dont dépendait la survie de toute la famille, y compris la mère de l'ivrogne, sans pour autant négliger son ménage et les soins à donner au malade, et sans autre aide que celle de sa fille unique, une enfant que Prullàs avait vue naître et à laquelle, dès l'âge de six ans, on avait commencé à confier des responsabilités. Aujourd'hui, la pauvre enfant avait dix ans et promettait d'être aussi efficace et aussi peu gâtée par la nature que sa mère.

Quelles sont les nouveautés ? demanda Prullàs en indiquant les rayons. La femme hocha la tête avec scepticisme. Les mois d'été étaient des mois morts du point de vue éditorial, dit-elle. Pourtant, ajouta-t-elle, elle venait de lire un roman de Bernanos publié cet hiver, qui l'avait beaucoup impressionnée. Prullàs approuva. Et *L'ombre des cyprès est allongée*, de ce petit jeune homme de Valladolid ? Pour des motifs strictement commerciaux et sans s'en apercevoir, la femme, avec le passage des ans, avait fini par bien connaître la littérature contemporaine. Comme elle n'avait aucune prétention, Prullàs attachait beaucoup d'importance à son jugement. Il acheta un roman de Pearl Buck pour Martita et deux exemplaires du dernier roman de Simenon.

*

Même ainsi, il arriva en avance à Parellada. Il s'installa à une table de la terrasse, sous un arbre, commanda un vermouth avec des olives et entama la lecture d'un des romans qu'il venait d'acheter. Gaudet apparut, ne lui laissant pas le temps de parvenir à la fin du premier chapitre. Le roman semble bon, commenta-t-il ; tiens, j'ai acheté un autre exemplaire pour toi.

Il le donna à son ami qui le remercia sans enthousiasme et mit le livre dans la poche gauche de sa saharienne. Puis il contempla distraitement les tables voisines, qui s'étaient garnies de clients. Devant la terrasse, l'homme aux pigeons installait son charreton crotté. Ledit charreton était plein de volatiles ; certains, soit pour qu'on les distingue des simples pigeons de rues, soit pour qu'ils fassent plus d'effet, avaient le jabot ou le dessous des ailes colorié ; une fois libérés de leur geôle, les pigeons voletaient autour de l'homme aux pigeons et, sur un signal de ce dernier, se posaient sur son bras ou sur un cerceau de fer installé sur le charreton. Parfois, pour la joie des spectateurs, un pigeon, défiant les ordres reçus, se posait sur le chapeau de l'homme aux pigeons ; on voyait tout de suite, cependant, que l'erreur était délibérée, résultat d'un patient dressage. Au bout du compte, cette attraction n'était pas très amusante.

Pour revenir à l'affaire d'hier… commença Gaudet. Oublie l'affaire d'hier, bon sang ! s'exclama Prullàs sans lui donner le temps de terminer sa phrase. Gaudet se réfugia dans un silence hostile ; il avait sans doute préparé un bref discours pour se disculper, que la magnanimité de son interlocuteur l'obligeait maintenant à abandonner. Devinant la cause de sa contrariété, Prullàs ajouta : D'accord, si ça peut te soulager de me faire des excuses, fais-les et enterrons cette histoire.

Gaudet répondit par un geste vague qui voulait dire : Bah ! n'en faisons pas une question protocolaire. Comment va ta santé, Pepe ? demanda Prullàs en voyant que l'autre considérait le problème comme réglé. Le visage de Gaudet s'assombrit. Je ne sais pas, mon vieux ! s'exclama-t-il. Ça fait plusieurs mois que je ne me sens pas bien et je ne sais pas ce que j'ai, expliqua-t-il. Prullàs lui demanda s'il avait vu un médecin. Oui, je suis allé voir mon médecin de famille, répondit l'autre, il m'a ausculté, il a pris ma tension, il m'a palpé et il m'a radiographié. Résultat ? Néant.

Tant mieux, dit Prullàs. Oui, soupira Gaudet, si vraiment ce n'est rien, tant mieux en effet. Mais alors, à quoi correspondent les symptômes ? C'est peut-être juste de la fatigue, suggéra Prullàs, ou quelque chose qui te préoccupe ; quelque chose dont tu n'es pas toi-même conscient, mais qui te ronge. Tu sais que les nerfs attaquent là où l'on s'y attend le moins. Gaudet sourit. Le médecin m'a dit la même chose. Puis, sans transition, il ajouta qu'il ne dormait pas, et cela sans cause apparente. Tu crois que ce pourrait être simplement de l'anxiété ? dit-il.

Un pigeon qui voletait à basse altitude s'était posé sur une table voisine et avait renversé une chope de bière avec son aile. L'homme aux pigeons, consterné, s'empressa d'accourir sur le lieu du crime. Je devrais vous faire payer la consommation ! dit la victime de l'agression. Ce à quoi l'homme aux pigeons répondit par une attitude humble qui voulait dire : Vous avez bien raison, mais, comme je suis un pauvre, je ne peux vous offrir que mes excuses. Le garçon épongeait avec une serviette le liquide répandu sur le marbre et faisait signe à un collègue d'apporter immédiatement une autre chope de bière.

Tu me connais mieux que personne, Carlos, dit Gaudet quand l'incident fut clos, je n'ai jamais été du genre geignard. Mais aujourd'hui, pour une raison ou pour une autre, je me sens abattu. Ce que je fais ne m'intéresse pas, le travail est pour moi un véritable fardeau. J'ai le sentiment de faire des choses inutiles, de m'être trompé de chemin. Tout mon passé m'apparaît comme un vide stupide. Et la possibilité que cet abattement soit le symptôme de je ne sais quelle maladie m'inquiète franchement. Non parce que je pourrais avoir quelque chose de fatal. Au pire, je mourrai quelques années avant l'échéance prévue, et il n'y aura pas de quoi fouetter un chat. Quand je suis né, personne ne m'a assuré que j'irais jusqu'à la vieillesse. Ni même que j'arriverais à l'âge que j'ai. J'en connais tellement qui sont restés en route ! Ce qui me fait peur, Carlos, et ça je ne peux le confier qu'à toi, c'est l'idée de tomber malade, de traîner longtemps une maladie qui ferait de moi un handicapé et un inutile. Parce que, si la fin n'est pas rapide, qui s'occupera de moi ?

Ne parle pas de malheur, voyons, dit Prullàs, les problèmes, on les résout quand ils se présentent ; tout le reste ne sert qu'à se faire du mauvais sang. Quant à l'inutilité de ta vie, que veux-tu que je te dise ? Tu es un homme qu'on aime et qu'on admire dans la profession ; tu as eu des tas de succès et tu en auras encore davantage. En ce moment, tu as un passage à vide, une dépression. N'y attache pas d'importance : ça s'en ira comme c'est venu. Tu as besoin de voir les choses du bon côté, et tu ne dois pas laisser les idées noires interférer dans ton travail.

Ah enfin ! voilà le vrai motif de ta préoccupation qui montre le bout de son nez, dit le metteur en scène en riant. Si je passe l'arme à gauche, qui dirigera les sketches pour demeurés que tu écris ? N'aie pas peur, mon vieux, *Arrivederci, pollo !* sera un succès et nous fêterons ici même la centième. La pièce est bonne. Je sais que Quiqui t'a échauffé les oreilles. Ne prends pas ses critiques trop au sérieux : elle veut surtout que nous nous occupions davantage d'elle, et moins de la pièce. Naturellement, il y a des détails qu'il faudrait retoucher, le bègue par exemple, mais dans l'ensemble, ça marche bien. Les acteurs n'ont pas encore trouvé le ton juste. Quiqui elle-même n'est pas aussi à l'aise qu'à l'ordinaire ; sais-tu si elle a eu des ennuis, ces derniers temps ? Non, au contraire, dit Prullàs, je la connais bien et je sais qu'elle a le vent en poupe. Bon, pas la peine de te creuser davantage la cervelle, dit le metteur en scène, tu connais les femmes. Non, je ne les connais pas, dit l'autre, et toi, Pepe, tu les connais ?

*

Gaudet lisait attentivement le menu que lui présentait le maître d'hôtel. Après avoir beaucoup hésité, il finit par commander des tranches de colin pochées. Prullàs commanda une salade russe, des aubergines farcies et des rognons sautés à l'espagnole. Le ciel s'était couvert sans avertissement. Les taches de lumière que peignait le soleil en filtrant à travers les feuilles des arbres disparurent de la nappe. A propos de femmes, dit Prullàs, qui diable est donc la fille qui joue la bonne dans *Arrivederci, pollo !* ? Je ne l'avais jamais vue. Moi non plus, c'est une nouvelle acquisition, dit le metteur en scène, et je pense d'elle la même chose que toi, mais qu'y faire ? La protégée de quelqu'un ? s'enquit Prullàs. Recommandée, dit Gaudet, elle est mignonne et pleine de bonne volonté. Vilaine voix, dit Prullàs, et elle se déplace comme si elle avait des prothèses. Pour ce qui est des jambes, dit Gaudet, tu te trompes : ce ne sont pas des prothèses, et c'est peut-être là le hic ; mais il ne faut pas exagérer ; elle est encore inhibée et son personnage n'est pas facile ; il suppose une fille maligne et tu sais comme c'est difficile à rendre sur scène. Si tu veux, parle-lui : elle n'a rien d'une idiote et ne demande qu'à bien faire.

Non, non, dit Prullàs, je préfère que tu t'en occupes. Et puis j'avais l'intention d'aller à Masnou passer quelques jours en famille, bien que je ne leur manque pas du tout : les enfants sont heureux sans moi, et Martita a beau se plaindre tout le temps, au fond elle est très contente. Je resterai juste quelques jours, le temps de me reposer physiquement.

L'homme aux pigeons faisait la tournée des tables en présentant son chapeau enneigé de fientes. Prullàs mit un billet dans le chapeau et l'artiste s'éloigna en faisant de profondes révérences. Tu ne lui as pas trop donné ? s'inquiéta Gaudet, que la prodigalité n'étouffait pas.

Qui sait si, un jour, nous ne finirons pas comme lui ! dit Prullàs.

6

A son retour chez lui, Sebastiana l'informa que M. Poveda venait de s'en aller. Il a attendu Monsieur assis ici, dit-elle, et, vu que Monsieur n'arrivait pas, il est reparti. La servante avait ouvert la fenêtre toute grande, mais l'odeur particulière de Poveda flottait encore dans l'entrée. Pour moi, ce monsieur a une araignée dans le plafond, ajouta-t-elle. Sebastiana avait le front bas, le nez camus et les sourcils fournis qui se rejoignaient ; sa physionomie était rude, presque bestiale, mais les yeux étaient vifs et perspicaces. A-t-il dit s'il reviendrait ? demanda Prullàs.

Oui, dans deux heures, dit Sebastiana. Monsieur dînera à la maison ?

Je suppose que non, répondit Prullàs, je pense aller cette après-midi même à Masnou. Pour le moment, je suis dans le bureau ; préviens-moi si M. Poveda revient ; et si quelqu'un d'autre se présente, dis que je suis sorti.

Dans le bureau il faisait chaud. Prullàs ferma les persiennes et laissa les fenêtres du balcon entrouvertes. Pas un souffle d'air ne circulait, mais l'atmosphère semblait plus fraîche dans la pénombre. Il enleva sa veste, sa cravate et ses souliers, s'écroula sur le sofa et s'endormit tout de suite. Au réveil, il ne reconnut pas son propre bureau car il sortait d'un profond sommeil. Une lumière orangée entrait par les interstices des persiennes. Il avala une gorgée de l'eau fraîche d'une cruche cachée derrière le rideau. Puis il ouvrit les persiennes et sortit sur le balcon. Les nuages s'étaient dissipés et le ciel s'était teinté de reflets violets. Sous la coupole des arbres la circulation automobile ronflait par intermittence. Il rentra dans le bureau, alluma les lampes, téléphona à Mariquita Pons et lui raconta son déjeuner avec Gaudet.

Je l'ai trouvé bizarre, commenta-t-il, inquiet de sa santé et abattu ; il a mauvaise mine et mange très peu. Le médecin lui a dit qu'il n'avait rien, lui répondit la célèbre actrice. Ce n'est pas une garantie, fit remarquer Prullàs, les médecins se trompent souvent ; moi, je trouve naturel qu'il soit nerveux. Voyons, Carlos, l'interrompit Mariquita Pons, ne le défends pas : la santé ne se résume pas à un diagnostic, sans ça nous serions tous des malades ! La vérité, c'est que Pepe ne s'est toujours pas remis de la mort de doña Flavia. Il ne pouvait pas se passer de sa mère et, maintenant qu'elle n'est plus là, le monde lui tombe sur la tête. Ça se calmera, et il est probable qu'il sortira fortifié de l'épreuve. En attendant, patience.

Sebastiana montra la tête à la porte du bureau et annonça que M. Poveda venait d'arriver. Dis-lui que je suis à lui tout de suite, répondit Prullàs en plaquant sa main sur le téléphone, et à Mariquita Pons : Excuse-moi, Quiqui, mais je dois raccrocher ; j'ai une visite qui m'attend dans l'antichambre.

Tu parles d'une visite ! s'esclaffa-t-elle. Poveda. Oui, mais comment le sais-tu ? Parce qu'il sort de chez moi, il m'a dit qu'il était allé te voir, que tu n'étais pas là et qu'il pensait repasser. Quel bonhomme ! dit Prullàs, et il ajouta : Je pars pour quelques jours à Masnou, Quiqui, je t'appellerai à mon retour. La célèbre actrice rit : Salue Martita de ma part et amuse-toi bien, mais ne fais pas de bêtises.

*

L'odeur de la brillantine dont Poveda usait sans mesure lui parvint avant même qu'il ait traversé le couloir séparant l'antichambre de l'aile gauche de l'appartement, où se trouvait le bureau. Comment ça va, Poveda ? dit-il.

Maigre, les chairs flasques, la peau jaune et ridée, le regard languide, Poveda ressemblait à un oiseau exsangue et déplumé. Peut-être pour combattre cet aspect passablement vil et dégradé, il arborait une fine moustache en signe de virilité ; mais un examen plus approfondi révélait que ladite moustache n'était pas vraie, qu'elle était formée de deux lignes d'encre tracées avec soin au-dessus de la lèvre avec un pinceau.

Ah, don Carlos, répondit-il, je suis encore sous le coup d'un événement inopiné qui vient de m'arriver et dont, si vous me permettez, je vais tout de suite vous faire part. Donc, me rendant à un rendez-vous fixé depuis longtemps, je me présente chez une dame très distinguée et fort estimée dans notre ville, sur l'identité de laquelle la discrétion m'oblige cependant à garder le secret, et la femme de chambre qui m'ouvre la porte ne m'a pas sitôt vu qu'elle me déclare tout de go que Madame ne peut pas me recevoir à cause d'une indisposition dont elle souffre juste en ce moment ; ce à quoi je réponds en disant que je suis désolé de cette nouvelle, qu'il n'entre certes pas dans mes intentions de l'importuner et que je reviendrai volontiers demain ou tel jour où Madame sera mieux disposée. Mais à peine ai-je fini de prononcer ces mots qu'une porte s'ouvre et que la dame en question entre comme une furie et, sans même me donner le temps de la saluer, me regarde de bas en haut en me disant d'un ton péremptoire : Ça, alors ! Comment osez-vous aller chez les gens avec une cravate pareille ? Otez-moi ça tout de suite, Poveda ! Je dénoue ma cravate sans opposer de résistance – que pouvais-je faire d'autre, don Carlos ? – et je la remets à la susdite dame, laquelle, à ma grande stupéfaction, la saisit par les extrémités et la tire si violemment qu'elle la déchire en deux. Qui pouvait supposer une telle force physique chez une créature aussi délicate ? Et c'est ainsi que l'incident s'est terminé. Qu'est-ce que vous en pensez ?

Avec les femmes qui ont du tempérament, on ne peut que s'incliner, commenta Prullàs. Je veux bien vous croire, répliqua Poveda, mais ce dont je suis sûr c'est que, sans ma cravate, je me sens presque nu.

On verra tout à l'heure comment régler ce problème, dit Prullàs en jetant un regard inquiet à la pendule, pour l'instant, montrez-moi ce que vous m'apportez.

Poveda se pencha et, avec un effort visible, souleva une serviette à soufflets qu'il posa sur la commode de l'antichambre, entre les candélabres. Pendant qu'il se battait avec les fermetures, il expliqua que les prix avaient légèrement augmenté. Je sais que ce n'est pas le genre de choses auxquelles vous vous arrêtez, don Carlos, mais je suis dans l'obligation de vous le dire. Vous êtes un monsieur et je suis sûr que vous réagirez avec délicatesse, mais, ajouta-t-il, je me suis trouvé devant quelques cas dont je préfère ne pas me souvenir, et chez des gens très connus dans notre ville, encore !

La serviette ouverte, une grosse mouche en sortit en bourdonnant. Sans y prêter la moindre attention, Poveda écarta un candélabre et posa un à un sur la commode les articles qu'il extirpait : trois cartouches de Camel, quatre paires de bas, un lot de paquets de lames de rasoir, deux ampoules de phare de voiture, une demi-douzaine de crayons anglais, un petit sac de sucre, deux boîtes de café et un rouleau de pellicule.

Je crois que tout ce que vous m'avez commandé est là ! s'exclama-t-il en contemplant fièrement son bazar miniature. Puis, plissant les paupières, comme si sa mémoire se réveillait soudain, il ajouta qu'il avait encore un article qui pourrait sans doute l'intéresser, même si c'était un peu cher. Il s'était donné beaucoup de mal pour le trouver, avec l'idée de le vendre à la dame qui venait de le prendre pour objet de sa fureur, dit-il, mais après l'incident de la cravate il n'avait même pas osé le lui proposer. Puis il contempla avec extase la petite boîte qu'il tenait dans la paume de sa main. Arpège, le parfum des femmes les plus raffinées… et séduisantes ! murmura Poveda, tout en faisant des grimaces pour chasser la mouche qui voulait se poser entre ses sourcils.

Je vous l'achète, Poveda, épargnez-moi votre discours, dit Prullàs. Les transactions terminées, il laissa Poveda seul dans l'antichambre, alla choisir une cravate dans sa penderie et revint en la tenant à la main. Gardez-la, Poveda, je ne la mets jamais.

Non sans protestations, Poveda finit par accepter le cadeau. Puis il annonça qu'il avait composé une ballade satirique « à la femme française ». C'est à se rouler par terre, don Carlos, vous voulez que je vous la récite ? Prullàs lui dit que non. Il était pressé, allégua-t-il.

Une fois seul, il rangea les articles livrés par Poveda dans l'armoire du bureau, à l'exception des bas et d'une cartouche de cigarettes qu'il mit dans une mallette avec le roman de Simenon acheté le matin, glissa dans sa poche le flacon de parfum et une somme d'argent qu'il sortit du coffre-fort, informa Sebastiana de son départ et quitta son domicile.

7

Le portier passa la tête par le guichet situé entre le comptoir et la loge. Je sors votre voiture, don Carlos ? Oui, sortez-la, et posez cette mallette sur le siège arrière, Basilio, dit Prullàs, je reviens dans cinq minutes.

Il acheta dans une quincaillerie deux pistolets jouets et deux cannes à pêche ; à un kiosque, *Billiken*, *Purk l'Homme de pierre*, *Lecturas* et *Triunfo*. A son retour, le portier avait rangé la grosse Studebaker devant l'immeuble et époussetait la carrosserie avec un plumeau rouge. Une femme à l'air famélique et à l'expression désespérée s'approcha et dit : Je suis anémique et je dors dans la rue. Prullàs lui donna deux pesetas et monta dans la voiture.

Quand il sortit de la ville, il faisait déjà nuit noire. La circulation des camions, lente et malodorante, diminua à mesure qu'il s'éloignait de la ceinture industrielle. Il s'arrêta dans une station-service pour faire le plein d'essence et en profita pour ôter sa veste et sa cravate et déboutonner le col de sa chemise. Revenu sur la route, il dut redoubler de prudence pour ne pas heurter les charrettes à ânes qui allaient au pas et portaient pour toute signalisation un lumignon bringuebalant à l'arrière, dont la faible lueur rougeoyait comme celle d'une braise. Au sommet d'une côte, cependant, l'atmosphère et le paysage changèrent : l'intérieur de la voiture se remplit d'une brise fraîche et légère qui charriait l'odeur de la mer ; le bruit irrégulier des vagues se superposait au ronflement monotone du moteur, et les feux des barques de pêche qui travaillaient face au littoral brillaient à l'horizon. La route filait entre deux rangées d'arbres centenaires aux troncs épais, dont les cimes formaient un tunnel de feuillage.

Peu avant d'arriver à Masnou, il dut s'arrêter à un contrôle. Un individu en civil vérifia ses papiers à la lumière d'une bougie. Il portait un mousqueton dans le dos. Deux autres individus armés observaient la scène d'un terre-plein.

Il était plus de minuit quand il gara sa voiture près de la porte de derrière de la maison. La rue était éclairée en tout et pour tout par une ampoule qui agonisait en haut d'un poteau de bois. L'obscurité lui permit de contempler dans le ciel sans lune la multitude des étoiles. Seul le bruit lointain de l'eau sur le sable troublait la quiétude du village endormi. Il entra par la porte de derrière et se trouva dans une vaste remise, haute de plafond, humide et sombre. La lumière avare qui venait de la rue lui permettait de voir les formes de bicyclettes, d'une table de ping-pong, d'un banc de jardin sans dossier et d'une barque posée sur deux chevalets. Il sortit de la remise et parcourut en aveugle le sentier qui traversait le verger. De la basse-cour lui parvenait l'odeur des poules et des lapins. En quittant le verger et en pénétrant dans le jardin, il perçut des voix et des rires féminins. Sur la terrasse, il trouva sa femme avec une amie qu'il ne se rappelait pas avoir vue auparavant. Sur le marbre de la table, il y avait un service à café et deux éventails pliés que la fraîcheur de la nuit rendait inutiles.

Quelle peur tu nous as faite ! s'exclama Martita. En entendant tes pas, nous avons cru que c'était un voleur.

Prullàs enfila la veste qu'il portait sur l'épaule et s'abstint d'embrasser sa femme, paralysé par la présence de l'inconnue.

Ou un assassin, dit celle-ci. Puis, voyant qu'il la regardait avec étonnement, elle éclata de rire. Je suis Marichuli Mercadal, dit-elle, sans laisser le temps à Martita de faire les présentations. Elle était rousse et le reflet de la lampe jaune que le beau-père de Prullàs, persuadé que cette couleur agressive ferait fuir les moustiques et les moucherons, avait fait installer sur la terrasse arrachait des fulgurances de feu à sa chevelure. Prullàs s'inclina et lui baisa la main.

A dire vrai, nous ne t'attendions pas pour aujourd'hui. Ça fait des heures que les enfants et mes parents sont allés se coucher, dit Martita. La précision n'était pas nécessaire : à part la lumière jaune de la terrasse, toute la maison était dans l'obscurité, volets fermés. Il y a quelque chose d'oppressant dans ce calme, pensa Prullàs. Et moi, ajouta-t-elle, si tu me trouves encore debout, c'est par la faute de Marichuli Mercadal.

Je suis passée au début de la soirée pour faire un brin de causette, dit Marichuli Mercadal, et puis Martita a insisté pour que je reste dîner ; ensuite nous avons continué, et de fil en aiguille… vous voyez, si vous n'étiez pas arrivé, nous serions restées jusqu'au chant du coq. Elle parlait sans réserve, mais sans l'impertinence des personnes qui veulent cacher leur timidité.

Je serais venu plus tôt, mais j'ai eu des complications, comme toujours, dit Prullàs. Après ça, sur la route, la milice m'a fait poireauter. Ils devaient s'ennuyer, alors un analphabète s'est acharné à déchiffrer tous mes papiers à l'endroit et à l'envers. Mais je ne voudrais pas que ma présence mette fin à votre conversation ; continuez, je me retire. Martita lui demanda s'il avait dîné et il répondit qu'il n'avait pas faim. Marichuli Mercadal se leva et ramassa son éventail. Il est temps que j'aille me coucher ; demain, je ne pourrai pas me lever, dit-elle. C'est vrai aussi que je n'ai rien à faire, ajouta-t-elle en riant. Elle sortit un sac en toile de sous la chaise, y rangea l'éventail, embrassa Martita sur les deux joues et tendit la main à Prullàs. Enchantée. Je vais vous raccompagner chez vous, dit Prullàs. Elle protesta. Pas du tout ; elle vivait à deux pas de là, dit-elle. Prullàs insista : Il fait nuit noire et les rues sont vides. Et que voulez-vous qu'il m'arrive ? demanda-t-elle. Rien, je veux justement qu'il ne vous arrive rien, c'est pourquoi je vais vous raccompagner, répondit-il. Je reviens tout de suite, dit-il à l'adresse de sa femme. Je vais me coucher, dit Martita, si tu tardes trop, tu me trouveras en train de dormir comme une souche. Il y a des choses dans la glacière, si tu en as envie.

J'ai laissé la voiture dans la rue de derrière pour ne pas faire de bruit avec la porte du garage, dit-il, je vais la chercher et l'amener à l'entrée. Pas la peine de prendre la voiture, dit Marichuli Mercadal, je vous assure que j'habite à deux pas ; si vous voulez vraiment me raccompagner, raccompagnez-moi à pied.

*

Vous êtes très bronzée, dit Prullàs après avoir marché un moment en silence. Je croyais que les personnes rousses supportaient mal le soleil, mais, manifestement, ce n'est pas toujours le cas.

Ça l'est presque toujours, répondit-elle ; d'habitude, les rouquins sont couverts de taches de rousseur, ils ont la peau rose et très sensible. Moi, je suis une exception, peut-être parce que, dès ma petite enfance et contre l'avis des médecins, je me suis beaucoup exposée au soleil. En tout cas, ce que vous voyez là est ma couleur de cheveux naturelle. Je vous dis cela au cas où vous auriez encore des doutes, ajouta-t-elle en s'arrêtant devant une grille imposante.

Oh non ! Je disais cela seulement à cause de la curiosité que vous éveillez en moi, répliqua Prullàs. Les gonds du portail grincèrent. Vous vivez seule dans cette chaumière ? demanda-t-il, tandis qu'ils pénétraient ensemble dans un jardin au fond duquel on entrevoyait la silhouette d'une vieille demeure de trois étages avec des mansardes et une toiture d'ardoise. Non, il y a les domestiques, la petite et la nurse, répondit-elle, et aussi mon mari, enfin de temps en temps.

Prullàs ralentit le pas. Malgré l'obscurité, on sentait le jardin un peu abandonné. J'en déduis que votre mari vous néglige, dit-il. Oui. Et il vous manque. Eh bien ! parfois oui, parfois non.

Marichuli, j'ai l'impression que vous êtes une dévergondée, dit Prullàs.

Elle s'arrêta brusquement sur le terre-plein. Comment osez-vous me dire une chose pareille, monsieur Prullàs ? Sans répondre, Prullàs la prit par la taille. Je vous en prie, Carlos, je suis une femme honnête. Honnête, mais passionnée, dit-il. Ça oui ! soupira Marichuli Mercadal en l'étreignant avec un abandon fougueux.

Oh, mes aïeux ! En voilà une histoire, pensait Prullàs sur le chemin du retour. Sa femme l'attendait dans son lit, mais éveillée. Le café a dû m'ôter le sommeil, dit-elle. Vraiment, tu ne veux rien manger ? Prullàs dit que non. Il avait eu une journée très agitée, un voyage pénible, il était tard, il était crevé, ajouta-t-il. Viens, tu m'as manqué, dit-elle en éteignant la lumière.

Toi aussi, dit Prullàs en rallumant. Dans l'obscurité, il continuait de voir Marichuli Mercadal renversée sur le banc du jardin, les cheveux en désordre et la peau dorée luisante de transpiration.

Que penses-tu de Marichuli Mercadal ? demanda Martita inopinément. La question ne semblait pas recouvrir d'intention cachée.

Rien de spécial, répondit Prullàs, une fille agréable, amusante et jolie ; ah ! et puis elle habite une maison magnifique. Que fait son mari ? Et, avant d'avoir une réponse, il ajouta sur le mode confidentiel : Je crois qu'il ne devrait pas la laisser seule aussi longtemps ; ce ne sont pas les hommes sans scrupule qui manquent. Et toi le premier, fit Martita en riant. Elle t'a dit que son mari la laissait seule ? Pas dans ces termes-là, je l'ai déduit de la conversation. Je me trompe ?

Je suppose que non, dit Martita, à dire vrai, je ne la connais pas depuis longtemps. Nous avons sympathisé, mais nous n'avons pas encore eu le temps de nous raconter nos vies en détail. Ce que je sais, c'est que partout où elle va, elle est seule. Et très décolletée, ce qui signifie qu'elle veut se faire remarquer. Après tout, son mari est beaucoup plus âgé qu'elle. Il paraît que c'est un éminent chirurgien ; quand il n'est pas en salle d'opération, il est à un congrès médical. Il voyage beaucoup, on le réclame partout ; à sa femme de s'en arranger.

Pourquoi ne l'accompagne-t-elle pas ? demanda Prullàs.

A cause de la petite, répondit Martita ; d'après ce qu'elle m'a dit, sa fille a un problème cardiaque ; elle est née avec un souffle au cœur, ou quelque chose de ce genre. On l'a menée chez les meilleurs spécialistes et ils ont tous dit la même chose : qu'on pourrait tenter de l'opérer quand elle serait plus grande, mais qu'il n'y a rien à faire pour le moment. Ils leur ont dit aussi que, très probablement, l'enfant ne grandirait pas, qu'elle mourrait avant l'âge de douze ans. Tu te rends compte, quelle tragédie.

Et l'enfant a quel âge, aujourd'hui ? demanda Prullàs.

Six ou sept ans, dit Martita. Elle est très amie avec nos garçons. Leur tente, sur la plage, est à côté de la nôtre, ce qui fait que les gosses, dès le premier jour, se sont mis à jouer ensemble comme s'ils se connaissaient depuis leur naissance, tu sais comment sont les enfants dans ces cas-là. Alicia est très douce et très délicate, peut-être justement à cause de sa maladie ; cela rend la situation encore plus attristante, si c'est possible. L'attendrissement lui fit monter les larmes aux yeux. Parlons d'autre chose. Tu ne te couches pas ? Tu dis que tu es mort de fatigue et ça fait une demi-heure que tu restes planté là, au garde-à-vous.

J'écoutais l'histoire que tu me racontais. Tu préférerais que je sois comme les maris qui se gargarisent pendant que leurs femmes leur parlent ? Quels maris ? demanda Martita. Prullàs acheva de se déshabiller et éteignit la lumière. Je ne sais pas ; la majorité des maris. Et comment sais-tu ce que font les maris dans la chambre conjugale ? insista-t-elle. Tu te caches sous le lit pour les espionner ? Non, je l'ai vu dans des films. Bah ! les films ne racontent que des bêtises ! protesta Martita. Et tu sais pourquoi ? Eh bien ! parce que ce sont des menteurs comme toi qui écrivent leurs histoires. Allez, viens et prends-moi dans tes bras, je vois bien dans quel état tu es, satyre.

8

A peine le petit déjeuner terminé, Martita et les enfants partirent pour la plage. Tu ne viens pas avec nous, Papa ? Non, pas tout de suite, j'irai plus tard ; si j'y vais maintenant, je mourrai d'une insolation. Quand il se vit seul, il sortit le roman de Simenon de la mallette ; il se souvint alors du flacon de parfum français que Poveda lui avait vendu et qu'il avait apporté pour l'offrir à Martita. Il le chercha d'abord dans la mallette, puis dans les poches de sa veste, enfin à l'intérieur de la voiture, pour le cas où il serait tombé au cours du voyage, mais il ne put mettre la main dessus. Je le retrouverai bien, pensa-t-il, et si je ne le retrouve pas, tant pis. Il déplia une chaise longue dans la pinède et resta à lire, sans autre interruption que l'arrivée de ses beaux-parents qui revenaient de la messe de dix heures. Ils saluèrent Prullàs affectueusement et lui demandèrent des nouvelles de Barcelone. Rien à signaler, dit Prullàs, si ce n'est que les anarchistes de la FAI ont encore brûlé trois ou quatre couvents.

Sa belle-mère se signa. Ah, tu es toujours le même ! s'exclama-t-elle. Tu sais bien que cette plaisanterie ne me fait pas rire, et pourtant tu t'acharnes à me la répéter, poursuivit-elle sur un ton condescendant. Le père de Martita riait sous cape. Il avait toujours beaucoup aimé Prullàs. Martita était fille unique et, comme telle, héritière de sa fortune ; pour cette raison, il avait toujours attaché une immense importance à la personnalité de celui qui l'épouserait, et rien ne lui faisait plus peur que les coureurs de dots. Pourtant, Prullàs, qui par la force des choses aurait dû représenter à ses yeux ce qu'il craignait le plus, avait, dès le premier moment, gagné son cœur de façon incompréhensible. Le jour du mariage, à peine terminée la cérémonie religieuse célébrée en l'église San Sebastián, dans la plus grande simplicité compte tenu des circonstances, il avait chuchoté à l'oreille de son gendre : Petit voyou, tu fais une sacrée bonne affaire. Son ton était confidentiel, presque complice, comme s'ils étaient les seuls à être dans le secret du marché qui venait de se conclure devant l'autel. Prullàs n'avait jamais su ni cherché à savoir si le mot « affaire » se référait aux charmes de Martita ou au patrimoine auquel il accédait par cet hymen. La veille, au cours d'une sobre soirée d'enterrement de sa vie de garçon, un ami avait déjà exprimé la même idée par ces mots crus : Eh bien, mon vieux : avec une seule clef, tu vas ouvrir deux portes ! Conscient de ce que les avantages de son mariage avec Martita pouvaient soulever comme doutes quant à la sincérité de ses sentiments, Prullàs s'était borné à répondre par un sourire glacial à cette basse insinuation, de la même manière que, le lendemain, à la sortie de la cérémonie, il avait opposé une jovialité circonspecte à la plaisanterie de son beau-père. Pour celui-ci, Prullàs était un auteur de théâtre à l'avenir incertain, sans famille ni fortune, de mœurs douteuses, avec une réputation d'homme à femmes, bref, l'image même du jeune écervelé ; mais il semblait avoir décidé en son for intérieur que cet aventurier était capable de faire le bonheur de sa fille, et cela lui suffisait. Au fond, il était soulagé de ne pas avoir à considérer son gendre comme un éventuel continuateur de son activité et, en ce sens, un concurrent potentiel : certes, il aimait se plaindre de la fatigue accumulée après tant d'années passées à la tête de l'entreprise et feignait d'espérer que quelqu'un vienne rapidement le délivrer de ses nombreuses charges et responsabilités, mais il était prêt à défendre toutes griffes dehors la moindre parcelle de son autorité et à combattre sauvagement quiconque aurait eu le front de la lui soustraire. Et comme il ne voulait pas non plus que le fruit de ses efforts acharnés et de ceux de plusieurs générations se volatilise à sa mort, il se consolait en se disant que, le moment venu, dans un avenir encore lointain, ses petits-fils lui succéderaient. Cette perspective apaisante et cette sérénité, il les devait à Prullàs. Les années passant, et contre toute attente, ce mariage, que les mauvaises langues avaient qualifié d'erroné et de nuisible pour la famille de Martita en lui prédisant une fin désastreuse, s'était révélé meilleur que s'il l'avait lui-même planifié dans tous les détails. Tu ne descends pas à la plage ? demanda-t-il. Non, je préfère terminer ce livre, répondit Prullàs. Et vous ? Oh non, il fait trop chaud et il y a trop de monde ! A leurs yeux, la mode des vacances d'été sur la côte avait rendu impraticables ces parages jadis tranquilles et pittoresques. Prullàs acheva sa lecture puis se dirigea vers la plage.

*

Le soleil dardait perpendiculairement ses rayons sur le sable et l'air semblait saturé d'une lumière laiteuse. Les cris des enfants et les appels stridents des mouettes couvraient le bruit des vagues. Vous ne vous baignez pas, monsieur Prullàs ? lança dans son dos une voix joyeuse et juvénile. En se retournant, il vit Marichuli Mercadal drapée dans un peignoir bleu pastel. Ses cheveux rassemblés étaient noués par un foulard à fleurs. Hier soir, je ne pouvais imaginer combien tu pouvais être belle à la lumière du soleil, dit-il en lui baisant la main. Qui cherches-tu ? Ma famille, dit-il, c'est Martita qui a mon maillot et la clef de notre cabine. Elle doit être sous votre tente, suggéra-t-elle. Ah ! C'est bien le problème, elles se ressemblent toutes, dit Prullàs en montrant les rangées de canisses. Il vaut mieux que je t'accompagne, dit Marichuli Mercadal, je ne voudrais pas que tu te trompes de tente ni que tu me trompes avec une autre. Votre tente et la mienne sont voisines, expliqua-t-elle. Et elle ajouta sans transition : Martita est un ange, ne lui fais pas de mal. Et comment je dois m'y prendre, selon toi, pour ne pas lui faire de mal ? demanda Prullàs. D'abord, tu devrais être plus prudent, dit Marichuli Mercadal en sortant le flacon d'Arpège de la poche de son peignoir, le jardinier l'a trouvé ce matin au bord de la piscine, à côté du banc. Peux-tu me dire comment il est arrivé là ? Je n'en ai pas la moindre idée, dit-il, c'est peut-être le jardinier lui-même qui l'y a mis pour compromettre un innocent : ces gens-là sont très perfides. C'était un cadeau pour Martita ? questionna-t-elle. Garde-le si tu l'aimes, dit-il. Marichuli s'arrêta, indignée. Ah non ! Ne pense pas que je vais m'approprier quelque chose qui était destiné à Martita ! affirma-t-elle en détachant chaque mot. Comment une idée aussi inconvenante et grossière a-t-elle pu traverser l'esprit d'un individu qui passe pour intelligent et bien élevé, d'un individu qui se prétend homme du monde ? C'est ça, l'esprit dont, d'après les critiques, tu es si prodigue dans tes comédies ? Il la regarda sans mot dire et continua de marcher sur le sable. Alors, il n'y aura plus d'autre occasion ? demanda-t-il au bout d'un moment. Quand tu voudras ; je suis libre à tout instant, et à ta disposition, répondit-elle d'une voix timide et provocante à la fois, dans laquelle Prullàs crut lire une note d'égarement.

Eh bien !? vous partez ensemble hier soir, et vous arrivez ensemble ce matin ; je ne sais ce que je dois penser ! dit Martita. Je l'ai rencontré en train de draguer et je te le ramène, dit Marichuli Mercadal. La chaleur de l'été et l'oisiveté relâchent les mœurs et prédisposent à la concupiscence : c'est du moins ce qu'a dit monsieur le curé de la paroisse dans son sermon de ce matin. Je ne savais pas que nous étions dimanche, dit Prullàs. Nous ne le sommes pas, précisa Marichuli Mercadal, je vais à la messe tous les jours. Je ne te savais pas si pieuse, dit Martita. Je ne l'étais pas avant d'apprendre la maladie de la petite, répondit-elle. Alicia, ajouta-t-elle à l'intention de Prullàs, souffre d'une insuffisance cardiaque congénitale. Je suis déjà au courant, Martita m'a expliqué, je suis vraiment navré, dit-il. Martita lui donna son maillot et une grosse clef rouillée d'où pendait un rond en bois. Sur le rond était inscrit le chiffre 14. Les vêtements de Martita et des enfants occupaient la totalité de la cabine. Ce serait bien plus pratique d'arriver avec le costume de bain déjà sur soi, comme Marichuli Mercadal, pensa-t-il. De retour à la tente, il trouva celle-ci envahie par des enfants : ses deux fils, un garçon malingre et dégingandé qu'il se rappelait avoir vu les étés précédents, et une brunette qu'il supposa être la fille malade de Marichuli Mercadal. A part les yeux, elle ne ressemble pas à sa mère, pensa-t-il. Marichuli Mercadal observait la scène à distance, assise sur un pliant, sous sa tente. Elle avait enlevé son peignoir et exhibait maintenant un maillot de bain succinct qui attirait les regards. Prullàs lui fit un clin d'œil et elle lui tira la langue. Carlos, tu veux bien m'aider à convaincre cette tribu de Hottentots ? dit Martita que les enfants ne cessaient de harceler de leurs cris. De quoi faut-il convaincre les Hottentots ? demanda Prullàs. Il y avait cinéma en plein air, ce soir, dans le jardin du Casino, et ils voulaient tous y aller, mais Martita s'y opposait. Elle se conduisait comme un tyran, dirent les enfants. Quel film donnait-on ? voulut-il savoir avant de rendre son verdict. Une comédie musicale, dit Martita. Et quel mal y a-t-il à ce que les enfants aillent la voir ? Martita prit un air grave : le film n'était probablement pas de leur âge ; en plein air et avec l'humidité de la nuit, ils couraient le risque d'attraper angines et refroidissements ; ils ne devaient pas veiller si tard. Allons, tes raisons ne me semblent pas convaincantes, dit Prullàs. Vive Papa ! crièrent les enfants. Tu parles d'un allié, dit Martita en haussant les épaules. Papa, est-ce qu'Alicia pourra venir avec nous ? demanda l'aîné. Prullàs regarda attentivement la petite fille : ni son apparence ni son allure ne révélaient une quelconque langueur ou tout autre symptôme de sa maladie ; elle avait l'air fragile mais en bonne santé, et, bien qu'elle fût certainement l'objet des plus grandes précautions, son comportement n'était pas celui d'un enfant gâté et capricieux. Il faudra demander à sa maman, dit-il. Les enfants se transportèrent en bloc dans la tente de Marichuli Mercadal qu'ils firent capituler sans peine. Mais si tu te fatigues ou s'il fait froid, on rentre à la maison sans protester, prévint-elle.

La question réglée, elle vint les rejoindre. Ouille ! le sable est brûlant ! s'exclama-t-elle. Et comme vous êtes blanc quand vous êtes en maillot ! Tu lui dis encore vous ? s'étonna Martita. Je croyais pourtant que vous aviez eu le temps de faire un peu connaissance, la nuit dernière. Prullàs dévisagea les deux femmes avec inquiétude, mais leur expression était placide. La nuit tous les chats sont gris, plaisanta Marichuli Mercadal, mais à la lumière du jour, il m'intimide. Quelle aisance ! pensa Prullàs, plein d'admiration. Eh bien ! on dirait que nous nous sommes tous engagés à aller au cinéma ce soir, dit Martita. Comment ! ils ne vont pas y aller seuls ? demanda Prullàs. Pas question ! s'exclamèrent les deux femmes à l'unisson. Et puisque c'est toi le coupable, tu répondras de leur intégrité physique et morale. Monsieur le curé de la paroisse nous a souvent prévenus des dangers du cinéma, dit Marichuli Mercadal. Ah oui ! Et que dit monsieur le curé de ce maillot de bain ? s'exclama Prullàs. Martita intervint, scandalisée : Carlos, quelle impertinence ! Marichuli Mercadal riait sans malice. Je ne montre rien qui ne puisse être vu, dit-elle. Je déteste les comédies musicales, dit-il. Je crois que c'est un film avec Xavier Cugat, dit Martita. Eh bien ! on peut dire que je suis verni, dit-il. Marichuli Mercadal se leva d'un bond. Je vais dans l'eau, qui vient avec moi ? Martita avait étendu sa serviette sur le sable et s'appliquait de la crème protectrice sur les épaules et la poitrine. Allez-y tous les deux ; moi, je vais essayer de bronzer un peu, dit-elle. Et vous, monsieur le chat gris ? dit Marichuli Mercadal en s'adressant à Prullàs, vous venez ou vous restez ?

9

Il se réveilla de sa sieste inondé d'une lumière que la gaze de la moustiquaire transformait en poudre d'or. Le lit voisin était défait et vide. Il se passa de l'eau sur la figure et sortit sur la terrasse ; sous la gloriette, il vit ses enfants plongés dans une partie d'échecs. Vous n'avez pas vu passer Maman ? leur demanda-t-il. Je crois qu'elle est allée voir si les poules ont pondu, répondit l'aîné sans lever les yeux de l'échiquier. A en juger par la disposition des pièces, la tactique des joueurs était peu orthodoxe.

Deux libellules étincelantes, l'une rouge et l'autre bleue, zigzaguaient au-dessus du bassin ; elles restaient par moments immobiles, suspendues sur l'eau comme si le temps s'était arrêté, puis, passant sans transition de l'immobilité à la vitesse, elles partaient comme des balles de fusil. Prullàs évita plusieurs rangs de laitues, de melons et de choux et s'arrêta devant une construction en planches clouées. En collant l'œil à un interstice, il vit Martita accroupie, en train de chercher des œufs dans la paille ; dans cette position, le chemisier entrebâillé laissait voir des formes dont la blancheur contrastait avec le doux bronzage du cou et des bras. Les poules s'étaient installées sur leurs perchoirs et contemplaient avec indifférence la spoliation dont elles étaient victimes. Prullàs ouvrit la porte grillagée, la referma derrière lui et, sans rien dire, se jeta sur Martita. Sous le choc, deux œufs jaillirent du panier et s'écrasèrent par terre. Tu es devenu fou ? s'exclama-t-elle. Les poules affolées battaient des ailes en soulevant un nuage de poussière, de plumes et de brins de paille. Tu préfères que je fasse avec les poules ce que je veux faire avec toi ? répondit-il. Martita se débattit sans conviction. Carlos, je t'interdis de me faire l'amour dans le poulailler : c'est humiliant et sale, dit-elle. Inutile de crier, ma poupée, d'ici personne ne peut t'entendre, hoqueta Prullàs. Doux Jésus ! s'exclama Martita.

*

Ce soir-là, Marichuli Mercadal vint au Casino avec son mari. Quelle surprise, dit Martita, Marichuli nous avait convaincus que vous étiez inaccessible. Je le suis, mais j'ai tout laissé pour voir Xavier Cugat, répondit le docteur Mercadal. C'était un grand homme maigre, aux traits attachants, au regard tranquille et gai ; il avait les cheveux gris et portait des lunettes sans monture et une cravate tricotée. Marichuli Mercadal ne cachait pas sa satisfaction de se produire en public au bras de ce monsieur mûr et distingué. Le docteur Mercadal posa par terre les trois chaises pliantes qu'il tenait pour baiser la main de Martita et serrer celle de Prullàs. De l'autre main, il tenait celle de sa fille qu'il avait visiblement peur de perdre dans la foule. Sur ce point, ses craintes manquaient de fondement, car il n'y avait là que des connaissances, des membres de la colonie estivale qui arrivaient avec leurs chaises à la soirée cinématographique. Alicia semblait heureuse, elle aussi, en compagnie de son père qu'elle voyait sans doute rarement ; elle souriait en exhibant le trou laissé par la perte de deux dents de lait. L'écran consistait en un drap tendu entre deux poteaux, au bout du jardin. Quatre citronniers empêchaient la plus grande partie du public d'avoir une visibilité complète. Un haut-parleur était accroché à un arbre. Au début du film, le son provenant de ce haut-parleur se révéla si défectueux que les dialogues s'avérèrent incompréhensibles ; parfois, la bande sonore ne correspondait pas à l'image. Lorsque cela se produisait, certains spectateurs protestaient, sifflaient et huaient la direction du Casino, mais les autres riaient et applaudissaient. Que diriez-vous de nous réfugier au bar ? proposa le docteur Mercadal à Prullàs, au bout de vingt minutes de projection. Vous êtes un sage, dit Prullàs.

Deux whiskies, commanda le médecin à M. Joaquín, qui s'occupait de son commerce en restant indifférent au brouhaha venant du jardin. Que pensez-vous de ma femme ? demanda-t-il, tout à trac, à Prullàs. J'ai fait sa connaissance la nuit dernière, répondit celui-ci, déconcerté. Excusez-moi d'avoir formulé ma question comme ça, d'une façon aussi brusque, presque comme un coup de pistolet, dit l'éminent chirurgien. Naturellement, je n'attendais pas d'autre réponse que celle que vous venez de me faire – ou peut-être que si. Nous sommes toujours dans l'attente de réponses révélatrices à nos questions, non ? Ma femme et moi, nous avons vu plusieurs de vos pièces, ajouta-t-il ; elle comme moi, nous vous admirons beaucoup. Elle ne vous l'a sûrement pas dit, car elle est très timide, en dépit des apparences ; elle a du mal à s'ouvrir aux étrangers : elle est réservée, méfiante… coquette, à ses heures, oh ! je le sais ; mais il ne faut pas vous laisser prendre à cette désinvolture. Et n'interprétez pas mal mes paroles, je vous en prie : je ne prétendais pas insinuer que vous vous étiez formé d'elle une idée inexacte ou péjorative. Je suis sûr, au contraire, que ce n'est pas le cas : Marichuli m'a raconté que vous avez eu la gentillesse de la raccompagner la nuit dernière et que vous vous êtes comporté avec un tact exquis. Entre nous, je veux dire entre Marichuli et moi, nous n'avons pas de secrets. Qu'est-ce que je vous disais, déjà ? Ah oui ! Que nous avions vu plusieurs de vos pièces et que nous vous admirions beaucoup. Un autre whisky ? Garçon, s'il vous plaît, deux whiskies. Vous fumez ? Fumer est bon pour la santé ; ça calme les nerfs et ça modère la tension artérielle. Je fume même en salle d'opération. Qu'est-ce que je vous disais donc ? Ah oui ! Que j'admire votre esprit, mais pas seulement cela. J'admire aussi votre pénétration psychologique, l'adresse avec laquelle vous peignez des personnages pris dans la vie. Toujours sous une apparence frivole et dégagée, comme il se doit, sans discours. Vous voyez que je suis un spectateur attentif. C'est pour cette raison que je me suis permis de vous interroger sur ma femme à brûle-pourpoint, parce que vous êtes un homme doué d'une grande pénétration, comme je vous l'ai déjà dit, et que j'ai supposé que vous l'aviez exercée sur elle. Vous détestez sûrement l'hypocrisie : cela se sent dans vos comédies. Moi, je suis pareil. Parfois, en plein milieu d'une opération, je me demande : pourquoi tant d'hypocrisie ? Je tiens un foie dans mes mains et je ne peux chasser cette question de mon esprit. Vous êtes comme moi, corrigez-moi si je me trompe. Et ma femme aussi, parce que je me suis efforcé de lui inculquer ces idées, de même qu'à ma fille, encore que pour elle, la pauvre petite, ça ne lui servira pas à grand-chose. Il vida son deuxième whisky, fit signe au garçon de remplir son verre et fixa sur Prullàs des yeux égarés. Malheureusement, du fait de mon métier, je ne peux consacrer à ma femme et à ma fille tout le temps que je désirerais, mais cela ne signifie nullement que je ne doive pas veiller sur leur bien-être et leur éducation, même si c'est à distance, car je suis beaucoup plus âgé qu'elles et, en conséquence, j'ai beaucoup plus d'expérience. Vous comprenez, il y a des maladies qui sont plus graves à l'état larvé que lorsqu'elles se manifestent ; même si les symptômes nous impressionnent et sont douloureux pour le patient, ils sont en réalité une libération. Il y a des phénomènes morbides qui agissent sur un mode identique : on ne peut pas les opérer, mais ce sont d'authentiques maladies de l'âme. Avec cette différence qu'ils ne peuvent pas tuer l'âme, qui est immortelle, alors qu'ils peuvent très bien tuer le corps. J'ai peur pour Marichuli ; pas pour sa santé physique, qui est excellente, mais pour son psychisme. Elle a de graves antécédents dans sa famille. Ses parents se sont suicidés ; tous les deux en même temps, dans des circonstances très dramatiques. Pour le moment, je préfère ne pas être plus explicite. J'ai peur pour Marichuli, comme je vous l'ai dit ; ma fille, elle aussi, est malade ; son cas est différent, mais non moins grave, je vous assure, non moins grave. J'ai le devoir de veiller sur le bien-être des deux, mais vous voyez que la tâche n'est pas facile. Bien entendu, je n'attends de vous aucune solution, aucun conseil, ni même que vous me répondiez ; après tout, c'est moi le médecin. Je voulais juste parler avec quelqu'un et, comme j'ai vu vos pièces et que je sais que Marichuli vous apprécie, j'ai pensé que je pourrais trouver en vous un auditeur compréhensif. Vous vous dites peut-être que je suis timbré, et il est possible que vous ayez raison. Vous entendez Xavier Cugat, avec son violon, son orchestre et ses rythmes ? Supposons qu'il soit timbré, lui aussi, ça ne l'autorise pas pour autant à déserter ses obligations d'être humain : eh bien, c'est la même chose pour moi. J'aime ma femme et ma fille, je les aime de toute mon âme. Mais il arrive parfois que le destin nous mette face à des situations où toute notre tendresse, tout notre savoir ne sert à rien.

10

En tout cas, les enfants ont passé un bon moment et c'est le principal, dit Martita. Dans le salon, une horloge à balancier venait de sonner deux heures. Pourvu qu'ils n'aient pas attrapé la coqueluche, dit Marichuli Mercadal. Son mari la regarda avec stupéfaction : Pourquoi dis-tu ça ? Pourquoi précisément la coqueluche ? Il y a eu des cas récents de coqueluche dans le village ? demanda-t-il, alarmé. Non, ou en tout cas je n'en ai pas entendu parler, précisa Martita. Quelle merveilleuse maison, ajouta-t-elle immédiatement, et décorée avec un goût exquis ; elle était déjà comme ça quand vous l'avez achetée ? Nous ne l'avons pas achetée, nous la louons, répondit le médecin. Nous avons hésité jusqu'au dernier moment entre la plage et la montagne. Bien sûr, la montagne est meilleure pour la santé que la plage ; l'air de la mer est insalubre et il énerve, pour ne pas parler des effets éminemment nocifs que produisent les rayons du soleil sur la peau ; et pourtant nous sommes ici, dit-il en adressant à sa femme un regard complice qui laissait entendre qu'elle était la seule responsable de la décision finale, vu qu'il était prêt à satisfaire tous ses caprices. Cette maison a été habitée par des étrangers jusqu'à il y a trois ou quatre ans, poursuivit Marichuli

Mercadal dès que son mari la laissa parler ; ce sont eux qui l'ont achetée et meublée, c'est peut-être pour cette raison que la quasi-totalité de ce qu'elle contient est d'origine étrangère : le piano, les pendules, les lampes, et aussi la vaisselle, le service de table et les ustensiles de cuisine. On dit que ces étrangers avaient l'intention de s'installer ici définitivement ; mais quelque chose a dû bouleverser leurs projets car, comme je vous le disais, voilà trois ou quatre ans qu'ils ont cessé de venir sans que personne n'en sache la raison. C'était un couple d'un certain âge, très élégant et d'excellente éducation, mais assez sauvage, d'après ce que j'ai compris. Ah, je vois qui est le couple dont tu parles, intervint Martita. Je me les rappelle très bien, c'était il y a quelques années. Tous les soirs, au coucher du soleil, ils passaient bras dessus, bras dessous, en parcourant l'avenue de la Riera dans les deux sens. Ils ne causaient jamais à personne, ils ne parlaient même pas entre eux ; ils marchaient d'un air tellement absorbé qu'on aurait dit deux aveugles. A la fin avril, ils ont mis la maison en vente, dit le docteur Mercadal en reprenant le fil du récit que Martita avait interrompu, et elle a été achetée par un promoteur qui s'intéressait surtout au terrain. Il semble que ce genre de demeures exige beaucoup de soin, des réparations constantes et une domesticité de plus en plus difficile à trouver ; toutes ces raisons font qu'elles n'intéressent plus personne. Le constructeur qui a acheté la maison avait l'intention de la démolir et d'édifier sur le terrain plusieurs blocs d'appartements, mais ou bien il n'est pas pressé de commencer les travaux, ou bien il n'a pas l'argent nécessaire pour mettre en chantier un projet de cette envergure, aussi a-t-il décidé, au moins pour cet été, de tirer quelque bénéfice de son acquisition en la louant. Heureuse coïncidence, ajouta-t-il, juste à ce moment-là nous cherchions une maison. Mais je croyais que vous étiez déjà venus ici, conclut-il. Non, dit Marichuli Mercadal, Martita n'est jamais venue et Carlos, qui m'a raccompagnée la nuit dernière, n'est pas entré, car nous nous sommes seulement arrêtés quelques instants sur le banc du jardin pour bavarder. Quel manque d'hospitalité ! s'exclama le docteur Mercadal.

*

La présence de l'éminent chirurgien dans le village pour une durée indéterminée décida Prullàs à retourner à Barcelone.

J'espérais que tu resterais jusqu'aux fêtes du 15 août, dit Martita quand il lui fit part de ses intentions. Il y avait un soupçon de tristesse dans sa voix, mais pas de contrariété ou de reproche. Je sais que tu t'ennuies ici, mais j'avais cru que cette fois tu t'entendais bien avec les Mercadal, ajouta-t-elle. Allongé sur son lit, Prullàs distinguait à peine, à la lumière de la lampe à huile qui brûlait sur la table de nuit, la silhouette de Martita, assise sur le lit jumeau. A la fin du printemps, Martita s'était fait couper les cheveux à l'improviste pour suivre une mode française qui, même en France, était contestée. Prullàs ne s'était pas privé de se moquer d'elle en la voyant revenir de chez le coiffeur avec l'air de regretter un peu son audace. Tu ressembles à un moine bénédictin, avait-il dit alors. Aujourd'hui pourtant, la nuque ainsi dégagée, les épaules et le cou de Martita avaient une nudité d'albâtre que voilait la gaze de la moustiquaire.

Je reviendrai aussi vite que possible, soupira Prullàs, mais pour l'heure je dois absolument retourner à Barcelone. Que se passe-t-il ? demanda-t-elle. Un problème avec la pièce ? Dans un certain sens, dit-il. La santé de Gaudet m'inquiète un peu. Ah, l'affreux individu ! dit Martita, je ne sais pas comment tu peux le supporter ! Ne dis pas cela, je t'en prie, répondit Prullàs, Gaudet est… un peu particulier, mais c'est un brave garçon. Et devant son silence hostile, il ajouta tout de suite : Tu sais que jusqu'à ce soir je ne m'étais pas rendu compte à quel point tu es bronzée ? Fais-moi donc une place dans ton lit. Oh non ! s'exclama Martita en cachant sa tête sous le drap.

Les efforts de Prullàs pour obtenir que Gaudet et Martita soient bons amis avaient toujours échoué : ils professaient l'un envers l'autre une animosité irréductible. Dès le départ, Gaudet s'était fermement opposé au mariage de Prullàs ; il avait tenté par tous les moyens de montrer à son ami l'erreur dans laquelle il s'engageait ; Martita était une femme riche et cette richesse finirait par le corrompre, lui avait-il prédit. Et si tu t'imagines que ça n'arrive qu'aux autres, avait-il ajouté, c'est que tu as déjà descendu la première marche de la corruption. Prullàs avait ri intérieurement en entendant cette admonestation dans la bouche d'un homme qui s'était gagné une réputation méritée d'avarice. Peut-être ces propos étaient-ils arrivés jusqu'aux oreilles de Martita, ou peut-être avait-elle d'autres raisons de le détester.

L'amitié entre Prullàs et Gaudet remontait à leur enfance, quand le hasard les avait fait se rencontrer dans le même collège religieux et dans la même classe, et que le caprice d'un prêtre les avait obligés à partager le même pupitre pendant une année entière, peut-être dans le but malveillant de mortifier le pauvre Gaudet, car il n'y avait pas dans tout le collège deux élèves plus opposés. Prullàs était déjà séduisant, désinvolte et spirituel, il s'habillait avec élégance et possédait un don des relations qui lui avait valu la sympathie de ses camarades et de ses professeurs. Gaudet, au contraire, était laid et rabougri, éternellement mal peigné, portait de vieux habits sales et effrangés et était gauche, hargneux et taciturne. Le contraste entre les deux, souligné encore par leur voisinage, ne pouvait qu'être défavorable à Gaudet, lequel, pour tout arranger, était très maniéré dans ses gestes et sa diction, peut-être sous l'influence de sa mère qui, à cette époque, prenait encore des poses de diva et parlait avec un faux accent sud-américain exaspérant.

Ces particularités de sa personne, les rumeurs qui couraient chez les élèves sur sa scandaleuse condition d'enfant naturel, ainsi que les penchants secrets qu'on lui attribuait, en avaient fait la cible de toutes les farces et de tous les abus. Incapable de faire front à l'hostilité générale par manque de ressources, timoré de nature et profondément honteux de ses origines et de sa manière de se comporter, Gaudet essayait en vain de passer inaperçu, spécialement durant les récréations, quand l'animosité de ses camarades se concrétisait par des humiliations où ils joignaient le geste à la parole, voire par des agressions physiques d'une réelle violence, sous le regard distrait et condescendant de bons pères qui, dans leur for intérieur, éprouvaient pour ce garçon indésirable un mépris encore plus fort et plus profond que celui des élèves. Les choses en étaient là quand, un jour, profitant d'une distraction du professeur, Prullàs avait chuchoté à l'oreille de son camarade de pupitre : Pourquoi te laisses-tu marcher sur les pieds ? Réponds-leur. Je ne peux pas, avait répliqué Gaudet sur le même mode, ils sont trop nombreux et je n'ai pas la force ni le courage de me battre avec tous, et même pas avec un seul. Prullàs avait réfléchi quelques instants : l'éventualité qu'il n'existe pas de recours contre l'injustice ne l'avait jamais effleuré. Dis tout à ton père et il ira parler aux curés, proposa-t-il. Ça ne servirait à rien : les curés sont du côté des élèves, et je n'ai pas de père. Mais tu as ta mère ? Ma mère, oui, mais je ne peux rien lui dire : elle en mourrait de chagrin ; la pauvre fait d'immenses sacrifices pour m'envoyer dans un collège privé, parce qu'elle croit que j'y recevrai une bonne éducation et que je connaîtrai des gens utiles ; elle me le répète tous les jours, et je ne peux pas lui dire que jusqu'à maintenant je n'ai rien appris du tout et que je n'ai rencontré que des brutes hypocrites et lâches. Prullàs avait souri et Gaudet avait rougi jusqu'à la racine des cheveux. Je n'aurais pas dû te dire ça, se hâta-t-il d'ajouter. Je t'en prie, ne le répète pas, supplia-t-il. N'aie pas peur, dit Prullàs, je ne suis pas un cafard ; mais je trouve que tu exagères un peu : il y en a qui sont des crétins, mais la plupart ne sont pas comme ça, et, d'un certain point de vue, c'est toi qui les provoques : regarde un peu comment tu es fagoté – tes cheveux, tes ongles, ta dégaine ; tu as même la braguette déboutonnée. Et après ça, tu t'étonnes de ce qu'on raconte sur toi ? Gaudet avait reboutonné son pantalon et avait eu un sourire entendu. Peut-être que ce ne sont pas seulement des racontars, avait-il murmuré.

Ces confidences avaient été le début d'une amitié qui, avec le temps, devait se révéler décisive pour les deux, mais dont la conséquence immédiate fut que Prullàs apporta à Gaudet toute la protection que pouvait lui valoir son prestige, en lui rendant la vie au collège plus supportable. Voilà comment, répétait le metteur en scène des années plus tard, sans que l'on sache s'il était sérieux ou s'il plaisantait, j'ai contracté une dette de gratitude que je traînerai toute ma vie. Bêtises, Pepe, répondait Prullàs, je n'ai jamais pensé à notre amitié en termes de comptabilité. Ah ! la magnanimité est le premier droit du créancier, et la supporter le premier devoir du débiteur. Pourquoi tant d'amertume, Pepe ? Au contraire, Carlos, c'est toi qui ne peux supporter la vue de la gratitude, répliquait l'autre, il n'y a pas de sentiment plus contraignant ni de situation plus inconfortable. Mais qu'y pouvons-nous ? Tout dérive d'une situation fausse et immorale, qui a pourri notre relation dans l'œuf, même si ça n'a plus aucune importance aujourd'hui. Tu te rappelles, au collège, quand des salauds m'attaquaient et que tu me défendais ? Ta dignité sortait grandie de ces interventions providentielles, et la mienne en miettes. Ce n'était pas ta faute, bien sûr, même si j'ai toujours soupçonné que tu agissais en grande partie par vanité ; mais, dans tous les cas, la situation était tellement humiliante et l'inégalité des forces tellement flagrante que l'existence de vainqueurs et de vaincus sautait aux yeux avant même de connaître le résultat du combat. J'avais beau sortir indemne de l'affrontement, ma défaite était patente. Mais qu'est-ce que ça peut faire ? Nous nous sommes remboursés au centuple.

Prullàs ne prenait jamais au sérieux ces manifestations acerbes auxquelles il était habitué. Gaudet avait un caractère difficile, dont le passage des ans avait aiguisé les angles au lieu de les émousser.

11

M. Gaudet a appelé Monsieur plusieurs fois et il m'a dit de vous dire de le rappeler dès votre arrivée, que c'est urgent, annonça Sebastiana. A part ces messages-là, personne n'a appelé et personne n'est venu, ajouta-t-elle. C'est bizarre, dit Prullàs, et il n'a pas dit de quoi il s'agissait ? Non, monsieur ; juste que Monsieur le rappelle, et de ne pas aller au théâtre avant de lui avoir causé.

Ah, pensa Prullàs, voilà qui est encore plus alarmant. Il s'enferma dans son bureau et appela chez Gaudet ; comme personne ne répondait, il appela Mariquita Pons, sans plus de résultat. Il sonna, Sebastiana accourut, et il lui demanda de faire couler son bain et d'apporter une bière ; la chaleur et l'inquiétude provoquée par ces appels insolites lui avaient donné soif. Tandis que Sebastiana exécutait ses ordres, il eut l'idée d'appeler le théâtre. C'est vous, Bonifaci ? demanda-t-il à la voix qui lui répondait. Oui, don Carlos, qu'y a-t-il pour votre service ? dit le concierge. Il n'est peut-être pas très futé, pensa Prullàs, mais au moins il a reconnu ma voix. Et tout haut : Est-ce que vous auriez vu par hasard M. Gaudet ? Oui, don Carlos, comme tous les jours, et pas par hasard, vu qu'il est là en ce moment même, dans le théâtre, en train de répéter votre pièce à vous, qui sera certainement un grand succès, dit Bonifaci.

Vous voulez que j'aille le chercher? Prullàs eut un soupir de soulagement. Ne le dérangez pas maintenant, Bonifaci, dites-lui de m'appeler quand il aura fini la répétition. Chez moi : je ne bougerai pas d'ici. Comme il raccrochait, Sebastiana entra dans le bureau avec un plateau sur lequel étaient posés une bouteille de bière, un verre et une serviette. Le bain est prêt, annonça-t-elle en laissant le plateau sur la table. Par la fenêtre ouverte entraient les notes discordantes d'un orgue de Barbarie. Prullàs emporta la bière dans la salle de bains, mais la combinaison de l'eau chaude et de la bière glacée ne se révéla pas aussi plaisante qu'il l'avait imaginé. Il se séchait quand Sebastiana toqua à la porte. M. Gaudet au téléphone, annonça-t-elle. Dis-lui que je m'habille et que j'arrive, qu'il ne raccroche pas, répondit Prullàs.

Pour ne pas sortir de la salle de bains avec une serviette enroulée autour de la taille, il passa une robe de chambre de Martita qui pendait à une patère en faïence. La robe de chambre, rose, avec de ravissants volants au col et aux manches, découvrait ses mollets. A sa vue, la servante ne put réprimer un éclat de rire. Tu ne perds rien pour attendre ! lui lança Prullàs en s'enfermant dans le bureau. Il décrocha le téléphone, avec la crainte que la communication n'ait été coupée, mais la voix calme de Gaudet répondit à la sienne. Tu m'as appelé ? demanda le metteur en scène. Prullàs dit : Je t'ai appelé au théâtre parce qu'on m'a prévenu que tu avais cherché à me joindre. Que se passe-t-il ? Rien de grave pour l'instant, répondit le metteur en scène, mais il faudrait que nous nous voyions un petit moment. Si tu es libre ce soir et si cela ne t'ennuie pas, viens chez moi : je suis un peu fatigué et j'aimerais partir dès la répétition terminée. Tu me donneras à dîner ? demanda Prullàs. Non, tu pourras aller dîner dans le quartier après ; je ne te retiendrai pas longtemps. Et toi, tu ne dînes pas ? Je n'ai pas d'appétit, dit Gaudet, je prendrai un verre de lait avec des biscottes avant de me coucher. Tu es fou, Pepe, dit Prullàs.

*

Le même soir, en descendant de voiture, devant le porche, il se rendit compte qu'il n'avait pas mis les pieds chez Gaudet depuis la mort de doña Flavia. Soudain oppressé par le souvenir de cette femme, il ne pouvait s'empêcher de l'associer au désarroi du metteur en scène à qui l'ombre régnant dans l'antichambre donnait l'air d'un fantôme. Excuse-moi de te recevoir ainsi, dit celui-ci. Il portait des pantoufles éculées et un pyjama rayé d'une propreté douteuse. Cet aspect calamiteux cadrait bien avec l'atmosphère mélancolique de l'appartement dont les deux hommes parcouraient le couloir. En passant devant ce qui avait été la chambre de doña Flavia, Prullàs ralentit le pas ; par la porte entrebâillée, il jeta un coup d'œil à l'intérieur. Tout est resté tel qu'elle l'a laissé, dit Gaudet en s'apercevant du mouvement furtif de son ami. J'aurais dû enlever les meubles tout de suite et changer le papier des murs, mais je ne l'ai pas fait et, ensuite, je n'en ai plus été capable : j'avais l'impression que je trahirais sa mémoire en touchant à quoi que ce soit. D'accord, ce sont des idées morbides ; je n'ai pas l'intention d'en discuter avec d'autres, et encore moins avec toi qui sais combien je l'aimais. Viens, ajouta-t-il, nous serons mieux dans le salon. Comment ça s'est passé à Masnou ? Prullàs crut sentir une vague odeur de cire fondue, comme si l'on venait tout juste d'éteindre les cierges de la veillée mortuaire. Bien, répondit-il distraitement, comme toujours.

Il s'assit dans un fauteuil et Gaudet dans un autre. Les ressorts avaient besoin d'être remplacés d'urgence. Je crois que tu devrais rénover le mobilier, Pepe, dit Prullàs. Tu as raison, dit le metteur en scène. Et ne pourrions-nous pas ouvrir une fenêtre ? C'est un vrai four, ici. Oh non ! si ça ne te fait rien, dit Gaudet, je ne supporte pas les courants d'air. Enlève ta veste. Prullàs ôta sa veste et sa cravate et déboutonna le col de sa chemise. Qu'est-ce que tu lisais ? dit-il en indiquant un tas de feuilles dactylographiées empilées sur le bord de la table. Gaudet lui donna une page à lire.

> ANDRÉS : Ne la bats pas, Père, c'est pas sa faute. En fin de compte, c'est fait pour quoi, la fille d'un ouvrier, si c'est pas pour servir à l'amusement des patrons ?

Édifiant, murmura Prullàs en rendant la feuille au metteur en scène qui la remit soigneusement sur le tas. Qu'estce que c'est ? Tu vois bien, répondit Gaudet, c'est un manuscrit que j'ai reçu hier ; il est d'un jeune auteur en qui on met de grandes espérances. De grandes espérances ! s'exclama Prullàs. Qui peut mettre de grandes espérances dans semblable individu ? Gaudet sourit avec une indifférence qui semblait venir davantage de la fatigue physique que d'une attitude intellectuelle. C'est le théâtre de l'avenir, Carlos, que cela te plaise ou non. Les gens en ont marre des comédies de boulevard, les gens veulent voir sur scène des problèmes réels ; ça peut te paraître étrange, mais c'est ainsi. Tu veux me dire que mon théâtre appartient au passé ? Que je ferais mieux de prendre ma retraite ? C'est pour me dire ça que tu m'as convoqué ? dit Prullàs avec véhémence. D'accord, ajouta-t-il, j'admets que je devrais peut-être changer de style ; cela ne devrait pas être trop difficile : au premier acte, un mendiant mange sa chemise et, au deuxième, une octogénaire tue sa mère pour pouvoir s'acheter un dentier.

Gaudet haussa les épaules : il n'avait pas envie de discuter, dit-il. Désolé, Pepe, insista Prullàs, ce n'est pas après toi que j'en ai, mais j'en ai par-dessus la tête de toutes ces âneries ; il faut rénover le théâtre, comme tout, mais je suis exaspéré par tant de niaiserie et par cette admiration pour toutes les platitudes qui nous viennent de l'étranger, particulièrement de France. Et qu'est-ce qu'ils t'ont fait, ces pauvres Français ? demanda le metteur en scène. Rien, ils me tapent sur les nerfs, c'est tout, rétorqua Prullàs, les Français considèrent que la souffrance est une affaire rentable. Quant à leur théâtre, néant : de la roupie de sansonnet. Sartre, Anouilh, Camus, tu parles d'une troupe ! Je te trouve bien radical, dit Gaudet. Je ne suis pas radical, répliqua Prullàs, je suis honnête. Est-ce que je dois me transformer en philosophe catastrophiste pour des raisons commerciales ? Pepe, tu m'incites à prostituer ma plume ! Que dirait doña Flavia si elle t'entendait ?

Gaudet éclata de rire. Carlos, ta plume est un arrosoir à turlupinades, et n'invoque pas le nom d'une défunte pour défendre tes sottises. Ma mère était une grande dame, mais une très mauvaise actrice ; elle débordait d'enthousiasme et de vocation, mais elle n'avait pas la moindre idée du théâtre.

*

Doña Flavia disait avoir été dans sa jeunesse une actrice renommée, une grande tragédienne. Prullàs, qui avait douze ou treize ans quand Gaudet la lui présenta, avait adopté une expression plus vague que convaincue en entendant cette affirmation catégorique de la bouche même de l'intéressée. Oh ! personne ici ne peut avoir gardé le souvenir de mes succès, s'était-elle empressée de préciser, car je les ai remportés dans les somptueux théâtres de Buenos Aires, de La Havane, de Montevideo et autres métropoles populeuses d'Amérique du Sud où mon art a brillé de tout son éclat. L'appartement sentait le chat, et le plus grand désordre y régnait ; c'était l'automne et doña Flavia portait un imperméable de demi-saison, décoloré et rétréci à force d'aller à la teinturerie et d'en revenir, et pourtant rien n'indiquait qu'elle eût l'intention de sortir car elle était en pantoufles et ses cheveux sales n'étaient pas coiffés. A cette époque glorieuse, avait-elle continué à déclamer en l'honneur de Prullàs, elle ne cessait de voyager, toujours en tournée, de capitale en capitale et de suite en suite, une vraie vie de reine de cœur, mon chéri, l'american way of life ! Mais moi je méprisais ces contingences, je prenais la vie comme elle venait ; parfois une voiture m'attendait à l'aéroport pour me conduire au théâtre et je descendais la passerelle de l'avion en criant : Desdémone ! Desdémone ! Je ne me suis jamais plainte ; j'aurais pu continuer comme cela indéfiniment si le père de ce garnement n'avait pas croisé ma route, avait-elle ajouté en désignant Gaudet qui l'écoutait, fasciné, comme si, au lieu d'entendre l'histoire de sa famille, il assistait à une représentation de grande classe. J'étais une femme attirante, mon trésor, mais l'idée de me marier ne m'était jamais venue ; je plaçais ma liberté au-dessus de tout, aussi en avais-je découragé plus d'un. Ah, mais celui-là, c'était différent ! Un soir, au moment où nous allions sortir ensemble, et bien que nous fussions en plein été de l'hémisphère sud, il m'a dit de fermer les yeux et il a posé sur mes épaules une étole de renard. De renard, mon chéri ! Gaudet lui-même ne savait pas la fin de cette romance torride, ni l'identité, ni le pays d'origine de son père, qu'il n'avait pas connu. Je sais seulement qu'il s'appelait Gaudet, répondait-il quand on l'interrogeait. Devenu adulte, il s'était livré en cachette de sa mère à des enquêtes infructueuses, dont il avait retiré plus de doutes que de certitudes. Tout bien réfléchi, il est même possible qu'il ne s'appelle pas Gaudet, avait-il fini par admettre.

C'est à elle que je dois mon amour du théâtre, dit Prullàs. Personne n'a marqué ma vie de façon aussi décisive. Il me semble encore l'entendre, quand elle déclamait ces horribles vers. J'ai toujours su qu'elle se racontait des histoires, mais j'ai toujours cru en ce qu'elle disait. Pas toi ?

Gaudet fit un geste vague. C'était ma mère, dit-il, et on ne croit jamais sa mère. Son père, peut-être ; pas sa mère. De toute manière, beaucoup d'eau a coulé sous les ponts, depuis. Il eut une moue sceptique et poursuivit : Presque chaque soir, avant de m'endormir, je lis une pièce de théâtre ; fais toi-même le compte : en gros, trois cent soixante par an ; tu vois que je peux parler en connaissance de cause. Et je te le dis, Carlos : que ça te plaise ou pas, les temps ont changé, et le public avec eux. Le public d'aujourd'hui n'est plus le public accommodant que toi et moi avons connu, c'est un public qui demande des idées profondes et des émotions fortes : une nouvelle perception de la réalité.

Foutaises ! dit Prullàs, le public et moi, nous sommes de vieux amis. Et je ne veux pas manipuler ses sentiments ni modifier sa perception de la réalité ; que les gens la perçoivent comme ça leur chante. Qui suis-je, moi, pour leur dicter ce qu'ils doivent penser ? Je connais trop bien ces idées, Pepe : secouer la conscience du public, le tirer de son marasme. Quelle stupidité ! Le monde regorge de guerres, de misère, de bouleversements et de cataclysmes ; il suffit de jeter un coup d'œil sur les journaux ; la réalité quotidienne est tragique, un authentique révulsif de la conscience. Et si ça ne suffit pas pour secouer les gens de leur marasme, quatre phrases prétentieuses mises dans la bouche d'acteurs médiocres le feront ?

Oui, répondit le metteur en scène, parce que c'est leur langage. Les guerres et les hécatombes sont le langage de l'Histoire ; le théâtre celui des individus. Non, Carlos, ajouta-t-il avec lassitude, je ne te demande pas de prostituer ton stylo ; je te demande seulement de te mettre à la hauteur des temps nouveaux. Mais ne t'en fais pas, s'empressa-t-il d'ajouter, peut-être que je me trompe : en fin de compte, ici, il n'y a pas de théâtre, ni de culture, ni rien de rien ; c'est un pays crétinisé, Carlos, et nous avec.

*

Un coup de sonnette interrompit la discussion. Ça alors ! dit Gaudet, qui peut venir à cette heure ? Je sais ce que c'est, dit Prullàs, je vais ouvrir. Il disparut dans l'obscurité du couloir et réapparut peu de temps après suivi d'un livreur qui portait une caisse en bois assez volumineuse. Le livreur posa la caisse sur une chaise, l'ouvrit et disposa sur la table des assiettes, des verres et des couverts, une soupière, un plat protégé par une cloche en métal argenté et une bouteille de vin rouge ; puis il annonça qu'il reviendrait le lendemain pour chercher la vaisselle, souhaita un bon dîner à ces messieurs, remercia Prullàs pour le billet que celui-ci glissa dans la poche de sa veste et s'en fut. Tu aurais pu me prévenir ! s'exclama Gaudet quand ils se retrouvèrent seuls. Prullàs haussa les épaules : Tu m'as menacé de me faire mourir de faim, s'excusa-t-il. Je n'aurais pas reçu le livreur en pyjama, ni dans ce désordre, protesta le metteur en scène. Qu'est-ce que ça peut faire, voyons, les livreurs ne font pas attention à ces choses-là, dit Prullàs. C'est ce que tu crois, répliqua l'autre. Bah ! n'y pense plus, et voyons plutôt ce qu'on nous a apporté, dit Prullàs, en soulevant le couvercle de la soupière : du consommé froid. Et là-dedans, qu'est-ce qu'il y a ? Le dessus du plat ôté, un poulet chasseur apparut. Prullàs noua la serviette derrière sa nuque et empoigna une fourchette et un couteau. A l'assaut ! s'exclama-t-il. Il mangeait depuis un moment quand il s'aperçut que Gaudet ne s'était même pas approché de la table. Pepe, ne me mets pas mal à l'aise. Ne te force pas, Carlos, merci pour l'intention, mais je ne peux pas. Goûte au moins une cuillerée, mon vieux, tu verras comme le consommé est bon. Non, Carlos, n'insiste pas, je t'en prie. Et qu'est-ce qu'on va faire du reste ? demanda Prullàs. Je le jetterai dans les waters. Pepe, il y a des gens qui meurent de faim, dit Prullàs, et pas seulement dans ces pièces de théâtre qui te plaisent tant, mais dans la rue ! Et tu crois, répliqua le metteur en scène, que ça calmera leur faim si je me force à me taper du consommé ? Je vois que tu es de très bonne humeur, dit Prullàs en se versant un verre de vin, c'est pour ça que tu m'as fait venir ?

L'expression de Gaudet s'anima un peu : en dépit de ses dénégations, il était évident qu'il ne vivait que pour son travail ; seul l'intéressait ce qui se rapportait à la mise en scène, et tout ce qui s'en écartait l'ennuyait. Nous avons un problème, dit-il. Grave ? demanda Prullàs. Le problème n'est pas grave, dit l'autre, mais ses conséquences le seront si nous ne le résolvons pas vite et bien.

Prullàs voyait le visage de son ami à travers le nuage de fumée de la cigarette que celui-ci avait allumée pour faire acte de rébellion contre le dîner ; à la lumière de la lampe, se détachant de l'ombre du reste de la pièce, la peau grise et le profil anguleux avaient un air spectral. Si, demain ou dans les jours qui suivent, on m'annonçait son décès, je ne serais pas surpris, pensa Prullàs.

L'autre jour, commença le metteur en scène, tu m'as posé une question à propos de cette nouvelle venue dans la troupe, tu te souviens ? Mlle Lilí Villalba, celle qui joue la bonne dans *Arrivederci, pollo !...* Je t'ai dit qu'elle était mauvaise mais pleine de bonne volonté, peut-être la pire des combinaisons. Je t'ai dit aussi qu'elle avait un protecteur. Or, hier, qui débarque à la répétition ? Le protecteur. Il a tourné autour du pot pendant une bonne demi-heure, puis il m'a dit qu'il voulait me parler en privé. J'ai dû interrompre la répétition et l'emmener dans un bureau du théâtre. Quand nous avons été seuls, il m'a demandé comment ça marchait pour sa pupille. Je te jure que j'ai eu quelques instants d'hésitation avant de répondre. Je me suis dit que répondre la vérité ne pourrait qu'être bénéfique à tout le monde. Elle n'a aucun talent, elle n'en aura jamais ; pourquoi alimenter de faux espoirs qui, finalement, ne lui apporteront que des désillusions ? N'aurait-il pas mille fois mieux valu lui dire : Cher monsieur, cette jeune personne n'est pas faite pour le théâtre, remmenez-la et ne perdons pas notre temps, nos illusions et notre argent ? Sans aucun doute. Mais je n'ai pas osé : j'ai eu peur, Carlos, j'ai été lâche. Comme je te l'ai dit, c'est un homme influent. J'ai craint qu'il ne se vexe et nous crée des problèmes. Donc je lui ai sorti le couplet habituel : la demoiselle est bien, elle a l'étoffe d'une grande actrice, mais il ne faut pas s'attendre à des résultats immédiats, elle est très jeune, le théâtre est un métier très ingrat… effort, travail, sacrifice et bla-bla-bla. Tout cela, comme tu peux le supposer, prononcé sur le ton le plus mécanique, avec le plus grand détachement et sans quitter la pendule des yeux. Eh bien, figure-toi que, mon laïus à peine terminé, le voilà qui me sort que tout ça ne l'étonne pas, qu'il a toujours eu une foi aveugle dans la jeune personne et que ce qu'il a vu des répétitions comme ce que je viens de lui dire l'a définitivement convaincu. J'en reste baba : il a tout pris au pied de la lettre. Qui pouvait prévoir ça ? Tout le monde aime se faire brosser dans le sens du poil, mais seuls les idiots prennent ça pour argent comptant. Attends, ne m'interromps pas, je ne t'ai pas encore dit le plus énorme. Le type continue et me demande, écoute-moi bien, il me demande pourquoi nous ne donnons pas à sa pupille le rôle de Quiqui dans *Arrivederci, pollo !* Je le regarde comme s'il venait de se transformer sous mes yeux en loup-garou, mais il ne remarque même pas mon expression. Il suit son idée en disant que sa pupille est beaucoup plus jolie que Mariquita et, bien sûr, beaucoup plus jeune… que l'âge de Mariquita est trop visible, qu'elle est désormais bien vieille pour jouer des rôles d'ingénue… pour l'amour du Ciel, Carlos, jure-moi que ça ne sortira pas d'ici !… et que, d'après ce qu'il a pu en voir, Mariquita Pons n'est pas aussi bonne actrice que le disent certains et qu'elle le croit elle-même. Sur ce dernier point d'ailleurs, il n'a pas tout à fait tort, car depuis quelque temps la pauvre Quiqui fait n'importe quoi : elle ne peut pas se rappeler une seule phrase correctement, elle est dans les nuages, et si on risque une observation elle mord. Donne-moi une autre sèche.

Pendant que Gaudet fumait, Prullàs attaqua le poulet. Les deux amis gardèrent un moment le silence. Puis Prullàs s'essuya les lèvres avec sa serviette et dit : Ne te fais pas de reproches ; n'importe qui, dans ta situation, aurait agi de même. A mon âge, dit Gaudet, ce genre de choses ne devrait plus m'arriver, j'aurais dû le voir venir, j'ai été stupide. Qu'est-ce que tu lui as répondu ? s'enquit Prullàs. Eh bien, j'étais tellement interloqué que d'abord je n'ai pas su quoi répondre ; finalement, pour dire quelque chose, je lui ai expliqué que ce qu'il suggérait était impossible, parce que nous avions des contrats signés… Il ne m'a pas laissé achever. Ah, s'il ne s'agit que de ça, laissez-moi faire ! a-t-il dit. J'ai compris que c'était plus prudent d'arrêter là notre conversation, sinon ça allait encore se compliquer, et je lui ai seulement promis que je réfléchirais calmement à ce dont nous venions de parler, que je reprendrais contact avec lui dès que j'aurais trouvé une solution ; après quoi je l'ai prié de m'excuser car je devais retourner à la répétition et je l'ai poussé dehors.

Prullàs réfléchit quelques instants avant de dire : Tu crois que la jeune personne est au courant ? Je veux dire : est-ce que cette demoiselle Lilí Villalba, si c'est bien comme ça qu'elle s'appelle, est derrière tout cela ? Je n'en ai pas la moindre idée, répondit le metteur en scène, mais je jurerais qu'il agit de sa propre initiative et qu'elle n'est au courant de rien ; en tout cas, elle donne cette impression, et je l'ai suffisamment vue jouer pour penser qu'elle est incapable de feindre. Ne confonds pas le talent de comédienne et l'hypocrisie, dit Prullàs. Qu'importe, dit Gaudet : pour l'heure, ce qui compte, c'est de décider une ligne de conduite. Attendre, proposa Prullàs. Non, non, en aucun cas ; ça va faire boule de neige et, si nous n'arrêtons pas la boule dès le début, elle nous écrasera, répliqua l'autre. Il faut que tu voies cet olibrius, que tu tires au clair ses intentions et que tu essayes de le dissuader : fais-lui comprendre que si l'affaire monte plus haut il peut y avoir un scandale ; c'est un homme connu, il ne voudra pas d'histoires. Ah, dit Prullàs, c'était donc ça ! Tu fais une gaffe, et maintenant c'est à moi de réparer les dégâts. Comme il est dit dans *Hamlet*, répondit Gaudet, toi qui as de l'instruction, parle-lui, Horatio. Et pourquoi pas toi ? protesta Prullàs. Parce que moi, il s'en fiche ; je ne suis qu'un metteur en scène, et je doute qu'il fasse une différence entre un metteur en scène et un entremetteur. Et tu crois qu'un auteur de vaudevilles lui imposera davantage le respect ? Non, répliqua Gaudet, mais toi tu es riche et tu es apparenté à la crème de la crème : il t'écoutera. Il est marié ? demanda Prullàs. Non. Ça, c'est mauvais ! S'il est célibataire, il sera moins sensible au scandale. Il a de l'argent ? Je suppose. Hum ! Qu'est-ce que nous savons encore de lui ? Peu de choses, dit Gaudet, il s'appelle Ignacio Vallsigorri, il est dans les affaires, il a des amis dans les hautes sphères et certainement aussi dans les basses. Ah ! et il fréquente le Cercle hippique. Comment as-tu obtenu tous ces renseignements ? demanda Prullàs. Moi aussi, j'ai des amis, dit Gaudet.

Prullàs médita un moment et finit par dire : D'accord, je vais voir ce que je peux faire ; vraiment, tu ne veux rien manger ? Je t'ai déjà dit que non, répondit Gaudet en retrouvant son ton impatient. Dans ce cas, mets le poulet au réfrigérateur ; tu le réchaufferas demain, et tu n'auras pas besoin d'aller faire des courses. Tu peux aussi le manger froid avec de la mayonnaise. Et rappelle-toi qu'on viendra reprendre la vaisselle. Je la mettrai sur le paillasson ce soir, dit Gaudet. Et Quiqui, qu'est-ce qu'elle a, à ton avis ? demanda Prullàs. Le metteur en scène haussa les épaules.

*

Dès qu'il fut de retour chez lui, il prit une douche : il avait copieusement transpiré, en partie à cause de la chaleur qui régnait chez Gaudet, mais en bonne partie aussi du fait de la nervosité que lui avait occasionnée sa visite : l'atmosphère raréfiée de l'appartement, les états d'âme de Gaudet et, là-dessus, la bouteille de vin qu'il avait bue tout seul sous le coup de l'inquiétude avaient réussi à l'exaspérer ; et, pour couronner le tout, des ennuis avec la pièce, avec les acteurs, avec tout le monde, ruminait-il sous la douche. Une fois séché et talqué, il passa un pyjama propre, traîna un fauteuil devant la fenêtre ouverte du balcon, s'assit, alluma une cigarette et se sentit mieux. La maison était obscure et silencieuse, et la lumière jaune des réverbères brillait à travers le feuillage des arbres. Il contempla un moment le ciel étoilé. Demain sans faute, je m'occuperai de cette affaire, se dit-il. Un bruit métallique venu de la rue le fit se lever et sortir sur le balcon, après avoir vérifié qu'il n'y avait pas de témoins pour le voir en pyjama. Deux employés municipaux vêtus d'une blouse grise et d'une casquette plate étaient en train d'ajuster un tuyau à une prise d'eau. Une fois terminée cette opération apparemment simple qui leur prit néanmoins un temps appréciable, les deux employés divisèrent leurs forces ; l'un saisit à deux mains l'embouchure du tuyau et se plaça au milieu de la chaussée ; l'autre demeurait près de la prise d'eau, dans l'attente du signal de son camarade. Les deux employés portaient de grandes bottes de caoutchouc pour se protéger des éclaboussures. Prullàs les observa puis se retira du balcon avant qu'ils commencent à arroser. Demain matin je m'occuperai de tout, répéta-t-il avant de s'endormir.

12

Une dame demande Monsieur : au téléphone. Je lui ai dit que Monsieur dormait et elle m'a dit que ça ne faisait rien, que je réveille Monsieur.

La pendule sonnait onze heures. Prullàs sauta du lit et mit sa robe de chambre. En sortant de la chambre, il se cogna à Sebastiana dans le couloir. A quel téléphone ? demanda-t-il. Sebastiana tendit le doigt vers le bureau. Il y entra et Sebastiana referma la porte derrière lui. Sur la table, l'appareil était décroché. Allô, dit-il. C'est vous, monsieur Prullàs ? répondit une voix qui n'était pas celle de Mariquita Pons. Qui est à l'appareil ? Marichuli Mercadal, vous vous souvenez de moi ? dit la voix, ironique. En voilà une surprise ! Et d'où m'appelles-tu ? De Barcelone, je suis descendue par le premier autocar ; mon mari est resté à Masnou avec la petite. Prullàs ne sut que dire et il y eut un silence qu'elle fut la première à rompre : Tu ne me demandes pas pourquoi je suis venue ? Excuse-moi, je dors encore, dit Prullàs. Pourquoi es-tu venue ? Pour te voir et être avec toi, ça t'ennuie ? Non, non, au contraire, ça me surprend, c'est tout ; le problème, c'est que… Que toute ta journée est prise, dit-elle, je le savais déjà ; ça ne fait rien, moi aussi, j'ai mille choses à faire, dit Marichuli Mercadal. Nous pouvons nous voir ce soir ; je veux que tu m'emmènes au cinéma. D'accord, dit-il. Quelle excuse as-tu donnée à ton mari ? J'ai dû malheureusement lui dire la vérité : que je devais aller chez le dentiste, que je profiterais du voyage pour faire quelques courses et que je ne rentrerais que demain ; cela lui a paru raisonnable, mais, toi, qu'est-ce que ça peut te faire ? Rien, simple curiosité, dit-il. J'aimerais t'inspirer un peu plus que de la simple curiosité, dit-elle, mais pour l'instant je m'en contenterai. Prends-moi à huit heures au bar du Marfil. Tu es ponctuel ? Comme une horloge, dit Prullàs. Moi non, dit-elle, je vais donc me convaincre que nous avons fixé le rendez-vous à sept heures. Sa voix révélait l'excitation que lui causait l'idée de cette aventure décidée à ses risques et périls et minutieusement organisée. A huit heures, donc, dit Prullàs. Tu veux que je me fasse belle ? demanda-t-elle. Est-ce que tu peux être autre chose ? dit-il. Tu ne m'as pas beaucoup vue, répondit Marichuli Mercadal.

*

Prullàs se doucha, se rasa, s'habilla, prit deux tasses de café et feuilleta *La Vanguardia.* Un reportage photographique montrait Salvador Dali dans sa résidence de Port Lligat. Le récent retour du peintre mondialement connu, qui semblait de surcroît jouir du privilège de faire et de dire les plus énormes incongruités, avait été accueilli comme une manne par les journalistes que le génial artiste aux moustaches verticales alimentait constamment en copie, tant informative qu'anecdotique. Il ne manquait pas de gens pour assurer tenir de bonne source que les excentricités de ce pittoresque personnage n'étaient rien d'autre que des astuces publicitaires et que Dali, dans l'intimité, parlait et se comportait comme une personne tout à fait normale. A Nuremberg, le procès d'Alfred Krupp se poursuivait à son allure d'escargot. Parmi les charges retenues contre lui figurait une lettre que Krupp, avec Siemens, Bosch, Thyssen et d'autres représentants de la grande industrie lourde allemande, avait envoyée à Hindenburg pour lui demander de nommer Adolf Hitler chancelier de l'Allemagne. A cela, la défense de l'accusé répondait qu'en cette occasion, comme dans toutes les autres, il avait agi de bonne foi ; que le pays traversait des moments difficiles et que l'accusé avait cru que seul un homme énergique et persuasif comme le Führer pouvait le remettre sur le bon chemin. L'accusé ne s'était-il pas rendu compte que non seulement cet individu constituait une menace pour le monde entier, mais que ses objectifs manifestes pouvaient conduire et avaient conduit de fait l'Allemagne à la ruine ? Non, à ce stade, l'accusé s'était borné à considérer les aspects positifs du national-socialisme, sa capacité d'agglutiner l'ensemble du peuple allemand, sans distinction d'idéologie ni de classe. L'accusé reconnaissait avoir détecté dans les paroles de Hitler un substrat de violence, un fond de haine et de fanatisme, mais il avait pensé que ces idées extrêmes faisaient partie de la rhétorique électorale, qu'elles étaient la seule manière de se faire entendre au milieu de la confusion et du tumulte, et qu'elles n'étaient en définitive que de simples rodomontades destinées à la propagande. Seul le patriotisme avait poussé l'accusé et les autres magnats de l'industrie nationale à proposer une mesure dont ils ne pouvaient nullement prévoir, à l'époque, les conséquences. Était-il juste de traiter aujourd'hui en délinquants et en malfaiteurs ceux qui avaient cru contribuer au bien de la patrie, mus par un des sentiments les plus nobles, sinon le plus noble, qui logent dans le cœur de l'homme ?

Une fois terminée la lecture de la presse, Prullàs sortit. Il avait l'intention de marcher jusqu'au nouveau siège du Cercle hippique, au coin de la Diagonal et de la rue Balmes, mais en arrivant sur le Paseo de Gracia la chaleur lui fit chercher un autre moyen de déplacement. Méprisant le taxi à gazogène qui fumait à la station, il monta dans le tramway qui, à cette heure, était raisonnablement vide et s'installa sur la plate-forme arrière. Le receveur parcourait le couloir central du tramway d'un bout à l'autre en demandant aux voyageurs s'ils avaient payé leur billet. Nombreux étaient les voyageurs qui évitaient de répondre aux injonctions du receveur en recourant au stratagème simple consistant à descendre par une extrémité du tramway et à remonter par l'autre. Comme le tramway avançait à un train de sénateur, n'importe qui pouvait réaliser cette manœuvre sans crainte d'être laissé en plan. C'était une fraude sportive à laquelle beaucoup de citoyens de la ville se livraient allègrement, même s'il arrivait parfois que le jeu se transforme en tragédie, surtout les jours de pluie, quand la chaussée glissante facilitait les chutes qui, avec un peu de malchance, pouvaient laisser leur victime en plusieurs morceaux. Mais, ce matin-là, le sol était sec et le ciel clair, et le Paseo de Gracia avait une odeur de fleurs quand ne passaient pas de véhicules à moteur répandant une fumée noire et âcre. Le cinéma Fantasio donnait un film d'aventures avec Yvonne de Carlo et Sabu ; le Savoy, une comédie avec Danny Kaye et Virginia Mayo. Prullàs se demandait dans quelle salle il pourrait emmener Marichuli Mercadal, si celle-ci avait vraiment l'intention d'aller au cinéma et s'il ne parvenait pas à la dissuader de pareil projet. Il n'arrivait pas à comprendre ce goût irraisonné des femmes pour le cinéma. Je déteste le cinéma et les films m'ennuient sans exception, se dit-il, particulièrement les comédies musicales, même si je dois reconnaître que Danny Kaye m'inspire une sympathie difficile à justifier. Et Sabu ? Comment peut-il bien être dans la vie réelle ? se demandait-il, toujours sur la plate-forme du tramway. Qu'est-ce qu'il dit à sa femme quand il rentre chez lui, le soir, en empestant l'éléphant ? Et à ses enfants ? Est-ce qu'il les emmène voir des films où l'on montre leur père portant une couche-culotte pour tout vêtement, émettant des onomatopées et se comportant comme un arriéré mental ?

Il descendit du tramway sur la Diagonal et poursuivit son trajet à pied. Il n'avait pas fait deux pas quand un jeune homme au crâne rasé, aux oreilles transparentes et à la barbe rare s'approcha de lui et dit : Donnez-moi un petit secours, monsieur ; je suis sorti de prison la semaine dernière et je ne trouve pas de travail. Prullàs lui donna un petit secours.

Il n'était pas membre du Cercle hippique, mais le concierge qui vint à sa rencontre s'adressa à lui fort civilement et répondit à sa question en l'informant qu'il lui semblait avoir vu don Ignacio Vallsigorri monter peu de temps auparavant. Il le trouverait certainement dans le petit salon de lecture du premier, ajouta-t-il. Prullàs gravit l'escalier lentement et à contrecœur ; devant l'imminence de la rencontre, son projet lui semblait ne plus tenir debout. Une horloge située dans le hall sonna le quart d'heure. Prullàs entra dans une pièce vide, au centre de laquelle il y avait une table de jeu avec un dessus en feutre vert et des bords en cuivre. Un immense tableau à thème pastoral occupait entièrement l'un des murs de la petite salle de jeu. Il ressortit sur le palier et pénétra dans la pièce voisine, qui se révéla être une salle de lecture spacieuse aux murs tapissés, meublée de fauteuils de cuir noir, de lampes à pied, de tables basses couvertes de journaux et de revues empilés en désordre. Le soleil filtrait à travers les persiennes fermées des trois fenêtres et projetait des rais dorés sur les lames du parquet. La salle de lecture n'avait qu'un occupant. Prullàs s'assit dans le fauteuil le plus proche de ce dernier, prit un journal sur la table et le feuilleta ; il observait son voisin à la dérobée : un homme épais, chauve et d'aspect quelque peu vulgaire, qui portait un complet bleu à rayures pas très frais. La poche gauche de la veste laissait dépasser la cravate que l'homme avait enlevée pour combattre la chaleur ambiante. Il épongea avec son mouchoir la sueur qui lui couvrait la lèvre supérieure.

Cette heure est la plus pénible, murmura Prullàs en prenant ce prétexte pour entamer la conversation. Son voisin lui adressa un coup d'œil méfiant. Qu'est-ce que vous dites ? Je dis que cette heure est la plus chaude de la journée, répéta Prullàs, l'heure de la température la plus forte. Ah ! dit l'autre en remettant le mouchoir dans la poche de son pantalon, hier la température maximale a été de vingt-huit degrés et je ne serais pas étonné qu'on dépasse ce chiffre aujourd'hui, et cette épouvantable humidité ! Que voulez-vous, soupira Prullàs, nous sommes en pleine canicule ! Oui, ce doit être ça, répondit l'autre en se replongeant dans la lecture du journal.

Ils lurent tous deux en silence pendant quelques minutes au bout desquelles l'homme leva les yeux de son journal, fixa Prullàs et dit : Cette histoire de l'Inde, je ne sais pas comment ça va finir. Oui, tout est sens dessus dessous dans cette région, dit Prullàs, depuis qu'ils ont assassiné ce pauvre Gandhi. Et non contents de l'avoir fait, dit l'autre, ils ont dispersé ses cendres dans le Gange ; une coutume barbare et répugnante pour ceux qui, comme nous, croient à la vie éternelle. Heureusement, ajouta-t-il, avec un soupir de soulagement, que nous sommes loin de tout cela. Oui, nous avons cette chance, convint Prullàs, il est peu probable que cette histoire de l'Inde nous affecte. Pas directement, en tout cas, poursuivit l'autre, mais écoutez bien ce que je vais vous dire : je soutiens que, les choses étant ce qu'elles sont au jour d'aujourd'hui, rien ne se passe dans le monde sans que cela ne nous affecte tous, d'une manière ou d'une autre. Ce n'est plus comme avant : avant, les événements d'un pays restaient circonscrits dans ses frontières ; un pays pouvait brûler d'un bout à l'autre sans que ses voisins s'en aperçoivent. Mais, aujourd'hui, ce n'est plus possible ; que ça nous plaise ou non, nous faisons partie d'une grande communauté : la communauté mondiale, et ce sera de plus en plus comme je vous le dis, acheva-t-il. Je vois que vous êtes bien informé, monsieur Vallsigorri, s'empressa de dire Prullàs avant que son interlocuteur ne reprenne la lecture de son journal. Eh bien ! disons que je suis de ces gens qui aiment savoir ce qui se passe et connaître le terrain sur lequel ils marchent, répliqua l'autre avec une simplicité affectée.

Prullàs ne sut quoi répondre et il y eut un nouveau silence. Prullàs se creusait la cervelle en cherchant en vain une manière naturelle de renouer une conversation partie d'un si bon pied ; non seulement il se sentait privé de toute capacité d'improvisation, mais il était paralysé par une timidité inhabituelle, sans doute provoquée par l'aversion que lui inspiraient ces manœuvres d'approche. Il était sur le point d'admettre sa défaite et de prendre la fuite quand l'autre plia bruyamment son journal et émit un mélange de grognement et de soupir avant de s'exclamer : Il faut voir comment vont les choses dans ce monde du Bon Dieu !

Prullàs ébaucha une moue qui prétendait traduire son approbation mais qui tourna à la grimace de dégoût et, faute de mieux, ajouta : Dites plutôt : dans ce monde abandonné du Bon Dieu ! Cette banalité parut remplir d'aise l'autre qui, dit-il, y voyait résumée toute sa philosophie de la vie. Les gens étaient perfides par nature, et les pays aussi, affirma-t-il en hochant gravement la tête.

Que pouvons-nous y faire ? dit Prullàs. Après tout, nul n'est responsable de ce qui se passe hors de chez lui. L'autre en convint et ajouta que, dans le monde d'aujourd'hui, tout était ambition. Celle-ci était, à son avis, la cause de tant de violence et de désordre.

En effet, mon cher, dit Prullàs, c'est bien là le hic, vous avez tout à fait raison : l'ambition… et les femmes.

L'autre appuya sa nuque sur le dossier de son fauteuil et leva les yeux au ciel. Ah, les femmes ! s'exclama-t-il en adressant une grimace aux nymphes roses qui folâtraient dans l'azur du plafond. Quelles diablesses !

Comme vous dites bien, mon cher Vallsigorri, répondit Prullàs, comme vous dites bien ! Mais qu'il est difficile d'échapper à leurs sortilèges !

L'autre reprit l'air circonspect qu'il avait adopté pour commenter l'assassinat de Gandhi. Pas pour moi, dit-il. Et, en plantant son regard dans celui de son interlocuteur, il l'assura qu'il n'avait pas encore rencontré la fille qui lui ferait perdre la tête ; et encore moins délier les cordons de sa bourse, ajouta-t-il avec fierté.

Allons, allons, monsieur Vallsigorri, nous sommes entre amis, répliqua Prullàs en donnant, de la paume, des petits coups sur le genou de son interlocuteur, entre amis et aussi entre hommes du monde : rien de ce que nous disons ne sortira d'ici, inutile de dissimuler.

Je ne sais à quoi vous faites allusion, monsieur.

Eh bien, il est de notoriété publique… – et dûment commentée ! – que vous avez de l'affection pour certaine jeune actrice, certaine étoile montante de notre théâtre, encore en bourgeon, vous me comprenez, dit Prullàs. Non, monsieur, je ne vous comprends pas ! s'exclama l'autre d'un ton rogue, je ne comprends pas ce que vous me racontez, je ne comprends pas d'où vient cette farce stupide ni où mènent vos insinuations, et je ne comprends pas pourquoi vous vous obstinez à m'appeler Vallsigorri alors que mon nom est Requesens !

Ah ! Vous n'êtes pas don Ignacio Vallsigorri ?

Sûrement pas ! beugla l'autre.

Dans ce cas, balbutia Prullàs en se levant de son fauteuil, il est clair que j'ai commis une erreur impardonnable, monsieur Requesens ; je vous prie de me pardonner et d'avoir la bonté de tenir mes propos pour nuls et non avenus. Excusez-moi. Au revoir, murmura-t-il en gagnant petit à petit la porte.

Je vous souhaite le bonjour, grogna l'autre.

En vitesse et sans appétit, il mangea une assiette anglaise au comptoir, sur la Diagonal, puis il rentra à pied chez lui, où il arriva tellement épuisé qu'il demanda à Sebastiana de lui faire couler un bain, ce qu'elle refusa catégoriquement. Un bain en pleine digestion pouvait causer une syncope, prétendit-elle. Prullàs n'eut pas droit à son bain. Il appela Gaudet. Alors ? Tu l'as vu ? Tu lui as parlé ? demanda le metteur en scène en reconnaissant la voix de Prullàs au bout du fil. Tais-toi, Pepe, je préfère oublier, quelle honte ! Mais enfin, tu l'as vu, oui ou non ? Oui, c'est-à-dire non ; je me suis surtout affreusement ridiculisé ; je viendrai tout à l'heure à la répétition et je te raconterai.

13

Il essaya de faire la sieste, mais la chaleur l'empêcha de trouver le sommeil ; il voulut écrire quelque chose, mais sans succès. Il finit par s'asseoir près du balcon pour profiter du courant d'air et lut un roman de Michael Innes jusqu'à cinq heures. Puis il se lava, mit des vêtements propres, fit sortir la voiture du garage et se rendit au théâtre. Gaudet diluait le contenu d'un sachet dans un verre d'eau ; l'eau devint laiteuse puis récupéra immédiatement sa transparence originelle. Prullàs l'interrogea du regard et l'autre lui répondit en désignant son estomac. Sur la scène régnait une chaleur de rôtissoire.

Reprenons là où nous en sommes restés ! cria le metteur en scène. Premier acte, scène trois ! Entrent Todoliu et la bonne !

TODOLIU : Ainsi, Monsieur et Madame ne sont pas à la maison ?

LA BONNE : Non, monsieur, ils sont sortis après avoir mangé et ils n'ont pas dit à quelle heure ils reviendraient.

TODOLIU : Tant pis, j'attendrai. *(Il s'assied, sort une cigarette de son étui et l'allume.)* Je ne t'avais encore jamais vue, toi. Tu es nouvelle dans la maison ?

LA BONNE : Oui, monsieur. J'étais en train de passer le plumeau… Pardon. Oui, monsieur, ça fait seulement une semaine que j'ai été engagée. Mais ce n'est pas ma première place.

TODOLIU : Ah non ?

LA BONNE : Oui, monsieur… Non, monsieur. Avant, j'ai servi chez madame la comtesse de Vallespir, jusqu'à ce que la pauvre morte comtesse… Pardon. Jusqu'à ce que la pauvre comtesse meure dans des circonstances tragiques.

TODOLIU : Oh oui, je me souviens ! Les journaux ont beaucoup parlé de l'affaire. Un crime sanglant et sans mobile apparent, n'est-ce pas ? Cela a dû être une expérience terrible pour toi.

LA BONNE : Oui, monsieur. Imaginez, j'étais en train de passer le plumeau sur l'argenterie de madame la comtesse quand j'ai entendu un cri à gla… à gla-gla… excusez-moi, je n'arrive jamais à prononcer cette phrase.

A glacer le sang dans les veines ! dit Gaudet sans élever la voix. Mais si ces mots-là ne sortent pas, trouves-en d'autres ; épouvantable, terrifiant, atroce, n'importe quoi plutôt que d'interrompre la scène toutes les dix secondes, c'est clair ?

L'interpellée haussa les épaules et assura qu'elle faisait tout pour savoir son rôle par cœur ; quand elle était seule chez elle, elle pouvait le réciter en entier, sans une faute, mais dès qu'elle arrivait au théâtre, expliqua-t-elle, elle ne comprenait pas ce qui se passait. Il n'y avait pas la moindre trace d'inquiétude ou de contrariété dans sa voix, comme si le problème était anecdotique et ne pouvait compromettre son emploi. Prullàs ne savait s'il devait attribuer cette attitude à l'inconscience ou à la sécurité que lui donnait la certitude d'avoir un puissant protecteur. On se repose cinq minutes et on reprend depuis le début, ordonna Gaudet à la troupe. Et que quelqu'un prévienne doña Mariquita, elle doit être dans sa loge ! En deux mots, Prullàs rapporta à son ami l'incident du Cercle hippique. Gaudet l'écoutait avec une délectation mortifiante. Le souffleur les rejoignit à la fin du récit. Il faisait si chaud dans son trou, dit-il, qu'il avait failli s'évanouir à plusieurs reprises. Prullàs lui offrit une cigarette. Ça faisait longtemps qu'on ne vous avait vu, monsieur Mas !

Le souffleur était connu sous le nom de M. Mas. Personne n'avait la moindre idée de son prénom. Tout le monde l'appelait M. Mas, y compris sa femme, sa fille et les enfants de celle-ci, c'est-à-dire les petits-enfants de M. Mas. M. Mas était un excellent professionnel, une véritable institution dans le monde du théâtre de Barcelone. Nous parlions de Mlle Lilí Villalba, dit Gaudet.

Le souffleur lança une colonne de fumée en direction du plafond. Ah oui, Mlle Lilí Villalba, soupira-t-il. Elle est incapable de dire une phrase correctement, même par accident, mais elle a des jambes qui vous guérissent du hoquet. Je suis depuis plus de trente ans dans le métier, don Carlos, et, dans mon trou, j'ai fini par être blasé à force de voir des mollets ; eh bien, je vous assure que ceux-là ne sont pas de la camelote ; c'est un expert qui vous parle. Pour les nichons, je ne peux pas vous dire, ajouta-t-il, mais pour les jambes je ne raconte pas d'histoires. J'ai vu défiler les mollets de toutes les actrices d'Espagne, les cuisses et même ce qu'il y a plus haut. Il vaudrait mieux reprendre la répétition, coupa Gaudet, et, s'adressant à son ami : Reste, on dînera ensemble après ; cette fois, c'est moi qui t'invite. Prullàs regarda sa montre. Impossible aujourd'hui, Pepe, j'ai un rendez-vous et je dois partir tout de suite ; mais merci quand même pour l'invitation.

*

Il n'y avait pas de clients au comptoir du Marfil quand il y arriva. Il ne fréquentait pas cet établissement, mais le barman semblait le connaître : il lui demanda des nouvelles de sa santé et lui servit un verre de manzanilla sans attendre que Prullàs lui dise quoi que ce soit, ce qui lui fit supposer que le barman le confondait avec un habitué de la maison. Avant qu'il ait pu rectifier la méprise, le barman lui présenta un vaste assortiment de tapas : olives farcies, anchois au vinaigre, tranches de jambon et de fromage, rondelles de saucisson. Prullàs avait déjà largement réglé son compte à l'ensemble quand Marichuli Mercadal fit son entrée. Bien qu'il l'ait vue pour la dernière fois moins de quarante-huit heures plus tôt, sa présence physique causa un choc à Prullàs : transplantée brusquement de la plage à la ville, la couleur de sa peau et l'harmonie de ses mouvements irradiaient une violente sensualité ; à tel point que sa robe semblait sur elle un élément superflu. J'ai essayé d'être ponctuelle pour que tu ne me trouves pas laide, dit-elle tout en se hissant sur le tabouret voisin. Les femmes qui arrivent en retard sont laides ? s'étonna-t-il. Aux yeux de l'homme qui les attend, oui, répondit Marichuli Mercadal. Le barman la salua avec la même familiarité que celle dont il avait fait preuve précédemment à l'égard de Prullàs, mais lorsque celui-ci lui demanda si elle avait l'habitude de venir dans ce bar, elle répondit que non. Pendant ce temps, le barman avait regarni l'assortiment de tapas. Si nous mangeons tout ça, nous ne pourrons pas dîner, dit Prullàs. Tant mieux, dit-elle, de cette façon nous ne serons pas en retard au cinéma. Tu tiens tellement à aller au cinéma ? Bien sûr, tu ne pensais quand même pas que j'étais venue à Barcelone seulement pour te voir ? répondit-elle. Et le dentiste ? Oh, ce n'est pas le même genre d'amours. Regarde, voilà le film que je veux voir, ajouta-t-elle en ouvrant son sac et en en retirant un prospectus en couleur où trônait la face revêche de Bette Davis. POUR ELLE, IL N'EXISTAIT D'AUTRE LOI QUE SON CAPRICE, lut Prullàs avec consternation. On dit que c'est formidable ! Prullàs ne jugea pas opportun de préciser qu'il avait déjà vu le film quelques jours plus tôt en compagnie de Mariquita Pons, et encore moins de proclamer l'opinion qu'il en avait. Il rendit le programme à Marichuli Mercadal qui le remit dans son sac. Tu les collectionnes ? s'enquit Prullàs. Alicia les collectionne, répliqua-t-elle, elle en a déjà plus de cent et elle dit qu'elle veut arriver à mille. Son visage s'assombrit et Prullàs se hâta de changer de sujet : Comment ça s'est passé chez le dentiste ? A voir la manière dont tu mords à belles dents dans le saucisson, ce ne doit pas être une brute. Une brise fraîche s'était levée, et ils descendirent la Rambla de Cataluña à pied jusqu'à l'entrée du cinéma Cristina. Là, une femme déguenillée aborda Prullàs et lui dit : Donne-moi quelque chose, mon mignon, que t'as une gonzesse qui vaut de l'or !

*

En sortant du cinéma et malgré les tapas, Prullàs déclara qu'il avait une faim de loup. Le film lui avait semblé si long qu'il avait l'impression de ne pas avoir mangé depuis plusieurs jours, dit-il. Espèce de goinfre ! s'exclama Marichuli Mercadal. Prullàs releva un accent de doute dans sa voix et une lueur d'angoisse dans son regard. Elle avait provoqué la rencontre avec une audace proche de l'impudeur, elle avait pris et retenu la main de Prullàs dans la sienne pendant la projection, mais maintenant, à mesure que la soirée avançait vers son dénouement, l'énergie de cette femme entreprenante fléchissait, et son attitude semblait dire qu'elle souhaitait qu'il prenne à son tour l'initiative. Prullàs ne s'y sentait guère disposé. Si cette situation se prolonge, je vais vite me retrouver dans une embrouille de première, se dit-il, même un irresponsable comme moi peut s'en rendre compte. Qu'est-ce qu'elle attend de moi ? se demandait-il. Et à voix haute : Allons, je vais te raccompagner chez toi.

Elle n'opposa pas la moindre résistance ; elle le laissa la prendre par le bras et la conduire vers la porte qui menait au hall du cinéma et à la Rambla de Cataluña. En arrivant sur le trottoir, Prullàs entendit une voix moqueuse qui disait : Bonsoir, monsieur Prullàs et compagnie ! Il se retourna à temps pour voir disparaître Mariquita Pons dans la foule qui quittait la salle au même moment. Il ne me manquait plus que ça, se dit-il.

14

Le film semblait avoir abattu le moral de Marichuli Mercadal, car c'est à peine si elle prononça une demi-douzaine de monosyllabes durant le trajet entre le cinéma et chez elle, sur l'avenue de José Antonio, entre les rues Bruch et Gerona. Seuls devant la porte cochère, ils observèrent la plus grande réserve : elle chercha un long moment son trousseau dans son sac et le donna à Prullàs pour qu'il introduise la clef dans la serrure et vérifie si la voie était libre. L'obscurité la plus complète régnait dans le vestibule. Prullàs frotta une allumette, mais le courant d'air l'éteignit sur-le-champ. Il avait juste eu le temps d'entr'apercevoir dans le fond du vestibule une immense statue, dont l'aspect terrifiant était sans doute dû aux ombres capricieuses que la petite flamme de l'allumette avait projetées devant les yeux stupéfaits de l'observateur. Avance, qu'est-ce que tu fais ? chuchota-t-elle. Dans le noir, il était impossible de savoir d'où venait cette voix que Prullàs assimila à l'appel au secours de quelqu'un perdu dans le brouillard. Je n'y vois rien, dit-il. Donne-moi la main. La main de Marichuli Mercadal était moite et froide. Apparemment, la lumière ne marche pas, expliqua-t-elle, c'est une vieille maison et les installations sont défaillantes. Viens, répéta-t-elle, il y a juste un étage. Ils montèrent à tâtons. En commençant l'ascension, Prullàs tendit le bras vers l'endroit où, d'après ses calculs, devait se trouver la statue qui venait de lui faire peur. Du bout des doigts, il parvint à frôler une masse de marbre. Sur le palier, il attendit qu'elle ouvre la porte de l'appartement. La lumière de l'antichambre inonda le palier. Ne reste pas planté là, dit-elle, entre, il n'y a personne.

Les meubles étaient recouverts de housses de cretonne et les lampes de housses de tulle ; cela sentait le renfermé et la poussière. Prullàs ne sut pas comment décliner l'invite, et elle ferma très vite et en silence la porte derrière lui. Elle ne voulait pas que les voisins les entendent et encore moins les voient, dit-elle. Vous laissez la maison comme ça tout l'été ? demanda Prullàs. Tu vois, dit-elle. Je croyais que ton mari restait à Barcelone. Oui, mais en notre absence il s'installe chez sa mère ; il ne supporte pas la solitude, surtout quand il a envie de boire. Ne sois pas étonné qu'un homme de son âge ait encore sa mère ; mon mari appartient à une famille où l'on vit longtemps. Sa grand-mère est morte à cent trois ans et son oncle à quatre-vingt-quatorze en tombant de cheval dans un manège. La conviction d'avoir encore toute une vie devant lui l'a décidé à avoir des enfants à un âge avancé ; il n'avait pas prévu une chose, c'est que ce ne serait pas lui mais la petite qui mourrait prématurément : comme tu vois, c'est une sale blague. Et il n'y a pas de danger que ton mari ait l'idée de venir ? demanda Prullàs. Et pourquoi viendrait-il ? demanda-t-elle. Pour être avec toi, dit Prullàs. Tu le ferais, toi ? demanda-t-elle. Je suis déjà avec toi, répliqua Prullàs.

A mesure qu'elle appuyait sur des boutons et que les lumières s'allumaient, ses yeux découvraient des pièces et des couloirs. Entre ici, dit Marichuli Mercadal en désignant une porte. Prullàs fit ce qu'elle lui indiquait sans soupçonner qu'il s'agissait d'une plaisanterie et il se trouva nez à nez avec un squelette. Il poussa un juron et elle éclata de rire. Je te présente Matías, dit-elle. Charmant garçon, grogna Prullàs. Qui est-ce ? Tu ne devines pas ? C'est mon dernier amant : regarde dans quel état il est, après avoir satisfait à toutes mes exigences. Revenu de sa surprise, Prullàs inspecta la pièce : au centre se trouvaient une table de travail et une chaise pivotante ; aux murs, des étagères chargées de livres scientifiques, et, sur les étagères, des reproductions d'organes humains en plâtre colorié. Prullàs prit un cœur pour l'examiner et fit tomber un ventricule par terre. Fais attention, dit-elle, depuis le couloir. Prullàs ramassa le morceau et le remboîta. C'est ici qu'officie ton mari ? demanda-t-il. Mais non, voyons, les chirurgiens ne rapportent pas de travail à la maison. C'est ici qu'il étudie ; un médecin doit se tenir au courant ; le progrès ne s'arrête pas et la mode non plus. Cette année, c'est les maladies du foie, la précédente les troubles cardio-vasculaires, et ainsi de suite. Tu penses passer toute la nuit à tripoter des organes ?

Prullàs remit le cœur en plâtre sur l'étagère et essaya d'ouvrir les tiroirs de la table. Contre toute attente, ils n'étaient pas fermés à clef ; ils contenaient des coupures de presse, des imprimés et des manuscrits, des photographies et des diagrammes. Dans le tiroir central, il y avait un peu d'argent, un trousseau de clefs, divers cahiers et une demi-douzaine de photos de famille dont l'une représentait le docteur Mercadal en uniforme, la tunique couverte d'insignes et de décorations. Au fond du tiroir, Prullàs trouva un pistolet Luger. Sacré docteur Mercadal ! murmura-t-il pour lui-même. Il laissa le tout comme il l'avait trouvé, ferma le tiroir et quitta le cabinet. Le couloir était désert et obscur. Prullàs éprouva une légère sensation de peur. Qu'est-ce qu'il faisait là ? se demandait-il. Il regarda sa montre : il était une heure moins le quart. Il est très tard, dit-il à voix haute, mais personne ne répondit. Il appela Marichuli Mercadal, et seul le silence lui répondit. Elle m'a laissé seul, pensa-t-il, je suis seul, enfermé dans une maison inhabitée, en compagnie d'un squelette ; c'est ridicule. A mesure qu'il s'éloignait du cabinet dont la lumière restait allumée, il s'enfonçait dans une obscurité peuplée par les fantômes des meubles couverts de housses. Quelque part, sous une housse, il doit bien y avoir un téléphone, se disait-il, je peux appeler Gaudet et lui demander de venir me tirer de là. Mais avant d'être sûr que cette folle m'ait laissé effectivement seul et sans possibilité de sortir, posons-nous la question : pourquoi l'aurait-elle fait ? Diverses réponses lui venaient à l'esprit, toutes plus invraisemblables les unes que les autres : extorsion, séquestre, rites sataniques. Est-ce que je serais en train de devenir idiot ? se dit-il. Mais il se rappelait le pistolet dans un tiroir et il reconnaissait qu'il n'était pas rassuré. Il essaya de prendre la situation avec humour :

peut-être que d'un moment à l'autre elle va me tomber dessus comme Lon Chaney brandissant le couteau sacré des sacrifices devant le rire cruel et un peu niais de María Montez, se dit-il. Il appela de nouveau Marichuli Mercadal en criant et, cette fois, la voix calme de celle-ci répondit dans son dos : Qu'est-ce que c'est que ce tapage ? Je ne suis pas sourde. Je t'ai appelée à plusieurs reprises, dit-il, et tu ne me répondais pas, qu'est-ce que tu faisais ? Rien, en voyant que tu ne venais pas je suis allée dans la salle de bains et, avec le robinet ouvert, je ne t'entendais pas, répondit Marichuli Mercadal. Qu'est-ce qui t'intéressait tant dans le cabinet de mon mari, fouineur ?

Guidé par la voix, Prullàs l'avait rejointe dans une pièce rectangulaire dans laquelle, sur un côté, se dressait un lit en marqueterie XIXe, très haut et très large. A la tête du lit se trouvait un crucifix en acajou et, cloué sur lui, un Christ en ivoire couvert d'une jupette de velours écarlate. Marichuli se brossait les cheveux devant le miroir d'une coiffeuse où s'amoncelaient récipients et objets en argent, séparée du lit conjugal par un paravent. Nous prendrons la chambre d'amis, dit-elle soudain, ce lit n'est pas fait, et puis c'est un territoire sacré. Elle avait enlevé ses vêtements de ville et passé un kimono de soie dont la fente laissait voir ses jambes bronzées. Fasciné par cette vision, Prullàs oublia les pressentiments qui l'avaient assailli et s'éclaircit la gorge ; il allait dire quelque chose quand elle le devança. La femme qui nous a salués à la sortie du cinéma était une actrice, n'est-ce pas ? Une actrice de théâtre, très connue. Oui, Mariquita Pons, répondit-il, contrarié et perplexe : il croyait que la rencontre était passée inaperçue ou que, si elle s'en était rendu compte, elle n'y avait pas attaché d'importance. Qu'y a-t-il entre vous ? Rien, quelle bêtise. Je ne vois pas où est la bêtise : c'est une femme très séduisante et certainement intelligente. Deux puissantes raisons pour ne pas y toucher, répondit-il sur un ton badin, puis, recouvrant son sérieux, il ajouta : elle est beaucoup plus âgée que moi et elle a un mari avec qui elle est heureuse et que, à ma connaissance, elle n'a jamais trompé ; il s'appelle Miguel Fontcuberta et c'est aussi un de mes bons amis. De plus, ajouta-t-il, cela fait des années que Mariquita et moi travaillons étroitement ensemble, nos relations sont strictement professionnelles, et il en est résulté une affection mutuelle totalement désintéressée ; il est possible que, dans un monde qui adore les racontars, cela ait donné pâture à des histoires de toutes les couleurs, mais elles ne sont pas vraies. Ta curiosité est-elle satisfaite ?

Marichuli Mercadal se leva du tabouret. Elle semblait plus mince dans le kimono dont l'ourlet frôlait le dallage. Le regard de la femme, dur et soupçonneux dans le miroir, était maintenant lumineux et ardent. Ce que tu fais m'est égal, murmura-t-elle, mais ne me parle pas ainsi : je ne suis pas une épouse qui s'ennuie, en quête d'amours passagères ; je ne cherche pas à occuper une place dans ton cœur ni dans ta vie. Je suis mauvaise, tu m'entends ? Je trouve mon plaisir à faire le mal. Je suis dévergondée et perverse. Oh, mes aïeux, pensa Prullàs, quelle folie !

*

Il pensait toujours la même chose quand il se réveilla en sursaut, sans savoir quelle heure il était ni où il se trouvait. De minces rais de lumière indiquaient les interstices des volets fermés d'un balcon et permettaient de discerner le contour des meubles dans l'obscurité de la chambre d'amis. Il percevait à côté de lui la respiration légère et inégale de Marichuli Mercadal qui dormait d'un sommeil inquiet, les bras passés autour de l'oreiller. Il se leva en silence, ramassa ses vêtements éparpillés dans la chambre, s'habilla et posa soigneusement le kimono déployé sur le lit. Ses chaussures à la main, il sortit dans le couloir ; cette fois, il n'eut pas de mal à s'orienter et à trouver la porte de l'appartement. Il se chaussa sur le palier. Le silence qui régnait lui fit supposer que tous les voisins étaient partis en vacances. Il pensa à Marichuli Mercadal, seule et sans défense dans l'immensité de l'immeuble vide ; il pressa le pas. Par chance, la porte cochère pouvait s'ouvrir de l'intérieur.

Il faisait encore nuit noire, la ville dormait profondément, sans les soubresauts qui précèdent l'aube. Les rues étaient désertes et muettes. La brume posait un voile de gaze sur les lampadaires. Décoiffé, les vêtements en désordre et la peau encore tiède, Prullàs se dirigea avec des précautions d'agent secret vers l'endroit où il avait laissé sa voiture. En passant devant un soupirail, une bouffée suffocante et douceâtre l'enveloppa. A travers le grillage, il vit une grande cave baignant dans un halo rouge ; deux hommes en caleçon et tablier mettaient dans un four à quatre gueules les miches de pain ; à l'extrémité de la cave, un autre homme, blanc de farine, pétrissait la pâte à un rythme effréné. La chaleur qui émanait du four faisait s'évaporer instantanément l'abondante sueur des boulangers en les entourant d'une légère vapeur. C'était la seule boulangerie du quartier qui restait ouverte pendant le mois d'août. Pour rien au monde je ne ferais un travail comme celui-là, pensa Prullàs. En haut du clocher de la paroisse des Salésiens le timbre solennel d'une horloge brisa le silence pour sonner quatre heures. Au loin un chien aboya. D'un porche de la rue Bruch sortit une bonne sœur pliée en deux. Elle avait probablement passé la nuit auprès d'un malade ou d'un défunt et retournait au couvent pour ne pas manquer matines. Elle se signa en posant le pied sur le trottoir, comme si elle entrait en terre d'infidèles, et recommença en croisant Prullàs qui, confondant le signe de la croix avec un salut, répondit par une courbette respectueuse, sans se rendre compte de l'absurdité de son geste, plongé encore dans les délices de la volupté mais sentant sourdre déjà aux frontières de sa conscience l'inquiétude pour les conséquences imprévisibles de son égarement hasardeux.

Chapitre II

1

Pas de panne aujourd'hui, Bonifaci ? s'enquit Prullàs en voyant le concierge sortir de sa loge sans son bougeoir habituel. Ça, don Carlos, je ne sais pas, répondit le concierge. Mais s'il y en a, elles ne me prendront pas au dépourvu, ajouta-t-il en sortant un minuscule moignon de bougie de la poche de sa blouse. Et le bougeoir ? Ah, don Carlos ! On me l'a volé il y a quelques jours, et ce qui m'attriste le plus, c'est de penser que c'est forcément quelqu'un du théâtre : on ne peut même pas faire confiance à ses camarades de travail ! Il s'enfonça dans le corridor obscur, suivi de Prullàs ; de temps en temps, il ralentissait le pas et lançait un bref soupir où se mêlaient l'asthme et la philosophie. Les gens sont méchants, très méchants, dit-il tout à coup, comme si, de soupir en soupir, ses réflexions l'avaient conduit à cette triste conclusion. Mais il faut rester aimable envers tout le monde, ajouta-t-il immédiatement avec beaucoup de conviction. Est-ce que ce n'est pas un contresens, Bonifaci ? dit Prullàs. Ah, don Carlos, dit le concierge, je ne suis pas fort pour raisonner, mais c'est comme ça ! Voilà à coup sûr un brave homme, pensa Prullàs, un bienheureux ; la prochaine fois, si je m'en souviens, je lui apporterai un bougeoir ; il doit y en avoir des tas à la maison. Dans l'obscurité de la salle, ils se dirent adieu par gestes ; le concierge s'éloigna dans le corridor et Prullàs resta caché derrière les cintres.

JULIO : Formidable, formidable. Tout va comme sur des roulettes. Dans deux heures, nous aurons commis le crime parfait et dans quelques semaines nous serons riches, Cecilia, riches ! Tu te rends compte ? Finies les dettes, finies les supplications, finis les vêtements qu'il faut retourner. Et nous pourrons enfin manger des langoustines tous les jours !

CECILIA : La barbe avec tes langoustines ! Je vais finir par les détester ! Quant au reste, tu diras ce que tu voudras, Julio, mais je ne suis pas très rassurée.

JULIO : N'aie pas peur, mon plan est infaillible. Tu as fait tout ce que je t'ai dit ?

CECILIA : Oui, j'ai appelé Enrique au commissariat et je lui ai fait dire que Todoliu l'attendait ici à cinq heures précises, après quoi j'ai prévenu Todoliu qu'Enrique viendrait le voir à cinq heures. Ce que je ne sais pas, c'est ce qu'ils se diront quand ils seront l'un en face de l'autre.

JULIO : Bah ! ils parleront de corridas, de football et de femmes, de quoi d'autre veux-tu qu'ils parlent ? L'important, c'est qu'Enrique voie Todoliu frais comme un gardon à cinq heures. Et ensuite, quand Enrique sera parti… vlan !

CECILIA : Jésus ! Quelle horreur ! On ne pourrait pas le tuer sans qu'il soit besoin de faire « vlan ! » ?

JULIO : Ce sera difficile, mais on essaiera. Et alors…

Entre la bonne dans tous ses états, le plumeau à la main, suivie de Luisito.

LA BONNE : Madame, je regrette beaucoup, mais je quitte cette maison tout de suite. Je vous dis au revoir ! On est pauvre mais honnête, et ce qui se passe dans cette maison on ne peut le consister… constituer…

CECILIA : Mais voyons, ma fille, il ne s'est encore rien passé !

LA BONNE : Rien ? Vous appelez ça rien, vous, les propositions malhonnêtes qu'on vient de me faire ?

CECILIA : Ah bon ! *(A Luisito.)* Tu devrais avoir honte !

Elle lui donne une gifle.

LUISITO : Mais je ne caca… ne caca…

CECILIA : Et ne réponds pas !

Elle lui donne une autre gifle.

LUISITO : Aïe !

LA BONNE : Mais non, M. Luisito n'est coupable de rien, le pauvre innocent ! Celui qui me poursuit, c'est M.Todoliu.

CECILIA : Todoliu !

JULIO : Allons, expliquez-vous : que s'est-il passé exactement ?

LA BONNE : Eh bien, il s'est passé que j'étais en train de plumer… pardon, d'enlever le plumeau avec la poussière, quand voilà M. Todoliu qui arrive, il se met à me parler de choses et d'autres, il parle, il parle, et puis comme ça, tout à trac, il me dit que si je veux partir avec lui sur la Côte d'Azur, eh bien, il m'emmène.

CECILIA : Quelle abomination ! Et toi, qu'est-ce que tu lui as répondu ?

LA BONNE : Que moi, personne ne m'emmènerait sur la Côte d'Azur, ni de Vert, ni sur aucune côte d'aucune couleur. Manquerait plus que ça !

JULIO : Et lui, comment il l'a pris ?

LA BONNE : Oh, très bien ! Il m'a dit que si je changeais d'idée je n'avais qu'à le lui dire, mais que je ne tarde pas trop, vu qu'il avait les visas en règle et les bagages faits, et que son train partait pour la frontière à cinq heures précises !

JULIO et CECILIA, *ensemble* : A cinq heures !

D'accord, ça sera tout pour aujourd'hui ! cria Gaudet depuis sa table. Les acteurs se retirèrent rapidement pour regagner leurs loges et Prullàs s'approcha de son ami. On dirait que ça va mieux, dit-il. Le metteur en scène eut une expression sceptique. Il y a longtemps que tu nous espionnes ? demanda-t-il. Dix minutes, et je n'espionnais pas : je suis resté dans les cintres pour ne pas interrompre la scène. De toute manière, c'est sans importance, répliqua Gaudet, tout en rangeant les feuilles éparses sur la table. Hier soir, enchaîna-t-il en passant du coq à l'âne, il m'a appelé chez moi. Qui ? demanda Prullàs. Ignacio Vallsigorri ? Oui, mais le vrai, pas celui que tu connais, répondit le metteur en scène. Pour l'amour de Dieu, Pepe, ne me rappelle pas le rôle affreux que tu m'as fait jouer. Ce n'est pas de ma faute : je ne t'ai jamais dit de tailler une bavette avec un autre. Bien, bien, et que voulait le vrai Vallsigorri ? Qu'est-ce que tu crois qu'il voulait ? Revenir sur la conversation de l'autre jour ; tu ne penses tout de même pas qu'il allait renoncer à son idée simplement parce que nous ne nous précipitions pas pour l'appliquer ? Si Quiqui avait le moindre soupçon de ce qui se trame, dit Prullàs au bout d'un moment, le théâtre serait déjà en flammes et nous avec. Le mieux, dit Gaudet, serait encore que tu parles à Mlle Lilí Villalba ; fais-lui comprendre que nous sommes tous contents d'elle, qu'elle est douée et qu'elle est jolie, que si elle s'intéresse véritablement au métier d'actrice elle n'a qu'à se donner du mal et se laisser guider, mais surtout qu'elle ne doit pas aller trop vite, que beaucoup de carrières ont été stoppées net par un excès de précipitation. Dis-lui qu'elle est très jeune, etc., etc., et que si elle arrive un jour à retenir son rôle par cœur, à améliorer sa diction et à dissimuler un peu ce fichu accent *charnego*[1], il est très

1. Ce terme désigne en Catalogne les immigrés venus du reste de l'Espagne.

probable que le cinéma l'accueillera à bras ouverts ; cet argument marche toujours et, dans le cas présent, il ne doit pas être totalement faux ; tu as entendu, l'autre jour, l'opinion de M. Mas. Prullàs regarda son ami avec stupeur. Franchement, dit-il, je ne vois pas pourquoi ce serait moi qui lui transmettrais des raisons que tu viens de m'exposer avec tant d'éloquence. Parce que, répondit le metteur en scène, tu lui imposeras le respect, tandis que moi je lui ferais peur. Et si elle ne se laisse pas convaincre ? Alors dis-lui ce qui te passera par la tête, et si tu as envie de l'étrangler, étrangle-la, je t'y autorise, dit Gaudet. Je ne me rappelle même pas son nom, protesta Prullàs. Lilí Villalba, dit Gaudet, Mlle Lilí Villalba.

Dans l'obscurité du corridor qui conduisait aux loges, il se heurta à un machiniste. A cause de la chaleur qui régnait dans ce local exigu, le machiniste était en maillot de corps mais, pour des raisons difficiles à déceler, il avait gardé son béret, enfoncé jusqu'aux yeux. Salut, Benito, lui dit Prullàs. Benito haletait ; il était évident que, pour cet homme, la chaleur constituait un véritable supplice. *Arriba España*, don Carlos ! lui répondit-il en s'effaçant pour le laisser passer.

*

Sur la porte d'une loge, une carte punaisée annonçait en caractères d'imprimerie le nom de son actuelle occupante : MADEMOISELLE LILÍ VILLALBA. Prullàs frappa et entra sans attendre la réponse. Il n'y avait personne dans la loge ; les ampoules qui encadraient le miroir étaient éteintes et, pour tout éclairage, une lampe jaune oscillait au plafond. On y respirait un air vicié, imprégné d'une odeur de vêtements sales ; à un clou étaient accrochées une toque crasseuse et une cape mitée et déteinte, tandis qu'un carton à chapeaux plein de perruques graisseuses évoquait de macabres scènes de guillotine. Mademoiselle Lilí Villalba, murmura

Prullàs, vous êtes là ? Le miroir lui renvoyait sa propre image.

Il retournait à la scène pour informer Gaudet de ce nouvel échec quand il vit que la porte de la loge de Mariquita Pons était entrouverte ; il passa la tête à l'intérieur. Un cri étouffé salua son apparition. Que faites-vous ici ? demanda-t-il, surpris de trouver Mlle Lilí Villalba en un endroit où elle n'avait rien à faire, mais encore plus de la voir nue jusqu'à la ceinture. D'un mouvement rapide, la jeune actrice avait croisé les bras sur sa poitrine, mais elle regardait fixement l'intrus ; on voyait qu'elle avait l'habitude de soutenir le regard des hommes, et Prullàs, qui ne s'attendait pas à cette attitude de défi dans une tenue aussi embarrassante, en resta tout confus. Vous voyez, je m'habille. Prullàs lui tourna le dos et lui demanda pourquoi elle s'habillait ici et non dans sa loge à elle. Je ne suis pas venue pour m'habiller, répondit la voix de la jeune actrice derrière lui, mais pour prendre une douche ; il n'y a pas de douche dans ma loge et, à la maison, nous n'avons pas d'eau depuis plus d'une semaine. A peine finie la répétition, ajouta-t-elle, doña Mariquita est partie précipitamment ; je lui ai demandé où elle allait avec tant de hâte et elle m'a répondu qu'elle avait rendez-vous chez le coiffeur dans cinq minutes, ce qui ne lui donnait pas le temps de se doucher et que, de toute manière, elle prendrait un bain plus tard, chez elle, car elle avait des invités pour le dîner de ce soir, alors je me suis dit que si je me douchais vite et si je faisais attention, personne ne s'en apercevrait. Vous pouvez vérifier, il ne manque rien, ajouta-t-elle en baissant la voix.

Prullàs se retourna ; Mlle Lilí Villalba s'était rhabillée. Prullàs la regarda dans les yeux, essayant de discerner si elle disait la vérité ou si elle lui racontait des histoires. Mais quand leurs regards se croisèrent, ils éclatèrent de rire tous les deux, comme si le caractère insolite de la rencontre avait établi entre eux une subtile relation de complicité. J'ai commis une infraction, semblait-elle dire, mais en vous montrant involontairement mes charmes j'ai acheté votre silence, et notre rire est une manière de sceller tacitement le pacte. Qui vous a ouvert la porte de cette loge ? demanda Prullàs. Personne, répondit-elle, elle était ouverte. C'est faux : les portes des loges sont toujours fermées, répliqua Prullàs. Et pourtant, celle-là ne l'était pas, dit la jeune actrice en éteignant la lumière et en claquant la porte de la loge derrière eux. En passant près d'elle, Prullàs respira l'odeur intense de la peau et des cheveux encore mouillés. Vous n'allez pas dans la vôtre pour chercher votre sac ? lui demanda-t-il. Je n'ai pas de sac et je n'en ai pas besoin, dit-elle. Hors du théâtre, je ne me maquille pas et je n'ai jamais d'argent sur moi. Vous trouvez toujours quelqu'un qui paye pour vous, mademoiselle Lilí Villalba ? dit-il. Jusqu'à maintenant j'ai eu pas mal de chance, monsieur Prullàs, répondit-elle en lui tendant la main. Bonsoir.

Comment a marché l'entrevue ? voulut savoir le metteur en scène. Elle semble être quelqu'un de raisonnable, répondit Prullàs. Vous avez parlé du projet d'Ignacio Vallsigorri ? Non, pas de façon directe, il m'a semblé plus prudent d'établir une relation sincère et amicale avant de lever le lièvre. Gaudet le dévisagea ironiquement. Lièvre toi-même, oui ! suggéra-t-il.

2

Poveda est passé par ici, dit Prullàs en entrant dans l'antichambre. Vous êtes très perspicace, docteur Watson, répondit Mariquita Pons en se pinçant le nez, mais je parie n'importe quoi que tu ne devineras pas ce qu'il m'a vendu, cette fois. Et comment je devinerais ? N'importe quoi ! Eh bien, dis quelque chose, qu'on la voie un peu, ta perspicacité ! Prullàs fit quelques tentatives, sans conviction. Un briquet ? Non. Des vitamines ? Non. Des bas ? Froid, froid. Je donne ma langue au chat, finit-il par admettre. La célèbre actrice éclata de rire : Un réveil de cuisine ! s'exclama-t-elle, viens le voir. Et ton mari ? Dans son trou à rat, en train de lire les paperasses qu'il a rapportées de Madrid, répondit-elle en haussant les épaules avec mépris.

Mais ce n'est pas un réveil de cuisine ! s'exclama Prullàs. Ah non !? Alors qu'est-ce que c'est ? C'est un coucou ! Ça revient au même ! Comment, ça revient au même ? Et qu'est-ce que tu en sais, toi, tu n'es jamais entré dans une cuisine ! Prullàs avait soulevé le couvercle d'une casserole et un nuage de vapeur flottait au-dessus de leurs têtes. Dehors, allez-vous-en et ne mettez pas la pagaille, ronchonnait la cuisinière. Je voulais juste savoir ce que vous prépariez, Fina. L'eau des blettes, voilà ce que je vais vous donner, monsieur Carlos, répondit la cuisinière en brandissant une louche. Novice et timide, la soubrette contemplait cet échange de familiarités avec un sourire béat. Carmen, ne reste pas plantée là, ma fille, mets les choux à la crème que M. Carlos a apportés dans la glacière, dit Mariquita Pons, ce sera un miracle si la chaleur ne les a pas fait tourner. La soubrette s'activait. Elle est nouvelle dans la maison mais elle a déjà succombé à l'influence de la célèbre actrice, observa Prullàs ; inconsciemment, elle imite les gestes et les inflexions de voix de sa maîtresse ; il en a toujours été ainsi avec toutes ; ensuite, dehors, elles doivent se faire remarquer, elle passent certainement pour des poseuses auprès de leurs amies qui les trouvent ridicules, voire folles.

Mariquita Pons accompagna Prullàs jusqu'au bureau de son mari, mais elle resta sur le seuil. On verra bien si tu arrives à le faire remonter à la surface, chuchota-t-elle. La comparaison n'était pas mal trouvée : une lampe avec un abat-jour de verre opaque concentrait la lumière sur la table, laissant le reste de la pièce plongé dans une luminescence sous-marine. Miguel, dit Mariquita Pons depuis la porte, Carlos Prullàs est là. Le mari de la célèbre actrice leva les yeux et les écarquilla, comme si cette nouvelle l'arrachait à une profonde méditation. Pourtant, les papiers qu'il était en train d'étudier ne portaient que de longues colonnes de chiffres. Est-ce que vraiment ces bilans l'intéressent, se demandait Prullàs, ou laisse-t-il errer ses pensées très loin d'ici ?

Miguel Fontcuberta se leva prestement et alla au-devant du visiteur, les bras ouverts. Eh bien, Carlos Prullàs, tu es en pleine forme ! Il était grand, athlétique, avec une légère tendance à l'embonpoint. Il devait friser la cinquantaine, il était apparenté aux meilleures familles de la ville et appartenait au comité directeur du Football-Club de Barcelone. Comment vas-tu, Miguel ? Tu es encore allé à Madrid ? Les deux hommes se donnaient mutuellement des tapes dans le dos. Oui, mon vieux, comment faire autrement, même pour éternuer il faut aller dans la capitale. Mais cette fois je n'ai pas perdu mon temps : après avoir réglé quatre petites affaires, on m'a emmené à Las Ventas où j'ai vu Dominguín couper deux oreilles et Pepín Martín Vásquez une. Et j'ai encore eu le temps d'assister à la première de Benavente ; ah ! mon vieux, quel talent, cet homme-là ! Quand vous voudrez, le dîner est servi, dit Mariquita Pons, toujours sur le pas de la porte.

Dans le couloir, Fontcuberta prit Prullàs par le bras. Avant que j'oublie, dit-il, si tu es à Barcelone lundi prochain et si tu n'as pas d'autre engagement, viens faire un tour chez Brusquets vers huit heures, huit heures et demie. Brusquets ? dit Prullàs. Un ami, précisa Fontcuberta, un homme qui a de l'argent et du goût, tu verras. Il pend la crémaillère et donne une fête : peu de gens, juste les intimes. Il m'a demandé avec insistance de t'inviter ; si j'ai bien compris, il ne te connaît pas personnellement, mais il t'admire et veut, par ta présence, élever le ton de la soirée. Tu iras ? s'enquit Prullàs. Bien sûr, et Quiqui aussi, répondit Fontcuberta. Dans ce cas, dit Prullàs, je ne peux pas refuser.

*

Le dîner était parfait et la soirée a été délicieuse, répéta-t-il. Tu l'as déjà dit trois fois, répliqua Mariquita Pons, d'où te vient tant de politesse ? Fontcuberta s'était retiré en prétextant la fatigue du voyage : avec cette chaleur, il n'avait pas pu dormir dans le train. S'il fermait la fenêtre de son compartiment, il rissolait, expliqua-t-il, et s'il l'ouvrait le bruit était assourdissant et les escarbilles lui entraient dans la gorge. Prullàs soupçonna que ce n'était pas la seule raison qui le faisait s'éclipser. Pendant le dîner, Mariquita Pons n'avait cessé de contredire son mari et, face à cette attitude hostile, Fontcuberta s'était replié sur lui-même. A la différence d'autres hommes qui sont pusillanimes devant le monde extérieur et se dédommagent en se montrant despotiques dans la sécurité du foyer, Fontcuberta, qui était un fauve dans le monde des affaires, devenait un vrai mouton dès qu'il rentrait chez lui. Ceux qui ne le connaissaient que dans l'intimité pouvaient difficilement deviner que cet individu pacifique, timide et un peu dans les nuages pouvait cacher un commerçant rusé, tenace et, si nécessaire, impitoyable. A le voir en compagnie de sa femme, dont il satisfaisait tous les caprices sur-le-champ, exécutait affectueusement les ordres et supportait les sautes d'humeur avec un véritable stoïcisme, personne n'aurait soupçonné que, des deux, c'était lui qui possédait un caractère de fer, tandis qu'elle, au contraire, était d'une extrême fragilité. Prullàs, qui ignorait tout de la combinatoire paradoxale des relations conjugales, interprétait toutes leurs scènes de la façon la plus erronée. Qu'est-ce qu'il a, ton mari ? demanda-t-il. Ne fais pas attention, il doit être fatigué par son voyage.

La soubrette novice et timide servit le café et les liqueurs dans le salon. Madame désire encore quelque chose ? Non, Carmen, tu peux te retirer ; je m'occuperai de tout. La soubrette fit une révérence maladroite et s'en alla, suivie du regard par Prullàs qui évaluait ses charmes sans la moindre dissimulation. Bonne acquisition, commenta-t-il lorsque la soubrette eut fermé la porte, où l'as-tu pêchée ? On me l'a recommandée à la boulangerie, répondit Mariquita Pons après avoir servi le café et le cognac. Elle arrive tout juste de son village et c'est presque une enfant ; elle pourrait être ma fille, aussi je te prie de la laisser tranquille. Prullàs but une gorgée de cognac et sourit placidement. Je n'ai rien fait de mal, Quiqui ! Tu parles, tu as passé la soirée à la déshabiller des yeux, répliqua-t-elle, tu devrais avoir honte ! Tu crois qu'elle s'en est aperçue ? demanda Prullàs. Sûrement, répondit-elle, en tout cas, moi je m'en suis aperçue, et je n'ai pas trouvé cela très galant de ta part.

Prullàs prit la main de la célèbre actrice et la porta à ses lèvres. Ce n'est pas le même genre d'amours, Quiqui. La célèbre actrice retira sa main et prit l'éventail. J'ai parfois envie de t'étrangler, dit-elle, mais puisque je ne l'ai pas encore fait, je suppose que je ne le ferai jamais. Tu es très généreuse, dit Prullàs. Plutôt paresseuse, répondit-elle, après tant d'années, j'ai fini par m'habituer à toi comme on s'habitue à une erreur de la nature.

Prullàs alluma une cigarette et se laissa aller sur les coussins moelleux du sofa. Cela ne fait pas si longtemps que nous nous connaissons, dit-il. En tout cas, c'est l'impression que j'ai ; peut-être parce que, près de toi, les années semblent des jours et les jours des secondes. Très drôle, bougonna-t-elle, mais ses yeux s'éclairèrent d'une brève lueur de plaisir.

Les pensées de Prullàs étaient déjà ailleurs. Tu te souviens de la première de *Tous les morts s'appellent Paco* ? La célèbre actrice reposa l'éventail, introduisit une cigarette dans son fume-cigarette de nacre et laissa Prullàs l'allumer. Bien sûr, comment pourrais-je l'oublier ?

L'anecdote les ramena à un soir de printemps, bien des années plus tôt, à Madrid. Prullàs venait d'y faire représenter sa première comédie et Mariquita Pons, qui était alors une jeune actrice au talent reconnu, avait accepté de donner un tour nouveau à sa carrière dramatique en ne suivant pas les conseils de son agent et en jouant, non sans risques, dans la pièce de ce jeune auteur. Contre tous les pronostics, la première avait été un succès. La représentation terminée, après avoir reçu les félicitations des amis et connaissances, l'auteur et l'actrice principale, trop énervés pour aller se coucher, avaient décidé de poursuivre la soirée ensemble. Mariquita Pons, qui n'avait pas encore rencontré Fontcuberta, avait un petit ami aussi sympathique que fainéant, écornifleur professionnel, un peu poète, un peu révolutionnaire et très filou : un authentique représentant de la bohème madrilène. Prullàs, qui, à l'époque, fréquentait déjà Martita, était solitaire, car les parents de son amie ne l'avaient pas autorisée à l'accompagner à Madrid, bien qu'ils y eussent de la famille qui aurait pu la loger et veiller sur elle. Loin de s'en attrister, Prullàs s'était concilié la compagnie d'une jeune personne qui avait des prétentions intellectuelles et la cervelle un peu légère. Ils avaient atterri tous les quatre vers minuit dans un bal populaire situé dans les faubourgs, sous une treille au bord du Manzanares, avec de longues tables et des bancs de bois rustiques, éclairé par des lampions. Ils y avaient bu de l'anis de Chinchón, dansé le paso doble et la scottish au son d'un orgue mécanique et assisté de loin à une querelle entre deux voyous. Un vrai concours d'insolence et de mots d'esprit, une avalanche d'insultes, jusqu'à ce que brillent les couteaux. Par chance, la sagesse l'avait emporté et il n'y avait pas eu de blessés, mais l'altercation les avait laissés tous les quatre encore plus excités qu'auparavant. L'ami de Mariquita Pons s'était fait prêter une guitare et avait chanté un boléro qui avait été très applaudi par l'assistance ; puis les deux filles avaient dansé une milonga avec beaucoup de grâce et d'effronterie. Tous voulaient que Prullàs fasse quelque chose, mais celui-ci avait essayé de se défiler en alléguant qu'il ne savait ni jouer de la guitare, ni chanter et encore moins danser ; cependant, devant l'insistance générale, il avait fini par réciter d'une voix claironnante et avec des gestes d'histrion un *romance* grandiloquent du duc de Rivas. Après le dernier vers, tout le monde l'avait ovationné et les deux filles l'avaient embrassé en même temps sur les joues. Sur le chemin du retour, à Madrid, le jour s'était levé ; le vent du nord soufflait et les silhouettes des toits de tuile se découpaient sur le ciel clair, d'un bleu glacial et transparent. Le long des terrains vagues, les murs étaient couverts d'affiches de propagande électorale. Des farceurs avaient défiguré au charbon les visages sévères de Gil Robles et de Largo Caballero. La jeune personne, pendue au bras de Prullàs, avait proclamé très fort son intention de voter pour José Antonio Primo de Rivera. Il était le seul, affirmait-elle, qui soit capable de sauver l'Espagne du chaos, et si bel homme ! En ces jours agités, une déclaration de ce genre entraînait de grands risques.

Qu'as-tu fait de ce petit ami que tu avais à l'époque, Quiqui ? dit Prullàs en interrompant à cet endroit le flot de ses souvenirs. Mañuel ? Tu as bonne mémoire. Pour l'amour de Dieu, Carlos, ma vie sentimentale n'a pas été tellement fournie ! s'exclama-t-elle. C'était un vaurien des plus sympathiques. Tu sais ce qu'il est devenu ? Indirectement ; j'ai entendu dire qu'il était mort au pénitencier de Burgos, répondit-elle. Et cette fille que tu courtisais ? Celle qui voulait voter José Antonio, comment s'appelait-elle ? Je n'en ai pas la moindre idée : notre relation n'a été qu'un bref épisode sans suite. Pourtant, cette nuit-là, vous sembliez très amoureux. Pure galanterie. La fête finie, je l'ai raccompagnée chez elle et nous nous sommes séparés devant la porte en nous serrant la main. C'est tout ?

Voyons, tu n'imagines pas que je vais avaler ça. Mais si ! Son père était un phalangiste, toujours le pistolet à la ceinture. Il sourit tristement et ajouta sur un ton affligé : Ah, tout a bien changé !

Qu'est-ce qui te prend, Carlos ? demanda Mariquita Pons. Rien. Si, je te connais bien, il y a quelque chose qui te préoccupe. Écoute, il est tard, pourquoi ne me dis-tu pas de quoi il s'agit avant de t'en aller ? lui intima-t-elle. Prullàs se racla la gorge. Ça s'est bien passé chez ton coiffeur ? demanda-t-il d'une voix monocorde. La célèbre actrice le regarda, stupéfaite. Quel coiffeur ? Celui de cette après-midi ; tu avais rendez-vous aujourd'hui chez le coiffeur et tu es partie du théâtre en catastrophe, dès la répétition terminée. Bon Dieu, c'est vrai, je l'avais complètement oublié ! s'exclama Mariquita Pons en portant instinctivement les mains à sa tête et en arrangeant sa chevelure. Quand mon mari est absent, je me fais un sang d'encre, et quand il revient je suis toute déboussolée : cet homme me met hors de moi. Et qui t'a parlé du coiffeur ? demanda-t-elle. La nouvelle qui joue dans la pièce, dit-il, Mlle Lilí Villalba. Ah, cette fille ! dit Mariquita Pons. Je ne savais pas que vous étiez amis. Jusqu'à ce jour, je n'avais pas échangé deux mots avec elle, dit Prullàs, mais Gaudet voulait absolument que j'aille la voir après la répétition. Gaudet t'a envoyé parler avec cette cruche ? Et pourquoi ? demanda-t-elle avec vivacité. Prullàs se rendit compte qu'il s'était aventuré sur un terrain glissant ; pour rien au monde il ne devait mettre la célèbre actrice au courant des intrigues de Vallsigorri. Je ne sais pas très bien, improvisa-t-il, selon Gaudet, la petite est nerveuse et il m'a demandé de la rassurer. Mariquita Pons eut un sourire méprisant. Et tu l'as quittée rassurée ? ironisa-t-elle. Quiqui, est-ce qu'il y a eu des frictions entre Mlle Lilí Villalba et toi ? La Princesse regarda fixement son interlocuteur. Des frictions ? murmura-t-elle. Quelles frictions ? Est-ce que je sais, moi ! enchaîna Prullàs. Mais j'ai l'impression que, depuis quelque temps, quelque chose t'ennuie, tu as l'air très contrariée. La Princesse répliqua que seuls la contrariaient les imbéciles ; elle ne précisa pas à qui elle faisait allusion, mais sa voix trahissait une certaine impatience.

Dans l'antichambre, Mariquita Pons soupira et regarda Prullàs avec tendresse, comme si, à l'heure des adieux, sa colère s'était muée en pitié. Je vois que cette petite t'a tapé dans l'œil, dit-elle. Prullàs se contempla dans la glace de l'antichambre. Tu crois que je lui plairai ? demanda-t-il avec un mélange de bouffonnerie et de sincérité. La célèbre actrice haussa les épaules. Tout ce que je peux te garantir, c'est qu'elle fera comme si tu lui plaisais, sourit-elle en hochant tristement la tête ; elle glissa les mains dans les poches de sa veste. Fais attention, Carlos, murmura-t-elle, Mlle Lilí Villalba peut te causer des ennuis ; tu ferais mieux de t'en tenir à ton milieu, comme cette rousse époustouflante avec qui je t'ai vu sortir du cinéma l'autre soir. Des ennuis ? demanda-t-il, sans relever l'allusion de la Princesse à Marichuli Mercadal. Je ne comprends pas : tu veux parler du dénommé Vallsigorri ? Oui, du dénommé Vallsigorri, affirma-t-elle rondement. Je le connais bien : il faut s'en méfier ; et ce qui lui arrive, il ne l'a pas volé, murmura la célèbre actrice sur un ton énigmatique. Elle se haussa sur la pointe des pieds et posa un baiser léger sur la joue de Prullàs. C'est toi qui me préoccupes, ajouta-t-elle en s'écartant et en le poussant doucement vers la porte.

Agité et ne trouvant pas le sommeil, il passa la nuit à tourner dans son appartement. Les femmes sont incompréhensibles ! s'exclamait-il, dents serrées. D'abord cette dévergondée dans la loge, et ensuite Quiqui. Qu'a-t-elle voulu dire, avec ses insinuations voilées ?

3

Prullàs n'eut pas à attendre beaucoup pour connaître la signification de cet avertissement sibyllin. Deux jours après le dîner chez les Fontcuberta, Sebastiana l'interrompit en plein petit déjeuner pour lui annoncer une visite inattendue.

Rien ne pouvait le contrarier davantage. Comme tout bon noctambule, son réveil était morose et bien réglé : il se rasait, se lavait et s'habillait sans hâte, et son petit déjeuner était frugal mais prolongé et tranquille, alterné avec la lecture distraite de *La Vanguardia* et suivi de la scrupuleuse résolution des mots croisés. C'était la seule manière de se secouer de son abrutissement matinal sans avoir à faire des efforts épuisants. Quelle tuile ! Une visite à cette heure ! Qui cela peut-il bien être ?

Sebastiana fit un geste narquois. Une greluche, dit-elle. Prullàs lui adressa un regard sévère. Elle a dû donner son nom ? Lilí Villalba, ou quelque chose dans ce genre-là, murmura Sebastiana à contrecœur, et elle ajouta ironiquement : La bonne fileuse prépare sa toile dès le matin. Quand j'aurai besoin d'une dose de sagesse populaire, je te sonnerai, dit Prullàs, mais pour le moment garde tes commentaires pour toi. Sebastiana haussa ses épais sourcils et pinça les lèvres. Le jour où je me tairai, c'est pas demain la veille, marmonna-t-elle. Je lui dis d'entrer ?

Prullàs réfléchissait, loin des ronchonnements de la servante ; il aurait préféré ne pas recevoir la jeune actrice, mais la seule mention de son nom lui avait remis en mémoire une image tellement vivante de leur rencontre dans la loge qu'il ne put résister au désir de la revoir. Dis-lui que je la recevrai dès que je pourrai, dit-il finalement.

Il tenta de se replonger dans la lecture du journal, mais il n'y réussit pas ; il but d'un trait son café au lait, s'essuya les lèvres avec la serviette et se leva. Devant le miroir de la coiffeuse, il rectifia le nœud de sa cravate et tira sur les poignets de sa chemise. Puis il sortit dans l'antichambre.

Mlle Lilí Villalba attendait, modestement assise sur le bord d'une chaise. En voyant Prullàs elle se leva et ouvrit la bouche, mais elle ne dit rien. Elle portait une robe d'été, discrète et simple, non exempte de grâce mais décolorée à force d'avoir été lavée. Viens, dit Prullàs.

Il la précéda dans le bureau, la fit entrer et ferma la porte derrière elle. Puis il s'assit à sa table de travail et regarda fixement la jeune actrice. La table interposée entre eux, avec son sous-main en cuir et son écritoire en bronze, conférait à la visite un air vraiment professionnel, se dit-il. Cette idée lui donna confiance. Pendant qu'il allumait une cigarette et se demandait comment aborder froidement la situation, Mlle Lilí Villalba se lança tout de go : Monsieur Prullàs, commença-t-elle, je suis venue vous faire des excuses pour mon attitude stupide ; l'autre soir, au théâtre, je me suis conduite d'une façon grossière et puérile ; la faute en revient en partie aux circonstances, mais je sais qu'elles n'excusent pas mon comportement : en me voyant surprise, dévêtue et en train de commettre une infraction grave au règlement interne, je me suis troublée et, au lieu de reconnaître ma double faute, j'ai réagi en faisant la fière, comme une petite dinde et une effrontée ; bref, j'ai fait le contraire de ce que j'aurais dû. Je voulais juste vous dire que je le regrette. Elle se tut soudain et baissa de nouveau la tête, comme si cette déclaration l'avait laissée sans idées et sans voix ; au bout d'un moment, elle ajouta, sans relever la tête : Bien sûr, pour vous, cela peut paraître une peccadille, mais, pour moi, c'était très important de vous dire ça. Je sais aussi, maintenant, que je n'aurais pas dû venir chez vous, à cette heure…

C'est vrai, dit Prullàs, tu n'aurais pas dû venir ; assieds-toi. Le geste de la main par lequel il lui désignait une chaise était énergique, mais il n'y avait pas de colère dans sa voix et un léger sourire moqueur se dessinait sur ses lèvres. Je sais que je n'aurais pas dû, continua Mlle Lilí Villalba sans prêter attention à l'invite, mais je n'avais pas le choix, car je ne dispose pas de temps libre dans la journée : je dois être d'ici peu à l'autre bout de Barcelone, au Clot. Je suis intérimaire au service de l'emballage d'une usine de produits lactés, expliqua-t-elle. Et, après une pause, elle justifia cette précision apparemment inutile en ajoutant : Ne croyez pas que je vis *seulement* du théâtre.

Je croyais… commença Prullàs, mais il s'arrêta avant de finir sa phrase. La jeune fille rougit. M. Ignacio Vallsigorri est très aimable et certainement généreux, dit-elle dans un murmure. Je lui dois *beaucoup* de faveurs, et en particulier de m'avoir ouvert les portes du théâtre, mais ne supposez pas pour autant… Prullàs s'éclaircit la gorge. Tu as pris ton petit déjeuner ? demanda-t-il pour changer de sujet. Oui, avant de partir de chez moi ; j'ai l'habitude de me lever tôt. Pour dire la vérité, entre l'horaire des répétitions et le travail, je manque de sommeil, mais je suis jeune et très résistante, et je me dis toujours – enfin, je me dis ça quand je crois être arrivée au bout de mes forces – qu'un jour, avant que j'aie perdu ma jeunesse et ma résistance, je me ferai une place dans le théâtre, je pourrai vivre *seulement* du théâtre ; autrement…

Assieds-toi, répéta Prullàs. La jeune fille fit ce qu'il lui commandait et garda le silence. Prullàs la regardait en essayant de deviner ce qu'il y avait de vrai dans ses paroles et de sincère dans cette attitude polie et timide qui, loin d'écarter de sa mémoire la rencontre plutôt leste dans la loge de Mariquita Pons, lui conférait, à lumière de la situation présente, une signification plus confuse. Tu es vraiment venue chez moi à cette heure-ci pour me dire ça ? demanda-t-il enfin. Que tu regrettes ce qui s'est passé l'autre jour dans la loge ? Non, pas ce qui s'est passé, répliqua-t-elle, mais la *manière* dont je me suis conduite, comme je vous l'ai dit ; je voulais effacer la mauvaise impression que j'ai dû vous faire, c'est tout.

De nouveau, un silence tendu s'installa entre eux. Soudain, un frisson parcourut le corps de la jeune fille. Prullàs craignit que ce spasme ne soit le début d'une scène de pleurs ou d'hystérie, mais quand elle se remit à parler elle le fit d'une voix calme. Je vous ai assez dérangé comme ça, je m'en vais ; merci de m'avoir reçue et, encore une fois, pardonnez-moi mon audace. Prullàs comprit que, s'il ne disait rien, elle se lèverait, sortirait de la maison, et l'incident serait enterré à tout jamais. Par la fenêtre ouverte du balcon entra le son monotone et prosaïque d'une tige métallique frappant une casserole en fer-blanc ; au rythme de cette rustique timbale, une voix nasillarde cria : *Es compren pells de conill !*[1] Prullàs dit : Et ces excuses, tu ne pouvais pas me les faire au théâtre, aujourd'hui ou demain, pendant une pause de la répétition ? Il fallait vraiment que tu viennes me dire cela ici ? Le sourire s'effaça progressivement du visage de la jeune fille. Au théâtre, c'était impossible, murmura-t-elle. Vous ne comprenez pas, bien sûr, enfin, je veux dire, vous ne *pouvez* pas comprendre, mais c'est comme ça. En effet, je ne comprends pas, dit Prullàs sur un ton humoristique qui dissimulait mal son inquiétude : il avait peur de ce qu'elle pourrait lui dire ensuite. Mlle Lilí Villalba consulta sa montre et demanda : Je peux vous voler encore quelques minutes de votre temps, monsieur Prullàs ? Si je me souviens bien, répondit-il, c'était toi qui étais pressée. Oui, tant pis, j'arriverai au travail en retard, acquiesça-t-elle, il faudra que j'invente une bonne excuse… Ce sera la première fois que je le ferai ; j'espère que je ne serai pas renvoyée. Très bien, dit-il, parle.

1. J'achète des peaux de lapin !

Voyez-vous, monsieur Prullàs, commença la jeune fille, quand je vous disais tout à l'heure que je voulais effacer la mauvaise impression que j'ai pu vous donner hier après-midi, je vous disais la vérité, mais pas *toute* la vérité ; en prenant ce prétexte de vous présenter mes excuses, je voulais entrer en contact avec vous. Je vous en prie, ne m'interrompez pas. Je sais ce que vous pensez de moi, comment vous me voyez ; nous nous connaissons à peine, mais je sais l'idée que vous vous faites d'une fille comme moi ; croyez-moi, je ne vous le reproche pas ; à votre place, n'importe qui penserait la même chose. Tu es bien certaine de connaître mes sentiments… l'interrompit Prullàs. Elle sourit tristement. Je ne suis pas assez naïve pour ne pas savoir ce qu'on pense de moi au théâtre, poursuivit-elle, ni assez sourde pour ne pas entendre ce qu'on murmure quand j'ai le dos tourné. Mais n'interprétez pas mal cela : je ne suis pas venue pour me plaindre ou pour défendre ma réputation ; ni l'un ni l'autre ne m'intéressent, et, n'importe comment, ça ne servirait *à rien*. Mais alors, qu'est-ce que tu es venue me dire ? demanda Prullàs. Juste ceci, répondit-elle. Mon travail au théâtre est important pour moi ; je veux être actrice, je *veux* vraiment être actrice et je suis prête à faire n'importe quoi, n'importe quel sacrifice, pour y arriver. Ce n'est pas seulement par vocation, je ne vais pas vous mentir. Mieux vaut jouer cartes sur table, monsieur Prullàs, non, ce n'est pas seulement par *vocation*. Toute ma vie, je n'ai connu que le besoin et le chagrin, mon enfance a été malheureuse, mais le présent l'est encore plus ; quant à l'avenir, il s'annonce si noir que je n'ai même pas le courage de l'imaginer. Je n'ai ni culture ni éducation, je ne sais rien faire, de quoi vivrai-je ? Pour le moment, j'ai le travail dont je vous ai parlé, dans l'usine de produits lactés, un travail monotone et fatigant où je me crève tous les jours pour quatre sous, mais même ça, même ce travail, qui est véritablement *abrutissant*, n'est que temporaire ; à tout moment je peux me retrouver à la rue, et alors qu'est-ce que je ferai ? Je sais ce que vous pensez : que je tombe inutilement dans le mélodrame. Quand je suis arrivée ici et que la personne qui m'a ouvert m'a dit que Monsieur ne pouvait me recevoir *parce qu'il était encore en train de prendre son petit déjeuner*, j'ai compris que tout ce que je pourrais vous dire serait inutile : quelqu'un qui a ce train de vie ne peut comprendre certaines choses. Ne vous en offensez pas. Ceux qui ne connaissent pas la pauvreté et la misère sont persuadés que la pauvreté et la misère ne sont que des ingrédients parmi d'autres dans la vie de certaines personnes ; mais pour nous qui *vivons* dans ce monde-là, la pauvreté et la misère sont notre unique réalité, jour après jour, sans variation ni espoir. Si je ne pensais pas que le théâtre peut me sortir de ce trou, je crois que je me tuerais. En prononçant ces mots, elle poussa un profond soupir, se couvrit la figure de ses mains et ajouta, dans cette position : Je suis *prête à tout* pour m'en tirer. Et sans transition, écartant les mains et montrant un visage rieur, elle ajouta : N'interprétez pas mal mes paroles.

A toi de me dire comment je dois les interpréter, répliqua Prullàs.

Je sais que je plais aux hommes, poursuivit-elle. Prullàs haussa les sourcils, surpris par le tour inattendu qu'avait pris l'argumentation de la jeune actrice et, en voyant sa surprise, Mlle Lilí Villalba sourit avec un mélange de timidité et de malice. Je ne fais pas la coquette, je dis seulement *les choses comme elles sont* ; je sais que j'ai un visage séduisant et de jolies jambes. Je reçois tout le temps des compliments dans la rue et je comprends ce que signifient les regards des hommes. Je ne suis pas une effrontée, mais pas non plus une idiote : je pense que le sort m'a privée de beaucoup de choses mais qu'il m'en a donné d'autres en échange et que ce serait absurde d'accepter avec résignation tout ce qu'il y a de mauvais dans la vie sans profiter de ce qu'il y a de bon, étant entendu, ajouta-t-elle de façon mécanique, que cela ne suppose rien d'immoral.

Don Ignacio Vallsigorri…

Je ne parlais pas de lui, mais je ne refuse pas d'aborder ce sujet, dit Mlle Lilí Villalba. Nous nous sommes rencontrés par hasard, encore que ce hasard ne se serait sans doute pas produit si mes jambes n'étaient pas *ce qu'elles sont*. Il m'a ouvert les portes du théâtre, comme je vous l'ai dit, et non seulement les portes du théâtre mais d'autres portes privilégiées : du jour au lendemain, je me suis retrouvée, moi qui n'étais rien, dans une troupe prestigieuse, à côté de doña Mariquita Pons, et dans une pièce *de vous*. Je n'ignore rien de la chance immense que j'ai eue. Elle prononça ces mots avec un tel enthousiasme que Prullàs ne trouva aucune raison pour douter de leur sincérité. Dans son agitation, Mlle Lilí Villalba avait quitté sa chaise et arpentait le bureau. Puis, soudain, tout son optimisme juvénile sembla l'abandonner. Elle se laissa choir dans le fauteuil en cuir et poursuivit sur un ton las : Excusez mon emportement, je n'avais pas l'intention de me faire valoir *de cette manière*. Je suis venue dans le but de vous donner une meilleure opinion de moi et je crains d'avoir obtenu tout le contraire. Je m'en vais. Je suis désolée d'avoir interrompu votre petit déjeuner, je vous remercie de votre patience et je vous assure que je ne remettrai plus les pieds dans cette maison.

Elle se leva et Prullàs en fit autant. Je vous accompagne jusqu'à la porte, dit-il. Ne vous dérangez pas, dit-elle. Cela ne me dérange pas. Dans l'antichambre, ils se serrèrent la main.

La porte était déjà ouverte quand Prullàs dit : Pourtant, nous devrions peut-être poursuivre cette conversation plus tard, sans être si pressés… et ailleurs… Lilí Villalba pâlit ; la lumière froide du palier accentuait la blancheur de sa peau. Qu'est-ce que vous suggérez, monsieur Prullàs ? Prullàs s'éclaircit la gorge. Rien, juste une idée qui me passait par la tête, dit-il en tirant la porte. Avant que la porte ne se referme, elle dit : Rue de l'Unión, pas loin des Ramblas, il y a un endroit discret où j'ai l'habitude d'aller quand je veux être seule avec moi-même ; il se peut que cette après-midi, après la répétition, je passe par là. Hôtel Gallardo. N'oubliez pas. Elle commença de descendre prestement l'escalier, sans attendre la réponse, et Prullàs, sans la lui donner, referma la porte.

*

De nouveau seul, il essaya de revenir à sa lecture interrompue de *La Vanguardia*. La page des faits divers rendait compte d'un événement cruel : la nuit précédente, des individus sans scrupule, trompant la surveillance, s'étaient introduits dans le parc zoologique par un trou pratiqué dans le grillage et avaient assassiné un pauvre animal sans défense en le criblant de projectiles avec des frondes. En raison de ce méfait, que la municipalité qualifiait de honteux, la garde avait été doublée dans le parc de la Citadelle, où se trouvait le zoo, dans les allées solitaires duquel, à la tombée de la nuit, on avait aperçu récemment des exhibitionnistes. Dans une salle des fêtes de Madrid se produisaient actuellement les Peters Sisters. A Nuremberg, les charges se précisaient contre Alfred Krupp, dont on disait qu'il avait non seulement manifesté en termes non équivoques ses préférences pour l'idéologie nationale-socialiste, mais contribué matériellement et de façon substantielle au triomphe du funeste parti qui l'incarnait. Des documents irréfutables démontraient que Krupp avait versé la somme exorbitante d'un million de marks de l'époque pour financer la campagne électorale des nazis. Grâce à cette aide et à celle, similaire, d'autres grandes familles, les nazis avaient pu gagner les élections et accéder au pouvoir en Allemagne, accusait le procureur. Seul l'appui inconditionnel des puissants milieux industriels et financiers avait permis aux nazis de monter un colossal appareil de propagande et d'abuser ainsi toute la population allemande en la menant à l'abîme. L'accusé n'avait pu que reconnaître les faits qui lui étaient imputés. A dire vrai, c'était Goering en personne, avait-il expliqué au tribunal, qui avait obtenu l'aide économique des grandes familles. Donnez sans lésiner, leur avait-il dit, comprenez que si nous gagnons vous n'aurez plus de nouvelles contributions à payer, car il n'y aura pas d'autres élections en Allemagne avant cent ans. Las de l'hypocrisie, de l'incertitude et de la corruption inhérentes au système des partis, cette proposition leur avait paru pertinente et surtout pratique. Mais donner de l'argent à un parti pour participer aux frais d'une campagne électorale n'était pas un délit, avait argué tout de suite l'avocat de la défense. En fin de compte, l'accusé avait agi dans le cadre des libertés démocratiques, et n'y avait-il pas une contradiction inadmissible, un véritable attentat contre la logique, à qualifier l'usage des mécanismes démocratiques de délit contre la démocratie, même si c'était pour lutter contre cette même démocratie ? Cette possibilité, avait insisté la défense, n'était-elle pas inclue dans le système lui-même ? Là-dessus, un membre du tribunal, juge de nationalité britannique, avait énoncé l'alternative suivante : Si, au cours d'un match de boxe, l'un des adversaires, pour des raisons quelconques, se met à se donner des coups de poing à lui-même, et cela jusqu'à en rester groggy, doit-on considérer qu'il a enfreint les règles fixées par le marquis de Queensberry ? Et si oui, en vertu de quel argument ? Dans le débat qui avait suivi, un autre juge, de nationalité américaine, était intervenu pour dire qu'il avait assisté, en l'année déjà lointaine de 1926, au combat historique au cours duquel Jack Dempsey avait été battu aux points et, en vertu d'une décision très discutable de l'arbitre, avait perdu le titre de champion mondial des poids lourds contre Jim Tunney. Au moment où l'orateur se disposait à mimer quelques-uns des instants les plus intéressants du match, le président du tribunal, de nationalité française, avait levé la séance en raison de l'heure avancée.

4

Au théâtre, tout le monde est contre moi, dit-elle, ils m'ont pris en grippe et Mariquita Pons veut m'arracher les yeux, c'est évident. Prullàs fumait une cigarette, debout face à la fenêtre. Ne dis du mal de personne, répondit-il sans bouger, la médisance se retourne toujours contre ceux qui la pratiquent. Le bulletin de la météo avait annoncé un ciel couvert avec quelques grains isolés mais, jusque-là, le temps était resté clair ; maintenant, en revanche, de gros nuages noirs s'amoncelaient autour de la ville et l'écho de lointains coups de tonnerre parvenait dans la chambre. Ils finissent par avoir raison juste au moment où on ne s'y attend plus, pensa-t-il. Tu vois ? poursuivit Mlle Lilí Villalba. Tu vois comme j'ai besoin que quelqu'un m'enseigne *ces choses* ? Je ne voulais critiquer personne, et encore moins doña Mariquita ; je *vénère* doña Mariquita, je l'admire comme actrice et comme femme, je donnerai *ma vie* pour elle, je te le jure, et que je tombe morte ici même si j'ai menti ; tout ce que je désire, c'est rester dans son sillage pour pouvoir apprendre et, *un jour*, parvenir à l'égaler ; cette expérience a plus de valeur pour moi que tous les trésors ; fais-le-lui comprendre.

Prullàs détacha son regard des nuages et le reporta sur la maison d'en face. Toutes les fenêtres étaient ouvertes et les persiennes relevées, mais l'immeuble semblait inhabité : seul un chardonneret, dans l'embrasure d'une fenêtre, sautillait dans une cage en fil de fer. Sur une boutique du rez-de-chaussée, apparemment fermée au public, une pancarte annonçait :

DISPENSAIRE ANTIVÉNÉRIEN DU DR SOBRINO
MALADIES DE LA PEAU, BLENNORRAGIE, SYPHILIS
LAVAGES AU PERMANGANATE

Dis-le-lui toi-même, proposa-t-il. Oh non ! je ne saurais pas *comment* faire, je suis incapable de dire ce que je pense vraiment, je ne sais pas me *comporter*, tu viens toi-même d'en avoir la preuve : quand j'essaye de dire quelque chose de sensé, je sors une incongruité. Prullàs se retourna et sourit. C'est parce que tu es jeune, murmura-t-il, elle le comprendra. Mlle Lilí Villalba replia les jambes, les entoura de ses bras et appuya le menton dans le creux formé par les genoux ; ses membres étaient graciles mais ils donnaient une sensation stimulante de vigueur juvénile. Cette vision compensait l'aspect déprimant de la chambre, la propreté douteuse du lit. Elle me comprendra ? répéta-t-elle, incrédule. Bien sûr, répliqua-t-il. Peut-être, pensa Prullàs, qu'il y a des années Quiqui était pareille, peut-être qu'elle a dû passer par des épreuves semblables, fréquenter des chambres comme celle-ci ; elle ne l'avouera jamais, mais il n'y a aucune raison d'écarter une telle hypothèse.

Prullàs se souvenait d'avoir entendu la célèbre actrice raconter comment, à ses débuts, bien des années auparavant, dans le Madrid bohème et insouciant de la Dictature, elle était entrée dans une compagnie théâtrale de second ordre dont l'assistant du metteur en scène avait l'habitude de se cacher dans la penderie de la loge des actrices pour les épier pendant qu'elles se changeaient. Les actrices le savaient, mais cet assistant était un individu méchant et médisant qui, pour des raisons inconnues, jouissait d'un grand ascendant sur le metteur en scène et pouvait ruiner la carrière des personnes qui n'avaient pas l'heur de lui plaire. Elles préféraient donc toutes ignorer la présence de ce personnage misérable et faire comme si elles n'entendaient pas ses halètements derrière les vêtements. Mariquita Pons avait rapporté cette histoire dans son propre salon, devant un cercle d'amis et en présence de son mari, sans montrer de rancune ni de honte, peut-être parce que le temps qui s'était écoulé depuis avait transformé la chose en une anecdote pittoresque, ou peut-être parce que, à l'époque déjà, elle l'avait trouvée normale et pas du tout humiliante. Mariquita Pons, elle aussi, avait grandi dans un milieu d'une extrême dureté, une ambiance de pauvreté oppressante, un climat âpre et rude ; sa féminité exquise était délibérée : elle avait décidé d'acquérir cette apparence et de la tourner à son avantage ; aujourd'hui, sa personnalité, fruit de l'artifice et de l'effort quotidien, passait pour de la légèreté, délicate et spontanée, pour de la sensibilité à fleur de peau ; aujourd'hui, le chemin qui l'avait conduite là où elle était n'avait plus d'importance. Tandis, pensa Prullàs, que la jeune fille avec qui il venait de s'ébattre dans la chambre sordide de l'hôtel Gallardo avait encore à parcourir un long trajet semé de dangers et d'incertitudes. Mon devoir serait probablement de lui dire la vérité, se dit-il, mais, d'autre part, elle a raison : si elle renonce, quel choix lui reste-t-il ? Naturellement, il ne venait pas à l'idée de Prullàs que sa conduite pouvait offrir la moindre similitude avec celle de l'assistant du metteur en scène lubrique et minable qui avait épié jadis Mariquita Pons, caché dans la penderie. Il se considérait comme un homme bien élevé, sympathique et de surcroît célèbre, et trouvait naturel que les femmes lui tombent dans les bras sans attendre de contrepartie.

Mais cela n'empêche pas que ce que je te dis soit la vérité, entendit-il prononcer Mlle Lilí Villalba, qui avait continué à parler, indifférente au mutisme de son interlocuteur. Je sais ce qu'on chuchote sur mon compte parce que je suis entrée dans la troupe grâce à *la protection* de M. Ignacio Vallsigorri, comme si c'était un crime. Mais une personne comme moi pouvait-elle entrer d'une autre façon ? Cette circonstance ne me rend pas différente des autres et je ne demande pas un traitement de faveur, je demande à être traitée *comme tout le monde*, je veux me conduire correctement avec tout le monde et que tous me considèrent comme je les considère. Dis-leur, s'il te plaît, dis-leur que je me sens fière de travailler avec eux, que je n'ignore pas que c'est un privilège de jouer sous les ordres de M. Gaudet ; s'il te plaît, Carlos, parle-lui, et dis-lui que je suis prête à faire tout ce qu'il me demandera, tout sans exception… dis-lui qu'il ne craigne pas de *m'offenser*… et toi non plus.

Prullàs la regarda fixement. Il se demandait s'il n'y avait pas dans ces paroles une invitation à l'innommable, un indice de dépravation. Elle répondit à cet examen par une expression de perplexité. Pourquoi me regardes-tu ? demanda-t-elle. Non, se dit-il, il n'y a aucun mystère dans ses paroles, mais il est évident que toute son attitude est perverse. Elle sait ce qu'on attend d'elle, et elle est prête à le concéder honorablement, sans simagrées ni marchandages. Sous bien des aspects, c'est une enfant, sa volonté est innocente mais tout son être est corrompu. Peut-être, dans le monde d'où elle vient, voit-on les choses d'une autre manière. Mais moi, qu'est-ce que je fiche ici ? Il se sentit envahi par une vague sensation de péril, fruit du pressentiment plus que de la réflexion. En diverses occasions, par le passé, il avait connu des amours fugaces, qu'il avait toujours su mener avec discrétion et terminer au moment adéquat avec habileté, par le moyen d'un arrangement bénéfique pour les deux parties, sans autre tapage que les inévitables larmes, les lamentations et les reproches de rigueur en de tels cas. Mais aujourd'hui la situation était différente, et son instinct l'avertissait du danger qui couvait. Pour la première fois, il se voyait entraîné dans des ébats amoureux avec une femme qui, dès le premier instant, avait pris l'initiative en ne tenant pas compte de la différence d'âge, de rang et de position dans la société, comme si, réellement, dans cette relation débutante, nul autre élément n'intervenait que l'attraction réciproque, avec la fraîcheur de quelqu'un qui se sait sûr de sa victoire, mais aussi le courage de quelqu'un qui joue sciemment son va-tout dans chaque partie contre un adversaire disposant de ressources inépuisables.

La lueur d'un éclair lui fit reporter son regard vers l'extérieur ; un coup de tonnerre retentit et de grosses gouttes commencèrent à écraser la poussière de la chaussée. Le chardonneret s'agitait en vain dans sa cage pour éviter l'inondation. Quelle barbe ! pensa Prullàs, je voulais abréger la rencontre, et maintenant il faut que j'attende une éclaircie. Un jour, poursuivit-elle derrière lui, lorsque je serai célèbre et que les journalistes me demanderont comment furent *mes débuts*, je pourrai dire que j'ai commencé avec toi. Sans prendre garde au regard dubitatif de son interlocuteur, elle poursuivit : Oh, Carlos ! Si tu pouvais me voir la nuit, quand la chaleur m'empêche de dormir, me retourner dans mon lit en faisant les plans et les projets les plus fantastiques ! La pluie tambourinait sur les vitres. Où prétends-tu m'entraîner, dévergondée ? demanda Prullàs en fermant la fenêtre et en la rejoignant. *Et toi*, où veux-tu aller ? répondit Mlle Lilí Villalba.

La chambre était maintenant plongée dans la pénombre. Prullàs alluma une cigarette. Je ne veux pas avoir d'ennuis, déclara-t-il. Je ne t'en causerai aucun, protesta-t-elle. Cette idée ne lui était même pas passée par la tête : c'était de lui-même qu'il avait peur. Je ne veux pas me laisser ligoter par mes instincts, se dit-il, et puis je ne dois pas oublier qu'elle a déjà un protecteur. Pourtant, face à la hardiesse juvénile de l'enfant qui partageait en ce moment avec lui l'atmosphère trouble de cette après-midi d'orage, face à cette audace qu'il avait lui-même connue jadis et oubliée ensuite, il ne pouvait empêcher son imagination de convoquer des désirs impossibles à réaliser. Recommencer à zéro ! pensa-t-il. Le chant des sirènes ! Un réflexe mondain le fit chasser ces pensées chimériques. Je suis impulsif, et en même temps versatile ; quand une femme croise mon chemin, je perds complètement la boule ; aucune n'a été capable de me mettre tout à fait le grappin dessus, mais toutes éveillent en moi les sentiments les plus enflammés. Bah ! Je suis fait ainsi, et ça ne sert pas à grand-chose de me lamenter ou d'essayer de changer ; la seule chose qui compte, c'est de ne piéger personne. Mais comment empêcher qu'elles se piègent elles-mêmes, si c'est cela qu'elles veulent ?

Inévitablement, ces réflexions le menèrent à Marichuli Mercadal. Jusque-là, il avait réussi à se soustraire au souvenir de sa fuite ignominieuse, mais les remords avaient fini par le rattraper. Abandonner une femme dans un moment si délicat, sans une explication ni une fausse promesse qui puissent le justifier à ses propres yeux, avait été une lâcheté. Ce qu'elle a fait, elle l'a fait pour moi, se dit-il, elle n'aurait jamais pensé à commettre un acte aussi grave avant de me rencontrer, cela j'en suis sûr ; elle a beau faire semblant d'être une femme sans scrupule, elle n'est pas une aventurière et encore moins une traînée ; en décidant de sauter pardessus la barrière des conventions, elle a pris un énorme risque, et moi, en échange, je l'ai traitée de façon humiliante.

La chaleur qui régnait dans la chambre et la honte qu'il éprouvait en cet instant l'oppressaient. Elle ne mérite pas d'être traitée comme un jouet et je ne suis pas un cynique, se dit-il finalement, et, sur-le-champ, il prit la décision d'aller à Masnou malgré la présence encombrante du mari et la gêne que pourrait causer son apparition inopinée. Je devrai multiplier les précautions pour lui montrer que notre rencontre n'a pas été pour moi une simple passade, mais sans pour autant m'engager trop, sans tomber dans l'extrême opposé, se dit-il. Dans l'atmosphère lourde de la chambre, le souvenir de Marichuli Mercadal se présentait à Prullàs comme une planche de salut.

Je ne suis pas pressée, mais je sais qu'*un jour* tu écriras une comédie spécialement *pour moi*, entendit-il affirmer Mlle Lilí Villalba. Ce mélange de naïveté et de fougue le fit rire. Il chassa le cafard qui s'était emparé de son esprit, se lava les mains et la figure dans la cuvette en fer qui était dans un coin et s'adressa à la jeune fille, bien décidé à ne pas laisser inemployée la prolongation que lui imposaient les phénomènes atmosphériques. Quand tu seras célèbre, j'écrirai pour toi l'histoire de la petite fille dont le nez est devenu énorme parce qu'elle disait trop de bêtises, lui dit-il.

5

Les suppositions de Prullàs n'étaient pas erronées. Au réveil, se voyant abandonnée par l'homme dans les bras de qui elle avait fauté, Marichuli Mercadal avait sombré dans une profonde désolation. Le souvenir de la nuit était si doux et le constat de sa perte si douloureux qu'elle fut incapable, pendant un instant, de raisonner. Puis elle se reprit, mais elle ne put chasser la tristesse de son âme. Même si elle se refusait à penser à l'avenir de ses relations avec Prullàs, elle ne se faisait pas d'illusion à leur sujet : ce qu'elle avait pu éveiller chez lui n'était qu'un sentiment léger et passager, mélange de curiosité et de jeu qui, rien d'extraordinaire ne survenant, était destiné à se terminer par des adieux polis dès la fin de l'été. C'est peut-être mieux ainsi, se dit-elle avec résignation, imaginer autre chose serait une folie.

Elle regagna Masnou le matin même. En arrivant, la glacière presque vide, une légère couche de poussière sur la surface d'un meuble, des couverts hors de leur buffet et d'autres détails perceptibles seulement par l'œil expert de la bonne maîtresse de maison lui montrèrent que l'organisation domestique avait souffert de sa courte absence. Elle donna sur-le-champ les ordres qui s'imposaient sans prêter attention aux admonestations soucieuses du docteur Mercadal qui, percevant sur les traits de son épouse les symptômes d'une incontestable et incompréhensible fatigue physique et nerveuse, qu'il ne pouvait attribuer qu'à l'intervention du dentiste, lui prescrivait le repos absolu et un traitement à la streptomycine pour prévenir une infection éventuelle.

Malgré les distractions estivales continuelles, Alicia aussi avait mal supporté son absence : elle avait donné des signes d'abattement et de manque d'appétit, et elle avait passé une mauvaise nuit. Toutes ces circonstances émurent Marichuli Mercadal et lui firent comprendre le caractère insensé de son incartade ; ce qui avait débuté comme une nouveauté excitante lui apparaissait maintenant comme une aventure sordide, dangereuse et, en définitive, vouée à l'échec. J'ai été stupide, se dit-elle, en cédant à une passion irraisonnée qui met en danger le salut de mon âme et compromet gravement la stabilité et le bien-être de ma famille ; et le pire c'est que je ne puis accuser que ma nature écervelée et sensuelle. Décidée à enterrer l'affaire une fois pour toutes, elle se rendit le soir même à la paroisse avec la ferme intention de faire le ménage dans sa conscience. Je ne me l'explique pas, mon père : les manœuvres d'approche grossières d'un parfait inconnu, d'un homme marié, au lieu de provoquer de ma part un refus méprisant, ont déchaîné un torrent de passion irrésistible ; mon âme s'est embrasée comme l'amadou au contact de la flamme et, sans savoir comment, je lui ai donné mon consentement, chuchota-t-elle, agenouillée devant la jalousie du confessionnal. Et ensuite, ajouta-t-elle en baissant encore plus la voix, c'est moi-même qui suis allée le chercher.

L'église était presque vide, le jour déclinait et les rayons obliques du soleil se teintaient de couleurs flamboyantes en passant à travers les vitraux ; par la porte entrouverte on entendait les cris aigus des martinets ; l'odeur fade des fleurs fanées de l'autel stagnait dans l'air tiède. Ma fille, ce que tu as fait là est très mal. Marichuli Mercadal n'écoutait pas le verbiage édifiant du curé : l'évocation de sa chute et l'aveu qui était presque une revendication de sa faiblesse l'avaient plongée dans un état semblable à l'ivresse ; l'église se mit à tourner autour d'elle. Sentant qu'elle allait s'évanouir, elle se leva et s'éloigna lentement du confessionnal. Perplexe, le confesseur passait la tête entre les rideaux. Ne partez pas, madame, je ne vous ai pas encore donné l'absolution !

En s'appuyant au dossier des bancs, elle parvint à gagner la rue ; là, elle alla en titubant jusqu'à une fontaine publique ; l'eau qui coulait calma son émoi, elle reprit contenance et rentra chez elle. Elle répondait par un sourire machinal aux estivants qui faisaient leur promenade vespérale. Ces mêmes estivants durent abandonner précipitamment la plage le lendemain, car un vent humide et froid se mit soudain à souffler et l'horizon se couvrit de nuages noirs et menaçants. Peu après éclata l'orage qui, quelques heures plus tard, à Barcelone, devait retenir Prullàs dans l'hôtel Gallardo.

Assaillie par toutes sortes de peurs et de présages, Marichuli Mercadal vit un signe du destin dans ce sombre changement de temps. Pour la première fois de sa vie, les éclairs la terrifièrent : tout le sang-froid de scientifique et toute la patience de son mari furent impuissants à lui démontrer l'impossibilité physique que la famille meure carbonisée dans la maison. Elle alluma un cierge à sainte Barbe, un autre au Christ de Lepante, et, sourde au raisonnement qui faisait valoir que ces flammes vacillantes au voisinage des rideaux étaient plus dangereuses que toutes les décharges atmosphériques, elle convoqua la domesticité devant cet autel improvisé et lui fit réciter le rosaire. On en était au deuxième mystère quand l'orage cessa, le soleil brilla de nouveau et un arc-en-ciel apparut. Devant la beauté et la majesté de ce tableau, Marichuli Mercadal ne put s'empêcher de pleurer. Son mari se creusait la cervelle en essayant de diagnostiquer la cause de cette conduite insolite et excessive.

*

Le lendemain, le temps redevint estival et Marichuli Mercadal alla à la plage avec Alicia. Mère et fille durent se ranger sur le côté pour laisser passer la voiture de Prullàs. Les reflets du soleil sur la carrosserie l'empêchèrent de voir le conducteur, mais non de penser : Il est revenu pour moi.

Pourtant, dans les heures qui suivirent, Prullàs ne fit pas la moindre tentative pour prendre contact avec elle ; toutes ses bonnes intentions s'étaient volatilisées en la voyant. Suis-je devenu cinglé, tout d'un coup ? se disait-il. Je n'aurais jamais dû venir, j'ai déjà assez d'ennuis comme ça sans avoir besoin de mettre encore de l'huile sur le feu. S'il l'avait pu, il aurait fait demi-tour pour rentrer à Barcelone ; mais il était trop tard : elle l'avait vu, et une mesure aussi radicale ne pouvait à coup sûr que compliquer encore les choses. Je vais aller à la maison, pensa-t-il, Martita et les enfants seront contents de me voir, et moi cela ne me fera pas de mal de passer quelques jours loin du théâtre. Quant à Marichuli Mercadal, j'aurai certainement l'occasion de lui parler dans un endroit public et dans des circonstances qui ne m'engageront pas.

Dans le jardin, il trouva sa belle-mère en train d'arroser les massifs d'hortensias. Tout le monde était descendu à la plage, lui annonça-t-elle. Et toi ? Pourquoi es-tu venu sans prévenir ? C'est que j'ai fui les anarchistes de la FAI, répondit Prullàs, ils ont pris Barcelone et avancent vers nous. La brave femme posa l'arrosoir par terre pour se signer : elle savait qu'il plaisantait, mais son émoi était réel. Hier, nous avons eu un bel orage, dit-elle, une fois la menace conjurée ; en revanche, tu vois, aujourd'hui pas un nuage. Oui, à Barcelone aussi il est tombé des cordes, dit Prullàs. Tu ne vas pas te baigner ? Plus tard, répondit-il, avant, je dois téléphoner. Il avait quitté Barcelone avec une telle précipitation qu'il n'avait même pas informé Gaudet de son départ. Il se lava, se changea et se dirigea vers le Casino.

Par contraste avec la lumière aveuglante du dehors, le Casino semblait plongé dans les ténèbres ; pour cette raison peut-être, il éprouva en pénétrant dans la salle une sensation de fraîcheur réconfortante, accentuée par le mélange des odeurs de fleurs et de bière en fût. La première odeur venait du jardin et se glissait par la porte vitrée ouverte à deux battants ; la seconde émanait du bar, derrière le comptoir duquel M. Joaquín, affublé d'un tablier blanc, essuyait une rangée de verres et les posait bruyamment sur les étagères. Qu'est-ce que je vous sers, monsieur Prullàs ? N'interrompez pas votre travail pour moi, monsieur Joaquín. M. Joaquín leva un poing emmailloté dans un chiffon humide et pas très propre et affirma qu'il était là pour servir les clients. En réalité, il profitait de ce début d'après-midi où ils étaient tous à la plage, dit-il, en train de faire les crabes, pour remettre un peu d'ordre dans la salle. Prullàs indiqua le fond de celle-ci ; il n'était venu au Casino que pour téléphoner, expliqua-t-il.

Des stores protégeaient du soleil l'angle occupé par la cabine du téléphone et les tables de billard. Au mur, sur un tableau noir, étaient inscrits les finalistes du tournoi de l'été dans ses deux modalités : carambolages et parties à quatre. Prullàs entra dans la cabine, ferma la porte mince comme du papier à cigarette, composa le 09 et attendit un moment avant d'entendre la voix de la demoiselle de la poste ; il dit qu'il voulait appeler Barcelone, dicta le numéro de Gaudet et demanda s'il y avait beaucoup d'attente ; la demoiselle de la poste dit que non ; un quart d'heure, vingt minutes, précisa-t-elle sur un ton qui semblait signifier : une broutille ! Prullàs raccrocha et revint au comptoir. Pendant que j'attends, donnez-moi un vermouth rouge avec de la glace, le siphon et des olives farcies, dit-il. Au moment où

M. Joaquín sortait les olives d'un pot, l'idiot du village fit son entrée dans la salle.

Il s'attendait sûrement à trouver M. Joaquín tout seul, car en découvrant la présence d'une autre personne sa silhouette épaisse exécuta quelques pas incertains dans le contre-jour de la porte. M. Joaquín agita le chiffon dans le but de dissiper sa méfiance, mais ce geste maladroit n'eut d'autre effet que d'accentuer celle-ci. Entre donc, Roquet.

Tête baissée, l'idiot traversa la salle en frôlant les murs. Prullàs se demanda quel âge pouvait bien avoir le personnage. Ses traits ne permettaient pas de le chiffrer : certains lui donnaient l'allure d'un enfant, d'autres le vieillissaient, sans que l'on puisse faire le partage entre ceux qui correspondaient au passage réel du temps et ceux qui étaient dus à sa déficience mentale. Il était connu sous le nom de Roquet el dels Fems, et la légende courait dans le village qu'il avait été abandonné peu après sa naissance par ses parents, peut-être des gitans ou des forains qui passaient par là, dans un panier devant la porte du presbytère, et que le curé, en le trouvant à l'aube, l'avait baptisé et avait décidé de se charger de lui. Tu m'apportes ce que je t'ai demandé ? demanda M. Joaquín.

L'idiot exhibait d'un air triomphal un rouleau de papiers tenus par un élastique. Bien qu'analphabète et demeuré, vivant de la charité publique, Roquet el dels Fems se faisait de l'argent de poche en rendant des petits services dans le village, comme de porter des paquets, balayer occasionnellement les trottoirs ou tuer des chats vagabonds à coups de pierres. Servez des frites et une limonade à Roquet, monsieur Joaquín, dit Prullàs, je l'invite. L'idiot sauta de joie et remit le rouleau de papiers à M. Joaquín.

Au même moment, le téléphone sonna dans la cabine. Prullàs y courut. Vous avez Barcelone, ne quittez pas, dit la demoiselle de la poste. Prullàs entendit la sonnerie à l'autre bout du fil et bientôt une voix lointaine qui disait :

Allô ? Il reconnut tout de suite la voix de Mariquita Pons et pensa aussitôt qu'il s'était trompé de numéro ; pourtant, il était sûr d'avoir donné correctement celui de Gaudet à la demoiselle de la poste. Était-il possible que ce soit elle qui ait fait l'erreur ? Non, c'est absurde, pensa-t-il en éloignant le combiné et en l'observant fixement, comme si cet engin recelait la solution du mystère. Allô ? Allô ? Qui est à l'appareil ? continuait à demander la célèbre actrice.

A ce moment, la porte de la cabine s'ouvrit et Roquet el dels Fems introduisit sa petite tête hirsute. Prullàs le foudroya du regard, mais le pauvre diable ne voyait ou ne comprenait pas cette forme muette de censure. Il montrait une petite bouteille d'Orange Crush et bafouillait : Merci… mer-ci… Pris d'une impulsion soudaine, Prullàs colla l'écouteur du combiné contre l'une de ses oreilles en éventail. Parle, lui souffla-t-il. Sans montrer le moindre étonnement, l'idiot s'exclama : Bonjour ! Et, au bout de quelques secondes, il ajouta : Qui je suis ? Moi, je suis Roquet, Roquet el dels Fems ! Et toi ? Puis il se tourna vers Prullàs avec une expression désolée. On n'entend rien, protesta-t-il. On a dû raccrocher, le rassura Prullàs, mais ce n'est pas de ta faute. Il reprit le combiné et demanda à la demoiselle de la poste le prix de la communication et le numéro qu'elle avait composé. La demoiselle de la poste lui confirma qu'il s'agissait bien de celui de Gaudet. Incontestablement, Mariquita Pons se trouvait au domicile du metteur en scène. Ce qui, en y réfléchissant bien, n'a rien d'extraordinaire, pensa Prullàs. Pourtant, le fait provoqua en lui une inquiétude sans fondement mais difficile à dissiper. Qu'est-ce qui se trame derrière mon dos ? se demandait-il.

Tout à ses réflexions, il ne reprit ses esprits qu'en se retrouvant devant le comptoir, sur lequel M. Joaquín était monté pour clouer une superbe affiche au mur. C'était donc ça qu'apportait Roquet ! s'exclama-t-il. Le commissionnaire lui en a donné une demi-douzaine pour qu'il les distribue dans les endroits où il y a le plus de monde, dit

M. Joaquín, sans quitter l'affiche des yeux. Mais buvez votre vermouth, il doit déjà être tiède et éventé. Roquet el dels Fems avait liquidé les frites et regardait maintenant avec envie les olives farcies que Prullàs s'était fait servir. Prullàs poussa l'assiette d'olives vers l'idiot et absorba son vermouth tout en examinant l'affiche. Au centre figurait un beau jeune homme brun en habit, une cape blanche lui tombant des épaules jusqu'aux pieds. Il avait les yeux fermés, les sourcils froncés et se tenait ou se comprimait le front du bout des doigts des deux mains, dans un geste qui indiquait la plus profonde concentration. Au second plan, flou mais parfaitement reconnaissable, se tenait Méphistophélès ; sévère et sarcastique, il tendait une main aux ongles longs et griffus vers le bellâtre méditatif, comme s'il lui transmettait par ce geste un pouvoir surnaturel ou lui faisait partager une connaissance occulte. En bas de l'affiche, on lisait :

LE DIABOLIQUE DOCTEUR CORBEAU
ET SES INCROYABLES POUVOIRS
PHÉNOMÉNOLOGIQUES
DEUX HEURES D'ÉMOTION ET DE CONTACT
AVEC L'AU-DELÀ !
UN SPECTACLE INOUBLIABLE –
CARDIAQUES S'ABSTENIR

M. Joaquín compléta cette publicité par une bande de papier où était écrit de sa main, en grosses lettres :

SAMEDI SOIR À 9 H 30
DANS LA SALLE DE BILLARD DU CASINO
ENTRÉE GRATUITE – CONSOMMATION
OBLIGATOIRE

Les consommations seront augmentées en raison du spectacle, expliqua-t-il. Prullàs l'informa du prix de la communication et lui dit de mettre le tout sur son compte ;

puis il sortit, suivi de Roquet avec son rouleau d'affiches, il entra dans la papeterie et acheta des revues pour toute la famille, avec, pour les enfants, le magazine *Pulgarcito* et un nouvel épisode de *Roberto Alcázar y Pedrín*. Roquet el dels Fems remit une affiche du diabolique docteur Corbeau à la gérante de la papeterie et, avec l'argent que lui avait donné M. Joaquín, s'acheta une carte postale de Rita Hayworth. Toi aussi, tu aimes le cinéma ? lui demanda Prullàs. Oh oui, les filles ! répondit l'idiot.

6

L'arrivée de Martita et des enfants le tira d'un sommeil agité. Quelle surprise, on ne t'attendait pas avant demain ! Avec des gestes d'automate, Prullàs ramassa l'exemplaire de *Destino* qu'il avait acheté à la papeterie ; il avait commencé à lire une chronique de José Pla expédiée d'Amsterdam quand il avait été vaincu par une somnolence irrésistible ; d'une voix pâteuse, il se lança dans une explication confuse. Tu es sûr que tu te sens bien ? J'ai bu un vermouth le ventre vide et il a dû me rester sur l'estomac, expliqua-t-il en voyant l'inquiétude se peindre sur le visage de sa femme.

Papa ! Papa ! Demain, il y a un magicien au Casino ! On pourra y aller ?

Oui, moi aussi j'ai vu l'affiche, commenta Prullàs, Roquet el dels Fems était en train de les distribuer. Nous avons pris l'apéritif ensemble et nous avons eu une conversation des plus intéressantes sur nos goûts cinématographiques.

L'expression de Martita passa de l'inquiétude au reproche : Ne dis pas ce genre de choses aux enfants, je leur ai défendu de parler à ce pauvre bougre. Dans la colonie des estivants, Roquet el dels Fems était considéré comme un danger public ; on racontait qu'il essayait de toucher de gré ou de force les seins des femmes, sans distinction d'âge, et, à défaut, les pis des chèvres et des vaches ; qu'il profanait les tombes dans les cimetières et que, d'une manière générale, sa conduite était vicieuse et bestiale. Rien de cela n'était vrai. Quand il se mettait en colère, il agressait violemment l'objet de son courroux et, dans ces moments-là, comme il était costaud et n'avait pas conscience des dégâts que pouvaient causer ses coups de poing, il se révélait dangereux. Mais ces crises se faisaient de plus en plus rares à mesure que Roquet el dels Fems prenait de l'âge. La plupart du temps, il était docile, serviable, et faisait preuve de beaucoup de patience quand les gosses, et parfois aussi les adultes, lui faisaient des farces.

Je n'ai pas eu l'impression que c'était un spectacle pour les enfants, dit Prullàs. Il cherchait du regard la complicité de sa femme, mais celle-ci ne manifestait qu'indifférence : pour elle, une soirée d'illusionnisme ne pouvait en rien attenter à la morale et, par conséquent, elle ne voyait pas dc raison d'en priver les enfants. D'accord, concéda-t-il, mais si, au milieu de la représentation, je décide que la chose ne me plaît pas, on s'en ira.

Ayant obtenu ce qu'ils voulaient, les enfants partirent au galop. La voix de leur mère les poursuivait : Essuyez vos pieds avant d'entrer, sinon vous allez mettre du sable partout ! Lavez-vous les mains ! Ne buvez pas l'eau du robinet ! Puis elle posa la main sur le front en sueur de Prullàs. A quoi rêvais-tu ? l'interrogea-t-elle. Il mentit : Je ne me souviens pas, peut-être au diabolique docteur Corbeau.

*

Un moment, un moment ! s'écria le docteur Mercadal en agitant les bras. Une conversation aussi intéressante exige un accompagnement exceptionnel. Or, précisément, ajouta-t-il, comme s'il avait pressenti que la présente occasion sortirait de l'ordinaire, il avait mis à rafraîchir une bouteille de champagne français, cadeau d'un patient reconnaissant. Je vous l'apporte tout de suite, mais je t'interdis de rien raconter avant mon retour. Marichuli, fais sortir les coupes de champagne ! ordonna-t-il à sa femme.

Je vais aller les chercher moi-même, dit-elle, les bonnes ne savent pas où elles sont. En se levant, elle répandit sous la pergola son parfum intense, qui éclipsait l'odeur pénétrante des jasmins et des azalées. Martita avait souvent essayé de la dissuader d'user de ce parfum : d'après elle, toute senteur qui n'était pas celle des eaux de Cologne antimoustiques attirait les piqûres. Moi, ils ne me piquent pas, répliquait Marichuli Mercadal, parce que j'ai le sang amer. Prullàs était troublé en respirant ce parfum ; la nervosité le faisait parler à tort et à travers, et, pendant le dîner, il avait renversé un verre et fait tomber deux fois sa fourchette par terre.

L'après-midi, le docteur Mercadal en personne était venu chez les beaux-parents de Prullàs et avait invité celui-ci et Martita, à la fortune du pot. Je te croyais à Barcelone, mais ma femme et ma fille t'ont vu passer ce matin, expliqua-t-il, et, comme je dois retourner lundi sans faute à ma salle d'opération et à mes malades, je me suis dit que nous pourrions passer la soirée ensemble dans le jardin, si le temps et les insectes le permettent ; ne vous attendez à rien d'extraordinaire : pain à la tomate et jambon, tortilla aux pommes de terre et pas grand-chose de plus. En fait, il y avait eu des langoustines avec des moules marinières, des rissoles au thon et un rôti garni de légumes.

Je n'ai été prévenue de votre visite qu'au dernier moment et j'ai dû improviser comme je pouvais, dit Marichuli Mercadal. Tout ce qui est réussi vient d'elle, dit le docteur sur un ton narquois, tout ce qui est raté est de ma faute. Ne fais pas attention à ce qu'il dit, Marichuli, trancha Martita, tu es une maîtresse de maison merveilleuse.

Ce dîner a été un vrai festin, dit Prullàs en regardant fixement son hôtesse. Marichuli Mercadal soutint son regard ; la lanterne qui pendait d'une treille donnait un teint cuivré à sa peau et un éclat sauvage à ses yeux cernés d'ombres violacées. Pourtant, pendant le dîner, elle s'était bornée à participer de loin à la conversation générale, comme si ses obligations d'hôtesse lui importaient davantage que les sujets abordés autour de la table.

Quel couple bizarre ! commenta Prullàs lorsque Martita et lui se retrouvèrent momentanément seuls pour cause de champagne et de coupes. Ils sont nouveaux dans le village, ils ont envie de plaire et de se faire des amis, répliqua Martita. Cela n'empêche pas qu'ils soient bizarres, dit-il. Tu les connais à peine, observa-t-elle. C'est vrai, s'empressa d'admettre Prullàs en voyant revenir Marichuli Mercadal accompagnée d'une bonne qui portait quatre coupes de champagne sur un plateau. Ce n'est guère poli de laisser les invités seuls, dit-elle, mais chercher la moindre chose dans cette maison est un vrai casse-tête ; les occupants précédents avaient un sens de l'ordre très spécial : ils rangeaient une partie des verres dans le buffet et l'autre partie dans l'armoire du premier étage, a-t-on jamais vu ça ?

Le docteur Mercadal revint en brandissant une bouteille de veuve-clicquot. Quel cadeau magnifique ! applaudit Prullàs. Ah oui ! Et aussi quel magnifique client : je lui ai extrait deux polypes du rectum, précisa le chirurgien. Était-ce nécessaire d'entrer dans les détails ? le reprit sa femme.

Le chirurgien fit sauter le bouchon avec un bruit de mortier. Bon ! Et maintenant, raconte-nous encore des histoires de théâtre, dit-il, elles sont passionnantes ! Prullàs se renfrogna légèrement. Il était toujours surpris de l'intérêt qu'éveillait chez les profanes tout ce qui touchait au théâtre, même chez ceux qui y allaient rarement. Son expression ne passa pas inaperçue de Marichuli Mercadal. Ne fais pas cette tête, dit-elle sur un ton de reproche affectueux, on pourrait croire que tu n'aimes pas le théâtre !

Mais c'est tout à fait vrai ! répondit Prullàs. Écrire des pièces m'amuse parfois, et je me plais dans le petit monde du théâtre, dans les coulisses. Mais le théâtre en tant que spectacle, celui qui amuse les gens et reçoit leurs applaudissements, celui-là m'intéresse peu. Et il ne s'agit pas seulement d'une attitude personnelle ou d'une simple question de goûts, continua-t-il, et moins encore d'une pose ; pour moi, et je dis cela sérieusement, le vrai théâtre n'existe plus.

Et c'est quoi, selon toi, le vrai théâtre ? s'enquit le docteur Mercadal. Le théâtre de cape et d'épée, répondit Prullàs, celui de carton-pâte. Je me souviens encore, ajouta-t-il, d'avoir vu dans mon enfance certaines de ces pièces d'épouvante à la fin desquelles le rideau tombait toujours sur une scène jonchée de cadavres, tandis que des rois tout droit sortis d'un jeu de cartes et dont la barbe était fixée aux oreilles par un fil de fer invoquaient le ciel et l'enfer. Dans ces représentations, il y avait de tout : conjurations, tyrannicides, usurpations, amours impossibles, conversions foudroyantes, suicides ; on y voyait pulluler en parfaite harmonie les brigands au grand cœur, les moines sataniques, les victimes et les bourreaux, et démontrer l'efficacité de toutes les façons imaginables de trucider son prochain : pistolet, dague, poison et, avec un peu de chance, le bûcher, la guillotine et la défenestration. Bref, c'était le théâtre que le sublime Enrique Rambal a porté à son sommet.

Il y a du vrai là-dedans, convint l'éminent chirurgien, et à ce propos je me rappelle justement une histoire merveilleuse. Écoutez plutôt : une année, quand j'étais petit, mon père m'a emmené voir, pour la fête de la Toussaint, un *Don Juan* représenté par une troupe de troisième ordre. Dans la scène du sacrilège, la statue du Commandeur devait apparaître précédée d'un grand dispositif électrique, pour que l'effet soit plus saisissant : éclairs, coups de tonnerre et feu de l'enfer. Malheureusement, le feu de l'enfer s'est révélé trop réel et s'est propagé à la cape du Commandeur. Celui-ci ne s'en est pas aperçu et est entré en scène en traînant sa cape en flammes. Don Juan, se rendant compte de ce qui se passait, a eu une expression épouvantée qui s'accordait parfaitement à l'argument de la pièce : à coup sûr, la seule expression sincère et appropriée de toute sa carrière. Le Commandeur, en voyant son visage, a dû se dire : On est drôlement bons aujourd'hui ! et il s'est mis à réciter sa tirade avec le plus grand enthousiasme. Les choses auraient tourné à la tragédie authentique si le capitaine Centellas, qui attendait en coulisse le moment de livrer son duel fatal, ne s'était précipité sur le Commandeur et n'avait étouffé le début d'incendie avec sa propre cape. Le Commandeur courait comme un possédé, enveloppé d'un nuage de fumée, en oubliant son rang d'immortel, et Don Juan, déconcerté, se prenait les jambes dans son épée. Le public riait et applaudissait. Et le plus beau, c'est que les pauvres acteurs, dans toute cette confusion, continuaient à déclamer machinalement leur rôle à tue-tête.

Que c'est méchant ! s'exclama Marichuli Mercadal. Comment pouvez-vous trouver cela amusant ?

C'est bien normal, répondit Prullàs, et je ne vois rien de méchant là-dedans ; pour le public qui assistait à la représentation, y compris ton mari, il n'y avait pas de différence entre le contenu délirant de l'œuvre, avec ses apparitions d'outre-tombe, et sa réalisation catastrophique : tout était du théâtre. La représentation a sûrement dû être grandiose, une version du *Don Juan* qui aurait enchanté Zorrilla lui-même. Je me souviens d'avoir vu au théâtre María Guerrero de Madrid, devant un public des plus choisis, quelque chose de semblable, encore qu'à l'extrême opposé. Le grand Ernesto Vilches jouait *Un ennemi du peuple* d'Ibsen, quand au troisième acte, pendant le monologue pathétique du docteur Stockman – enfin un nom comme ça –, la chaise sur laquelle il était assis s'est désarticulée et s'est effondrée sans crier gare. L'acteur s'est relevé immédiatement avec une grande dignité, a secoué sa redingote, regardé le public qui retenait son souffle, ouvert grand la bouche… et rien n'est sorti. L'incident imprévu lui avait fait perdre la mémoire ; il ne se rappelait pas un mot de son rôle. Il ne se rappelait même pas quelle pièce il jouait. Il a fallu baisser le rideau. Et comment le public a-t-il réagi ? demanda le docteur Mercadal. De la seule façon possible, répondit Prullàs, il a applaudi poliment la troupe devant le rideau baissé avant de quitter la salle en bon ordre. Aujourd'hui, des choses comme ça ne seraient plus possibles, ajouta-t-il avec un soupçon de nostalgie, car elles sembleraient trop invraisemblables à un public perverti par le cinéma et ses fadaises.

Allons, ne commence pas à t'exciter contre le cinéma, dit Martita, c'est une vraie manie ! Marichuli et moi, nous adorons le cinéma. Et dans le fond, toi aussi. Ce n'est pas vrai, dit Prullàs, je n'aime que les westerns. Eh bien, il faudra t'y faire, parce que le cinéma, c'est l'avenir ! dit le docteur Mercadal, et rien n'arrête le progrès. D'ailleurs, ajouta-t-il, si le genre de théâtre que tu viens de défendre cessait d'être quelque chose de marginal, une simple curiosité, si ce genre de pièces prédominait vraiment sur les affiches et si les représentations étaient toujours comme celles que nous venons de raconter, le théâtre disparaîtrait en moins de deux. L'insolite ne peut être qu'exceptionnel. Je vais vous l'expliquer par un exemple tiré de mon expérience personnelle : mon père avait dans sa bibliothèque un certain nombre de romans français licencieux ou, comme il disait, polissons. Naturellement, il m'avait défendu de les lire, et, naturellement, je les lisais en cachette, de façon fragmentaire, par à-coups, sans rien comprendre ou presque de leur contenu, mais avec une grande excitation. Ainsi, la lecture devenait un jeu clandestin et, jusqu'à un certain point, une cérémonie d'initiation aux mystères de la vie. Imaginons maintenant que mon père m'ait lui-même donné à lire ce genre de livres : je me serais plongé dedans comme s'ils avaient été des classiques, leur lecture aurait cessé d'être un passe-temps inoffensif et profitable pour devenir une cause certaine d'abrutissement.

Est-ce vrai, ce que l'on dit, que les actrices de théâtre sont des femmes capricieuses et tyranniques ? demanda Marichuli Mercadal que, de toute évidence et sans raison apparente, les interventions sentencieuses de son mari exaspéraient. Non, pas du tout, répondit Prullàs, certaines sont ainsi, mais elles ne vont pas loin. Pour réussir, il faut avoir de la discipline et du bon sens, savoir se faire aimer et pratiquer l'esprit d'équipe. Et il faut aussi posséder cette chose indéfinissable que nous appelons la classe. Et, à ce sujet, j'ai vu l'autre jour dans un de ces magazines illustrés avec lesquels vous autres femmes vous perdez votre temps un reportage qui m'a horrifié : une célèbre star de Hollywood montrait sa maison. Si j'ai bien compris, la mode, aujourd'hui, est à cette vulgarité-là : montrer les maisons opulentes et atroces des stars pour que les pauvres s'en délectent et en fassent des gorges chaudes. Cela, une actrice de théâtre ne le ferait jamais, d'abord parce qu'elle a beaucoup plus de dignité, et ensuite parce qu'elle n'a pas de maison qui vaille la peine d'être montrée, ni rien de ce genre.

Et cette pièce que tu vas bientôt faire jouer, demanda le docteur Mercadal, comment s'appelle-t-elle et de quoi parle-t-elle ? Oh, bien sûr, tu n'es pas forcé de nous le dire. Elle s'appelle *Arrivederci, Pollo !* répondit Prullàs, et il s'agit, comme pour toutes mes pièces, d'une intrigue policière sur fond d'humour. Si tu veux en savoir plus, tu devras acheter un billet.

Oh, c'est injuste ! protesta le docteur. Si j'avais su, je n'aurais pas sorti le champagne ! N'insistez pas, intervint Martita, il ne sait probablement pas lui-même comment ça finit. Une fois, il a décidé la fin de la pièce deux jours avant la première, n'est-ce pas, Carlos ? L'intéressé démentit les affirmations de sa femme par un geste vague et résigné. Quelle torture pour les pauvres acteurs ! s'exclama Marichuli Mercadal.

Prullàs haussa les épaules. Bah ! dit-il, les acteurs ne sont que des perroquets, il ne faut pas avoir pitié d'eux, affirma-t-il. Il y a un instant, tu les défendais mordicus, et maintenant tu dis cela, comment peut-on être aussi contradictoire ? s'étonna le docteur Mercadal. Plus que contradictoire, une vraie girouette ! approuva Marichuli Mercadal. Les acteurs, poursuivit Prullàs, ont toujours été mal vus de la société parce que ce sont des êtres marginaux et nocturnes, qui vivent de l'usurpation et de la tromperie. Autrefois, l'Église ne permettait pas qu'ils soient enterrés au cimetière ; leur condition d'acteurs les rendait indignes d'avoir une sépulture chrétienne. Oh, je trouve cela injuste, dit Marichuli Mercadal, même si c'est l'Église qui l'avait décidé. J'ai lu qu'en Inde, dit Martita, encore de nos jours, les artistes de cinéma sont comme des pestiférés ; ils ne peuvent entrer nulle part et n'ont le droit de se marier qu'entre eux. Bien fait pour eux, ils n'avaient qu'à ne pas faire du cinéma ! dit Prullàs. L'Inde, trancha le docteur Mercadal, est une société de castes ; là-bas, si vous n'appartenez pas à une caste, vous n'êtes personne. Quant à dire que les acteurs sont des perroquets, poursuivit le docteur, je ne peux absolument pas être d'accord : si les acteurs n'étaient pas des êtres sensibles, ils ne nous causeraient pas l'émotion qu'ils nous causent. Qui émeuvent-ils ? dit Prullàs. Je n'ai jamais été ému au théâtre. Tu n'as pas de cœur, répliqua Marichuli Mercadal, sans abandonner le ton enjoué sur lequel se poursuivait la conversation. Moi, en revanche, je me souviens d'avoir trempé plusieurs mouchoirs en voyant certaines pièces ; pas les tiennes, soit dit en passant. Ne fais pas attention à ce qu'il dit, Marichuli, intervint Martita, en ce moment, il essaye de nous impressionner par son cynisme, mais le rideau n'est pas levé qu'il pleure déjà. Bon ! Finissons le champagne et ne nous disputons pas ! dit le docteur Mercadal. Bien dit ! approuva Prullàs. Ce champagne est délicieux ; transmets nos félicitations à ton client. Oh, ça fait un bail qu'il mange les pissenlits par la racine ! dit le chirurgien en riant. Je vais faire du café, dit Marichuli Mercadal. Je t'accompagne, dit Martita. Apporte aussi une bouteille de whisky pour les hommes et deux verres ! cria le docteur Mercadal.

Sais-tu que je ne suis jamais venu dans cette maison que la nuit ? dit Prullàs, quand les deux hommes furent seuls. Il voulait seulement rompre un silence gênant, mais cette phrase banale, par association d'idées, le fit rougir.

Par chance, le docteur Mercadal ne l'écoutait pas ; il avait perdu sa bonne humeur du dîner et semblait plongé dans ses pensées. Il s'éclaircit la gorge et dit : Je tiens à vous remercier, Martita et toi, d'être venus dîner ce soir… et, plus généralement, de toutes les preuves d'affection que vous nous donnez en permanence. Prullàs tenta de couper court à ces formules de politesse embarrassantes, mais l'autre poursuivit : Nous sommes nouveaux ici, et ce n'est pas facile de s'installer dans un endroit où l'on ne connaît personne ; moi, de par ma profession, je n'ai pas beaucoup de relations, et mes clients, je ne les vois que sous anesthésie… Mais je ne parle pas seulement de cela. L'autre nuit, au Casino, je t'ai parlé de mon inquiétude. Cette inquiétude n'a pas diminué depuis ; au contraire, je vois Marichuli se renfermer peu à peu sur elle-même, comme si quelque chose la consumait… je ne sais pas, c'est difficile pour moi, presque impossible même, d'accéder aux régions les plus secrètes de son être : quand une femme ne veut pas, les connaissances médicales ne servent à rien. Mais vous, vous exercez sur elle une influence salutaire, cela se remarque tout de suite. Avec vous, elle est une autre. Je l'observe… Chut ! les voilà.

Marichuli, tu ne devrais pas boire de café ; le café t'empêche de dormir, dit affectueusement le docteur

Mercadal. Je sais ce qui me convient, Rafael, ne me casse pas les pieds ! répondit-elle d'un air maussade qui surprit Prullàs et Martita mais n'impressionna nullement son destinataire. Celui-ci, s'adressant à eux avec un sourire placide, dit : L'organisme de Marichuli ne supporte pas les excitants, thé ou café, mais elle s'obstine à en boire sans mesure. Ensuite, au lit, elle soupire, elle sanglote, et elle est prise de frissons spasmodiques qui font grincer le sommier comme une âme en peine. Je lui dis de fumer, que ça lui fera du bien, mais elle ne m'écoute pas. Je lui interdis aussi les féculents, parce qu'ils alourdissent les intestins. Les féculents et le cinéma, dit Prullàs ; surtout le cinéma américain ; manger des féculents le soir et aller ensuite au cinéma, c'est la façon la plus sûre de passer une nuit blanche.

*

Tu ne parles jamais théâtre ; même à moi, tu ne racontes jamais d'anecdotes, et tu ne me fais pas part de tes opinions ; je ne comprends pas ce qui t'a pris ce soir de faire une exception, dit Martita tandis qu'ils rentraient chez eux. Après un tel banquet, je ne pouvais pas refuser, dit Prullàs. Regarde comme la nuit est étoilée ! ajouta-t-il en s'arrêtant au coin d'une rue.

Il n'y avait personne dans les rues du village à cette heure avancée, et bien que la mer fût calme on entendait nettement le bruissement des vagues qui se brisaient et le murmure de l'eau qui se retirait sur le sable. Il fera encore beau demain, dit Martita. En disant ces mots, elle laissa échapper un soupir. Prullàs lui demanda à quoi elle pensait, et elle répondit qu'elle pensait à Marichuli et à son mari, le docteur Mercadal. Qu'ont-ils de particulier ? questionna Prullàs. C'est un couple étrange, tu ne trouves pas ? Voyons, tout à l'heure, je t'ai dit qu'ils me semblaient bizarres et tu m'as dit que non, et maintenant, sans qu'il y ait rien eu de nouveau, te voilà de mon avis : tu es incompréhensible. Je parlais d'un autre genre d'étrangeté, dit Martita ; pas de leur comportement, mais de leur relation, tu me comprends ?

Prullàs regarda sa femme du coin de l'œil. Tu me comprends ?… répéta-t-il. Tu veux dire qu'entre le docteur et sa femme il n'y a pas… tu me comprends ? Martita fit une moue : Ne sois pas grossier, Carlos ! Hypocrite ! dit-il. Est-ce que ce n'était pas ce que tu insinuais ? Absolument pas ! protesta Martita. Prullàs l'enlaça. Toutes les femmes n'ont pas la chance d'avoir un mari comme le tien, dit-il.

7

Sous un chapeau de paille aux bords si larges qu'il protégeait son corps tout entier, Marichuli Mercadal, de la plage, suivait attentivement les évolutions d'un petit voilier piloté par des mains si peu expertes qu'il dansait sur la mer plate, à quelques mètres du rivage, comme s'il affrontait une tempête en plein océan. Les coups secs de la coque dans l'eau et du vent dans la voile ajoutaient une note dure aux cris des enfants. Prullàs arriva en sautillant sur la plage et s'accroupit à l'ombre de la tente ; Marichuli Mercadal sursauta. Je ne t'avais pas vu ! dit-elle.

Elle fouilla dans un panier pour trouver ses lunettes de soleil. Merci pour les fleurs et la carte, murmura-t-elle. D'un geste, Prullàs dénia toute importance à son envoi. Le dîner a été très agréable à tout point de vue : nourriture et société, dit-il. Cela signifierait-il que vous vous plaisez en ma compagnie, monsieur Prullàs ? Prullàs essaya de lire dans ses yeux, mais les verres fumés l'en empêchèrent. Marichuli Mercadal sourit. Inutile de t'énerver, mon chéri, je parle sans arrière-pensées ; je n'ai jamais eu d'arrière-pensées et je ne te ferai jamais de scène, quoi que j'aie sur le cœur ; adolescente, déjà, ça ne se voyait pas quand j'étais amoureuse d'un garçon, et même vraiment très amoureuse ; et même quand je pensais que je mourrais de chagrin s'il ne faisait pas attention à moi ; c'est peut-être la raison pour laquelle personne ne m'a jamais fait la cour ; ils devaient penser que j'étais un glaçon et ils avaient peur de se faire rabrouer ; et finalement j'ai dû épouser le premier qui s'est risqué à me demander ma main, sûrement sous l'effet du whisky.

Avant que Prullàs ait pu répondre à cette harangue, Marichuli Mercadal porta à la main à sa bouche et étouffa un cri. Que se passe-t-il ? Rien, dit-elle. Le barreur du voilier, en essayant de virer de bord, avait failli faire chavirer l'embarcation. C'est ton mari, ce candidat au naufrage ? demanda Prullàs. Elle fit un geste affirmatif. Ah ! Et Alicia est avec lui, dit Prullàs. Alicia et tes enfants, répondit-elle, Martita ne conçoit pas qu'un éminent chirurgien puisse être aussi un éminent crétin, et elle les a laissés partir. Prullàs haussa les épaules : il ne lui semblait pas que le danger fût si grand. Qu'es-tu venu me dire ? Prullàs laissa son peignoir sous la tente et s'exposa aux rayons du soleil. Rien, répondit-il, bonjour. Il fit une pause puis poursuivit : Je vais dans l'eau, tu viens avec moi ? Marichuli fit non de la tête. Pas maintenant, répondit-elle, et elle ajouta tout de suite : Carlos, je ne te dois rien et tu ne me dois rien ; tu ne me dois même pas une explication ; il n'y a pas de comptes à régler entre nous. Très bien, dit-il. Hors de la tente, il sentait la brûlure du soleil. Si je reste ici une minute de plus, ma peau va tomber en lambeaux et je ressemblerai à une victime de la bombe atomique, pensa-t-il, mais il n'osait pas poursuivre son chemin. Toi aussi, tu penses que je suis cinglée ? demanda-t-elle. Nous le sommes tous un peu, répondit Prullàs.

*

Madame, auriez-vous la bonté de vérifier que ce sac que je vous donne est un sac normal, avec une seule ouverture et sans double fond ni plis où l'on pourrait cacher quelque chose ? Prenez, prenez, mettez la main dedans, et montrez-le aux personnes qui vous entourent. Pendant ce temps, pourriez-vous me dire l'heure qu'il est, monsieur ? Oh, la magnifique montre ! Seriez-vous assez aimable pour me la prêter un instant afin de réaliser une petite expérience ? Merci beaucoup, monsieur, et ne craignez rien pour votre montre, je vous assure qu'elle est en très bonnes mains. Madame, avez-vous fini d'examiner le sac ? Tout est normal ? Le sac est bien comme je le disais ? Parfait ! Rendez-le-moi, s'il vous plaît. Merci.

Et maintenant, mesdames et messieurs, chers enfants et public distingué, nous avons ici un sac en toile et ici une superbe montre-bracelet, propriété de monsieur. Observez-moi bien : j'introduis la montre à l'intérieur du sac. Et maintenant, une fois la montre introduite, nous allons faire un nœud solide avec les cordons du sac, pour éviter que cette magnifique montre ne s'échappe. Voilà, constatez vous-mêmes que le sac est parfaitement fermé, et que la montre-bracelet que ce charmant monsieur a eu l'obligeance de me prêter se trouve bien à l'intérieur. Et maintenant, aimable et cher public, pour mener à bien cette expérience inoffensive, j'ai besoin de la collaboration d'une personne innocente. Y a-t-il un volontaire ? Allons, n'ayez pas peur ! Personne ne se dévoue ? Ah, nous avons un volontaire par ici ! Bravo, monsieur. Montez, montez donc sur l'estrade, je vous en prie. Attention, ne trébuchez pas. Vous êtes nerveux ? Un peu ? Pas du tout ? Il dit qu'il n'est pas du tout nerveux, mesdames et messieurs, et nous le croyons ! Et, dites-nous, quel est votre nom ? Prononcez-le bien haut, que le respectable public l'entende. Comment dites-vous ? Roquet el dels Fems ? Allons, on applaudit très fort ce courageux !

Et maintenant, don Roquet, dites-moi la vérité, êtes-vous un homme fort et résolu ? Sûr ? Bon, nous allons pouvoir vérifier ça tout de suite. Tenez, prenez ce marteau. Il est lourd, n'est-ce pas ? Alors écoutez bien ce que je vais vous demander ; je vais vous demander de faire la chose suivante : vous voyez ce sac fermé qui contient, comme nous le savons, la magnifique montre-bracelet de ce monsieur qui est au deuxième rang ? Je vais poser le sac sur cette table et vous demander de donner un bon coup de marteau dessus. Oui, oui, vous avez bien entendu. Eh là ! Il n'a pas fallu insister beaucoup, mesdames et messieurs ! Vous aviez raison, vous êtes un homme fort et résolu : un peu plus, vous défonciez la table, et l'estrade avec. Allons ! encore un coup, mettez-y du cœur, oui, monsieur. De l'enthousiasme. Voilà, voilà, ça suffit ! Rendez-moi le marteau, mais ne partez pas. Puisque vous avez été à la peine, il est juste que vous soyez aussi à l'honneur. Ouvrons le sac ensemble et voyons le résultat…

L'illusionniste dénoua les cordons du sac et en vida le contenu sur la table : des ressorts, des vis et des boulons de métal. Sapristi, don Roquet, j'ai l'impression que le tour n'a pas marché ! commenta-t-il en faisant des grimaces consternées. L'idiot du village riait à gorge déployée : le fait d'avoir écrasé une montre lui semblait des plus hilarants. Son rire gagna les spectateurs ; seul le propriétaire de la montre n'avait pas l'air de trouver le jeu amusant. Indifférents au déroulement de la séance, M. Joaquín et ses deux fils circulaient entre les clients en portant des plateaux au-dessus de leur tête.

Je vous sers un autre whisky, docteur ? Ne vous donnez pas cette peine, mon brave, laissez plutôt la bouteille sur la table, je me servirai moi-même quand mon verre sera vide, répondit le docteur Mercadal. Tu ne devrais pas boire autant, dans l'état où tu es, le prévint sa femme, sans succès. La péripétie maritime de la matinée avait provoqué une insolation chez le navigateur inexpérimenté dont l'épiderme présentait des symptômes d'irritation en plusieurs points et, plus généralement, une vilaine couleur aubergine. Marichuli Mercadal haussa les épaules devant la mauvaise humeur de son mari. Par chance, les enfants, plus hâlés, étaient sortis indemnes de l'aventure. Pour l'heure, ils contemplaient bouche bée et ravis les vieux tours de ce magicien insipide, dont l'apparition sur la scène improvisée avait été reçue par l'assistance avec des huées qu'il avait en partie provoquées lui-même pour avoir fait mettre aux points stratégiques du village des affiches qui ne correspondaient ni de près ni de loin à la réalité.

En réalité, l'individu qui se faisait appeler le diabolique docteur Corbeau était un vieillard chétif et efféminé, aux cheveux grotesquement teints d'un noir de jais, avec une profusion de mascara sur les cils, de rouge sur les lèvres et de fard sur les joues ; il marchait à petits pas ridicules, parlait d'une voix flûtée et agitait les mains avec des gestes de marionnette. Pourtant, la réaction du public ne paraissait pas l'affecter : aux quolibets sarcastiques, aux sifflets et aux cris anonymes de Vieille tante ! et de Pédale ! qui agrémentaient sa prestation, il répondait par un clin d'œil complice qui semblait signifier : Mes tours sont minables, mais l'amusement que je vous procure vaut bien le déplacement.

C'est indigne ! s'était exclamée Martita devant ce spectacle. Allons-nous-en ! Prullàs s'y opposa : Laisse donc, ma chérie, les enfants ne comprennent pas ces mots-là. Au fond, il ne pouvait qu'admirer cet homme qui affrontait tous les soirs cette humiliation sans renoncer pour autant aux coquetteries pathétiques qui la provoquaient. Il y avait, aux yeux de Prullàs, une sorte de noblesse désespérée dans cet aveuglement stupide.

Et pour continuer, mesdames, messieurs et chers enfants, public distingué, ajouta l'illusionniste une fois que la montre eut réapparu intacte dans un petit coffre situé à l'autre bout de la scène, nous allons observer un court entracte de vingt minutes avant d'aborder la partie la plus risquée, la plus difficile et la plus spectaculaire de cette soirée inoubliable. Je vous prie instamment de ne pas quitter vos sièges pendant cette très brève pause, non pour éviter que quelqu'un ne vous les prenne, mais surtout pour que moi, le diabolique docteur Corbeau, je puisse en profiter pour passer entre les tables avec mon chapeau magique dans le but de recueillir vos dons aimables et généreux. Les artistes, comme vous le savez, vivent des applaudissements du public mais, de temps en temps, ils doivent manger ! Je sais que vous avez payé un supplément sur les consommations, mais ce supplément ne couvre que les frais de la salle et ne comprend pas mes honoraires de modeste artiste. S'il vous plaît, ne partez pas. Je fais appel à votre bon cœur. Merci.

Tandis que les clients, confrontés les uns après les autres au chapeau haut de forme de l'illusionniste, y déposaient pièces ou billets, les plus audacieux et les plus espiègles lui pinçaient traîtreusement les fesses ; alors l'illusionniste se tortillait et essayait de transformer sa grimace de douleur en un petit rire vulgaire et indulgent. Quand il arriva à la table où se trouvait Prullàs, celui-ci remit un duro à chaque enfant pour qu'il le donne à l'illusionniste. Merci, mes mignons. Martita se redressa sur sa chaise. Laissez mes enfants tranquilles, dévergondé. Prullàs glissa un billet de cinquante pesetas dans la main que l'artiste venait de retirer de la joue d'un des garçons. Vous êtes très généreux, monsieur, dit celui-ci avec une expression incrédule, après avoir vérifié du coin de l'œil le montant du billet. Je suis dans la partie, moi aussi, dit Prullàs. Le docteur Corbeau esquissa un sourire servile. Je veux dire dans le spectacle, ajouta Prullàs.

Tu aurais pu t'abstenir de faire ce numéro ! dit Martita quand l'illusionniste eut quitté la table. C'est un pauvre diable, intervint, conciliante, Marichuli Mercadal. Il y a des gens qui sont obligés de choisir entre rester dignes et bouffer, tint à préciser le docteur Mercadal d'une voix pâteuse, la vie est dure. Martita gardait les sourcils froncés. Nous étions déjà suffisamment servis avec cet affreux Gaudet, maugréa-t-elle. Les enfants, étrangers à cette dispute, s'endormaient sur leurs pliants. Je ramène les enfants à la maison, annonça-t-elle. Nous aussi, nous rentrons, dit le docteur Mercadal, ce n'est pas bon pour Alicia de veiller tard, et moi j'ai le dos à vif.

Marichuli Mercadal annonça qu'elle restait pour la seconde partie ; elle n'avait pas sommeil, et c'était maintenant que venait le meilleur, dit-elle. Tu ne vas pas rester seule au milieu de cette populace, dit son mari. Ils ne me mangeront pas, répondit-elle avec une fermeté non exempte de défi. Dans ce cas, je reste aussi, annonça Prullàs, il n'est pas de sensation plus douloureuse pour un acteur que celle produite par la désertion en masse du public. Personne ne se libère de cette servitude, expliqua-t-il, de l'étoile la plus célèbre au dernier des saltimbanques. Tu vois que je serai bien protégée, dit Marichuli Mercadal en s'adressant à Martita. Ce serait vrai si la force se mesurait en paroles, répondit celle-ci. Mais, à en juger par son ton, elle n'était pas fâchée : elle voulait sortir de cette ambiance équivoque et de cette atmosphère raréfiée par la concentration humaine, la chaleur et la fumée des cigarettes, et, ce but atteint, le reste lui était égal. Il était évident qu'elle se sentait en sécurité en compagnie du docteur Mercadal dont elle ne percevait pas l'état d'ébriété, et qu'elle ne voyait rien de répréhensible au fait de laisser son mari s'occuper d'une de ses amies. Enfin seuls ! s'exclama ironiquement Marichuli Mercadal.

Mesdames et messieurs, chers petits garçons et petites filles, public distingué, mille mercis pour votre aimable patience qui ne sera pas déçue dans cette seconde partie du spectacle de magie que vous offre le mystérieux, l'inquiétant, le surprenant, le diabolique docteur Corbeau. Et maintenant, je réclame votre attention, toute votre attention, car cette soirée est une soirée unique et ce public est également un public tout à fait unique, et pour ces deux raisons que je viens de mentionner je vais présenter devant vous, mesdames et messieurs, une expérience singulière qui, jusqu'à ce jour, n'a encore jamais été réalisée en Espagne par crainte de ses possibles conséquences. Il s'agit, mesdames et messieurs, d'une expérience de haute hypnose, telle que la pratiquent certaines sectes secrètes de l'Hindoustan et dont la connaissance est réservée aux initiés du niveau supérieur. Une expérience qui, comme vous le savez très bien, comporte un grand danger, tant pour l'hypnotiseur que pour la personne qui se soumet à l'hypnose, car, dans les deux cas, le degré de concentration atteint est si puissant que la plus petite interruption peut provoquer des lésions psychiques profondes et définitives qui peuvent mener dans certains cas extrêmes à la folie et à la mort, ainsi qu'il est advenu l'an passé dans un théâtre fameux et aujourd'hui tristement célèbre de Buenos Aires, en République argentine, funeste événement dont vous vous souvenez certainement, car tous les journaux du monde ont rapporté la nouvelle et fait largement écho à la tragédie. Il n'est donc pas étonnant que ce type d'expériences ait été interdit par les autorités de beaucoup de pays européens et américains. Mais ce soir, ici, dans quelques minutes, vous, mesdames et messieurs, vous allez avoir le privilège peut-être redoutable d'assister à un phénomène de cette nature. Il est de mon devoir d'aviser des risques extrêmes que peut faire courir ledit phénomène et, en conséquence, s'il se trouve dans le public des personnes, particulièrement des dames ou des demoiselles, trop sensibles ou émotives, je les prie de quitter la salle avant le début de l'expérience, car une fois commencées les étapes préliminaires personne ne pourra sortir, ni même bouger de son siège, ni faire du bruit ou parler, la moindre imprudence, comme je vous l'ai dit, pouvant causer des dommages irréversibles.

Sous l'effet de cette harangue, les esprits se calmèrent ; maintenant, l'assistance agitée gardait le silence. L'illusionniste retira la table de la scène et mit une chaise à la place, puis il fit un signe au fils aîné de M. Joaquín et celui-ci, suivant les instructions reçues au préalable, baissa l'éclairage dans la salle. S'il vous plaît ! entendit-on s'exclamer M. Joaquín, ne laissez pas les enfants monter sur les tables de billard, sinon ils vont faire des accrocs au tapis ! Le docteur Corbeau restait debout près de la chaise, immobile, le menton sur la poitrine et les paumes pressant ses tempes, singeant l'image idéalisée de lui-même diffusée par son affiche trompeuse. Lorsqu'il releva la tête et contempla l'assistance, ses yeux brillaient, et ses traits flasques, dont le hiératisme rappelait ceux de Bela Lugosi, avaient acquis une solennité inattendue.

Mesdames et messieurs, public distingué, l'expérience va commencer. Ne vous inquiétez pas si, au cours de celle-ci, vous entendez des bruits étranges ou même si vous croyez voir une forme impalpable se matérialiser dans la salle ; il ne s'agira nullement d'une hallucination mais de phénomènes parapsychologiques admis et vérifiés par la science médicale. Et maintenant, respectable et distingué public, j'aurai encore une fois besoin d'un volontaire qui voudra bien monter sur l'estrade et collaborer avec moi à cette expérience unique et sensationnelle. Non, don Roquet, vous êtes déjà passé tout à l'heure, pour la montre. Voyons voir, qui veut oser ? J'ai besoin d'une personne qui ait les nerfs solides et soit en parfaite condition de santé mentale et physique. Vous ? Vous êtes sûre ? On applaudit bien fort madame ou mademoiselle !

Une femme jeune, robuste, d'allure paysanne et, à en juger par les murmures dans la salle, parfaitement inconnue de l'assistance, était montée sur la scène, s'était assise sur la chaise et esquissait le geste pudique de tirer le bord de sa jupe sur ses genoux. Marichuli Mercadal agrippa le bras de Prullàs. Allons-nous-en, dit-elle, cet homme me fait peur.

Tu es devenue folle ? Ce n'est qu'un jeu d'enfant, chuchota-t-il. Ça m'est égal, j'ai peur et je veux partir, si tu ne m'accompagnes pas je m'en irai seule. Arrête de dire des bêtises et attends la fin du spectacle, nous nous faisons remarquer.

Mesdames et messieurs, je vous demande toute votre attention ; voici une dame ou une demoiselle que, jusqu'à l'instant présent, nous n'avions jamais eu le plaisir de rencontrer. Dites-moi, madame ou mademoiselle, vous et moi nous sommes-nous déjà vus ? La femme hocha la tête négativement, bien que chacun pût remarquer le regard complice qu'elle échangeait avec l'illusionniste. Eh bien, je vous remercie infiniment de votre participation, tant en mon nom propre qu'en celui de toute l'assistance, et, si vous le permettez, je vais vous prier de suivre mes instructions au pied de la lettre. Avant tout, n'ayez pas peur, détendez-vous et essayez de ne penser à rien, oubliez pour quelques instants vos préoccupations. Détendez-vous... détendez-vous... vous êtes trop fatiguée pour penser, trop fatiguée, vos muscles ne vous obéissent pas, vos paupières s'alourdissent, vous voudriez garder les yeux ouverts mais vous n'y arrivez pas, le sommeil s'empare petit à petit de vos membres, votre corps perd son poids, vous avez l'impression qu'il flotte dans l'air, il flotte, il flotte... continuez de flotter, madame, dormez... dormez... Et maintenant, sans cesser de dormir, levez la tête et ouvrez les yeux, doucement, ouvrez les yeux.

La femme ouvrit les yeux et posa un regard fixe et halluciné sur le fond de la salle. Dans l'assistance, il y eut un mouvement d'authentique admiration : cette mystification simpliste, exécutée avec la plus grande lourdeur, avait réussi à séduire un public hostile. Prullàs perçut une mimique de satisfaction sur le visage efféminé du magicien.

Mesdames et messieurs, public distingué, constatez vous-mêmes que cette personne avec qui je n'ai jamais eu la moindre relation, que je n'avais même pas le plaisir de connaître, est tombée dans un profond sommeil par la vertu et la grâce de mes passes magnétiques. Dans l'état où elle est plongée, son esprit et sa volonté ont été annulés, ils n'obéissent qu'aux ordres de ma voix et, pour vous le démontrer, nous allons la soumettre à une petite épreuve. Silence, silence, s'il vous plaît. Je tiens un verre dans ma main, vous pouvez voir que ce verre est vide, net et sec. Regardez bien…

Prullàs entendit une plainte à côté de lui et, simultanément, il vit du coin de l'œil un corps s'affaisser, sans comprendre tout de suite ce qui se passait ; il eut un mouvement instinctif et absurde pour tenir la chaise et empêcher qu'elle ne suive son occupante dans sa chute. Le tumulte provoqué par cet incident se propageait en cercles concentriques dans la salle du Casino. Relégués dans l'oubli par un public qui avait définitivement perdu tout intérêt pour le spectacle, le diabolique docteur Corbeau et sa rusée complice échangeaient sans s'en cacher des signes de perplexité et d'impuissance. Prullàs avait soulevé de terre le corps de Marichuli Mercadal et tentait en vain de se frayer un passage vers la sortie. Le fils de M. Joaquín ralluma toutes les lumières de la salle ; cet éclat soudain dessina des expressions de panique sur les visages. En sa qualité de responsable du lieu, M. Joaquín avançait en distribuant coups d'épaule et consignes : Ne vous bousculez pas, laissez l'air circuler, ouvrez les fenêtres, appelez un docteur ! Personne ne l'écoutait. A présent que la lumière permettait d'identifier les protagonistes de l'incident, exclamations et commentaires fusaient : dans la colonie des estivants, naturellement enclins aux cancans et au soupçon, cette inconnue dont l'aspect ne pouvait passer inaperçu, qui s'habillait de façon extravagante et qui adoptait sans motif une attitude à la fois provocatrice et réservée, avait été la cible des conversations de l'année ; et on la voyait maintenant inanimée, dans les bras d'un homme qui n'était pas son mari. C'est celle qui vit dans la maison des étrangers ! entendit chuchoter Prullàs dans son dos. La femme du chirurgien ! M.Joaquín parvint à les rejoindre. Que s'est-il passé ? demanda-t-il. Mme Mercadal s'est évanouie, aidez-moi à la sortir d'ici. M. Joaquín leva un sourcil dubitatif. M'est avis que cette femme est malade, diagnostiqua-t-il, mais, immédiatement, il haussa les épaules. Étendez-la sur le billard, dit-il, moi, je vais faire évacuer la salle.

Où suis-je ? Que m'est-il arrivé ? Qui m'a déshabillée ? Prullàs lui posa la main sur les épaules pour l'empêcher de se relever brusquement. Tu es au Casino, tu t'es évanouie et tu portes tous tes vêtements, sauf les chaussures que M. Joaquín t'a ôtées pour que tu ne fasses pas d'accroc au tapis du billard avec les talons. M. Joaquín approuva d'un air grave et tendit un verre de cognac à Marichuli Mercadal. Buvez un petit coup, madame, vous verrez, ça vous ravigotera. Elle refusa le cognac, s'assit sur le billard et regarda autour d'elle : la salle du Casino avait été évacuée avec fermeté par M. Joaquín et les lumières avaient été de nouveau baissées. Sur la scène, il ne restait que la chaise vide. Et cet homme ? interrogea-t-elle. Il doit dormir depuis longtemps, minuit a déjà sonné, dit Prullàs. Je crains que tu ne lui aies gâché son spectacle, mais ne te fais pas de souci pour lui : la quête était déjà faite. Comment te sens-tu ? Mieux, ramène-moi à la maison. M. Joaquín leur dit d'attendre une minute : il allait sortir la camionnette du garage et les reconduire. Marichuli Mercadal déclina l'offre. Je vous ai causé assez d'ennuis comme ça, dit-elle, et cela me fera du bien de marcher un peu, si M. Prullàs a l'amabilité de me raccompagner, et vous de me rendre mes chaussures. M. Joaquín n'insista pas : il louchait sournoisement sur le décolleté suggestif dont les mystères lui étaient fugacement révélés tandis qu'elle descendait avec difficulté du billard. Quand on se trouve mêlé à des événements de cette taille, mieux vaut ne pas s'immiscer davantage, semblait laisser entendre sa discrétion. Mettez le cognac sur mon compte, dit Prullàs. Ah non ! répondit M. Joaquín. C'est la maison qui invite.

Qu'est-ce que les gens ont dû penser ! s'exclama Marichuli Mercadal quand Prullàs et elle eurent quitté le Casino. Tu y attaches tant d'importance ? demanda-t-il. Je ne veux pas être un objet de scandale, répondit Marichuli Mercadal. Est-ce que j'ai dit ou fait quelque chose de compromettant ? Non, quand tu es tombée par terre on a vu un peu tes cuisses, ce qui a été accueilli très favorablement ; après quoi nous avons, toi et moi, joué une scène d'*Autant en emporte le vent*, mais je ne crois pas qu'on te proposera un contrat à Hollywood. Tais-toi ! Tu es insolent et odieux ! Mais voyons, j'essayais seulement de minimiser l'affaire. Eh bien, n'essaye pas, et ne me mets pas les bras autour du cou devant tout le monde. Je ne te mets pas les bras autour du cou : je te soutiens pour que tu ne retombes pas ; et d'ailleurs, à cette heure-ci, il n'y a personne dans la rue. Je suis sûre qu'ils nous observent par les fentes des persiennes ! Prullàs scruta les alentours : rien ne laissait soupçonner la présence de voyeurs. Tu n'as rien à craindre : tu t'es évanouie sous l'effet de la chaleur et de l'affluence, ça arrive souvent. Marichuli Mercadal s'écarta de quelques mètres de Prullàs. Elle zigzaguait sur ses talons aiguilles et dut s'appuyer contre un arbre ; Prullàs la rejoignit et vit que de grosses larmes coulaient sur ses joues. Carlos, ça n'a pas été un évanouissement, dit-elle d'une voix rauque. Quand cet homme a commencé à faire des passes cabalistiques, mon esprit s'est voilé et j'ai perdu la notion du temps et de l'espace, mais je n'ai pas perdu conscience. Elle se tut quelques instants, comme si le souffle lui manquait. Alors j'ai eu une vision horrible, poursuivit-elle ; tout était dans l'obscurité et sous mes pieds s'ouvrait un puits profond et terrifiant, qui était à la fois une tombe et un abîme ; tous deux m'attendaient ; j'ai compris que je voyais avec les yeux de l'âme. Nous sommes en état de péché, Carlos, nous sommes en état de péché mortel, toi et moi, et si nous mourions maintenant nous irions tout droit en enfer pour l'éternité. De gros sanglots secouaient son corps. Prullàs comprit que son angoisse était sincère ; décontenancé, il leva les yeux et vit une étoile filante traverser le firmament ; presque simultanément, par une étrange coïncidence, un train siffla. Tu peux te confesser demain à la première heure, suggéra-t-il d'un ton apaisant, la miséricorde de Dieu est infinie ; je l'ai entendu il y a peu de la bouche du père Laburu, et il semblait bien informé. Marichuli Mercadal hocha la tête avec désespoir. Cela ne servirait à rien, dit-elle, car je ne me repens pas réellement. Sais-tu que j'ai failli plus d'une fois perdre la raison en pensant à toi ? ajouta-t-elle d'un air plus douloureux que dramatique. Prullàs ne sut que répondre ; cette femme lui inspirait une profonde tristesse. Il lui tendit son mouchoir et elle essuya ses larmes. Pauvre petite, pensa-t-il, la nature semblait l'avoir dotée de tout ce qu'il fallait pour réussir et être heureuse, mais son comportement, son étrange disposition d'esprit l'avaient empêchée de réaliser tout projet ; sa vie avait été une accumulation d'erreurs ; même l'attirance physique qu'elle provoquait, au lieu de lui ouvrir toutes les portes, s'était retournée contre elle, avait écarté les hommes sincères et de valeur et ne lui avait servi finalement qu'à acquérir une réputation douteuse. Il eut un mouvement impulsif et lui donna un baiser ; il se rendit compte que ses lèvres étaient glacées et qu'elle claquait des dents. Que fais-tu ?! s'exclama-t-elle. Tu es fou ! Oui, et toi malade : allons chez toi, et ton mari s'occupera de toi comme il se doit, répondit Prullàs.

*

Les dimanches d'été, la messe de dix heures était de beaucoup la plus courue. Prullàs et son beau-père renoncèrent à entrer et restèrent sur les marches de l'église, tandis que Martita et sa mère jouaient des coudes pour se frayer un passage dans la foule qui faisait barrage. A la fin de la cérémonie, Prullàs passa en revue le flot des paroissiens, à la recherche de Marichuli Mercadal, mais son absence ne l'étonna pas. Martita était en conversation animée avec plusieurs femmes. Pourquoi ne m'as-tu pas raconté ce qui s'est passé au Casino cette nuit, après notre départ ? lui reprocha-t-elle en le rejoignant. On ne parle que de ça dans le village, et moi je tombe des nues ! Dans son excitation, elle avait même oublié d'enlever sa mantille. Comment aurais-je pu te le raconter ? répliqua Prullàs. Tu dormais quand je suis rentré, et ce matin nous sommes partis de chez nous en courant pour ne pas être en retard à la messe ; je pensais te le raconter plus tard, bien que l'incident ait été plus spectaculaire qu'important. Je vais devant pour passer à la pâtisserie, dit son beau-père, sans cela il n'y aura plus de saint-honorés glacés.

Quelques heures plus tard, la bonne interrompit l'apéritif de toute la famille ; un individu souhaitait parler à M. Prullàs, dit-elle. A travers le rideau de sisal, ils virent une silhouette hésitante sur la petite terrasse, sous la marquise. Qui cela peut-il être ? En plein jour, il eut du mal à reconnaître dans ce personnage rabougri le diabolique docteur Corbeau, peut-être parce que ce n'était pas un vieillard, comme sa tenue de scène outrée l'avait fait supposer la veille, mais un homme d'âge moyen, à l'aspect famélique et malsain. M. Joaquín m'a indiqué où je pouvais vous trouver, dit l'illusionniste après un laborieux préambule destiné à présenter ses excuses pour cette visite intempestive ; je suis seulement venu prendre des nouvelles de la santé de madame votre épouse après le regrettable malaise dont elle a été victime au cours de mon spectacle ; croyez-moi, rien n'était plus éloigné de mes intentions que de provoquer un tel effet ; à dire vrai, j'en ai été le premier surpris ; comme vous avez pu en juger vous-même, je ne suis qu'un charlatan qui gagne sa vie en amusant les petits et les grands avec ses tours de magie. Le numéro d'hypnotisme était une supercherie, avoua-t-il, il n'avait jamais hypnotisé personne, il n'avait même jamais essayé et, bien entendu, un incident malchanceux tel que celui de la veille ne s'était jamais produit. Cela pouvait ruiner sa carrière, poursuivit-il ; il donnait ses représentations en marge du syndicat du spectacle, il n'avait pas de carte d'artiste. Vous voyez que je ne vous cache pas la vérité, ajouta-t-il, si vous me dénoncez, fini le docteur Corbeau. Prullàs le rassura sur ce chapitre : pas un instant il n'avait pensé signaler l'affaire aux autorités ; d'ailleurs, dit-il, tout se résumait à une manifestation accidentelle de magnétisme dont nul n'était responsable. L'illusionniste redoubla les marques d'humilité et de reconnaissance, au terme desquelles il remit une enveloppe à Prullàs. En l'ouvrant, celui-ci vit qu'elle contenait le billet de cinquante pesetas qu'il avait donné lors de la collecte de la veille. Avant qu'il ait pu prononcer un mot, l'illusionniste descendit les marches précipitamment, sortit dans la rue et se dirigea vers une voiture stationnée devant la maison. A la fenêtre de la voiture, une femme montra son visage. Prullàs reconnut la prétendue volontaire de l'expérience hypnotique. Le docteur Corbeau chuchota quelques mots à l'oreille de la femme et celle-ci ferma les yeux avec un soupir, comme pour dire : Dieu soit loué ! Puis elle tendit un bouquet de fleurs à l'illusionniste qui remonta jusqu'à Prullàs. Je me suis permis d'apporter ce modeste bouquet pour votre épouse avec mes respects, bien que ce soit peu de chose. Prullàs n'estima pas nécessaire de tirer le pauvre illusionniste de son erreur. Merci, dit-il, ma femme adore les fleurs. L'illusionniste hésitait, comme s'il voulait ajouter quelque chose qui n'était pas lié à l'affaire qui l'avait amené. Hier soir, murmura-t-il enfin, vous m'avez dit que vous apparteniez, vous aussi, au monde du spectacle. Sur le coup, j'ai pensé que vous plaisantiez ; j'ai l'habitude que le public se moque de moi, une saine bonne humeur fait partie de la représentation ; mais ce matin M. Joaquín m'a confirmé que vous étiez un auteur célèbre ; je vous prie d'excuser mon ignorance ; dorénavant, je tâcherai d'aller voir toutes vos pièces. Moi, en revanche, je ne suis qu'un pauvre batteur d'estrade, un faiseur de boniments sans malice, je n'essaye pas de tromper qui que ce soit ; et, dites-moi, est-ce ma faute si ces gens attendent de moi ce que je ne peux pas leur donner ? Vous qui êtes un homme de théâtre, vous comprendrez ce que je dis là. Prullàs tapa sur l'épaule décharnée de l'illusionniste : Nous jouons avec le feu, mon cher Corbeau. Nous jouons avec le feu !

Chapitre III

1

J'ai tellement entendu parler de vous que j'ai l'impression de vous connaître depuis toujours, dit Brusquets. L'homme qui prononçait ces paroles en recevant ses hôtes était un quinquagénaire chauve dont les traits vulgaires contrastaient avec les yeux vifs, d'un bleu clair et lumineux. Je me réjouis de ce que vous ayez pu venir à cette petite réunion, ajouta-t-il. Fontcuberta m'a dit qu'il vous avait transmis mon invitation, mais j'ignorais si vous n'aviez pas d'autres engagements. Je vous suis très reconnaissant de l'avoir acceptée. Il parlait un castillan parfait mais un peu lent et truffé de périphrases. Au contraire, répliqua Prullàs, c'est moi qui vous remercie de m'avoir invité.

De grosses voix arrivaient dans le vestibule depuis le salon. On dirait bien qu'il n'y a que des hommes, dit Mariquita Pons, il semble que je sois tombée dans une réunion de célibataires, si j'avais su… Brusquets était confus. Oui, en effet, presque tous ces messieurs sont venus seuls… à cette époque de l'année, vous savez comment c'est ; sans doute aurais-je mieux fait d'attendre l'automne, mais je m'étais promis de réunir mes amis dès le départ du dernier ouvrier et il a fallu que cela tombe précisément en plein été… Voulez-vous voir la maison ? Prullàs et le couple Fontcuberta acquiescèrent en tâchant de montrer un intérêt qu'ils étaient loin d'éprouver. La joie de leur interlocuteur, en revanche, était sincère et un rien puérile.

Un moment plus tôt, tandis qu'ils se rendaient chez lui, Fontcuberta avait expliqué à Prullàs qui était le personnage. Fils unique d'une famille très riche, Brusquets réunissait en sa personne une éducation raffinée, une profonde inculture et une absence totale de connaissance des réalités de ce monde. Il n'avait jamais eu besoin de travailler pour vivre et, chaque fois qu'il s'était lancé dans une entreprise, il y avait perdu beaucoup d'argent. On racontait qu'il s'était fait rouler, un jour, en achetant un terrain ou une maison d'une valeur minime pour un prix très élevé, sous prétexte qu'un trésor y était caché. La transaction conclue, Brusquets avait fait creuser tout le terrain ou, selon la seconde version, démolir la maison, sans aucun résultat. Il agissait de même dans tous les domaines, avait poursuivi Fontcuberta. Dix ans plus tard, Brusquets avait épousé une femme au cœur d'or mais despotique à l'extrême que, cependant, il aimait beaucoup ; cette femme, disait-on, venait d'une famille d'immigrés très modeste, à la limite de l'indigence et de l'analphabétisme, et, soit pour cette raison, soit de façon inconsciente, elle avait voulu se rattraper des humiliations et des malheurs qu'elle avait subis durant son enfance sur la personne du pauvre Brusquets, sans que cela l'empêche d'ailleurs de lui témoigner également un grand attachement. Aujourd'hui, sa femme morte des suites d'une longue maladie au cours de laquelle son caractère s'était encore aigri, Brusquets s'adaptait au vide laissé par cette harpie. C'était là ce que Brusquets lui-même avait raconté à Fontcuberta, dans les termes les plus pitoyables, avait poursuivi ce dernier ; quand il restait seul, rien ne pouvait le distraire, il passait des heures à déambuler dans la maison comme une âme en peine, il s'asseyait, se relevait, regardait par la fenêtre, soupirait et finissait par fondre en larmes, ou presque. Bref, avait conclu Fontcuberta, il a besoin de distractions.

Une maison splendide, dit Prullàs en jetant des regards à droite et à gauche, je vous félicite pour votre bon goût. En entendant ce compliment, les yeux de l'hôte se remplirent de joie et ses traits se détendirent. Et c'était vrai que la maison était aménagée avec simplicité et élégance, conformément à l'esprit du temps. Quelques années plus tôt, ils avaient tous été témoins des risques énormes auxquels on pouvait s'exposer en exhibant sa fortune dans une époque agitée. De plus, les événements de ladite époque avaient anéanti beaucoup de grandes fortunes héréditaires, et ceux qui succédaient maintenant aux vieilles lignées dans le pouvoir et la richesse n'étaient guère enclins aux fastes du passé, moins par austérité que par manque d'imagination. S'ils dépensaient leur argent à tort et à travers, il ne leur venait pas à l'idée de collectionner des œuvres d'art, de pratiquer le mécénat, de s'exercer à la gastronomie ni de soigner leur mise comme l'avaient fait leurs prédécesseurs. Par ignorance, ils se bornaient à faire preuve d'une ostentation dont le seul but était de provoquer l'adulation servile. Par ce gaspillage ridicule, plus tape-à-l'œil que somptuaire, il ne parvenaient qu'à susciter la réprobation et la raillerie. Désormais, dans les couches supérieures de la société, auxquelles appartenait Brusquets par la naissance, chez les noms illustres, on privilégiait la simplicité et la mesure dans le comportement et les apparences, sinon dans les intentions et les désirs qui, comme toujours, continuaient d'abriter l'envie et la cupidité.

Félicitez plutôt le décorateur, répliqua modestement Brusquets, car il ne m'a pas laissé prendre beaucoup de décisions. En réalité, ma participation à ces maudits travaux a surtout consisté à en supporter la gêne… et bien entendu à les payer. Il n'y a rien de plus ingrat que de mettre un appartement sens dessus dessous ; mais je n'ai pas vu d'autre solution : la disposition originale n'était pas adaptée à ma nouvelle vie. Bien sûr, j'aurais pu rester là où j'étais, mais, en me retrouvant veuf, j'ai décidé de déménager, car je ne pouvais admettre de continuer à vivre dans la maison où j'avais partagé tant d'années de bonheur avec ma chère femme – que Dieu la garde. Voilà pourquoi j'ai loué cet appartement. Ce n'est pas un palais, mais il suffit largement à mes besoins, et le quartier est calme. Peut-être avez-vous envie de jeter un coup d'œil sur la bibliothèque : les livres sont mon seul motif de fierté ; les livres et ce piano à queue que vous voyez là, un Steinway magnifique dont j'ai fait cadeau à ma défunte femme pour notre dixième anniversaire de mariage. La pauvre adorait la musique, surtout celle de Chopin. La seule chose qui me console de sa mort est de penser qu'au ciel elle a peut-être pu retrouver Chopin.

Le périple s'était achevé sur une vaste terrasse. La demeure de Brusquets occupait les deux derniers étages d'un immeuble neuf qui en comptait huit, sur le Paseo de San Gervasio. C'était, et de beaucoup, le plus haut immeuble d'une zone étendue, semée de maisons de maître et d'hôtels particuliers que la bourgeoisie montante s'était fait construire au début du siècle. Les silhouettes théâtrales de leurs tours crénelées et de leurs coupoles se profilaient parmi les pins et les cyprès, les acacias et les palmiers, sur un ciel opaque éclairé par la lumière métallique de la pleine lune. Aujourd'hui, le quartier subissait une transformation rapide ; plusieurs maisons somptueuses avaient été détruites et leur emplacement était occupé par les squelettes des nouvelles constructions. Pour l'heure cependant, la paix régnait, et un parfum de tubéreuse flottait dans l'air ; c'était une nuit orientale, chargée de magie. Mais moi, il va falloir que je la passe avec ces raseurs parce que j'ai accepté une invitation sans intérêt, pensa Prullàs dont l'esprit fut soudain assailli par le souvenir de Mlle Lilí Villalba, véhiculé peut-être par les senteurs aériennes.

*

En regagnant le salon, il rencontra un serveur qui portait un plateau de sandwiches. Monsieur désire boire quelque chose ? Un whisky on the rocks, dit Prullàs. Un homme d'un certain âge s'approcha de lui et lui serra la main avec effusion. Quelle soirée merveilleuse ! s'exclama-t-il. Ah, Tomeu ! Vous partez déjà ? dit Brusquets. Oui, oui, dit l'autre, je ne peux pas rester davantage ; merci pour tout, et tous mes vœux pour votre vie dans votre nouvelle demeure. Il s'en alla, et Brusquets expliqua à Prullàs que cet homme avait pour habitude d'aller à toutes les réceptions de Barcelone, de faire le tour de l'assistance et de partir tout de suite après sans donner d'explication. Cette manie avait donné naissance à de nombreuses suppositions, dont aucune n'avait pu trouver confirmation.

Tout en parlant, Brusquets conduisit Prullàs au centre du salon vers un groupe formé de quatre hommes qu'il ne connaissait pas et auxquels le maître des lieux le présenta avec des éloges hyperboliques. S'agissant de M. Prullàs, les présentations sont superflues : sa célébrité suffit. Je me sens comme une attraction de foire, dit Prullàs, réellement sur la défensive. Mais ses craintes se révélèrent infondées : les quatre hommes lui étaient supérieurs par l'âge et la catégorie sociale, et ils n'eurent aucune gêne à oublier sa présence et à continuer d'écouter pérorer un personnage grand et obèse que les autres appelaient le docteur Sanjuanete et qui était, à ce que put comprendre Prullàs, le titulaire de la chaire de droit public à l'université de Barcelone. Il avait un torse formidable, une voix de stentor, associés à une tête de patricien gâchée par des tics nerveux des lèvres et des sourcils. Il était en train de relater sur un ton enflammé les détails d'une consultation juridique de la plus haute portée, qu'il avait rédigée, à l'en croire, de la façon la plus brillante, et sur laquelle les tribunaux devaient se prononcer incessamment. J'ai invoqué un arrêt de la Cour suprême de 1889 qui ne laisse pas la place au moindre doute, s'exclama-t-il, un véritable pilonnage d'artillerie lourde ! Il se tut, abîmé dans la contemplation de sa propre importance, et Prullàs profita de ce répit pour quitter le groupe et se mêler à un autre, formé de trois hommes qu'il connaissait vaguement et dont la conversation semblait suivre un cours plus conventionnel. Est-ce vrai, ce que mon petit doigt m'a dit, que ta fille a un fiancé officiel ? Officiel ? répondit l'interpellé. Non, il n'en est pas question ; elle sort avec un garçon depuis quelques mois, mais ça ne veut rien dire ; vous savez comment grandit la jeunesse d'aujourd'hui : insouciante et sans idéal. Oui, oui, dit un troisième, bon sang ne peut mentir. Ce commentaire fut accueilli avec stupéfaction par tous les présents, vu que la mère de la fille en question avait été mêlée, quelques années plus tôt, à un scandale retentissant. Ce qui n'empêcha pas le fâcheux, à qui la consternation générale avait fait comprendre l'incongruité de sa remarque, de s'esclaffer bruyamment. Il s'agissait d'un individu de très bonne famille, fort assidu aux réunions de la société, au cours desquelles il commettait invariablement les gaffes les plus affreuses, lesquelles, loin de le troubler, provoquaient chez lui une grande hilarité. Tout le monde le tenait pour un demeuré.

Prullàs continua de déambuler. Le serveur lui donna un verre de whisky. Sais-tu combien cela me coûte de garder la maison ouverte ? s'exclama quelqu'un près de lui. Quarante duros par semaine ! Plus de cinq duros par jour ; en comptant les samedis et les dimanches, naturellement. Je compatis, dit Prullàs. Qu'est-ce que vous voulez que ça me fasse ? répliqua l'autre. Ce n'est pas à vous que je parlais. Qu'importe, je me solidarise quand même, répondit Prullàs en passant son chemin. Dans un coude du couloir, plusieurs personnes parlaient à voix basse ; à en juger par leurs visages sérieux, il comprit qu'ils discutaient de questions délicates et s'abstint d'intervenir. De quelques paroles cueillies au hasard il déduisit qu'il s'agissait d'un scandale qui, au cours des derniers mois, avait été l'objet de toutes les conversations : une importante partie du blé en provenance d'Argentine et destiné à pallier la pénurie qui affectait les classes les moins favorisées du pays avait été subtilisée à la barbe des autorités et vendue au marché noir. Prullàs n'accordait guère d'attention à ces bruits ni à d'autres du même genre qui apparaissaient un beau jour sans que nul ne sache comment, se propageaient avec une extrême rapidité et se volatilisaient au bout d'un moment d'une manière tout aussi mystérieuse. C'étaient des histoires fragmentaires et confuses, fondées sur des suppositions et des sous-entendus, et elles se référaient en général à des cas flagrants de gaspillage et de vénalité de la part des gouvernants, de graves irrégularités dans la désignation des mandataires, dans les adjudications et les contrats, d'affaires troubles et de comptes dans des banques suisses. Les esprits échauffés ne manquaient pas pour décrire des orgies fastueuses dans les salons et les édifices publics transformés par l'imagination populaire en lieux extraordinaires et pittoresques sortis d'une version haute en couleur et en dépravation des *Mille et Une Nuits*.

Après avoir fait le tour complet de la maison, Prullàs rejoignit Fontcuberta qui se trouvait en compagnie de deux inconnus, dont l'un semblait fort agité. Cette fois, c'est vraiment trop fort de café, et une intervention armée en territoire russe s'impose ! s'exclamait-il au moment où Prullàs arriva. Là-dessus, voyant que personne ne le contredisait, il ajouta, d'un air féroce : Et si ce doit être le commencement de la troisième guerre mondiale, eh bien, qu'elle commence ! L'autre inconnu hocha la tête avec scepticisme et assura que, voyez cela comme un bien ou comme un mal, la Russie était un pays inexpugnable, invincible à l'intérieur de ses frontières, ce qu'avaient bien prouvé, en en subissant cruellement les effets, d'abord

Napoléon Bonaparte et plus tard Adolf Hitler. On sait bien, poursuivit-il, qu'en Russie il fait un froid de loup. Il le tenait de bonne source, ajouta-t-il, car un cousin de sa femme s'était battu sur le front de Stalingrad. Il avait eu la chance d'être légèrement blessé quelques semaines après l'arrivée de son régiment là-bas et d'être rapatrié mais, même dans ces conditions, il avait eu largement le temps de voir des choses effroyables : les soldats qui commettaient l'imprudence de passer la tête hors de leur abri avaient les oreilles gelées et arrachées par le vent sibérien, et il fallait souvent amputer les pieds des sentinelles à coups de hache pour leur sauver la vie : voilà ce que son cousin lui avait raconté. Le gel a fait plus de mal que tous les obus de l'ennemi, dit-il, et, en fin de compte, à quoi ça a servi ? Son interlocuteur ne semblait pas convaincu par ces arguments. En tout cas, je n'aurai pas l'esprit en repos tant que je ne verrai pas notre drapeau flotter en plein centre de Moscou ! s'écria-t-il.

Prullàs distingua la voix de Mariquita Pons dans le vestibule et se dirigea vers elle. Comment faites-vous pour être chaque jour plus jeune et plus jolie ? lui disait une autre voix, mélodieuse et un peu rauque. Et elle : Oh, ce genre de choses, on ne me les disait jamais quand j'étais vraiment jeune et jolie !

Celui qui parlait avec la grande actrice était le père Emilio Porras S. J., un prêtre desséché et efféminé, que Prullàs avait eu l'occasion de rencontrer quelques années auparavant dans une soirée littéraire. On disait de lui qu'au temps de sa jeunesse, porté par ses inclinations intellectuelles, il avait fréquenté la célèbre Résidence des étudiants de Madrid, où il avait été l'intime de Federico García Lorca, avec lequel il avait par la suite entretenu une relation épistolaire sporadique, jusqu'à la mort tragique du poète. Aujourd'hui, disait-on encore, le père Emilio Porras S. J. conservait jalousement ces lettres, dont il refusait de révéler le contenu et sur l'existence même desquelles il gardait un silence scrupuleux, sans confirmer ni démentir les rumeurs qui circulaient à leur sujet. Par la suite, poursuivi et condamné, non tant pour ses actes que pour ses idées et ses amitiés, il avait entendu en prison l'appel de la religion, avait renoncé à son passé turbulent et, une fois la liberté recouvrée, était entré dans la Compagnie de Jésus. Lecteur en théologie, il avait écrit et publié plusieurs vies de saints, en accord avec la méthodologie historique moderne, qui expliquaient les miracles à la lumière des dernières découvertes scientifiques, et il allait régulièrement à Rome et à Bruxelles en qualité de membre permanent d'une prestigieuse commission d'hagiographes.

Mon père, j'ai entendu dire que vous avez proposé la canonisation d'Antonio Bienvenida, est-ce vrai ? demanda Fontcuberta, qui avait réussi à se libérer de ses interlocuteurs précédents et avait rejoint le groupe. Il ne devait pas manquer de dévots, répondit en riant le père Emilio Porras S. J. ; et il ajouta, s'adressant à Prullàs : Ce Fontcuberta est un incorrigible farceur. Parlez plutôt pour vous ! dit l'intéressé. Je viens de vous entendre flirter avec ma femme. Ce sont les privilèges du célibat, rétorqua le prêtre mondain et jésuite, et aussi de l'âge.

Qu'est-ce que vous voulez boire, mon père ? demanda le serveur. Je prendrais volontiers une bière bien fraîche, si cela ne vous dérange pas. Prullàs posa son verre vide sur le plateau et demanda un autre whisky. Mariquita Pons le prit par le bras. Emmène-moi sur la terrasse, lui dit-elle, je cuis, ici, et je veux te parler avant que tu ne sois pompette. N'avons-nous pas un peu exagéré avec le père ? s'inquiéta Prullàs tout en marchant vers la terrasse. Qu'il aille se faire mettre un parapluie où je pense, répondit irrévérencieusement la grande actrice.

Des invités continuaient à arriver, déplaçant les précédents du vestibule vers le salon ; les portes intérieures de la maison avaient été ouvertes et les petits groupes s'étaient répandus progressivement dans les autres pièces. Prullàs et

Mariquita Pons trouvèrent la terrasse envahie. Que voulais-tu me dire ? demanda Prullàs. Tu crois qu'on dansera ? demanda-t-elle. Avec ces momies ? dit Prullàs. Non, je ne crois pas ; c'était tout ce que tu avais à me dire, Quiqui ? Mariquita Pons hocha la tête : ses lèvres souriaient, mais il y avait dans ses yeux une ombre soucieuse. Non, dit-elle, c'était autre chose.

Brusquets apparut près d'eux, en proie à une grande agitation. Excusez-moi, doña Mariquita, mais si cela ne vous ennuie pas, j'aimerais vous présenter à quelques messieurs… Quand ils ont su votre présence, vous ne pouvez pas vous figurer leur émotion ! Avec votre permission, mon cher Prullàs.

Prullàs retourna dans le salon et vit le serveur qui se frayait un passage avec difficulté ; il leva son verre de whisky pour en réclamer un autre. Le temps que vous reveniez et j'aurai fini celui-là, dit-il au serveur. Mettez-vous près de la cuisine, lui répondit le serveur. Prullàs réfléchit sur l'opportunité de le remercier du conseil par un pourboire, mais il abandonna l'idée. Au fond du salon, il distingua Fontcuberta en conversation animée avec un inconnu à l'aspect affable et spirituel. Il tenta de les rejoindre mais, sans savoir comment, il se retrouva dans l'orbite du père Emilio Porras.

Quelqu'un disait avoir vu aux actualités des avions mus par des turbines à rétropropulsion se ravitailler en plein vol. Pour cela, expliqua-t-il, d'autres avions énormes, chargés de combustible et appelés, de façon fort appropriée, avions-nourrices, laissaient filer des tubes très longs qui se terminaient par une sorte d'entonnoir. Les autres avions connectaient leur nez à cet entonnoir et y recevaient le combustible. De cette manière ils pouvaient rester indéfiniment en l'air, sans avoir besoin d'atterrir. Nuit et jour, sans arrêt, ces avions chargés de bombes atomiques survolaient le territoire russe, prêts à l'anéantir, à l'effacer littéralement de la carte, sur un ordre du Pentagone. Cela devait être terrible de faire partie de l'équipage d'un de ces avions, ajouta le narrateur, de vivre dans une carlingue entre terre et ciel, sans autre compagnie qu'un chargement d'engins destructeurs. Il faut bien reconnaître, conclut-il, que nous restons en vie par miracle.

En effet, répondit le jésuite, nous ne savons pas ce que nous réserve l'avenir de l'humanité, mais il importe surtout, en ces temps d'incertitude, de nous rappeler la valeur de la prière. Il est facile de dire, comme beaucoup le font : Je ne peux rien faire, et donc je me désintéresse du conflit ! Ceux qui pensent ainsi, poursuivit le père Emilio Porras S. J., ignorent que leur prière peut faire que Dieu éclaire les dirigeants des grandes puissances et leur fasse voir le chemin de la sagesse et du bon sens. Certainement pas, car ce que je veux, moi, c'est qu'il y ait la guerre ! intervint un troisième en qui Prullàs reconnut l'homme qui, un instant plus tôt, avait manifesté son désir patriotique de voir flotter les couleurs nationales en plein centre de Moscou. Il faut bien que quelqu'un arrête la marche du communisme à l'échelle mondiale, comme nous l'avons fait sur notre sol à l'échelle de la patrie ! affirma-t-il. Peut-être, dit le jésuite, mais n'oublions pas que le message évangélique nous commande de désirer la paix et la concorde, y compris avec nos ennemis, et de leur pardonner leurs offenses comme le Christ nous a pardonné les nôtres !

L'autre garda quelques secondes un silence furibond, puis, retrouvant son calme aussi vite qu'il l'avait perdu, salua et s'en fut. Notre Gallifa est devenu bien belliqueux ! commenta un invité dès que celui-ci se fut éloigné du groupe. Il a toujours été un homme tranquille, tout à fait indifférent à la politique internationale, et puis voilà que, sans crier gare… Il laissa la phrase en suspens et ajouta : Il paraît qu'il s'est acheté un fusil-mitrailleur et qu'il le garde chargé dans son armoire à vêtements ; et tout ce tintamarre pour le motif le plus idiot du monde. Je déjeunais justement mercredi dernier au club avec Porcar et il m'a raconté une histoire des plus étranges, mais dans laquelle réside le secret de Gallifa.

Il se disposait à rapporter cette histoire, quand il fut interrompu par un nouvel invité, lequel dit avoir vu dans d'autres actualités cinématographiques, ou peut-être dans les mêmes, des avions qui atteignaient une vitesse supérieure à celle du son. Quand ils brisaient le mur du son, raconta-t-il, une terrible détonation se produisait, après quoi l'avion entrait dans une zone de silence absolu. On dirait de la science-fiction, dit-il. En tout cas, ce qu'on ne pouvait pas dépasser, du moins pour le moment, c'était la vitesse de la lumière. Mais si on y arrivait un jour – et il n'y avait aucune raison que l'on n'y arrive pas – les portes des voyages dans l'espace seraient ouvertes. On saurait enfin si la vie existe ou non sur d'autres planètes.

Ah ! rétorqua celui qui avait parlé avant lui, je suis convaincu que nous entrerons bientôt en contact avec des civilisations venant d'autres planètes, et très supérieures à la nôtre... Nous aurions beaucoup à apprendre d'elles, en vérité, dit-il. Pourtant, quelque chose me tracasse, ajouta-t-il en s'adressant au père Emilio Porras. S'il y a véritablement d'autres planètes habitées, est-ce que Jésus-Christ s'y est également incarné ? Bien sûr, cela fait bizarre d'imaginer Notre Seigneur sous la forme d'un Martien, avec un suçoir à la place du nez et des membranes entre les doigts, mais sinon comment Notre Seigneur a-t-Il pu accomplir Sa mission rédemptrice ?

Vraiment, répondit le jésuite avec un soupçon d'impatience dans la voix, je ne sais pas où vous voulez en venir. En ce qui me concerne, je ne crois pas que nous devons nous préoccuper de ces choses-là pour le moment. C'est certain, trancha un autre, comme vous l'avez fort bien dit vous-même, il faudra, avant d'en arriver à ce stade, atteindre la vitesse de la lumière et, dans ce cas, en vertu de la loi de la relativité, on franchira aussi le mur du temps. Le pilote d'un tel vaisseau pourra partir de la Terre aujourd'hui et atterrir demain dans n'importe quel autre moment de l'Histoire, peut-être se trouver nez à nez avec Néron ou Néfertiti, ou qui vous voulez.

Les sollicitations pressantes de l'omniprésent Brusquets empêchèrent Prullàs de connaître le résultat de cet intéressant débat où se donnaient rendez-vous la science, la philosophie et la religion. Venez, venez, monsieur Prullàs, je vous en prie ; une de vos admiratrices a tellement insisté pour vous être présentée… Elle brûle du désir de vous connaître personnellement. Eh bien, ne la laissons pas se consumer ! répondit Prullàs. Elle est jolie ? Brusquets toussota, confus. C'est ma belle-sœur, finit-il par dire.

Sur un sofa se serraient cinq dames ; elles parlaient toutes à la fois et s'éventaient en faisant cliqueter les pendentifs de leurs bracelets. Prullàs procéda à un baisemain acrobatique. Je mourais d'envie de faire votre connaissance, monsieur Prullàs, dit la belle-sœur de Brusquets, j'ai vu une pièce de vous et je l'ai trouvée merveilleuse. Non, ne me demandez pas laquelle : j'ai une mémoire désastreuse en ce qui concerne les noms. J'assiste à une représentation et, à la sortie du théâtre, vous pouvez me demander le titre, l'auteur, qui jouait, et même de quoi ça parlait… plus rien ! C'est comme si je devais me rappeler les objets dont je me sers pour ma toilette. Mais vos pièces à vous, je me les rappelle très bien. Surtout une… mon Dieu ! comment s'appelait-elle ? Mon mari doit se souvenir. Gordi, viens par ici ! cria-t-elle en brandissant son éventail. Comment s'appelait donc cette pièce que nous avons vue je ne sais plus quand et qui m'a tant plu ? L'interpellé accourut avec empressement. Je ne sais pas de laquelle tu parles, mon cœur. Mais si, espèce d'âne, c'était l'année dernière pendant notre séjour à Madrid. *Le Mort de rire* ? suggéra Gordi. C'est ça ! cria la belle-sœur de Brusquets, en levant un doigt auquel étincelait un diamant. Comment ai-je fait pour ne pas m'en souvenir, alors qu'elle m'a tellement fait rire ? Même qu'il y avait cet acteur qui joue si bien, c'était comment son nom, Gordi ? Pepe Alfayate, mon cœur. Ah oui ! Pepe comme tu as dit… Et, se tournant vers les autres dames, qui suivaient la discussion assises sur le sofa, elle leur expliqua : Les pièces de monsieur sont du genre sans prétention, tout à fait pour des personnes comme moi. Du genre qui ne plaît plus de nos jours, hélas, conclut-elle. Les dames adressèrent à Prullàs des sourires approbateurs. Prullàs attendit qu'elles aient fini de l'examiner et s'éclipsa, à la recherche du serveur.

Au lieu de trouver le serveur, il se retrouva nez à nez avec un poète sud-américain qui habitait Madrid. Un complet vert olive, très large et informe, dissimulait mal sa molle obésité. Des mèches noires et luisantes encadraient des joues flasques qui donnaient à sa figure de papier mâché un air de fausse bonhomie.

Mon petit Carlos Prullàs, mon ami très cher, quelle bonne surprise !

José Felipe Clasiciano, garnement, tu es de plus en plus en forme !

Et toi de plus en plus distingué !

Ils se donnèrent tous les deux de grandes tapes dans le dos. Toujours aussi coureur de jupons, mon petit Carlos ! dit ensuite le poète. Je viens de te voir entouré d'une jolie bande de perruches, comme un sultan dans son harem. Oui, dit Prullàs, et elles ont eu le toupet de m'attribuer une pièce d'Adolfo Torrado. Et toi ? Je ne te savais pas à Barcelone. José Felipe Clasiciano sourit d'un air suffisant. Je reviens tout juste d'un long voyage. Je suis allé à l'hôtel et, là, j'ai succombé à la fatigue. Mon intention était de faire un petit somme ; j'ai donc mis le réveil avant de me coucher, mais cet engin de malheur a dû se détraquer. Un réveil anglais, tu te rends compte ! Je l'ai acheté à Londres au début du voyage, je faisais confiance à la proverbiale ponctualité britannique, mais c'est un fiasco. L'Empire britannique se décompose sous nos regards incrédules, mon petit Carlos. En Angleterre, poursuivit-il, il avait rendu visite à un vieux poète de renommée mondiale qui vivait reclus dans un château décrépit. C'était l'ultime rejeton d'une vieille famille de dégénérés, continua de raconter Clasiciano, et son apathie était telle qu'on disait qu'il ne se mettait debout que pour jouer au golf. Il passait le reste du temps dans un fauteuil, plongé dans les vapeurs de l'opium ou de l'alcool, entouré d'une demi-douzaine de *bloodhounds* qui faisaient tranquillement pipi sur le tapis. Il m'a emmené dans sa bibliothèque pour me montrer des lettres autographes de Coleridge et, pendant que je les feuilletais, il essayait de me peloter les fesses. J'ai dû y mettre le holà, mon petit Carlos. Il interrompit son récit en apercevant Brusquets. Ses lèvres charnues dessinèrent un sourire courtisan. Ah, Brusquets ! Mais quel bijou de petit appartement, si accueillant ! Et tous ces gens charmants que je ne connais pas, qui sont-ils ? Oh, dit Brusquets, permettez-moi de remplir mes obligations d'hôte et de vous présenter quelques bons amis ; je vois que vous connaissez déjà M. Prullàs, bien sûr, qui ne le connaît pas ? Mais venez, venez, faites-moi ce plaisir, vous êtes ici chez vous ! Avant de quitter Prullàs, Clasiciano lui dit : Je suis encore pour dix jours à Barcelone, il y a tant de choses à voir dans ce joli petit port ! Pourquoi ne m'appellerais-tu pas pour que nous déjeunions ensemble, mon petit Carlos ?

*

Libéré du poète melliflue et de son hôte obséquieux, Prullàs parvint à gagner la petite pièce où s'étaient réfugiés Fontcuberta et l'inconnu avec qui il l'avait déjà vu parler. Comment ça va ? dit Fontcuberta.

Tu es un faux frère, dit Prullàs, quelle corvée ! Je ne connais personne, et ceux que je connais je préférerais ne pas les voir. Mon vieux, s'excusa Fontcuberta, je ne pouvais pas faire autrement ; Brusquets a insisté comme si c'était pour lui une question de vie ou de mort ! En tout cas, maintenant qu'il m'a exhibé comme une guenon, il se fiche bien de moi, dit Prullàs. Remerciez plutôt le Seigneur, intervint l'inconnu, Brusquets est collant et ennuyeux comme la pluie. C'est vrai qu'il est plutôt assommant, admit Fontcuberta, mais c'est un brave type. Ah ça non ! insista l'inconnu. C'est un hypocrite ; quand ça l'arrange, il est le plus malade et le plus malheureux des mortels, et quand il a eu ce qui l'intéressait, va te faire voir ! Ne sois pas cruel, dit Fontcuberta, le pauvre a très mal supporté la mort de sa femme. A d'autres, répliqua l'inconnu, quand elle vivait il passait son temps à la faire cocue, et le jour où elle a tiré sa révérence il ne pouvait pas cacher sa joie : sous son apparence de sainte-nitouche se cache un véritable Barbe-Bleue. Je ne serais pas étonné que ce soit Brusquets lui-même qui ait donné à cette malheureuse son passeport pour l'autre monde.

Prullàs regarda l'inconnu avec curiosité : il ne savait pas s'il plaisantait ou s'il parlait sérieusement. Tu veux dire, demanda Fontcuberta d'un air amusé, que la femme de Brusquets n'est pas morte de mort naturelle ? L'autre haussa un sourcil. Il avait une expression joviale et flegmatique, comme s'il possédait la réponse à toutes les questions et n'avait rien d'autre à faire dans la vie que d'en convaincre les gens. Cette attitude, jointe à certains traits du visage, lui conférait une remarquable ressemblance avec Bing Crosby, pensa Prullàs. Je ne peux pas le prouver, dit-il, mais j'ai lu beaucoup de romans policiers : je suis sûr que Brusquets a tué sa femme pour toucher l'assurance et qu'il fricote maintenant avec la cuisinière. Fontcuberta éclata de rire. Ces choses-là n'existent que dans les comédies de Prullàs ! dit-il. Mais vos comédies sont toujours fondées sur des faits réels, n'est-ce pas ? demanda l'inconnu. Bien entendu ! dit Prullàs, pour rester sur le même ton plaisant.

Eh bien, poursuivit l'inconnu en s'adressant à Fontcuberta, je te parie un plateau de fruits de mer à Can Costa que Brusquets se mariera avec la cuisinière avant la fin de l'année. Pari tenu ! dit Fontcuberta. Prullàs, tu es témoin : comme ça, quel que soit le gagnant, tu seras toujours invité. J'accepte de bon cœur, dit Prullàs, mais ma présence a interrompu votre conversation. Je m'en vais.

Mais non, voyons, reste, dit Fontcuberta. J'étais justement en train de raconter que, la dernière fois que je suis allé à Madrid, j'ai eu l'occasion, dans le hall de l'hôtel Palace où j'étais descendu, de voir une émission de télévision. Sensationnel ! L'appareil n'est pas plus grand qu'une table de nuit et son écran est comme ce tableau, là, au mur ; il tient dans n'importe quelle chambre. L'image est presque aussi nette qu'au cinéma et le son aussi clair. Quand on pourra avoir un machin comme ça à domicile, on verra bien s'il reste encore quelqu'un d'assez courageux pour sortir de chez lui et aller au cinéma – et ne parlons pas du théâtre !

Vous pouvez déjà vous préparer ! dit l'inconnu toujours sur le même ton persifleur. Et toi pareil, répliqua Prullàs en s'adressant à Fontcuberta. Quand Quiqui se retrouvera sans travail, tu verras comment elle prendra ça ! A propos de Quiqui, sais-tu où elle est ? s'inquiéta Fontcuberta. Cela fait un bout de temps que j'ai perdu sa trace. En venant ici, dit Prullàs, j'ai cru l'apercevoir dans le salon, près de la terrasse, entourée de gros bourdons. Dans ce cas, je vais la tirer de là, dit Fontcuberta, si vous voulez bien m'excuser un instant.

Le départ de Fontcuberta laissa Prullàs et l'inconnu seuls dans la petite pièce. Alors comme ça, dit Prullàs pour échapper à un silence embarrassant, vous êtes un amateur de romans policiers…

Oh ça ! Pour l'être, je le suis, répondit l'inconnu. Je me vante d'avoir, dans le genre, l'une des bibliothèques les plus complètes de Barcelone. Et quels sont vos auteurs préférés ? Préférés ? Tous ! Je me suis même tapé les livres de cet affreux Sexton Blake, c'est vous dire ! Prullàs fut favorablement impressionné en entendant cette réponse. Je vois, dit-il, que vous êtes un authentique expert. Je me considère comme tel, affirma l'autre. J'ai dû lire au total plus de deux mille romans policiers, et pas une fois je n'ai découvert l'assassin ; vous ne nierez pas que j'ai du mérite.

Cette agréable conversation fut interrompue par l'irruption de Brusquets dans la petite pièce. Vous ne devriez pas monopoliser ainsi notre illustre invité ! s'exclama-t-il. C'est moi, l'illustre invité ? questionna Prullàs. Bien sûr, et je vais vous présenter une autre personne qui a exprimé le vif désir de faire votre connaissance, ajouta-t-il en s'effaçant pour laisser passer un individu d'âge moyen, au port très droit et aux gestes énergiques. Encore une fois, inutile de faire les présentations, prononça Brusquets avec emphase. Évidemment, dit Prullàs, c'est un honneur pour moi.

Le nouveau venu tortilla sa fine moustache avec un sourire supérieur. Et pour moi, dit-il, un honneur et aussi un plaisir ; je ne vous connaissais que de réputation, mais j'attendais le moment où je pourrais vous serrer la main.

Prullàs bafouilla une formule de politesse sophistiquée en essayant de ne pas tomber dans la servilité. Il se sentait sur la défensive face à cet individu que tous couvraient d'éloges mais dont on disait tant de choses à voix basse quand il avait le dos tourné, avec des demi-phrases chargées de sous-entendus. Don Lorenzo, dit Brusquets, qui, malgré ses nombreuses occupations, a eu l'amabilité de trouver un moment pour honorer cette maison de sa présence, est un grand amateur de théâtre.

Amateur, c'est peu dire : un véritable aficionado, confirma le nouveau venu, oui, je vous assure, à condition, bien sûr, qu'il s'agisse de théâtre authentique, le seul qui mérite son nom, et pas cette chose qu'on appelle de nos jours du théâtre et qui, hélas !, est en train d'acquérir droit de cité sur nos scènes. Je suis tout à fait d'accord, affirma Brusquets. Moi, je ne vais jamais au théâtre – pour être franc, je n'en ai ni le temps ni l'humeur –, mais, d'après ce qu'on m'a dit, ces auteurs prétendument modernes semblent s'acharner à ne montrer que ce qu'il y a de sale et de laid dans l'homme. Et ne parlons pas de leur langage !

En effet, approuva don Lorenzo avec un sourire que Prullàs jugea sarcastique, mais M. Prullàs ne fait pas partie de ces auteurs-là, n'est-ce pas, monsieur Prullàs ? Je suis sûr que vous êtes de ceux qui honorent la noble tradition de notre Siècle d'or.

Ni l'un ni l'autre, répondit Prullàs, je me borne à écrire des divertissements comiques ; un passe-temps salutaire pour les couples de la classe moyenne.

Oh ! Allons, allons, ne soyez pas modeste ! dit don Lorenzo. Je suis sûr que vos pièces contiennent des valeurs qui les sauvent de la trivialité. L'ami Brusquets me disait à l'instant que vous êtes à la veille d'une première. Oserai-je vous demander le titre de votre pièce ? *Arrivederci, pollo !* dit Prullàs. Un titre suggestif, bien que je ne le comprenne pas très bien, dit l'autre, après un temps de réflexion. Et de quoi s'agit-il ? De rien, je vous l'ai déjà dit ; c'est une comédie à intrigue : assassinats, suspects, pistes… comme toujours, et sur le mode humoristique. Hum ! je regrette de ne pouvoir exprimer mon approbation pour ce genre mineur, dit don Lorenzo en fronçant les sourcils, mes fonctions m'obligent malheureusement à être en contact étroit avec le monde de la délinquance et je puis vous certifier une chose : le crime n'a rien de divertissant. Le présenter à travers un prisme souriant me semble une attitude décadente et corrosive, et, soit dit sans vous offenser, une mauvaise action. Votre pièce a-t-elle passé la censure ? Oui, monsieur, et avec toutes les félicitations. Dans ce cas, je n'ai rien à ajouter. Je vous souhaite beaucoup de succès, monsieur Prullàs.

*

Je crois que je viens de perdre un spectateur, soupira Prullàs, lorsque l'illustre invité eut abandonné en toute hâte la petite pièce, suivi du maître de céans. On ne peut pas plaire à tout le monde ! dit l'inconnu, qui avait suivi à distance prudente les péripéties de la conversation. C'est bien vrai, dit Prullàs, mais don Lorenzo Verdugones n'est pas le genre de personne que l'on souhaite se mettre à dos. Je n'ai pas aimé son ton, ni ce qu'il a dit, ni ce qu'il a laissé entendre. J'aurais vraiment mieux fait de ne pas venir à cette maudite réception !

Condoléances, dit l'inconnu, l'air sincèrement navré. Vous faites un beau métier et, en prime, le succès vient parfois vous couronner, mais il a aussi cette contrepartie : n'importe qui a le droit de dire n'importe quoi sur ce que vous faites, y compris d'émettre les jugements personnels les plus arbitraires.

Oui, vous avez mis le doigt sur la plaie, dit Prullàs, et face à cette éventualité la meilleure solution est de prendre ses jambes à son cou, ce que je me propose de faire illico. Je ne crois pas qu'on m'appliquera la fameuse sentence : « abattu en tentant de prendre la fuite », ajouta-t-il en baissant la voix et en serrant la main de l'inconnu. Je vais voir si je peux récupérer les Fontcuberta et les convaincre de m'aider à sortir d'ici.

Mais ses efforts furent stériles : selon les dires de Brusquets lui-même, les Fontcuberta venaient de s'en aller. Afin de ne pas troubler la compagnie, ils avaient préféré filer à la française, dit Brusquets. Doña Mariquita était très fatiguée, c'est ce qu'elle m'a dit, ajouta-t-il. Il semble que les répétitions de votre pièce la soumettent à une forte tension. La courageuse hypocrite ! pensa Prullàs. Mais si cette excuse est bonne pour elle, elle doit l'être aussi pour moi. Brusquets feignit de regretter qu'il soit, lui aussi, obligé de partir : Juste au moment où nous étions si bien ensemble ! s'exclama-t-il. Mais, manifestement, il n'en pensait pas un mot ; au fond, il était ravi de se débarrasser d'un invité avec qui, de toute évidence, don Lorenzo n'avait pas d'atomes crochus. Ce gredin préfère être du côté du manche, se dit

Prullàs en se rendant compte de la duplicité de son hôte. Il se pourrait bien qu'il y ait du vrai dans ce que l'inconnu a dit tout à l'heure en plaisantant, et que Brusquets ait l'âme foncièrement mesquine.

Plongé dans ces considérations moroses, il atteignit la porte ; là, il retrouva l'inconnu, auquel il dit de nouveau au revoir d'un air grognon. Il était venu à la réception avec les Fontcuberta, lui expliqua-t-il, et voilà que maintenant la désinvolture de ces derniers le laissait sans moyen de locomotion dans un quartier désert et isolé. Dieu seul sait où je trouverai un taxi à cette heure !

Décidément, ce n'est pas votre jour de chance, dit l'inconnu en riant, mais, si vous me le permettez, je peux facilement résoudre votre problème de transport. Moi aussi, je m'en vais, et j'ai ma voiture devant la porte ; je me ferai un plaisir de vous conduire où vous voudrez.

Vous ne pouvez savoir combien je vous en suis reconnaissant ! dit Prullàs.

2

L'air que l'on respirait dans la rue était pur et parfumé ; sur leur passage, un roquet de salon aboya avec une férocité ridicule derrière la clôture d'un jardin ; au bout de la rue, on voyait la ville nimbée de brume comme à travers une lorgnette mal réglée. Où dois-je vous conduire ? demanda l'inconnu.

Prullàs, qui, à peine sorti de chez Brusquets, avait recouvré la sérénité, retomba dans un état d'irritation et de dépression en apercevant au coin d'une rue la masse noire et bien reconnaissable de la voiture de don Lorenzo Verdugones. Un garde en uniforme somnolait, affalé sur le volant, et un autre, la casquette plate de travers, fumait, assis sur un garde-boue. N'importe où, pourvu que je puisse y trouver un taxi, répondit-il. Non, non, pas question, répliqua l'inconnu, je vous raccompagne jusqu'en bas de chez vous, il ne manquerait plus que ça ; chez vous, ou ailleurs si vous préférez. Écoutez, je viens d'avoir une idée : je vous invite à prendre un verre. Ne vous donnez pas cette peine. Cela ne me donnera aucune peine, au contraire : nous venons de nous tirer d'un guet-apens, votre famille est en vacances, et, de mon côté, personne ne m'attend à la maison ; profitons de l'occasion. Et puis vous êtes déprimé : cela saute aux yeux.

Prullàs accepta la proposition de l'inconnu et celui-ci démarra.

Ils descendirent la rue Balmes sans rencontrer personne, sauf un trolleybus à moitié vide sur la Diagonal, puis ils suivirent l'avenue de José Antonio, la Rambla de Cataluña et s'arrêtèrent au coin du boulevard de l'Université. Le trajet avait duré très peu de temps ; la voiture filait à toute vitesse dans les rues désertes ; les phares balayaient les maisons endormies et se reflétaient sur les glaces des vitrines protégées par des grilles ; les chats vagabonds arquaient le dos et, çà et là, un passant attardé et apeuré se faufilait dans l'ombre d'un porche.

*

Au café La Luna, les derniers noctambules résistaient aux regards torves des garçons. On y parlait, dans une paisible alternance, de football, de politique et aussi un peu de littérature, avec conviction mais sur un ton posé, sans cris ni démonstrations excessives, par respect pour le sérieux du lieu et l'heure avancée ; dans un coin, un bohème lisait son manuscrit à un ami qui pensait à autre chose sans s'en cacher, et deux étrangers d'âge moyen, bouffis par la chaleur et le vin, suivaient d'un œil injecté de sang la lente rotation des pales du ventilateur. Nous sommes sur le point de fermer, les prévint le garçon. Nous mourons de soif, nous prendrons juste un demi et nous filerons, promit l'inconnu.

Une silhouette se glissa jusqu'à leur table. Poveda ! s'exclamèrent les deux hommes à l'unisson. Le petit trafiquant se confondait en courbettes obséquieuses. Toujours au service de ces messieurs ! commença-t-il d'une voix onctueuse et, tout de suite, sans que personne lui ait rien demandé, il leur confia que les raisons de sa présence n'étaient pas mercantiles mais littéraires. Un petit cénacle de poètes d'avant-garde fréquentait ce lieu, dit-il en désignant le fond du café, et il essayait de les aider de ses avis bienveillants et de ses conseils pondérés. Je m'efforce de les orienter sur ces flots tempétueux, ajouta-t-il avec une fatuité de polichinelle. Ces jeunes gens ont plus d'enthousiasme que de métier, ce sont des têtes folles qui ignorent tout de la prosodie classique. De nos jours, la jeunesse est déboussolée mais saine de corps et d'esprit ; et, heureux signe des temps, ce modeste parnasse compte aussi en son sein quelques jeunes personnes de l'Université, toutes de bonnes familles, et bien dotées par la nature… dans l'art de versifier, que ces messieurs ne pensent pas à mal, corrigea-t-il avec un petit rire de vieil entremetteur. Prullàs fit signe au garçon et, quand celui-ci eut répondu à son appel, lui dit : Si la cuisine est encore ouverte, faites servir à ce monsieur, sur mon compte, des œufs sur le plat avec du chorizo. Il ne faut pas vous donner cette peine, monsieur Prullàs… protesta Poveda. Bouclez-la et mangez, Poveda, vous n'avez plus que la peau sur les os, à force de faire des vers… Poveda se retira en redoublant d'obséquiosité et en laissant derrière lui l'insupportable relent de sa brillantine musquée. Prullàs sourit avec résignation. Il est niais et affreux, mais c'est un brave type. Ne vous y fiez pas, répliqua l'autre, ce cher Poveda est une vipère. Dites donc, vous en savez des choses sur les gens… dit Prullàs. Plus que vous ne l'imaginez ! répondit l'inconnu tout en levant sa chope en céramique débordante de mousse. A votre santé ! A la vôtre ! dit Prullàs en imitant son geste.

Je vous vois encore bien abattu, dit l'autre, serait-ce dû à l'arrogance de don Lorenzo Verdugones ? N'y accordez pas d'importance : il est probable que demain matin ce rustre ne se souviendra même pas de vous ; et s'il s'en souvient, c'est du pareil au même : la pièce a été autorisée, voilà le principal. Je vous remercie beaucoup de vos bonnes paroles, répondit Prullàs, mais la vérité, c'est que je n'arrive pas à me défaire de l'impression pénible que m'a laissée cette rencontre ; je sais que notre petite altercation n'est rien du tout, mais quelque chose me dit que cette broutille aura pour moi des conséquences funestes.

L'inconnu ne put que lui donner raison. L'appréhension de Prullàs, dit-il, n'avait rien d'exagéré. Lorsque don Lorenzo Verdugones était arrivé à Barcelone pour prendre possession de sa charge, il était précédé d'une réputation redoutable. On disait qu'il s'agissait d'un authentique héros, d'un homme qui, dans des temps qui n'étaient pas si éloignés, avait accompli les exploits les plus admirables, défié les plus grands dangers avec un courage irrationnel et en était toujours sorti indemne, comme s'il avait véritablement été sous la protection invisible d'une force supérieure. Dans l'exécution de ses prouesses – certaines accomplies seul, d'autres à la tête d'une poignée de vaillants dont il galvanisait les volontés par l'exemple de son intrépidité –, il avait non seulement bravé les périls mais encore enduré des souffrances et des pénuries innombrables : il avait marché les pieds nus sur des terres caillouteuses, jour et nuit, sans se reposer ; il avait supporté presque sans vêtements des températures glaciales ; il avait bu des eaux putréfiées, de la fange et de l'urine, avait mangé des immondices, cafards, lézards et rats, sans dédaigner, acculé par la nécessité, et à en croire certaines allusions de l'intéressé lui-même, la chair humaine. En récompense d'aussi grands mérites, réels ou imaginaires, il avait reçu une véritable panoplie de médailles et de décorations et avait été porté au sommet de la hiérarchie. Depuis un peu plus d'une année, cependant, et pour des raisons inconnues, il avait été muté à Barcelone, où il occupait un poste de très grande responsabilité, investi des plus grands honneurs, comme il convenait à son rang, mais écarté, en fait, des vrais centres du pouvoir. Aujourd'hui, cet homme redouté et admiré assumait des fonctions extrêmement importantes mais, en fin de compte, administratives, et ses prérogatives se limitaient dans la pratique à avoir la possibilité de se remplir les poches par des moyens peu clairs et à être l'objet constant d'une adulation hypocrite et vile ; tristes prébendes pour quelqu'un qui, il y avait peu encore, avait atteint par son audace au faîte des honneurs. Sur son activité à Barcelone, les opinions étaient contradictoires ; beaucoup encensaient sa droiture, l'immense intérêt qu'il portait à son travail et l'incroyable énergie qu'il était capable de déployer ; il semblait posséder le don d'ubiquité : pas un jour ne s'écoulait sans qu'il fît acte de présence quelque part à l'occasion d'une inauguration, d'une commémoration ou d'un événement, prétexte pour lui à un discours étendu et vibrant, gonflé de contenu programmatique et moral. D'autres, en revanche, sans lui dénier ces qualités, lui attribuaient une soif de pouvoir absolu, inconciliable avec la bonne conduite de son office, qui le portait à s'occuper personnellement de tout, y compris des tâches les plus infimes ; s'il lui arrivait d'en déléguer une, il le faisait de façon absurde, sans la moindre pertinence. Pour cette raison, disait-on, et nonobstant son impressionnant déploiement d'énergie et d'activité, tout allait de travers sous sa juridiction. Lorsque l'inconnu eut terminé son récit, Prullàs, qui était au courant de cette histoire, affirma qu'il ressentait, face à ce singulier personnage, une gêne proche de l'inquiétude. Bien sûr, Prullàs n'avait rien d'un héros, il l'admettait lui-même sans détour ; il avait toujours fait son possible pour éviter les situations extrêmes, de celles qui impliquent pour être surmontées de choisir entre courage et lâcheté ; et jusqu'à présent la chance, son savoir-faire, ainsi que la faveur de personnes influentes, l'avaient tenu éloigné de toute menace de danger physique, même dans les circonstances les plus contraires. Aussi sa notion de ce que devait être un héros provenait-elle de sources fort peu rigoureuses : les films d'aventures, les vieilles lectures de son enfance et, aujourd'hui, les petits journaux qu'il achetait à ses fils : *L'Homme masqué*, *Le Guerrier sans visage*, modèles peu dignes de foi. Pour lui, continua-t-il, un héros était un archétype, quelqu'un qui était soumis à une condition déterminante, incompatible avec toute activité qui ne soit pas réellement héroïque. Il ne pouvait concevoir un héros sédentaire, réduit à la passivité par sa propre volonté ou par la force des événements, relevé, pour ainsi dire, de son héroïcité. Dans son for intérieur, il se demandait si cet homme dont il venait de serrer la main et avec qui il avait eu, en quelque sorte, un duel verbal ne se sentait pas ligoté par la normalité, au bord de la folie, perpétuellement à la recherche d'une occasion qui lui permettrait de laisser la bride sur le cou à ses tendances héroïques ; une poudrière, en somme, sur le point d'exploser.

L'inconnu agita allègrement les mains, comme s'il voulait chasser les mauvais augures. N'y pensez plus, insista-t-il, votre première n'est que dans quelques semaines ; pour l'instant, vous ne devez vous préoccuper que du jugement de la critique et, plus encore, de l'opinion du public. Encore que, pour ma part, poursuivit-il, je ne me ferais pas non plus trop de souci dans ce sens : vous obtiendrez sans nul doute un grand succès ; la pièce est divertissante et plutôt originale, mis à part le personnage du bègue qui me semble un peu rebattu. Oh, ne soyez pas étonné ! Je vous ai déjà dit que je suis mieux informé que vous ne l'imaginez, ajouta-t-il, amusé, mais il n'y a nulle magie là-dedans.

Je suis Ignacio Vallsigorri ; peut-être mon nom est-il associé pour vous à Mlle Lilí Villalba, une jeune actrice qui a un petit rôle dans *Arrivederci, pollo !...*

Ça alors, dit Prullàs, elle est bien bonne ! Ne pensez pas, dit l'autre, que je vous ai maintenu intentionnellement dans l'ignorance ; au début, j'ai cru que notre ami commun Miguel Fontcuberta vous avait dit qui j'étais, et ensuite, en m'apercevant de mon erreur, je n'ai pas trouvé d'occasion propice...

Maintenant, on doit fermer pour de bon, par ordre préfectoral, dit le garçon. Si ces messieurs veulent avoir l'obligeance de régler l'addition... Prullàs mit la main à son portefeuille, mais Ignacio Vallsigorri l'arrêta. Permettez, dit-il, c'est moi qui ai eu l'idée de venir ici et, de plus, je vous dois une réparation pour vous avoir dissimulé mon identité. De toute manière, j'allais vous proposer de fêter notre rencontre ailleurs. La nuit, comme on dit dans ces cas-là, est encore jeune, et nous ne manquons pas de sujets de conversation. Je connais un troquet assez mal famé mais très gai, où l'on sert une manzanilla de première qualité. Je suis convaincu que ça vous remontera le moral : vous savez comment sont les gitans, ils sont capables de dissiper votre cafard aussi facilement que de vous jeter le mauvais œil. Prullàs se leva et dit : Je n'ai encore jamais essayé cet antidote contre l'animosité des puissants, mais cela ne peut pas me faire de mal. Dans ce cas, place aux actes ! dit Ignacio Vallsigorri.

3

Ils descendirent les Ramblas à pied pour profiter de la brise de mer, qui rendait la nuit douce. Mus sans doute par le même propos, beaucoup de flâneurs montaient et descendaient, seuls ou en groupes, sans tenir compte de l'horloge du Poliorama qui indiquait deux heures et quart du matin avec une exactitude officielle. Les portes du théâtre étaient fermées pour congé ; sur le trottoir d'en face, un grand panneau publicitaire du cinéma Capitolio annonçait les aventures délirantes des Marx Brothers et un autre, plus petit, une amusante comédie de mœurs avec Josita Hernán. Près de la fontaine des Canaletas, un ivrogne dansait un paso doble et criait : Vive la Vierge du Pilar et vive le rocher de Gibraltar !

On peut dire ce qu'on veut, il n'y a pas de ville au monde où il fasse si bon vivre ! s'exclama Ignacio Vallsigorri en aspirant la brise à pleins poumons. A l'étranger, on raconte de vraies horreurs : qu'ici les gens meurent d'inanition sur les trottoirs, qu'on ne peut pas sortir de chez soi par peur des pickpockets, qu'on refuse de vendre du pain à ceux qui ne vont pas à la messe, que sais-je encore ! Quiconque entend ces ragots doit penser que l'Espagne est l'antichambre de l'enfer ; et pourtant, vous voyez, quelle paix et quelle animation ! Et tout cela, ajouta-t-il avec le sérieux ironique qui le caractérisait, grâce à votre bon ami, don Lorenzo Verdugones. Plusieurs mendiants à l'allure pitoyable tendirent leurs mains décharnées sur le passage des deux hommes qui distribuèrent des aumônes avec une allègre camaraderie.

*

Ils étaient arrivés place du Théâtre. Au pied de la statue de Pitarra, un groupe d'étudiants chantait et jouait de la guitare, pour le simple plaisir de faire la fête ; un vigile tentait d'imposer le silence avec une sévérité paternelle et les jeunes gens en goguette lui répondaient par le cri des confréries estudiantines : *Hala, tuna !* Ignacio Vallsigorri et Prullàs prirent la rue Esculliders. Les cafés avaient baissé leurs rideaux de fer pour être en règle avec la loi, mais le bruit qui venait de l'intérieur indiquait que la fête continuait. Avant d'arriver au bout de la rue, à droite, un passage sans issue, humide, s'enfonçait dans l'ombre. Dans cette impasse, Ignacio Vallsigorri frappa à une porte au linteau de laquelle une enseigne noircie de suie et de crasse annonçait : LA TAVERNE DE MAÑUEL. Pendant qu'ils attendaient, de longs et douloureux gémissements leur parvinrent à travers la porte. Au bout d'un moment, un judas s'ouvrit, encadrant la figure maigre et brune d'une femme aux traits et au regard de mégère. Elle examina les deux hommes à la lumière orangée qui filtrait par le judas puis tira le loquet ; ils entrèrent.

Le lieu consistait en une pièce irrégulière, étroite et profonde, basse de plafond. De vieilles affiches de corridas ornaient les murs, masquant leur décrépitude. Un nuage de fumée refroidie stagnait à hauteur des têtes. La femme désigna sans aménité une table vide au centre de la pièce. Prullàs et Vallsigorri s'y assirent. A une table contiguë, un homme de petite taille avec une tête énorme chantait, sans autre accompagnement que celui de ses doigts tambourinant sur la table, la *copla* plaintive qu'ils avaient entendue depuis la ruelle.

Les infortunes du chanteur laissaient indifférente la clientèle nombreuse, composée de peu de femmes et de beaucoup d'hommes au visage tanné et à l'air absorbé, de quelques gitans – les autres étant des dockers et des ouvriers, des soldats en permission, des petits trafiquants. Le chanteur s'arrêta brusquement, s'approcha de la table des nouveaux venus et leur demanda ce qu'ils désiraient avec le plus grand naturel.

De la manzanilla, et de la bonne ! dit Ignacio Vallsigorri. Au fond de la pièce, des femmes tapèrent dans leurs paumes sans conviction ; personne ne les suivit et les battements de mains s'éteignirent au bout d'un instant. Le tavernier apporta une bouteille de manzanilla, deux verres et une écuelle en terre débordant d'olives noires. Il ne semble pas qu'il y ait beaucoup d'ambiance cette nuit, dit Prullàs. C'est toujours comme ça, répondit Ignacio Vallsigorri, je fréquente ce genre d'établissements et je le sais d'expérience : parfois, sans le moindre prélude musical, quelqu'un se met à chanter tout à trac un air andalou, l'allumette suffit à tout faire flamber, et c'est une nouba à tout casser. Mais cela n'arrive qu'au moment où l'on s'y attend le moins. Le reste du temps, il ne se passe rien. Dans les pays civilisés, les spectacles sont organisés du début à la fin et se déroulent avec la précision d'une horloge, parce qu'ils ne sont que cela : des spectacles. Ici, en revanche, tout est laissé à l'inspiration du moment. Et cela ne concerne pas seulement les spectacles, mais toutes les activités ; ici, il n'existe pas de spectacle au vrai sens du terme, parce que le plus grand spectacle, c'est nous-mêmes. L'Espagnol, ajouta-t-il en désignant l'assistance, appartient par nature à une race passive et émotive ; toute son énergie va dans le chant et dans la danse, et, s'il lui en reste encore, dans les querelles et les coups de couteau pour n'importe quelle broutille. L'effort véritable et la difficulté, il les fuit comme la peste ; plutôt que d'empoigner un pic et une pelle, il préfère mener une vie incertaine et oisive, mentir et voler pour subsister ou, au mieux, obtenir un poste confortable et mal payé qui lui assure le pain quotidien sans rien avoir à fournir en échange. Mais il a reçu en partage une grâce qui n'appartient qu'à lui et qui le rachète de sa bassesse. Je fréquente ce genre de lieux, comme je vous l'ai dit, et je me sens bien dans cette ambiance. En revanche, je ne supporte pas les cabarets tape-à-l'œil. Je suis parfois obligé d'aller au Rigat ou dans un endroit du même acabit, prétentieux et copiant Paris, et, croyez-moi, je les laisse à d'autres. Le public est une bande de spéculateurs qui n'arrêtent pas de parler affaires, et les filles de l'établissement sont des sangsues dont l'unique préoccupation est de pousser les clients à la dépense en tablant sur leur répugnante vanité. Là-bas, tout n'est que mauvais goût, intérêt et ostentation. Ici, au contraire, tout est vulgaire et grossier, mais authentique. Mlle Lilí Villalba, enchaîna-t-il aussitôt comme si une idée en entraînait spontanément une autre, ou comme s'il voulait dissiper un quelconque malentendu, n'est pas une personne vulgaire, et ses capacités intellectuelles sont très au-dessus de son âge et de son extraction sociale.

Prullàs regarda fixement son interlocuteur en essayant de discerner dans ses paroles son ironie habituelle, mais, cette fois, il ne découvrit pas la moindre trace de causticité et dissimula son embarras en buvant une gorgée de manzanilla : de toute évidence, Ignacio Vallsigorri parlait avec le plus grand sérieux.

Ne vous y trompez pas, dit ce dernier, ce qui peut exister entre Mlle Lilí Villalba et moi n'a rien à voir là-dedans. J'imagine qu'au cours des répétitions, avec d'autres personnes autour, vos relations avec elle sont restées superficielles. Dans ce cas, il est probable que vous vous êtes formé d'elle une idée fausse : naïve et inculte. Rien n'est plus éloigné de la vérité. Mlle Lilí Villalba possède beaucoup de personnalité ; je dirai même : une personnalité inquiétante. A mon âge, je pourrais être son père, et pourtant, quand je suis avec elle, j'ai l'impression que c'est moi qui suis l'innocent et le déshérité. Vous devez penser que je parle ainsi parce que je suis, pour appeler les choses par leur nom, accroché ; que la jeunesse et le charme de Mlle Lilí Villalba m'ont fait perdre le nord. N'en croyez rien. Je me considère comme un homme expert dans ce genre de problèmes et malgré ça… Il se tut soudain, comme si l'émotion lui avait fait perdre le fil de ses pensées, et Prullàs, assailli pendant cette pause par un flot de souvenirs et d'idées vagues, éprouva une sensation proche de la panique. Dans la véhémence ridicule de son interlocuteur, il reconnaissait ses propres sentiments. Mais allons au cœur du sujet, reprit Ignacio Vallsigorri. J'ai lu votre pièce, comme je vous l'ai dit. Ne vous en étonnez pas : j'aime lire du théâtre – classique et moderne, national et étranger. Le théâtre a toujours été ma passion secrète. Si j'avais possédé un talent tel que le vôtre, ou comme celui de Mlle Lilí Villalba… Mais je ne suis qu'un homme d'affaires, un matérialiste. D'ailleurs, mon nom me dénonce : mon grand-père était un banquier basque. Il est venu à Barcelone pour son travail, il s'est marié avec une jeune fille du cru et s'est installé définitivement ici. Il a même abrégé et légèrement catalanisé son nom. Avec le temps, il a fini par devenir président ou vice-président de l'Espanyol ; ce qui fait que je suis, comme tous ses descendants, un supporter acharné du club. Mais il n'a pas pu lutter contre le sens du commerce qu'il avait hérité de ses aïeux et qu'il a légué à son tour à mon père, puis celui-ci à moi-même. Lutter contre le destin n'est pas raisonnable.

La conversation fut interrompue net par l'apparition d'un homme sur qui le malheur semblait s'être abattu au plus haut degré : il n'avait qu'un bras, et encore ne pouvait-il s'en servir qu'avec difficulté, car il en avait besoin pour tenir la béquille qui suppléait l'absence d'une jambe ; la moitié de sa figure était labourée de coutures, et d'horribles cicatrices indiquaient l'endroit où devaient s'être trouvés un œil et une oreille. L'infortuné se déplaçait au prix d'énormes efforts sur le sol glissant couvert de sciure. Il s'arrêta près d'Ignacio Vallsigorri, ouvrit une bouche oblique et sans dents et émit un grognement prolongé. Ignacio Vallsigorri le regarda avec stupeur ; il avait beau tenter de dissimuler sa répugnance, l'horreur se peignait sur son visage. Vous disiez quelque chose, brave homme ?

Reprenant son souffle, l'infirme répéta son refrain : Je porte chance… Ignacio Vallsigorri ne put réprimer un éclat de rire. Chance ?! s'exclama-t-il en tapant sur la table. J'aurai vraiment tout entendu ! L'infirme éclaira le sens de ses paroles en indiquant du menton les billets de loterie qu'il portait accrochés au revers de sa veste. Demain ! Tirage demain ! Prenons chacun un dixième, dit Prullàs, à moins que vous n'ayez quelque chose contre les jeux de hasard. Oh non, dit Ignacio Vallsigorri, je suis joueur de nature et, en la circonstance, le risque est minime ; mais permettez-moi de payer les dixièmes. Certainement pas, dit Prullàs, chacun paye le sien. Vous connaissez la superstition : un billet donné n'est jamais gagnant.

D'accord, dit Ignacio Vallsigorri. Pendant qu'ils effectuaient la transaction, le tavernier-chanteur s'approcha en gesticulant. Gueule d'Amour, je t'ai dit mille et une fois de pas ennuyer la clientèle ! s'exclama-t-il à l'adresse de l'infirme. Et vous, ne lui achetez pas de billets ; cet individu est un fainéant et un déchet humain ; vous avez vu cette tronche ? C'est possible, répliqua Prullàs, mais je fais ce que je veux de mon argent. Vous me faites mal au bide ! rétorqua l'autre. Je suis le patron de cet établissement, et je dois veiller sur sa réputation ! A cause de caves comme vous, le bruit se répand dans le quartier et ma taverne se remplit de parasites !

L'infirme s'éloignait en grognant ; une fois près de la porte, il se retourna et tira une langue longue et laiteuse en direction du tavernier. Je te souhaite de marcher sur l'ombre d'un chat noir en revenant chez toi et de trouver un serpent dans tes draps ! Le tavernier cracha plusieurs fois par terre pour conjurer le maléfice et retourna à ses occupations.

Ignacio Vallsigorri sourit de cet incident pittoresque et revint à son sujet : Comme je vous le disais, j'ai lu plusieurs fois votre pièce, avec la plus grande attention. Je n'aurai pas l'audace de vous donner des conseils. A part le bègue, votre pièce me paraît excellente, comme toutes les précédentes. D'ailleurs, en juger maintenant serait prématuré ; je sais fort bien que les pièces connaissent beaucoup de changements au fil des répétitions ; ce que j'ai lu n'était qu'un premier manuscrit. Et c'est justement en lisant *Arrivederci, pollo !* que j'ai pensé qu'il y avait là une bonne occasion pour Mlle Lilí Villalba dont je venais, à l'époque, de faire la connaissance.

Excusez-moi, dit Prullàs, mais je croyais que c'était Mlle Lilí Villalba qui vous avait communiqué le manuscrit de la pièce… Non, non, c'est tout le contraire : à la lecture d'*Arrivederci, pollo !*, l'idée m'est venue que la pièce pourrait servir de tremplin à Mlle Lilí Villalba qui, dès notre première rencontre, m'avait parlé de ses ambitions théâtrales. Au début, comme il est logique, je les avais prises pour un simple caprice ; de nos jours, la première gamine venue rêve de triompher sur les planches, quand ce n'est pas à l'écran. Pourtant, en la connaissant mieux, j'ai acquis la conviction que la vocation de Mlle Lilí Villalba était authentique. Elle a eu la gentillesse de jouer pour moi quelques scènes, en privé naturellement, et je dois admettre que j'ai été heureusement surpris par ses dons. Je me suis dit que la Providence, après m'avoir refusé le talent nécessaire pour entrer dans le monde du théâtre par la grande porte, m'offrait aujourd'hui, en la personne de Mlle Lilí Villalba, la possibilité de le faire par la porte de derrière. Je ne sais pas si je m'explique bien. Vous vous expliquez à merveille, dit Prullàs.

La conversation fut de nouveau interrompue par les Chut ! du public qui réclamait le silence. Une étrange forme humaine occupait l'estrade au fond de la salle. Une robe à volants très serrée moulait les monstrueuses protubérances de sa volumineuse anatomie et un maquillage au gros pinceau en faisait une caricature de vamp. L'assistance se tut, et la mégère déclama : Bonsoir, public céri, bonsoir et bienvenue à la taverne de Mañuel, le tavernier le plus distingué des cinq continents ! L'assistance siffla et la mégère poursuivit, d'une voix gutturale et chevrotante : C'est La Fraîche qu'on m'appelle et, telle que vous me voyez là, ze suis une artisse de la çanson et de la danse espagnoles. Mais avant que ze commence à zouer, faut que ze vous dise que ze suis drôlement heureuse, oui, drôlement heureuse, de zouer de nouveau devant mon public céri de Barcelone que j'aime tant et qui m'aime tant, vu que ze reviens d'une tournée triomphale dans les plus grands miousicoles de Londres, Paris et Buenos Aires. La clientèle du troquet fit entendre un rire mécanique : chaque nuit, la mégère commençait son numéro par cette plaisanterie usée. Voui, messieurs-dames, z'ai l'air de m'vanter, mais quel succès que z'ai eu ! Écoutez ça : quand ze suis arrivée à Paris, pas plus tôt que ze suis entrée dans la ville, la foule elle s'est mise à crier : *Viva La Fraîche !* Pas comme ze vous le dis là, non bien sûr, mais dans le patois que jactent les Français. Et moi, ze suis pas de bois, alors ça me faisait çaud au palpitant. Et à Londres, ze vous dis pas : même cette reine, toute petite reine, et zironde avec ça, elle est venue m'applaudir. Vous me croyez pas ? Ze vous montrerai la photo sur le zournal ! La mégère poussa un profond soupir et continua d'une voix sentimentale : Mais ze suis revenue, messieurs-dames, ze suis revenue passque ze pouvais pas vivre ailleurs qu'en Espagne. Passque y a rien dans le monde entier de pareil que l'Espagne ! L'Espagne, c'est ce que Dieu il a fait de plus grand et de plus beau, et celui qu'a pas la çance d'être espagnol, y sait pas ce qu'y perd ! Et c'est pour ça que ze suis là, public céri, comme tous les soirs. Ze suis La Fraîche !

Contre toute attente, cette harangue, avec sa charge de patriotisme bon marché et sentimental, toucha au plus profond l'âme simple et grossière de l'assistance. Sans abandonner les rires salaces et les quolibets, les clients criaient et applaudissaient le discours de La Fraîche, et certains étaient même au bord des larmes. Prullàs en était estomaqué. Quelle stupidité ! s'exclama-t-il à voix basse. Ignacio Vallsigorri se retourna vers lui. Vous dites ? Non, rien, cette pitrerie me tape sur les nerfs, dit Prullàs. Oui, approuva l'autre, moi aussi, mais qu'y faire ? La rhétorique de la patrie mère et fiancée plaît beaucoup aux esprits simples, aux ivrognes et aux militaires, et il est bien normal qu'une pauvre artiste recoure à ce procédé infaillible pour se ménager la faveur d'un public aussi fruste. Eh là, tous les deux, c'est quoi cette messe basse ? demanda le tavernier. Rien qui vous concerne, répondit Prullàs. Y a intérêt, répliqua le tavernier, parce que, moi, j'ai rien à voir avec le régime, mais si j'entends causer mal de l'Espagne… je deviens comme un tigre. Oui, comme un tigre, que je deviens !

Vous voyez ce que je vous disais ? poursuivit Ignacio Vallsigorri, quand le tavernier se fut éloigné en marmonnant des menaces. Cet individu serait capable de n'importe quelle canaillerie, de la plus ignoble trahison, mais que l'on touche à sa fibre patriotique et il bondit comme si un scorpion l'avait piqué ! En effet, admit Prullàs, et je n'arrive pas à comprendre quelle peut être l'origine d'une telle réaction, en apparence honorable, dont l'intensité est inversement proportionnelle au niveau moral de celui qui la manifeste. Plus on est une crapule, plus on est patriote. J'en suis arrivé à me demander si cela ne proviendrait pas d'un ultime vestige d'honneur, enfoui sous de nombreuses couches de bassesse.

Allons donc ! répliqua Ignacio Vallsigorri. Ces réactions honorables, comme vous les appelez, ne sont que des mouvements instinctifs de l'organisme, comme les éternuements ; en définitive, de simples mécanismes d'évacuation. Chez certaines personnes, cependant, ces expansions peuvent atteindre une intensité incroyable et produire des effets inexplicables, comme dans le cas de l'héroïsme, dont nous parlions tout à l'heure à propos de don Lorenzo Verdugones, ou, à un autre niveau, des miracles et des visions de Lourdes ou de Fatima.

Prullàs acquiesça. Justement, quelques mois plus tôt, la statue de la Vierge de Fatima était sortie de son sanctuaire pour parcourir en pèlerinage le Portugal, l'Espagne, la France, jusqu'à la ville de Maastricht, en Hollande, où était célébré cette année-là un Congrès marial. Ce long périple avait attiré l'attention de la presse et de la radio, et non sans raison : dans tous les diocèses où la statue s'était arrêtée pour être vénérée par les fidèles, des guérisons surprenantes et des conversions impensables s'étaient produites. En passant par Madrid, le cortège avait rendu visite au chef de l'État, lequel, à ce que l'on racontait, s'était enfermé seul à seul avec la statue dans son bureau et y était resté plus d'une heure. Il ne manquait pas de gens pour dire que, durant ce temps, la statue et lui avaient eu une conversation du plus haut intérêt, au cours de laquelle la Vierge avait fait de nouvelles révélations concernant la conversion de la Russie et d'autres affaires aussi importantes, sinon plus. Selon les mêmes sources, ce n'était pas la première fois que le chef de l'État conversait avec la Vierge, même si c'était la première fois qu'il le faisait avec la Vierge de Fatima proprement dite.

*

Pendant ce temps, La Fraîche exécutait sa *copla* en chantant faux :

En los carteles han puesto un nombre
que no lo quiero mirá :
Francisco Alegre y olé,
¡ Francisco Alegre y olá ![1]

Prullàs trouvait le numéro long et pénible.

Quand la mégère eut terminé sa chanson, quelqu'un dans le public lança un quignon de pain sur l'estrade, lequel fut suivi par des olives, deux tranches de mortadelle, un bout de fromage et deux mégots. La Fraîche ramassait les dons par terre et remerciait avec des grimaces obscènes : c'était ainsi que la mégère était payée pour sa prestation. En vérité, pensait Prullàs, rien n'est plus triste et plus affreux que les

1. Sur les affiches on a mis un nom / mais je ne veux pas le regarder : Francisco Alegre et olé, / Francisco Alegre et ola !

basses classes. C'est là que Gaudet se trompe du tout au tout : s'identifier aux pauvres est peut-être une preuve de bon cœur, mais c'est aussi une preuve indéniable de mauvais goût. Devinant sans doute le cours de ses pensées, Ignacio Vallsigorri dit, lorsque le silence fut revenu : J'ai l'impression que vous n'aimez pas ce genre de spectacles.

En effet, répondit Prullàs. Ce pays est le seul où l'on valorise et glorifie la laideur et la difformité. Cette épave humaine devrait être dans un asile de fous ou en prison, et pourtant, vous le constatez, elle est là, pour le plus grand plaisir de l'assistance.

Le goût du grotesque est très espagnol, dit Ignacio Vallsigorri, comme en témoignent la prose de Quevedo et la peinture de Goya. Moi-même, je dois l'admettre, je ne suis pas insensible à son attraction, peut-être morbide, tout comme j'aime la boxe et la lutte libre, même si je désapprouve leur brutalité. Si je le peux, je ne perds pas une soirée du Price ou de l'Iris. Eh bien, voilà une heureuse coïncidence, dit Prullàs, moi aussi, j'adore la boxe et le catch ; naturellement, ma femme les déteste, de sorte que je trouve rarement avec qui y aller. Si vous voulez, nous pourrons y aller ensemble. Bien sûr, ce sera un vrai plaisir, dit Ignacio Vallsigorri.

La satisfaction qu'éprouva Prullàs en découvrant ce nouveau point de convergence, qui venait renforcer les fondations de l'amitié naissante entre les deux hommes, fut troublée une fois de plus par le souvenir de Mlle Lilí Villalba. Aurait-elle commis l'imprudence de lui parler de nos relations ? se demandait-il à chaque instant. Mais ce ne devait pas être le cas, car l'autre, comme s'il voulait précisément dissiper ses craintes, dit : Pardonnez-moi si j'insiste tant sur une question dont, c'est bien naturel, vous vous souciez comme de votre dernière pantoufle, mais avant que nous soyons interrompus j'étais en train de vous expliquer tout l'intérêt que je porte à la carrière de Mlle Lilí Villalba, et combien m'inquiète l'éventualité d'un fiasco initial qui mettrait fin à ses illusions.

Un fiasco initial ? s'inquiéta Prullàs. Vous parlez d'*Arrivederci, pollo !* ?

Oh non ! Non, pas du tout, s'empressa de dire Ignacio Vallsigorri. Je suis persuadé qu'*Arrivederci, pollo !* sera un succès. Pourtant, si vous me permettez, je voudrais vous parler sans détour. Je vous en prie, faites-le, dit Prullàs. Je suis inquiet de la bonne marche des répétitions, poursuivit Ignacio Vallsigorri. Je suis un profane dans les questions théâtrales, mais je suis un homme d'affaires et mon travail consiste précisément à savoir quand les choses marchent et quand elles ne marchent pas, or, croyez-moi, Prullàs : ici, il y a quelque chose qui ne va pas. Savez-vous ce que c'est ?

Dites-le vous-même, dit Prullàs. C'est le metteur en scène, dit Ignacio Vallsigorri. Je vous préviens que Gaudet est mon ami, dit Prullàs. Je sais, répondit l'autre, et votre attitude vous honore, mais ne craignez rien : je ne vais pas dire du mal de M. Gaudet. Je connais son parcours, je le respecte et, par ailleurs, je n'ai pas pour habitude de critiquer les absents. Cela dit, M. Gaudet ne se trouve pas au mieux de ses facultés mentales ; si vous êtes son ami, vous devrez en convenir. Vous êtes au courant, je suppose, de la visite que je lui ai rendue au théâtre il y a quelques jours. En effet, admit Prullàs. Et aussi du contenu de notre conversation ? Il m'en a dit deux mots, mais je préférerais l'entendre à nouveau de votre propre bouche.

Vous faites bien, car j'ignore ce qu'a pu vous raconter M. Gaudet. En réalité, je ne suis pas du tout sûr que nous soyons arrivés à nous comprendre. Jugez-en : je suis allé le voir dans l'intention de lui parler de Mlle Lilí Villalba. C'était mon unique objectif, et je le lui ai annoncé d'emblée. Je voulais seulement, lui ai-je expliqué, contribuer à l'éducation artistique de Mlle Lilí Villalba que j'avais décidé de parrainer, pour dire les choses d'une manière ou d'une autre, et j'ai précisé que j'étais conscient de l'importance décisive, pour Mlle Lilí Villalba, d'effectuer ses premiers pas dans une carrière si incertaine sous les ordres d'un bon metteur en scène et que, dans ce sens-là, j'étais bien content de voir ma pupille en des mains aussi excellentes que celles de M. Gaudet. Cependant, ai-je immédiatement ajouté, j'avais pu percevoir, au cours des répétitions, un changement dans le comportement de Mlle Lilí Villalba, un comportement qui avait d'abord été enthousiaste, ai-je dit, mais qui avait subi ensuite un brusque tournant, pour se transformer d'abord en une attitude de doute et, finalement, de franc découragement. Arrivé à ce point, M. Gaudet a réagi comme si l'on avait approché de son corps un objet incandescent. D'un coup, il s'est mis à me prendre à partie de la façon la plus acerbe. De quel droit osais-je lui dicter sa conduite ? J'ai essayé de faire front à cette injuste philippique, mais en vain. J'ai compris que je me trouvais en présence d'un homme qui n'avait pas tout son bon sens et j'ai préféré ne pas l'attaquer de front. D'après ce que j'ai pu saisir de son discours, qui était, comme je vous l'ai dit, presque incohérent, il était, lui, un homme plein de talent, un artiste véritable que la vie avait maltraité : diverses circonstances s'étaient conjuguées pour affecter sa carrière. Né ailleurs, les choses auraient été bien différentes, a-t-il dit, mais nous étions dans un pays barbare et cruel. De sorte qu'il se voyait obligé de monter des œuvres médiocres avec des actrices vulgaires et prétentieuses. Il n'aimerait pas mieux, a-t-il ajouté, que de tout envoyer au diable, de former sa propre troupe, avec des acteurs et des actrices jeunes, tels que Mlle Lilí Villalba, et monter des œuvres réellement importantes, par exemple l'adaptation de *La Nausée*, qui triomphait actuellement sur les scènes parisiennes, a-t-il conclu en me montrant des liasses dactylographiées. Mais, a-t-il ajouté, il ne pouvait le faire, car il n'en avait pas les moyens économiques. Il m'a demandé si j'étais prêt à lui apporter mon aide pour un tel projet. Il parlait, évidemment, de mon aide financière. Si je le faisais, m'a-t-il dit, il me promettait de faire de Mlle Lilí Villalba une grande tragédienne, de la classe d'Eleonora Duse ou de María Guerrero. Sa diatribe était arrivée à un paroxysme tel que j'ai craint qu'il n'ait une syncope si je le contredisais, aussi ai-je dit oui à tout ce qu'il m'a proposé. Cela a paru le rasséréner, et moi, profitant de l'accalmie, j'ai mis fin à l'entretien.

Et à aucun moment vous ne lui avez proposé de remplacer Mariquita Pons par Mlle Lilí Villalba ? demanda Prullàs.

Non, quelle absurdité ! répliqua Ignacio Vallsigorri. Cela ne m'est même pas venu à l'esprit. D'abord je n'ai en aucun cas le pouvoir d'imposer un pareil changement, et même si je l'avais je ne le ferais jamais. Cela fait des années que je connais Quiqui, et pas seulement comme actrice mais aussi personnellement, à travers son mari, Miguel Fontcuberta, avec qui je suis lié par une longue amitié, comme vous le savez. J'ai souvent vu jouer Quiqui et j'admire son talent extraordinaire, sa vigueur de comédienne et l'élégance avec laquelle elle évolue sur les planches. Mlle Lilí Villalba, en revanche, n'est qu'une débutante. Lui donner un rôle de plus grande envergure serait désastreux pour la pièce comme pour elle. Non, non, Mlle Lilí Villalba n'est qu'une enfant qui commence et Quiqui est une grande dame de notre théâtre, une actrice consommée, et c'est elle, en définitive, qui porte la pièce ; sans sa présence, *Arrivederci, pollo !* s'écroulerait. Ma pièce vous paraît donc si faible ? dit Prullàs.

*

Salut, beaux gosses, vous voulez que j'vous donne du plaisir ? demanda d'une voix pâteuse une grosse femme maquillée qui s'était approchée subrepticement de leur table. Les deux hommes répondirent par un geste bref. La poufiasse insista : Allez, mes jolis, c'est bientôt l'jour, et mon mac il va m'écrabouiller si j'rentre à vide ; les deux pour le prix d'un seul, ça vous va ?

Non, fiche le camp, dit Ignacio Vallsigorri. La poufiasse s'accrochait avec une insistance d'ivrogne. J'ai l'bonbon comme du miel, mon cœur. Tu as surtout une cuite de première, alors du balai ! dit Ignacio Vallsigorri en riant et en luttant pour empêcher la poufiasse de lui écraser les genoux sous le poids de son corps massif.

Prullàs sortit un duro de sa poche, le mit dans la main de la poufiasse et la repoussa doucement. Fais ce qu'on te dit, lui conseilla-t-il. La poufiasse s'éloigna en titubant. Elle m'a bousillé ma veste avec son parfum et sa transpiration, s'exclama Ignacio Vallsigorri. Demain sera un autre jour, dit Prullàs en faisant signe au tavernier. L'addition, s'il vous plaît ! Le tavernier vint vers eux avec un bout de papier graisseux couvert de gribouillis.

Pas question ! dit Ignacio Vallsigorri. Je vous ai dit que je vous invitais, c'était entendu… Mais il ne put terminer sa phrase ; il pâlit, puis rougit et cria : On m'a volé mon portefeuille !

Le tavernier leva la main : Pas dans ma taverne, affirma-t-il, ici, y a qu'du monde honnête.

Ne dites pas n'importe quoi ! répliqua Ignacio Vallsigorri, tout à l'heure mon portefeuille était dans ma poche et maintenant il n'y est plus ; je me souviens parfaitement d'y avoir mis le dixième de la loterie que j'ai acheté à l'infirme. C'est à ce moment que j'ai vu mon portefeuille pour la dernière fois. Vous voyez à quoi qu'ça mène, d'être aimable avec ceusses qu'on devrait pas ? dit le tavernier. J'vous avais prévenu que ce particulier c'était un moins que rien. Non, ce ne peut pas être lui, dit Ignacio Vallsigorri, il était déjà sorti par cette porte quand j'ai rangé le billet dans le portefeuille. C'est forcément cette grosse pute, celle qui est venue s'affaler sur moi. J'sais pas d'quelle pute vous causez, dit le tavernier, y a pas ça dans mon établissement.

Discuter ne servira à rien, trancha Prullàs. Dites-moi combien nous vous devons. Pas un real, répondit le tavernier avec une expression offensée, j'suis pas responsable de c'qui est arrivé, mais manquerait plus qu'vous gardiez un mauvais souvenir de la taverne de Mañuel : vous êtes mes invités !

*

Le ciel s'éclaircissait à peine et déjà les premiers bistrots et les bouis-bouis ouvraient leurs portes ; les dockers et les débardeurs descendaient vers le port ; des douaniers circonspects franchissaient le porche de leurs bureaux. Un vendeur ambulant poussait un charreton chargé de pantins, de trompettes et de moulinets à vent en direction de l'embarcadère des Golondrinas. Au centre du boulevard, sous le tunnel feuillu des platanes géants, un photographe installait son stand minuscule : un appareil à soufflet et un petit cheval en carton décoloré. Un attelage de six percherons quittait le quai de San Beltrán en tirant vers le Paralelo un gigantesque tronc d'arbre de Guinée arrimé sur un haquet ; la sirène d'un cargo mouillé dans la darse couvrait le bruit des sabots sur les pavés. Prullàs et Ignacio Vallsigorri descendirent les Ramblas en silence.

Voulez-vous que nous allions porter plainte pour le vol ? proposa Prullàs en voyant l'air soucieux de son compagnon. Ça n'en vaut pas la peine, répondit aussitôt celui-ci, je n'avais rien de précieux sur moi, juste un peu d'argent, quelques papiers d'identité facilement remplaçables, des timbres et des photos. C'est le fait en soi qui me met en colère, pas le dommage subi. Puis-je vous demander une faveur ? Bien entendu. Ne le racontez à personne ; comme je vous le dis, c'est sans importance, mais je me sens ridicule. Me faire avoir comme ça ! Prullàs promit d'oublier l'incident et prit congé de l'autre en arrivant près de la voiture. Vous ne voulez vraiment pas que je vous ramène chez vous ? dit Ignacio Vallsigorri. Je vous en remercie, répondit Prullàs, mais j'aime me promener dans la ville à cette heure-ci et, à dire vrai, je n'ai guère d'occasions de le faire. Voyez : l'air est pur et il règne une paix réconfortante… Bon, je ne vous ennuie pas davantage avec mes divagations. Permettez-moi de vous prêter un peu d'argent ; en ce bas monde, mieux vaut ne pas se promener les poches vides. Non, non, je rentre directement chez moi et j'y trouverai de l'argent, sauf si j'y ai été également victime d'un cambrioleur, plaisanta Ignacio Vallsigorri. Ils échangèrent leurs cartes de visite respectives et tombèrent d'accord pour s'appeler afin d'aller ensemble à une soirée de boxe, ou au théâtre. Ils se serrèrent la main avec effusion et Ignacio Vallsigorri dit : Reposez-vous bien et n'oubliez pas ce que je vous ai raconté au sujet de M. Gaudet. Soyez tranquille, dit Prullàs.

*

A la différence de la zone portuaire, les rues de l'Ensanche, proches de sa maison, étaient vides ; appartements, cafés, magasins et bureaux étaient dans l'obscurité. Ce calme convenait à Prullàs, qui marchait absorbé dans ses réflexions, plongé dans un océan de perplexité. Le récit de l'entretien qu'Ignacio Vallsigorri venait de lui faire différait tellement de la version de Gaudet qu'il ne pouvait y avoir de doute : l'un des deux mentait, mais lequel ? La vieille et profonde amitié qui l'unissait à Gaudet l'obligeait à exonérer celui-ci de tout soupçon. Et pourtant, quelle raison de mentir pouvait avoir Ignacio Vallsigorri ? se demandait-il. La seule chose qui intéressait Ignacio Vallsigorri était la carrière théâtrale de Mlle Lilí Villalba, et semer la zizanie chez ceux qui pouvaient y aider risquait de se retourner contre elle. En revanche, les bizarreries de Gaudet n'avaient fait que croître à un rythme alarmant ces derniers temps. Sa dégradation générale, son apathie devant le travail, sa mauvaise humeur, son éloignement de Prullàs, tout cela ne pouvait-il pas effectivement correspondre à l'envie d'imprimer un nouveau cours à sa vie ? Pepe Gaudet traversait-il une crise ? Prullàs retournait la question dans tous les sens. Je me demande si cet abruti ne projette pas une trahison, par la faute du réalisme social et du théâtre d'avant-garde, se disait-il. Et Quiqui ? Est-elle du complot ? s'interrogeait-il. Que faisait-elle l'autre jour chez Gaudet, quand je l'y ai surprise en téléphonant ? Sont-ils en train de répéter en cachette une pièce de Jean-Paul Sartre ?

Ignacio Vallsigorri, au contraire, lui avait produit une impression très favorable. Prullàs sentait qu'entre eux venait de naître une amitié destinée à s'affirmer avec le temps. Très bien, mais comment concilier cette amitié avec l'affaire de Mlle Lilí Villalba ? Pour l'instant, c'était ce qui le préoccupait le plus. A l'évidence, il ne pouvait poursuivre l'aventure dans le dos d'un homme qui, selon toutes les règles, avait sur la jeune actrice un droit d'antériorité. Son devoir d'honnête homme exigeait qu'il mette l'autre au courant de la situation ; mais s'il le faisait, comment réagirait Ignacio Vallsigorri ? Il se sentirait à coup sûr trahi par Mlle Lilí Villalba et romprait avec elle, la privant *ipso facto* de sa protection ; et, dans ce cas, Prullàs ne se trouverait-il pas dans l'obligation morale de reprendre à son compte l'entretien de la jeune personne ? Cette perspective l'inquiétait. A la différence d'Ignacio Vallsigorri, qui était un homme à la position bien assise et de surcroît célibataire, Prullàs avait une famille et ne possédait pas de fortune propre ; il pouvait disposer à sa guise du patrimoine conséquent de sa femme, sans que personne lui demande d'explications, mais une dépense périodique de cette importance et de cette nature finirait sans nul doute par éveiller des soupçons, non de la part de Martita, mais de celle de son beau-père qui ne manquait ni de discernement ni, Prullàs le savait de bonne source, d'expérience sur le terrain des amours tarifées. Par ailleurs, une liaison avec une actrice débutante dont il était le premier à mettre en doute les capacités, et dont il avait souligné l'incompétence à plusieurs reprises, en public et de façon véhémente, le placerait dans une situation intenable. Non, non, se dit-il, pas question d'envisager une telle éventualité. Les choses ne doivent pas en arriver à ce stade et je dois choisir : ou cesser de voir Ignacio Vallsigorri, ou rompre une fois pour toutes avec Mlle Lilí Villalba. L'alternative s'avérait douloureuse. Peut-être, se dit-il, suis-je en train d'exagérer un peu la question. Après tout, Ignacio Vallsigorri est un homme du monde ; il ne se fâchera sûrement pas s'il apprend ce qui s'est passé entre cette petite et moi, pensa Prullàs. En fin de compte, qu'est-ce que ça peut lui faire ? Il continuait à cogiter : ils pourraient probablement parvenir à un accord, une répartition commode des jours et des heures, voire un partage raisonnable des frais. Cette solution était, en définitive, la plus profitable pour l'un et l'autre, pensa-t-il. Et au même instant, il comprit qu'il ne pourrait jamais l'accepter. Il s'arrêta sur le trottoir, comme si une force magnétique l'empêchait de faire un pas de plus, et il sentit soudain qu'une énorme griffe lui étreignait le cœur. Il porta les mains à ses tempes : son esprit était un tourbillon d'émotions contraires. Qu'est-ce qui m'arrive ? pensa-t-il.

Il fut tiré de cette éprouvante paralysie par un bruit sec et cadencé qui grandissait en intensité à mesure que s'en rapprochait la cause : c'était le bruit d'une charrette sur le banc de laquelle oscillait un homme aux yeux mi-clos. La charrette se dirigeait vers le marché avec un chargement d'épinards, d'oignons, de haricots verts, d'aubergines, de poivrons, de céleris et de poireaux. Le cheval dodelinait de la tête en faisant des zigzags, le charretier dodelinait de la tête en agitant son fouet n'importe comment d'un geste automatique. Sur le banc, d'un côté du charretier, il y avait un panier d'œufs frais ; de l'autre, deux lapins morts, le cou brisé, les yeux vitreux et les babines retroussées : une image dramatique et sauvage. Pour ne pas cheminer en si ingrate compagnie, Prullàs laissa la charrette prendre de la distance, après quoi il se remit en route. L'opacité du ciel déclinait en laissant s'installer les premières ombres, prélude au lever du jour. Prullàs marcha sur les traces de la charrette de légumes qui avait pris, dans cette fausse clarté diluant le contour des choses, un air fantomatique et funèbre. En passant devant les rez-de-chaussée, il entendait des ronflements, des murmures agités, des toux ; parfois, les interstices des persiennes offraient à ses yeux des impressions fugaces : un piano, un coffre, une panoplie, une chambre dans l'ombre, peuplée de silhouettes.

En arrivant devant le marché, il rejoignit la charrette qu'il avait suivie. Maintenant, l'homme commençait à décharger ses primeurs. Sous la halle en fer, il y avait d'autres charrettes et un trafic incessant de cageots vers l'intérieur du marché, où des femmes formidables baignées par la lumière de l'acétylène lavaient les comptoirs avant d'y disposer leur marchandise. Devant la halle, les fleuristes installaient leurs étals : de simples planches soutenues par des briques et, sur celles-ci, des pieds d'hortensias, d'œillets, de pensées et de camélias dans de tristes boîtes en fer-blanc. Une femme accrochait à une penderie portative de modestes robes de percale. Dans un bar jouxtant le marché, des charretiers buvaient des cafés arrosés. A la porte du bar, attelés aux charrettes, les chevaux mangeaient patiemment, les naseaux plongés dans le sac d'avoine. Le trottoir était jonché de feuilles de chou, de chou-fleur, de laitue et de blette. Dans une ruelle, un camion à gazogène chargé d'oranges ronflait. La carrosserie du camion, embuée de brume, reflétait faiblement la lumière ocre d'un bec de gaz. A la cime des arbres les oiseaux gazouillaient ; mouches, guêpes et frelons vrombissaient ; un âne chargé de jarres se mit à braire ; dans le poulailler improvisé d'une terrasse un coq chanta. Des livreurs passaient en portant sur leurs épaules des pains de glace, des caisses de bière, de boissons gazeuses et de siphons. Comme sur l'image édifiante d'un manuel scolaire, un homme au visage blanchi qui portait un sac de farine en croisa un autre barbouillé de noir qui portait un panier de charbon. La ville revenait doucement à la vie et Prullàs se sentait exalté par le flot d'énergie qui jaillissait autour de lui. Les boutiques ouvraient leurs portes dans un grand fracas de bois et de fer. Certaines étaient très spacieuses, elles avaient des glaces aux murs, deux ou trois comptoirs de marbre, une devanture en azulejos et de grands étalages sur lesquels trônaient fromages, charcuteries, biscuits et conserves. D'autres, en revanche, étaient si étroites qu'elles n'abritaient qu'un minuscule comptoir de bois noir, rendu luisant par un long usage ; ces établissements, en général tenus par une vieille femme en deuil, ne vendaient qu'un seul produit : pâtes pour la soupe, caramels ou savon. Des poissonneries sortaient les effluves abyssaux des salaisons ; des fours l'odeur du pain et des tartes. Prullàs aspira l'air avec délices ; il était fasciné par le spectacle de cette Barcelone insolite, en blouse et en tablier, ordonnée, tenace et laborieuse, si différente de l'autre Barcelone, en plastron amidonné et robe longue, frivole, perverse, hypocrite et noctambule, que la vie lui avait donnée en partage et où il se trouvait merveilleusement bien. Qu'est-ce qui m'arrive ? se répéta-t-il. Quelles pensées insensées m'assaillent ? Bah ! rien de sérieux : c'est à cause de l'heure et de la fatigue. Mais attention ! Oui, attention ! Un emballement fugace pourrait me conduire à commettre un faux pas aux conséquences imprévisibles. Et, tout de suite après, il se dit : Aujourd'hui même, j'aurai avec elle une conversation et je clarifierai les choses ; je mettrai les points sur les i, avec délicatesse mais sans équivoque. Je lui ferai un cadeau pour ne pas avoir l'air d'un malappris. Un beau cadeau ! L'important est de dissiper tout malentendu ; lui ôter de la tête ses fausses illusions, si elle en a. Je suis encore jeune, mais plus assez pour me laisser prendre au chant des sirènes.

Chapitre IV

1

CECILIA : Aaaaaaaaaaaaaah !

JULIO : Ooooooooooooooh !

LUISITO : Iiiiiiiiiiiiiiih !

JULIO, *lui donnant une gifle* : Ne crie pas !

CECILIA : Laisse-le donc, ce n'est quand même pas tous les jours qu'on trouve un cadavre dans une armoire à linge.

LUISITO, *désignant le corps de Todoliu* : Il est mo-mo… il est mo-mo… il est mort ?

JULIO : Comme un petit oiseau.

CECILIA : Eh bien, il a du toupet ! Mourir juste au moment où nous allions l'assassiner ! Il y a de quoi être dégoûté ! Le pauvret, peut-être qu'il avait le cœur fragile, et à force de courir après la bonne, poum ! ça lui a donné un infractusse, comme on dit.

JULIO : Écoute, Cecilia, je sais que tu n'as pas ton bachot, mais tu devrais quand même savoir que quelqu'un qui a un infarctus ne se ligote pas les mains dans le dos, ne se met pas un bâillon et, surtout, ne s'enferme pas dans une armoire en laissant la clef à l'extérieur !…

CECILIA : C'est ma foi vrai ! Je n'avais pas fait attention à ces petits détails… Alors comme ça… tu crois que…

JULIO : Oui, je n'ai pas l'ombre d'un doute : quelqu'un nous a devancés en assassinant Todoliu.

CECILIA : Eh bien, c'est du travail en moins !

JULIO : Oui, mais l'alibi ?

CECILIA : L'alibi ? Quel alibi ? Nous n'avons plus besoin d'alibi, maintenant.

JULIO : Justement si, tête de linotte. Tu ne te rends pas compte de la situation ? Nous avons préparé méticuleusement un alibi, pour pouvoir commettre le crime en un lieu et à un moment donnés, et d'une façon bien précise. Or maintenant que Todoliu est mort, non seulement l'alibi devient inutile, mais il va faire de nous les premiers suspects.

CECILIA : Suspects ? Mais puisque nous n'avons tué personne ?

JULIO : Et qui va nous croire ? Nous sommes au bord de la ruine, nous sommes les uniques héritiers de Todoliu, nous avions toutes les raisons de souhaiter sa mort et toutes les facilités pour le tuer. Todoliu a été assassiné sous notre propre toit et, pour comble, nous avons organisé un tas de fausses pistes qui, si elles fonctionnent comme prévu, vont toutes se retourner contre nous. Le chauffeur de taxi qui doit venir chercher la malle, l'appel téléphonique de San Sebastián et, surtout, le rendez-vous avec ton fiancé chéri, qui devait en sortir convaincu que les craintes de Todoliu étaient infondées et qui va arriver d'un moment à l'autre pour constater de ses propres yeux que ces craintes inventées par nous et attribuées à Todoliu étaient non seulement fondées, mais archifondées. Ah, Cecilia, nous sommes perdus ! Nous sommes bons pour la potence !

CECILIA : Oh là là ! La potence ! Quand je raconterai ça au club, elles ne me croiront pas !

Cette fois, tu ne te plaindras pas de la répétition, dit Mariquita Pons, la scène de l'armoire, nous te l'avons faite aux petits oignons. Oui, oui, aux petits oignons, grogna Gaudet, mais si vous ne faites pas un peu plus attention, le pauvre Todoliu va se briser le crâne en sortant de l'armoire, et il est censé être déjà à l'abri de ce genre de mésaventure. D'accord, mais alors dis-lui de ne pas se laisser tomber en avant comme s'il était une planche à repasser : qui lui a demandé de faire ça ? Moi, dit le metteur en scène. Un cadavre qui apparaît quand on ouvre une armoire doit tomber tout droit et très vite ; s'il s'effondre lentement, tout l'effet de surprise est perdu ; vous devez être prêts à le cueillir avant qu'il ne cogne le sol, c'est pour cela que vous êtes trois. Décidément, tu n'es jamais content, murmura la grande actrice. Et monsieur l'auteur, comment voit-il la chose ? ajouta-t-elle à l'adresse de Prullàs.

Monsieur l'auteur ne parle pas à des lâcheurs, répondit celui-ci. La nuit dernière, ils m'ont laissé en carafe, expliqua-t-il pour éclairer Gaudet. C'est de ma faute, dit Mariquita Pons en riant, tous ces messieurs additionnés à tous ces havanes m'ont causé une crise de claustrophobie. Quelle soirée ! Tu es resté très tard ? Non, dit Prullàs, quand j'ai vu que vous aviez pris la fuite, j'ai cherché une âme charitable et motorisée et je suis allé me coucher. Mariquita Pons fit quelques pas vers les loges, mais avant de s'engager dans le couloir elle s'arrêta et dit : Ce soir, Miguel a un dîner d'affaires et il ne reviendra à la maison que tard dans la nuit ; emmène-moi au cinéma, Carlos, j'ai envie de me distraire. On redonne au Savoy un film avec Cary Grant et Myrna Loy que je n'ai pas vu quand il est sorti et il paraît qu'il est très amusant. Ensuite, si tu te conduis bien, je te laisserai m'emmener souper et, par la même occasion, je t'expliquerai deux ou trois petites choses. D'accord, dit Prullàs, je ne suis pas rancunier : je passerai te prendre chez toi vers neuf heures.

La grande actrice disparut dans le noir des coulisses et Prullàs profita de la circonstance pour dire à Gaudet : La nuit dernière, de la façon la plus inattendue, j'ai eu une longue conversation avec Ignacio Vallsigorri et il m'a raconté des choses incroyables. Il faut que nous parlions le plus tôt possible. Très bien, dit le metteur en scène en consultant sa montre, je dois voir le costumier, mais je peux l'expédier en une heure ; viens chez moi à huit heures précises : puisque tu dois aller chercher Quiqui à neuf heures, nous aurons une heure pour parler de tout ; sauf si tu préfères laisser ça pour demain. Non, non, dit Prullàs, plus tôt nous réglerons cette affaire, mieux cela vaudra ; je serai chez toi à huit heures précises ; mets une bière dans la glacière, si tu as une glacière. J'ai une glacière mais je n'ai pas de glace, dit Gaudet. Dans ce cas, oublie la bière, dit Prullàs.

En sortant du théâtre, il entendit une voix derrière lui : Monsieur Prullàs, attendez-moi ! Mlle Lilí Villalba avait le souffle court et agité. Bonifaci lisait le journal dans la loge. Allons dans la rue, dit Prullàs d'un ton brusque. Ils marchèrent un moment en silence. Que voulais-tu ? questionna-t-il enfin. Te dire deux mots, ça t'ennuie ? demanda-t-elle. Bien sûr que non, petite fille, répondit Prullàs. Les rendez-vous successifs avec Gaudet et avec Mariquita Pons lui avaient fait oublier ses résolutions matinales. Maintenant, en se les remémorant, il se sentait envahi par une inexplicable mollesse ; il décida de reporter une conversation qu'il prévoyait violente et dit : Mais je t'ai vue courir si vite… Elle s'arrêta, sur le trottoir baigné par le soleil orangé du crépuscule, et lui adressa un regard perplexe et douloureux. Je ne voulais pas que tu m'échappes, Carlos, j'ai beaucoup pensé à toi, tous ces jours-ci. Depuis l'autre soir, poursuivit-elle, j'ai cru que tu ferais quelque chose pour me revoir ; je ne te réclame rien, et si je t'ai déçu, tu as parfaitement le droit de ne pas vouloir…

Tais-toi, petite fille, tu dis des bêtises, l'interrompit Prullàs. J'ai été très occupé tout ce temps, mais tu ne m'as pas déçu, c'est le moins que je puisse dire. A la vérité, moi aussi j'ai beaucoup pensé à toi ; j'étais impatient d'être de nouveau avec toi. En prononçant cette phrase de façon spontanée et irrésistible, il fut pris d'une joie rayonnante qui lui donna le vertige. Au diable le reste ! se dit-il. Et à voix haute : Lilí, je t'adore. Elle baissa les yeux, parut hésiter une fraction de seconde. Quand elle les rouvrit, ils brillaient d'une froide résolution. Si tu n'es pas aussi occupé aujourd'hui que ces derniers jours, dit-elle, nous pouvons nous retrouver dans une demi-heure à l'hôtel Gallardo. Allons-y ensemble ! dit Prullàs. Ne perdons pas un instant : ma voiture est là. Si tu as une course à faire avant, je peux t'accompagner. Non, répliqua-t-elle, je dois passer chez moi et je ne veux pas que tu saches où je vis. Va à l'hôtel et attends-moi là-bas.

Elle partit en courant et Prullàs ne fit rien pour la retenir. Il va falloir que je reporte la discussion avec Gaudet à demain, pensa-t-il, tant pis, c'est sans importance, l'histoire d'Ignacio Vallsigorri peut attendre. Quant à Quiqui, je serai sûrement libre à neuf heures. De toute manière, se dit-il, je vais les appeler tous les deux pour annuler le rendez-vous avec l'un et prévenir l'autre d'un retard possible.

Mais l'hôtel Gallardo n'avait pas le téléphone. Ça fait plus d'un an que nous avons fait la demande, s'excusa le réceptionniste qui portait un gardénia à la boutonnière, mais vous savez, sans relations… Si vous avez vraiment besoin de téléphoner, allez au bar du coin. Vous vous rappelez la personne avec qui je suis venu la dernière fois ? demanda Prullàs. Non, monsieur, vous comprenez, beaucoup de visages défilent ici et j'ai le devoir de ne m'en rappeler aucun. Fort bien, dit Prullàs en sortant son portefeuille, je vous paye d'avance et je vais téléphoner. Si par hasard la personne dont j'ai parlé arrive et si, également par hasard, vous la reconnaissez, dites-lui de m'attendre dans la chambre.

Le bar était vide. L'air était brûlant, épais et imprégné d'une odeur de nourriture écœurante. Le ventilateur du plafond était immobile et sûrement en panne, à en juger par les toiles d'araignées tissées entre les pales. Une femme arriva à l'appel de Prullàs ; avant de s'occuper de lui, elle chassa avec un chiffon mouillé les mouches qui couvraient les tapas exposées dans des écuelles de terre sur le comptoir. Si vous avez le téléphone et s'il marche, dit-il, servez-moi un demi de bière brune. La femme indiqua un téléphone mural au fond de la salle. L'écouteur était tellement graisseux que Prullàs le tint à distance de son oreille pendant qu'il composait le numéro.

Au bout d'un moment, il revint au comptoir. Vous avez eu votre communication ? demanda la femme. Non, un numéro ne répondait pas et l'autre sonnait occupé ; j'essayerai de nouveau dans quelques minutes. Je vous donne quelque chose à manger en attendant ? suggéra-t-elle. Prullàs considéra les tapas, sur lesquelles des mouches étaient restées définitivement collées. Pas pour l'instant, merci, préféra-t-il répondre. Il but sa bière lentement et fit de nouveau le numéro de Gaudet sans avoir de réponse ; celui de Mariquita était toujours occupé. Son impatience de se retrouver avec Mlle Lilí Villalba lui rendit l'attente insoutenable ; il paya la bière et revint à l'hôtel. Elle est arrivée ? Le réceptionniste semblait occupé à respirer le gardénia ; il répondit négativement sans lever le nez de la fleur. J'attendrai là-haut, dit Prullàs. Si elle vient, faites-la monter tout de suite.

Seul dans la pièce, il resta un moment à contempler l'immeuble d'en face : le chardonneret sautillait toujours dans sa cage et, dans une chambre, un petit vieux en pyjama et bonnet de coton somnolait sur un rocking-chair. Qu'est-ce qu'elle s'imagine, cette morveuse ? grommela Prullàs, fâché. Elle va m'entendre, quand elle arrivera. Il tira le rideau, s'étendit sur le lit et s'endormit. Il se réveilla hébété, baigné de sueur et oppressé par la sensation d'une menace ; il lui fallut un certain temps pour réaliser où il se trouvait. La nuit tombait et, à travers le rideau, la lumière du dehors n'éclairait que faiblement la chambre. Il alluma la lampe et regarda sa montre : il était neuf heures cinq. La tête lui tournait, son estomac était barbouillé, et il descendit l'escalier pour se retrouver face au réceptionniste. Monsieur, ne vous fâchez pas ; personne n'est venu. Si cette personne s'était présentée, j'aurais fait comme vous m'aviez demandé.

Plus mort que vif, Prullàs sortit dans la rue. Cette maudite bière devait être empoisonnée, pensa-t-il. Non, c'est plutôt le verre, il n'a pas été lavé depuis des mois et le dernier utilisateur y a laissé tous les miasmes de la création. Et Lilí, pourquoi m'a-t-elle fait faux bond ? Lui est-il arrivé quelque chose ? Bah ! elle doit sûrement être furieuse contre moi et elle a voulu marquer le coup. C'est ça : elle m'a donné un rendez-vous imaginaire pour se venger de mon absence d'intérêt. Ces damnées femmes, pensa-t-il, toutes les mêmes !

Il gagna sa voiture en hoquetant et réussit non sans mal à conduire jusque chez lui sans avoir d'accident et sans écraser personne. L'image renvoyée par le rétroviseur justifiait l'affolement de Sebastiana. Oh, mon Dieu, monsieur, dans quel état vous êtes ! Ce n'est qu'une indisposition passagère, Sebastiana, ça va passer très vite. Vous avez dû manger une cochonnerie qui vous a rendu malade… Oh, mon Dieu ! Oh, mon Dieu ! On ne peut pas les laisser seuls.

Il vomit dans la salle de bains et se sentit tout de suite soulagé. Quelqu'un a téléphoné ? demanda-t-il. Non, monsieur. M. Gaudet ? Doña Mariquita ? Une autre personne ? Non, monsieur, rien. Il appela Mariquita Pons et la soubrette lui dit que Madame était sortie depuis longtemps sans préciser où elle allait ni quand elle reviendrait. Gaudet ne répondait toujours pas.

Sebastiana lui apporta une infusion de camomille. Vous devriez appeler un docteur, dit-elle. Brillant conseil ! répliqua Prullàs. En cette saison, à Barcelone, on ne trouve même plus un mauvais guérisseur. Alors mettez-vous au moins au lit, insista la servante. Pas question, je suis trop agité, je ne pourrai pas fermer l'œil, cela me rendra encore plus nerveux et, en fin de compte, le remède sera pire que le mal, dit-il. Et il ajouta, sans écouter les supplications de la fidèle servante : Je m'en vais ; si on me demande, je suis parti pour Masnou. Vous allez prendre la route en pleine nuit et dans cet état ? Sainte Vierge ! Quelle imprudence !

Sebastiana avait raison. Tandis qu'il traversait le complexe industriel méphitique de San Adrián, il eut des vertiges et dut ranger la voiture sur le bas-côté pour vomir de nouveau et se reposer un moment. Il entendait le bourdonnement sauvage de la mer et voyait, tout près de l'endroit où il se trouvait, la lumière fantasmagorique des foyers allumés sur la plage par les habitants de cet immense et misérable quartier de taudis. Il se rendormit. Le contact de quelque chose de chaud et de visqueux sur sa joue le réveilla. Son sursaut fit reculer quatre créatures minuscules, et plus particulièrement celle qui avait atteint son visage à travers la fenêtre ouverte. Vous voyez ? J'vous l'avais bien dit qu'il était pas mort ! chuchota-t-elle. Ses camarades lui donnèrent raison. C'étaient trois garçons et une fille, sales, chassieux et hirsutes ; ils étaient tous les quatre pieds nus et portaient pour tout vêtement une chemisette en loques. Prullàs mit instinctivement la main à son portefeuille et constata avec soulagement que celui-ci gonflait toujours sa poche. Les enfants l'observaient avec intérêt. La lumière avare d'un rayon de lune filtrant à travers les nuages éclairait la scène. La fille dit : Dites donc, m'sieu, la bagnole c'est une Mercedes ? Non, bredouilla Prullàs, une Studebaker. Une Estrulate ? Non : une Studebaker. Ah.

Il mit le moteur en marche et alluma les phares. Les faisceaux lumineux firent disparaître les quatre enfants, absorbés par les ténèbres qui environnaient la voiture.

Allez vous coucher, dit Prullàs, rentrez dans vos baraques : ce n'est pas une heure à rôder, pour des gosses. Dites donc, cria la fille par-dessus le bruit du moteur, comment vous avez dit qu'elle s'appelle, la bagnole ? Sans répondre, Prullàs s'engagea sur la route et se remit à rouler sans savoir exactement combien de temps il avait dormi ni où il allait, obéissant de façon inconsciente aux ordres du véhicule. A la sortie de Badalona, il crut voir des formes blanches, comme des squelettes phosphorescents, qui s'agitaient au milieu des roseaux ; sur le promontoire de Montgat, il entrevit l'ombre d'un bélier géant. Quand il fuyait ces visions et se concentrait sur sa conduite, il voyait la route bifurquer devant lui ; il se demandait quelle branche prendre, mais la bifurcation s'éloignait ; il comprenait alors qu'il avait été victime d'une illusion d'optique. Pour éviter des obstacles imaginaires qui n'étaient que les ombres capricieuses des arbres, il faisait de brusques embardées qui risquaient de le faire capoter. Mais à aucun moment, même sous l'effet de ces frayeurs qui lui donnaient des sueurs froides, il ne lui vint à l'esprit de renoncer à son entreprise. La fête chez Brusquets, la déplaisante rencontre avec don Lorenzo Verdugones, les insinuations voilées de Mariquita Pons, les inexplicables révélations d'Ignacio Vallsigorri, la duplicité présumée de Gaudet, le rendez-vous raté avec Mlle Lilí Villalba, tous ces événements additionnés tissaient dans son cerveau intoxiqué une mystérieuse trame de pièges, de conflits et de déceptions. Maintenant, il mettait son seul espoir de salut dans ce voyage suicidaire ; il avait l'impression que la distance physique l'éloignait de tous les dangers, le guérissait de toute contamination ; ce serait seulement dans le sein de sa famille, et dans l'ordre et les conventions que celle-ci représentait, qu'il serait à l'abri de tout traquenard. Par chance, à cette heure inhabituelle, nul autre véhicule ne circulait sur la route et il ne fut pas arrêté par la milice.

La pendule de la salle à manger marquait quatre heures moins le quart. Martita s'était couchée tôt et elle émergea à peine de son sommeil quand il écarta les bords de la moustiquaire d'une main fiévreuse et se glissa dans les draps. Je t'en prie, Carlos, laisse-moi, je suis éreintée, murmura-t-elle. Sans forces pour le combat, Prullàs gagna son lit et s'endormit sur-le-champ.

Cette nuit, je t'ai prise dans mes bras et tu n'as même pas ouvert les yeux, lui dit Prullàs le lendemain matin, comment as-tu su que c'était moi et pas un autre ? Martita haussa les épaules : Qui cela pouvait-il être à cette heure-là ? Je ne sais pas, un de tes soupirants. Dans notre chambre ? Pour quoi faire ? répliqua Martita. Et comment serait-il entré ? Par la fenêtre, suggéra Prullàs. Carlos, ces choses-là ne se passent que dans les films de Bob Hope, dit-elle, je savais que c'était toi, c'est tout.

2

Marichuli Mercadal marchait les yeux baissés, en essayant de ne pas poser ses sandales de raphia dans les trous du torrent asséché qui serpentait sur le versant de la colline, descendant de la chapelle de la Merced jusqu'à la côte, aux abords du village. De temps en temps, elle levait les yeux de la terre pour surveiller sa fille qui gambadait autour d'elle. Alicia, viens ici, ne t'écarte pas tant ! Ne monte pas sur cette pierre ! Fais attention aux orties ! Ne t'approche pas de cet arbuste, il pourrait y avoir un nid de guêpes ! Mais l'enfant se moquait de ces recommandations prononcées à mi-voix et sur un ton plus plaintif que comminatoire.

En réalité, Marichuli Mercadal était songeuse et abattue : ces derniers temps, la messe du matin lui était devenue une torture. Elle aurait volontiers cessé d'y assister mais elle n'osait pas, de peur d'encourir la colère divine. Quelques années plus tôt, quand les spécialistes avaient diagnostiqué la maladie de sa fille, elle avait fait le vœu solennel d'aller à la messe et de communier tous les jours sans exception tant que le Très-Haut préserverait la santé de l'enfant. Son mari avait critiqué ce vœu ; en tant que chirurgien et homme de science, il était incrédule en matière de religion et hostile à l'ingérence de la dévotion dans la médecine. Ce que les prêtres appellent l'âme est en réalité la psyché, avait-il dit à sa femme ; et, tout de suite, il avait cité la phrase connue et impie d'un confrère qui affirmait avoir effectué une infinité d'opérations chirurgicales sans avoir jamais rencontré la moindre trace de l'âme dans les plis les plus secrets de l'organisme. Marichuli lui avait demandé à son tour si ce chirurgien, ou un autre, avait rencontré la psyché, ce à quoi le docteur avait rétorqué que la psyché n'est qu'un ensemble de réactions moléculaires du cerveau aux stimuli du système nerveux. Pour illustrer cette affirmation et la rendre accessible à son épouse, profane en la matière, il avait comparé le cerveau humain à un poste de radio qui reçoit des ondes hertziennes et les transforme en programmes de toutes sortes : jeux, informations, disques à la demande, etc., sans qu'il y ait rien d'autre, à l'intérieur du poste, que des lampes et des bobines électromagnétiques. Elle acquiesçait à tout mais, dans son for intérieur, elle continuait à penser qu'il existait un Dieu tout-puissant entre les mains de qui se trouvait la vie ou la mort de l'enfant.

Maintenant, cependant, elle se sentait coupable. Depuis que la passion l'avait jetée dans les bras de Prullàs et que la concupiscence récalcitrante l'avait empêchée de confesser sa faute, elle n'avait plus communié. Lorsque le prêtre commençait à donner la communion, elle se levait de son banc et se plaçait dans la file des fidèles mais, arrivée devant les marches de l'autel, elle faisait une génuflexion, inclinait la tête et faisait demi-tour sans avoir reçu les saintes espèces. Après quoi, elle retournait à sa place et passait trois minutes agenouillée dans l'attitude du recueillement ; elle espérait ainsi que son abandon des sacrements passerait inaperçu. Mais elle savait bien que Dieu n'était pas dupe de cette comédie. Pendant que les autres priaient, elle tremblait de peur à l'idée que son stratagème fût soudain découvert, soit par la perspicacité d'un fidèle, soit parce que le Seigneur ferait descendre sur elle un signe infamant. Ces craintes, causées par le remords, prenaient parfois la forme d'une authentique vision : courbée sur son prie-Dieu, elle imaginait que l'effigie du Christ qui dominait le maître-autel détachait un bras de la croix et s'écriait en la désignant du doigt : Honte à toi, scribe et pharisienne, tu es semblable à un sépulcre blanchi, beau au-dehors mais à l'intérieur plein d'ossements et de toutes sortes d'immondices ! Ou alors, quand le prêtre s'adressait aux fidèles, elle attendait, le cœur serré, que celui-ci, inspiré par l'Esprit-Saint, prononce contre elle le plus terrible des anathèmes.

Rien de tout cela, à dire vrai, ne se produisait : les images sacrées ne s'animaient pas, et le vieux vicaire qui disait, durant la saison, une messe spécialement destinée aux estivants dans la petite chapelle de la Merced ne semblait pas désireux de se transformer en flagellateur de pécheurs ; ses sermons traitaient habituellement de la miséricorde divine et de la charité chrétienne, ainsi que du devoir imposant à ceux que le sort avait favorisés de se montrer généreux à l'heure de secourir leurs frères moins fortunés ; émue par ces considérations et reconnaissante du sursis accordé au châtiment de son infamie, Marichuli Mercadal déposait des sommes exagérées dans la corbeille que le sacristain faisait circuler parmi les fidèles pendant la quête. Cette torture constante ne se reflétait toutefois pas sur son visage ni sur son comportement ; son expression était sereine, son attitude exprimait un sentiment de calme proche de l'inconscience et sur ses lèvres se dessinait un sourire que l'on aurait pu qualifier de sarcastique s'il avait été adressé à une tierce personne, ou alors d'énigmatique ; aucun des hommes qui se retournaient sur son passage pour admirer plus ou moins ouvertement ses formes épanouies et le balancement de ses hanches n'aurait pu imaginer la tempête qui, au même instant, se déchaînait en elle. Une vraie femme, disaient-ils, et quelle démarche !

*

Devant le portail de sa maison, elle aperçut son mari en compagnie de Prullàs : son cœur fit un bond. Hier, à Barcelone, j'ai eu un malaise, expliqua Prullàs, et comme je ne trouvais pas de médecin, je suis venu importuner ton époux. Rien de grave, j'espère, parvint-elle à dire. Oh non ! un simple dérangement estival, dit allègrement le docteur Mercadal, une légère inflammation intestinale, avec les vomissements et les diarrhées de rigueur. Et il ajouta, s'adressant à Prullàs : Comme je t'ai dit, légumes cuits et blanc de poulet pendant trois jours, et surveille tes selles au cas où apparaîtraient des vers.

Prullàs prit congé du docteur Mercadal, et elle repartit avec lui en prétextant qu'elle devait aller voir ce que faisait Alicia. Voilà bien les hommes ! s'exclama Marichuli Mercadal. Tant qu'on est fringant, on court le jupon à Barcelone, mais dès qu'on a un peu de température, retour immédiat au foyer pour se faire dorloter par sa femme. Elle avait encore son missel à la main et sa mantille sur la tête. J'ai été à deux doigts de la tombe, dit Prullàs. C'est au fond, et la dalle par-dessus, que j'aimerais te voir, marmonna Marichuli Mercadal, je ne vis plus par ta faute.

Ils marchèrent un moment en silence puis se trouvèrent nez à nez avec le père de Martita et les enfants. Marichuli, comment fais-tu pour être chaque jour plus jolie ? lui dit le père de Martita. C'est vous qui me voyez chaque jour d'un œil plus indulgent, dit-elle. Où donc allez-vous par cette chaleur ? demanda Prullàs à son beau-père. Tu vois, acheter de la colle, du papier de verre et des pinceaux, répondit celui-ci. Tes enfants m'ont réquisitionné pour construire un modèle réduit du cuirassé *Missouri*, et me voilà, à mon âge avancé, transformé en chantier naval. Ne dites pas cela, don Luis, protesta Marichuli Mercadal, vous êtes encore un jeune homme. Non, non, ma mignonne, ne me flatte pas et laisse-moi être vieux en paix ; à ton avis, j'ai quel âge ? Soixante-cinq ans ? risqua-t-elle avec diplomatie. Oh là là ! Soixante-cinq !... Mets-en dix de plus, oui ! dit le père de Martita. Mais cela ne me tracasse pas du tout. Écoute, je vais te dire une chose : tous les matins, je sors me dégourdir les jambes avant le petit déjeuner, non par oisiveté mais pour faire un peu d'exercice ; donc, au début, en quittant la maison, je disais à mes petits-enfants : vous voulez venir faire un petit tour avec votre grand-père ? Et ils me répondaient toujours : Non, Grand-père. Jusqu'au jour où j'ai eu l'idée de leur dire : Je vais jusqu'au tabac, est-ce que quelqu'un veut m'accompagner ? Et eux, tout de suite, de me répondre oui, car ils savaient que nous avions une destination précise et ils étaient sûrs qu'en arrivant au tabac il leur suffirait de me faire des mamours pour que je leur achète une babiole quelconque. Depuis lors, quand je veux de la compagnie, je m'invente une course à faire et cela ne rate jamais. Tu sais pourquoi ? Eh bien, parce qu'il est dans la nature humaine que tout ce que l'on fait, même les choses les plus agréables, doive avoir une finalité. Oui, ma chère, poursuivit-il, l'être humain a besoin d'un but pour faire les choses ; même pour continuer à vivre, nous avons besoin d'un but. Le mien, tu le vois, ce sont ces petits diables : les voir grandir, les rendre heureux autant que je le peux, veiller sur leur éducation et, quand le Seigneur m'appellera, laisser leur bien-être matériel assuré. Cette philosophie me permet de vivre en harmonie avec moi-même, et je me moque du passage des ans.

Quand le grand-père et ses petits-enfants s'éloignèrent, Marichuli Mercadal avait les yeux humides. Ne fais pas attention, dit Prullàs, ce sont des coquetteries de vieux renard ; c'était sa manière de te faire la cour.

Vous êtes une famille heureuse, Carlos ; je ne ferai jamais rien qui mette votre bonheur en danger. Elle se tut un instant, soupira douloureusement, puis poursuivit : Mais j'ai la certitude qu'un grand danger vous menace. Où vas-tu chercher ça ? répliqua-t-il sèchement. Tu as eu une révélation durant la messe de ce matin ? Tous les jours, j'attends et je crains une révélation, murmura-t-elle ; mais, pour le moment, il ne s'agit pas de cela : c'est seulement un mauvais présage. Je ne suis pas superstitieuse, Carlos, mais aujourd'hui, à la messe, l'enfant de chœur a laissé tomber la clochette pendant l'élévation et, au même instant, j'ai eu le pressentiment qu'un malheur te guettait. Fais très attention, supplia-t-elle.

3

Il passa le reste de la journée à somnoler à l'ombre des pins sur une chaise longue, en lisant sans conviction un roman policier ; de temps en temps, il s'endormait inopinément ; ses rêves se mélangeaient alors aux images provoquées par la lecture ; au bout d'un moment, il recouvrait sa lucidité et se voyait obligé de relire une ou deux pages pour retrouver le fil perdu d'une histoire qui s'était embrouillée. La maison était calme ; Martita et les enfants étaient partis à la plage et son beau-père les avait accompagnés, événement exceptionnel car il détestait le soleil et la mer ; les domestiques étaient occupés à faire les chambres, la lessive, le repassage et la cuisine.

Vers midi, sa belle-mère vint lui apporter du pain grillé et des pommes cuites. C'est bon pour ton ventre, dit-elle avec componction, comme si elle demandait pardon pour son audace, excellent pour la diarrhée et les indigestions. C'était une brave femme, niaise et peu causante. Ses erreurs, ses coq-à-l'âne et ses incongruités étaient un motif continuel de réjouissance pour ses amis et sa famille ; elle ne comprenait rien, ignorait et confondait tout. Quelques jours plus tôt, dans une discussion où l'on commentait les infâmes exploits de Joseph Staline, elle avait cru que l'on parlait d'un certain José Antolín, le mari de la couturière, et elle avait exprimé avec candeur son étonnement que cet homme timide et plutôt faible d'esprit puisse tenir les grandes puissances en échec. Cette sortie et d'autres semblables avaient établi sa réputation de personne amusante, chose qu'elle était bien loin d'être. Cependant, comme il arrive souvent, son extrême simplicité était considérée comme du bon sens. Son mari lui-même, qui n'hésitait jamais à se moquer d'elle devant tout le monde, ne prenait pas une décision sans la consulter, même s'il savait que, dans le meilleur des cas, il n'obtiendrait d'elle, pour tout conseil, qu'une généralité vide de sens.

Prullàs, lui, ne supportait pas sa belle-mère : le spectacle de la sottise ne l'amusait pas et, en revanche, son inutilité de poupée l'exaspérait. Il se demandait parfois si elle était consciente du triste rôle qu'elle jouait et si elle l'acceptait de bonne grâce en échange du privilège de survivre dans un monde impitoyable pour les innocents et les incapables ; dans ces moments-là, il éprouvait à son égard une commisération passagère. Le reste du temps, il la traitait avec déférence mais essayait d'éviter sa compagnie. Cette idiote est enchantée que je sois malade, pensait-il tout en mangeant son pain grillé et sa compote, cela lui permet de laisser libre cours à sa sollicitude mielleuse. En même temps, pourtant, tandis qu'il ingérait cet en-cas frugal, il fut envahi malgré lui d'un bien-être inexplicable. Sa belle-mère l'observait avec des yeux inquiets, dans l'attente d'une manifestation surnaturelle qui viendrait confirmer l'efficacité de son remède de bonne femme. Elle attendit un peu, puis, comme rien de particulier ne se produisait, elle s'en alla humblement, et Prullàs revint à sa lecture et à sa somnolence.

Les baigneurs rentrèrent à deux heures précises. Les enfants protestaient parce qu'ils avaient été forcés de quitter la plage avant l'heure habituelle. Papa est malade et il ne faut pas qu'il mange trop tard, leur avait dit leur mère ; et celui qui proteste sera privé de sortie cette après-midi.

Le père de Martita vint s'enquérir de la santé de son gendre. Il était en bras de chemise, exhibant d'atroces bretelles en élastique couleur chair, le chef coiffé d'un canotier. Vous ressemblez à un estivant d'opérette, lui dit Prullàs. Son beau-père sourit puis prit une mine sérieuse. Reste quelques jours, Carlos ; tu rendras Martita heureuse et les enfants ont besoin d'avoir leur père près d'eux ; c'est un monde de femmes, ici, et moi je suis trop délabré ; il manque un pantalon. Prullàs fit un vague geste d'assentiment. Et comment va ta pièce ? lui demanda son beau-père. Bien, dit Prullàs. Magnifique, mon garçon, magnifique, répliqua son beau-père, je suis sûr que ce sera un succès ; et si ce n'en est pas un, quelle importance ? Tu en feras une autre. Tu es jeune, tu as toute la vie devant toi, à quoi ça sert de triompher avant l'heure ? Tu ne vivras jamais mieux que maintenant, non ? ajouta-t-il en montrant le jardin, la maison et le ciel bleu, comme si tout cela faisait partie d'un patrimoine accumulé pour le plaisir exclusif de Prullàs. Allons, poursuivit-il, à table ! Ça fait un moment que je renifle l'odeur de côtelettes d'agneau aux pommes de terre. Prullàs se leva et suivit son beau-père, sans comprendre la cause de ce discours inopiné.

En s'éveillant de la sieste, il vit Martita couchée à côté de lui. Il la contempla mais n'osa pas la tirer de son sommeil. Il sortit sans bruit de la chambre et de la maison, fit un tour dans le jardin, en respirant l'odeur des fleurs. Puis il revint à la chaise longue sous les pins dans l'intention de finir le roman, se sentit repris par son hébétude et se laissa paisiblement glisser dans un profond sommeil.

*

Carlos, réveille-toi ! Carlos, tu as de la visite ! Ce ne furent pas tant les paroles de Martita qui le tirèrent de sa léthargie qu'une pointe d'angoisse dans sa voix. Il regarda paresseusement autour de lui et se leva brusquement en reconnaissant l'individu qui se tenait devant lui. Don Lorenzo Verdugones ! s'exclama-t-il avec le ton de quelqu'un qui n'en croit pas ses yeux. Quelle surprise !

Le hiérarque souriait, tout flatté du choc que provoquait sa présence. Désolé d'interrompre votre méditation, dit-il d'un ton jovial qui contrastait avec la gravité de son costume de ville et la sévérité de sa physionomie, mais votre charmante épouse m'a fait l'honneur de me traiter en ami et je me suis prévalu de ce privilège pour vous importuner. Martita parut déconcertée par cette ironie alambiquée et Prullàs courut à son secours. Ma femme a agi en toute sincérité, n'en doutez pas, dit-il, soyez le bienvenu.

Je vous en prie, allez sur la terrasse, intervint Martita, vous y serez plus à l'aise ; je vais vous servir un rafraîchissement… ou ce que vous désirez. Oh, je ne veux pas vous déranger, madame ! dit don Lorenzo Verdugones. En réalité, je me trouvais par hasard dans cette délicieuse localité de la côte et l'idée m'est venue de venir saluer votre mari et de bavarder un peu avec lui, si vous n'y voyez pas d'inconvénient. Martita saisit le sens de ces paroles. Je vais voir ce que font les enfants, balbutia-t-elle, excusez-moi. Le hiérarque se pencha et ramassa par terre le roman qui avait glissé des genoux de Prullàs. *Les Crimes de la Veuve rouge !* lut-il à haute voix. Même dans ce paradis terrestre, vous n'accordez pas de répit à votre soif de sang, mon cher Prullàs ! ajouta-t-il malicieusement. Dites plutôt à ma soif d'idées, répliqua Prullàs sur le même ton enjoué, je dois quotidiennement inventer de nouvelles situations pour mes comédies et il me faut recourir à des emprunts, quand ce n'est pas au vol déclaré.

Allons donc ! dit le hiérarque en posant suavement le livre sur la chaise longue. Moi qui pensais que tout consistait à maîtriser une technique, à combiner et à répéter de vieilles recettes avec de petites variantes. En fin de compte, vous autres auteurs d'histoires de mystères et de détective, vous avez, à mon modeste avis, un grand avantage, c'est que l'assassin, la victime et le détective sont prêts, dès le départ, à se plier aux nécessités de l'intrigue, à se comporter de façon disciplinée, sans le moindre égoïsme, à coopérer entre eux et à être aussi intelligents ou aussi stupides que l'exige la bonne marche du récit. Il eut un sourire las et ajouta : Mon Dieu, qu'arriverait-il si les choses se passaient de la même manière dans la réalité ! Heureusement pour nous, les vrais assassins sont des individus sordides, impulsifs et imprudents ; ils portent le crime peint sur leur visage et se dénoncent facilement eux-mêmes par leur maladresse, quand ce n'est pas par leur forfanterie. Car je vous certifie que si un criminel agissait avec autant de précautions et d'adresse que dans les romans que vous lisez ou les pièces que vous écrivez ses forfaits resteraient impunis. Que diriez-vous de faire quelques pas ? Prullàs acquiesça. Dans le potager, personne ne nous dérangera, dit-il.

Votre épouse est bien aimable, assura don Lorenzo Verdugones d'un air dégagé, et votre beau-père aussi : ce que j'appelle un parfait homme du monde. Je ne savais pas que vous vous connaissiez, mon beau-père et vous, dit Prullàs. Mais si, nous nous sommes déjà rencontrés en plusieurs occasions, dit le hiérarque, et je viens d'en avoir une nouvelle. Il m'a montré la maquette du bateau de guerre dont la construction, si j'ai bien compris, lui a été imposée par ses petits-fils d'une manière inexcusable. Un homme remarquable, une famille exemplaire, une maison, en somme, où l'on respire une sérénité typiquement catalane ! conclut-il.

Stimulés par l'humidité due à l'arrosage, les escargots laissaient les empreintes de leurs trajectoires paresseuses sur le muret du potager, et deux libellules, l'une bleue et l'autre rouge, allaient et venaient dans l'air chaud. Le potager était fermé sur un côté par un mur de pierre ; c'était une construction plus ancienne que la maison, d'apparence grossière, mais un examen plus approfondi révélait une main experte : les pierres, de taille et de forme irrégulières, avaient été disposées avec une grande habileté. Le mur s'inscrivait maintenant dans le paysage, sans le bousculer, discrètement. Prullàs, qui croyait percevoir dans cet humble ouvrage le fruit d'une longue tradition et d'un amour ancestral de la terre et du travail, éprouvait pour lui une tendresse particulière. Faites attention où vous marchez, don Lorenzo, vous allez crotter vos souliers ! Bah, quelle importance, le cireur me les remettra à neuf ! s'exclama le hiérarque. Ah, que l'on respire bien ici ! La brise de mer, la terre arrosée et les légumes épanouis, vivifiante odeur ! Cela ne m'étonne pas que vous profitiez de la moindre faille dans vos occupations pour échapper à l'agitation de la ville et vous enfermer dans cet îlot de paix. A quelle heure avez-vous quitté Barcelone, hier ?

Je ne peux vous le dire avec précision, dit Prullàs, quelque peu perplexe devant cette brusque transition. Je me suis senti mal tout d'un coup et j'ai décidé de venir ici sans regarder ma montre. Il devait être neuf heures et demie passées ; dix heures, peut-être. Je me souviens parfaitement, en revanche, d'avoir mis beaucoup de temps à parvenir jusqu'ici, car mon indisposition m'obligeait à rouler avec une extrême prudence. A mi-route, je me suis arrêté pour me reposer au bord d'un terrain vague, près de baraques. Quelqu'un t'a vu ? Juste quelques enfants. Tu te souviens de leurs noms ? Non, c'étaient des gosses ; je n'ai même pas regardé leurs visages. Quand j'ai fini par arriver ici, tout le monde dormait. Je me rappelle avoir lu à la pendule de la salle à manger qu'il était trois heures passées, près de quatre heures ; je me suis déshabillé dans le noir pour ne pas réveiller ma femme et je me suis endormi tout de suite. Quelqu'un a bien dû vous voir à Barcelone, avant votre départ ? insista l'autre. Où avez-vous dîné ? Nulle part : comme je viens de vous le dire, je me suis senti soudain indisposé. Selon le docteur Mercadal, qui m'a ausculté ce matin, j'ai eu une intoxication intestinale typiquement estivale. En tout cas, je suis passé par chez moi avant de partir. La bonne m'a vu. Elle se rappelle peut-être l'heure de mon départ… Mais pourquoi tenez-vous tellement à la connaître ? Pour rien, simple curiosité ; j'aime bien savoir comment les gens vivent. Disons que ce doit être une déformation professionnelle. Qu'avez-vous fait hier après la répétition ? Prullàs jugea préférable de ne pas mettre son interlocuteur au courant des heures qu'il avait passées à l'hôtel Gallardo dans l'attente de Mlle Lilí Villalba. Je me suis promené, se borna-t-il à dire, j'ai marché en regardant les vitrines. Pendant plusieurs heures ? Par cette chaleur et en étant indisposé ? Je voulais être seul et réfléchir à quelques passages de la pièce. Je le fais parfois, après avoir assisté à une répétition. Sur scène, les choses se révèlent très différentes de ce qu'elles sont sur le papier.

Ah oui, c'est bien vrai ! Mais j'avais compris que les répétitions marchaient du tonnerre ; vous me l'avez dit vous-même chez Brusquets. Bien sûr, mais il reste toujours des bricoles, des petits détails… Des bricoles, en effet ! s'exclama don Lorenzo Verdugones. Rien, pourtant, que votre savoir-faire ne puisse corriger… pour la confusion du spectateur crédule. Mais voyez comme j'avais raison : dans les romans, tout le monde a un alibi, y compris l'assassin ; en revanche, dans la prosaïque réalité, personne ne peut savoir ce que vous avez fait hier soir après la fin de la répétition, peu après sept heures, jusqu'au moment où vous avez quitté Barcelone, ni entre neuf heures et demie et quatre heures du matin, si vous êtes véritablement arrivé à cette heure-là, puisque même votre épouse ne vous a pas entendu vous coucher. Oh, regardez comme ces aubergines sont grosses ! poursuivit-il sans transition. J'ai passé toute mon enfance sur des terres arides et les produits du potager me stupéfient toujours. Oui, monsieur, je suis né et j'ai vécu dans un pays inculte parmi les ronces et les épineux, où il n'y avait pas de papillons ni d'hirondelles comme ici, mais des scorpions, des buses et des serpents. Pour moi, la nature est lutte : lutte et survie du plus fort ! Pour vous autres, au contraire, la nature est une source de plaisir et de délassement, un véritable étalage de produits qui semblent dire : Viens et mange-moi. Malgré tout, ajouta-t-il d'une voix rauque, comme s'il rendait compte de ses réflexions devant un être invisible, ce ne sont pas les autres qui doivent me comprendre, mais moi qui dois comprendre les autres : c'est pour cela que j'ai été envoyé. Ses yeux perdirent un instant leur éclat et leur expression, comme si le passage d'un corps étranger sur l'orbite de ses pensées avait éclipsé momentanément leur cohérence ; mais il recouvra tout de suite son contrôle, s'éclaircit la gorge et dit : Excusez cette digression. En réalité, ma visite ne doit rien au hasard ; je suis venu dans un but précis, mais j'ai du mal à vous le dire : c'est pour cela que je divague. Enfin, mieux vaut prendre le taureau par les cornes. Mon cher Prullàs, je vous apporte une mauvaise nouvelle : Ignacio Vallsigorri a été trouvé mort ce matin à son domicile.

4

Prullàs s'arrêta au milieu du sentier. Près du puits ronflait un moteur à essence qui pompait l'eau. Un peu plus loin, on voyait les vestiges d'une ancienne noria, avec ses godets brisés et couverts de rouille. Ignacio Vallsigorri ? Impossible, s'exclama-t-il, j'étais avec lui la nuit d'avant-hier et… Puis il se reprit et s'empressa d'ajouter : Bien sûr, cela ne veut rien dire ; excusez ma stupidité. Oh ! vous n'avez pas à vous excuser, répondit le hiérarque. Nous avons tous tendance à réagir par l'incrédulité devant une nouvelle aussi inattendue que celle-là. C'est moi qui vous demande pardon : mon style n'est guère diplomatique, il est tout d'une pièce ; je parle sans détour, sans la moindre délicatesse. Il fit une brève pause avant de poursuivre : Vous êtes intelligent, inutile de vous dire que le décès de notre pauvre ami n'est pas dû à des causes naturelles, sinon je ne serais pas ici. Effectivement, quelqu'un l'a tué. Et, bien entendu, nous ne savons pas qui, ni pourquoi. Il a reçu une blessure profonde, causée par un objet tranchant, dans le thorax, à la hauteur du cœur ; celle-ci serait, à première vue, la cause de la mort, cause instantanée et terrible ; mais il n'y a rien de définitif tant que nous n'aurons pas reçu le rapport du médecin légiste. Nous ne pouvons pas non plus savoir à quelle heure les faits se sont produits : le corps a été retrouvé ce matin, peu après huit heures, dans la maison du défunt, par la femme de ménage. Il fit une longue pause et demanda ensuite : Vous étiez très ami avec Ignacio Vallsigorri ? Non, répondit Prullàs, en fait, nous ne sommes rencontrés qu'une fois, justement chez Brusquets. Mais vous avez sympathisé tout de suite, dit le hiérarque, je vous ai vus converser sur un ton cordial puis partir ensemble. En effet, les Fontcuberta s'étaient éclipsés, me laissant sans moyen de locomotion, et Ignacio Vallsigorri m'a proposé fort aimablement de me ramener chez moi en voiture, alors que, comme je vous l'ai dit, nous venions à peine de faire connaissance, expliqua Prullàs.

Un martinet se laissa tomber du haut du ciel, décrivit un arc en arrivant à quelques centimètres du sol et remonta sans rien perdre de son incroyable vitesse. Cette exhibition acrobatique rappela à Prullàs la conversation stupide sur les progrès de l'aviation et la possibilité de dépasser la vitesse du son et celle de la lumière. Toutes ces futilités lui semblaient désormais très loin.

Mais il ne vous a pas conduit directement chez vous, entendit-il don Lorenzo Verdugones dire à côté de lui. Comment le savez-vous ? demanda-t-il. Bah ! c'est sans mérite, répondit l'autre. Un certain Poveda, qui vous connaît tous les deux, car il vous fournit en produits de contrebande, pour être exact, vous a vus au café La Luna peu avant l'heure de la fermeture. Vous lui avez offert des œufs sur le plat, c'est lui-même qui me l'a rapporté. Le brave Poveda connaît la moitié de Barcelone et moi, naturellement, je connais le brave Poveda, expliqua le hiérarque : il entre dans mes obligations d'être bien informé. Où en étions-nous ? Ah oui ! A la fermeture du café, Ignacio Vallsigorri vous a proposé de continuer les réjouissances dans un lieu nocturne de basse classe ; vous avez accepté sans trop d'enthousiasme, toujours selon Poveda, qui a l'oreille fine et des dons d'observation qui ne sont pas négligeables. Là, je perds votre piste, aussi faudra-t-il que vous me fassiez, à un moment ou à un autre, le récit détaillé de votre ribote. Comprenez-moi bien, je ne suis pas en train de vous demander de justifier vos actes. Nous sommes dans un pays libre. Mais il y a eu homicide, et il importe d'établir avec exactitude quels ont été les derniers contacts de la victime, ses dernières activités, dans le but d'éclaircir l'affaire et d'appréhender le coupable. Vous êtes à coup sûr l'une des dernières personnes à qui a parlé Ignacio Vallsigorri. Tout ce que vous pourrez nous dire revêt la plus grande importance.

Le hiérarque garda un moment le silence, comme s'il se donnait le temps de respirer ou comme s'il voulait le donner à son interlocuteur. Il promena son regard sur le fond du jardin, où leurs pas les avaient conduits, et s'exclama : Oh ! des tomates, grosses, rouges et mûres, un vrai cadeau de la mère Nature. Cela vous ennuie si j'en cueille une ? Faites comme il vous plaira, répondit Prullàs, et, si vous en avez envie, je vous ferai préparer un panier de produits du jardin, ce sera un souvenir de votre visite dans cette maison qui est la vôtre. J'en serais ravi, dit don Lorenzo Verdugones, je vis seul et mon activité n'est guère propice à la variété et au raffinement ; à vrai dire, mon régime souffre d'une certaine monotonie. Mais pour revenir à notre affaire, les choses se présentent ainsi : pour une série de raisons que je vous expliquerai plus tard, j'ai décidé de m'occuper personnellement de cette affaire. Je ne parle pas de la supervision des enquêtes, qui est inhérente à ma charge et qui va pour ainsi dire de soi, je parle de l'enquête elle-même, que je veux mener personnellement. Naturellement, je compte sur la précieuse collaboration de la police, mais je suis nouveau dans l'arène, si vous me permettez l'analogie, et j'ai en même temps l'impression que nous nous trouvons devant une affaire difficile, une affaire qui s'écarte de la routine habituelle que j'évoquais tout à l'heure : nous sommes en face d'un assassin intelligent, froid et averti, peut-être pas dans le crime, mais dans l'art de la dissimulation ; quelqu'un, en somme, plus proche des personnages de vos comédies que des voyous de nos bas-fonds. Vous voyez, mon cher Prullàs, pour une fois, vie et littérature se rejoignent, et elles le font, hélas, pour perpétrer un abject assassinat. Et cela, poursuivit-il, m'amène tout droit au vrai motif de ma visite. En deux mots, je viens vous demander votre aide.

Mon aide ! Vous prétendez que je peux vous aider à résoudre l'affaire ? dit Prullàs, et, devant l'assentiment tacite de l'autre, il s'exclama : Il s'agit sans doute d'une plaisanterie ! J'en sais moins que vous sur ce genre de choses, que dis-je, moins que personne ! Écoutez, don Lorenzo, mon métier est d'écrire des pièces de théâtre, je vous l'ai déjà dit l'autre soir chez Brusquets ; j'écris des bouffonneries innocentes et divertissantes qui n'ont absolument rien à voir avec la réalité, copiées pour une bonne part de comédies anglaises ou françaises… Mon cher Prullàs, dit le hiérarque en écartant les bras dans un geste théâtral auquel les tomates conféraient un caractère parodique, vous n'allez pas me refuser votre collaboration ! Non, bien sûr, balbutia Prullàs, je suis à votre entière disposition.

De la terrasse, Martita les vit revenir. Dieu du ciel, dans quel état vous êtes ! De vrais enfants. Et toi, Carlos, malade comme tu l'es, t'exposer par cette canicule, te voilà tout pâle. Madame, en ce lieu de délices, on perd toute notion du temps et même de la température, dit don Lorenzo Verdugones avec galanterie. Dites plutôt que mon mari est un bavard impénitent et vous un auditeur trop complaisant, répliqua Martita. Au contraire, madame, cette fois c'est moi qui ai bavardé comme une pie et c'est votre mari qui m'a écouté avec attention et tolérance. Mais soyez sans crainte, nous avons évité les sujets graves : nous parlions de ma petite patrie, si différente de votre belle région. D'où êtes-vous, don Lorenzo ? D'un petit village perdu dans la vaste géographie espagnole ; je suis bien certain que vous n'en avez jamais entendu parler et que même son nom vous est inconnu. C'est un paysage agreste et viril, qui n'est pas dépourvu de charme. Rien ne me plairait tant que de pouvoir vous le faire découvrir, si l'occasion s'en présentait. Il soupira pour exprimer sa tristesse devant l'impossibilité de réaliser ce désir sur-le-champ et ajouta sur un ton expéditif : Je le regrette infiniment, mais je dois partir. Avec votre permission, j'enlève votre mari. Mais ne craignez rien ; je vous le rendrai sain et sauf. Tu t'en vas ? demanda-t-elle en adressant à Prullàs un regard consterné. Je croyais…

Ne te fais pas de souci, dit Prullàs avec un naturel un peu forcé, j'ai laissé quelques petites affaires en rade à Barcelone et, comme je me sens tout à fait rétabli, je vais profiter du voyage de don Lorenzo pour aller les régler. Je serai de retour dans deux ou trois jours. Dis au revoir de ma part à tes parents et préviens les enfants que je leur apporterai un jouet à chacun quand je reviendrai.

5

Prullàs conduisait sa Studebaker, don Lorenzo Verdugones près de lui ; deux motards en uniforme les précédaient et la voiture noire du hiérarque les suivait obstinément, si proche qu'il pouvait distinguer, même dans la superficie réduite du rétroviseur, la silhouette du chauffeur et, à côté de celui-ci, celle d'un garde avec la casquette plate de travers ; cette vision le perturbait : ce fut à peine si, de tout le trajet, il réussit à formuler une demi-douzaine de phrases. Le mutisme de Prullàs ne semblait pas incommoder don Lorenzo Verdugones, qui, abandonnant son habituelle retenue, avait tombé la veste, relevé les manches de sa chemise et desserré le nœud de sa cravate ; mis de la sorte, il se laissait décoiffer par le vent chaud tout en contemplant la surface scintillante de la mer.

En haussant la voix pour se faire entendre de Prullàs, le hiérarque raconta comment, en certaine occasion mémorable, bien des années auparavant, alors qu'il était encore étudiant à Valladolid, il avait vu Enrique Borrás, en tournée dans les provinces, jouer *Terre basse* ; l'interprétation de cet acteur de génie l'avait tellement impressionné, ajouta-t-il, qu'il avait longtemps cru que tous les Catalans ressemblaient au personnage atrabilaire du drame de Guimerá. Il avait fallu que le destin le conduise à Barcelone pour qu'il découvre combien la réalité était différente de ses préjugés, conclut-il. Prullàs acquiesçait sans quitter la route des yeux.

Le voyage achevé, Prullàs et don Lorenzo descendirent de voiture et entrèrent dans un édifice imposant en se tenant par le bras. Le chauffeur les suivait avec le panier de légumes. Les gardes portaient respectueusement la main au bord de leur casquette sur le passage du hiérarque et lançaient des regards scrutateurs et menaçants à Prullàs. Le hiérarque répondait aux saluts par des gestes secs. Chaque fois que j'entre ici et que je vois toutes ces moustaches et ces sourcils broussailleux, j'en ai l'âme glacée, murmura-t-il à l'oreille de Prullàs. Vous ne pouvez savoir combien j'envie votre profession, vous qui êtes toujours entouré de joyeuses et jolies filles. Mais c'est probablement mieux ainsi : je suis un homme faible et je finirais sûrement par succomber à la tentation. Je ne veux pas insinuer que c'est votre cas, Dieu m'en garde ; les gens comme vous doivent être habitués ; ils ne bronchent sûrement pas quand ils voient passer sous leur nez une mignonne qui frétille du popotin. Ça dépend, répondit Prullàs d'une voix si ténue qu'il dut répéter pour se faire entendre de son interlocuteur, lequel, après une brève réflexion, dit : Bien sûr, bien sûr.

Dans le bureau de don Lorenzo Verdugones se tenait un jeune homme efflanqué et pâle, avec des lunettes aux verres épais qui donnaient à ses yeux une expression perplexe et hallucinée. Il semblait avoir attendu des heures dans le même lieu et dans la même position, en soutenant précautionneusement un volumineux dossier. Dès qu'il vit entrer le hiérarque, il s'inclina jusqu'à terre sans perdre sa rigidité ni son équilibre ; puis, quand son chef se fut assis, il glissa vers la table et ouvrit le dossier pour montrer son contenu. Le rapport d'instruction, dit-il, laconique. Don Lorenzo Verdugones soupira avec ennui.

Appelez-moi le ministère, dit-il, et vous, ajouta-t-il en foudroyant du regard le chauffeur qui les avait suivis jusque-là avec le panier, qu'est-ce que vous foutez dans mon bureau avec un panier de légumes ? Emportez-moi ça, bon Dieu, et faites-le disparaître. On n'est pas dans un souk, bordel ! Puis, s'adressant à Prullàs qui hésitait sur le seuil, il ajouta : Vous m'excuserez, monsieur Prullàs, mais comme vous voyez, d'autres affaires importantes réclament d'urgence mon attention ; dès que j'aurai fini, je vous reverrai et nous continuerons à parler de la nôtre. Sigüenza, ajouta-t-il en faisant, en manière de présentation, un geste vers le jeune homme souffreteux, Sigüenza va vous accompagner. Sigüenza, accompagnez M. Prullàs.

Le fonctionnaire zélé posa le dossier sur la table et fit signe à Prullàs de le suivre, chose que ce dernier exécuta prestement, en supposant qu'il allait être reconduit vers la sortie. Mais Sigüenza s'arrêta devant une porte haute et étroite, s'effaça et, dès que Prullàs fut passé devant lui, la referma de l'extérieur.

Prullàs se retrouva dans une pièce carrée, très haute de plafond, meublée d'une banquette de cuir noircie par l'usage, d'une table basse et d'une lampe à pied. De vieilles gravures dans le style champêtre étaient accrochées aux murs tapissés de papier sombre. Il essaya d'ouvrir la porte qui venait de se refermer derrière lui et le fit sans difficulté ; il n'était pas prisonnier, mais le fonctionnaire zélé montait la garde près d'un portemanteau. Si vous voulez aller aux toilettes, dit-il, elles sont au fond du couloir.

Prullàs déclina l'offre de Sigüenza et retourna s'enfermer dans la pièce. A l'autre extrémité, il y avait un balcon avec une balustrade en fer forgé ; de la balustrade saillaient trois mâts portant chacun un drapeau de grandes dimensions. Prullàs sortit sur le balcon et tua le temps en regardant les gens qui déambulaient tranquillement dans la rue.

Les magasins fermaient, clients et vendeurs regagnaient leurs foyers. En passant devant l'édifice, quelques personnes levaient les yeux vers les drapeaux. Prullàs se retira, mal à l'aise de se sentir observé dans un lieu aussi officiel : pour rien au monde il ne voulait attirer l'attention.

Il n'y avait ni journal ni revue dans la pièce pour tromper l'attente, et la tentative de mettre de l'ordre dans ses idées ne servit qu'à augmenter son désarroi. Au bout d'un moment, deux gardes en uniforme entrèrent ; Prullàs en eut un choc, mais les policiers passèrent devant lui sans lui adresser un mot ni un regard, sortirent sur le balcon, amenèrent les drapeaux, les plièrent comme si c'étaient des draps et quittèrent la pièce, leur fardeau sous le bras, sans s'occuper de lui. Prullàs, qui avait jugé opportun de suivre la cérémonie debout et dans une attitude respectueuse, se rassit. Il voyait le ciel s'obscurcir dans l'encadrement du balcon ; mais le coucher du soleil ne fit pas baisser la température et augmenta en revanche l'humidité.

Il était neuf heures et demie passées quand don Lorenzo Verdugones, agité et en sueur, entra dans la pièce. Prullàs se leva de nouveau, totalement déconcerté : le hiérarque portait maintenant un superbe uniforme, grosses bottes, baudrier et béret blanc d'où pendait un pompon cramoisi. Excusez-moi de vous avoir fait attendre, dit-il, vous savez combien il est difficile, parfois, d'obtenir une communication téléphonique correcte ; tantôt la ligne est coupée, tantôt des interférences aussi inopinées que choquantes se produisent en plein milieu de la conversation. Et pour comble de malchance, je dois assister dans quelques minutes à une inauguration, vous vous rendez compte, à cette heure et par cette chaleur ! J'ai peur qu'elle ne soit suivie d'un banquet officiel. Sigüenza ! Où est donc passé cet inutile ? Sigüenza, bordel, mes décorations !

Le fonctionnaire zélé entra en patinant. Il tenait à deux mains un écrin de marqueterie tapissé de velours. Il le présenta à son chef, celui-ci choisit une énorme médaille et la tendit à Prullàs. Accrochez-la sur ma tunique, Prullàs, rendez-moi ce service. Je mets toujours mes décorations de travers : je suis un maladroit. Quant à Sigüenza, n'en parlons pas, n'est-ce pas, Sigüenza ?

Prullàs fit ce que le hiérarque lui demandait et celui-ci dit : Là où je vais, je ne peux pas vous emmener avec moi, mais vous ne perdez rien : quatre discours, quatre toasts, et pas grand-chose d'autre. Sigüenza va vous accompagner jusqu'à la sortie et vous fera restituer votre voiture. Si vous remarquez quelque anomalie dans le véhicule, ne vous en étonnez pas : c'est qu'on l'aura fouillé. Par simple routine, je vous assure, oui, oui, par simple routine. Mieux vaut en faire plus que moins, comme vous dites en Catalogne. Oh là là ! il est très tard ; ça fait un bail que je devrais être là-bas, et la cérémonie ne peut pas commencer sans moi. Je vous demande encore pardon de vous avoir retenu pour rien. De fil en aiguille, la nuit est presque tombée et vous devez avoir envie d'aller vous reposer. Rentrez chez vous, dînez et couchez-vous ; demain nous attend une journée très agitée. Si vous n'y voyez pas d'inconvénient, je passerai vous prendre à neuf heures et demie ; nous devons aller sur les lieux, ou comme vous dites, vous les écrivains, le théâtre du crime. L'assassin revient toujours sur le théâtre du crime, c'est bien cela ? Le théâtre du crime ! Curieuse expression. Le crime, représentation théâtrale, quelle idée romantique ! Cela fait penser à un drame passionnel, n'est-ce pas, Sigüenza ? A des histoires violentes de rivalité et de jalousie… Bah ! inutile de faire marcher notre imagination : je suis convaincu que la réalité sera beaucoup plus prosaïque. Bon, attendons un peu et nous serons fixés.

6

Enfin, vous voilà, monsieur ! La voix de Sebastiana trahissait une profonde inquiétude ; ses yeux secs et ternis soulignaient l'effet de son gémissement. L'autorité est venue ici, chuchota-t-elle, comme si elle voulait éviter que la nouvelle ne se répande dans le voisinage.

Quelle poisse ! répondit Prullàs d'une voix entrecoupée. Une bonne partie du quartier était privée d'électricité et, de ce fait, il avait dû monter l'escalier à pied, en tâtonnant le long des murs et en comptant les marches. Ils t'ont fait quelque chose ? Non, monsieur, au contraire, ils ont été très aimables, ils m'ont demandé d'où j'étais, et quand je le leur ai dit, ça s'est trouvé qu'ils connaissaient quelqu'un de mon village. Mais n'empêche, ça m'a quand même fait un choc, ajouta-t-elle. Heureusement, la lumière n'avait pas encore été coupée quand ils sont venus.

Pour manifester son désarroi, elle levait les yeux au ciel et écartait les bras avec une emphase dramatique toute paysanne, encore amplifiée par la lueur tremblotante des bougies. Comment étaient-ils ? s'enquit Prullàs. Un homme d'âge mûr, bien habillé, avec une fine moustache, et un autre plus jeune, d'aspect maladif, qui s'appelle Sigüenza ? Ah, monsieur ! avec mes nerfs, je n'étais pas capable d'observer ces détails, répliqua Sebastiana. Tout ce que je peux vous dire, c'est qu'il est venu deux représentants de l'autorité dont l'un était probablement le chef, vu que tout le temps de l'interrogatoire il a parlé d'une voix autoritaire, tandis que l'autre se contentait de regarder en dessous et de prendre des notes avec un crayon sur un bloc à ressort. Quand il a cassé son crayon, il en a sorti un autre de sa poche, pareil au premier mais bien aiguisé. Sebastiana avait vu dans ce geste une preuve non équivoque de professionnalisme.

Prullàs se dirigea vers la salle de séjour, suivi de Sebastiana qui portait le chandelier. Là, il se laissa tomber dans un fauteuil. Qu'est-ce qu'ils t'ont demandé ? Des choses sur Monsieur, dit Sebastiana en déposant précautionneusement le chandelier sur une commode et en se plaçant ensuite au centre de la pièce, les mains croisées sur le ventre et la tête un peu de côté. Un tas de choses. Les questions étaient normales, ajouta-t-elle, mais je voyais bien leur intention : on aurait dit qu'ils voulaient me soutirer un secret, tout pareil que si Monsieur était un criminel.

Un criminel ? cria Prullàs. Tu ne sais pas ce que tu dis, espèce de folle. Un criminel ! Ils ont dit quelque chose dans ce sens ? Ils n'ont rien dit, monsieur, ils n'ont même pas prononcé le mot : c'est moi qui le dis ; mais on voyait bien ce qu'ils pensaient à leur manière de poser les questions et aux regards qu'ils échangeaient. Comme dans les films de ganstères, tout pareil. Malgré son désarroi, Sebastiana n'avait pas perdu son habituel sens pratique et, sur la demande de Prullàs, elle mit celui-ci au courant, en quelques mots et sans hésitation, de ce qui s'était passé.

A la première heure, dit-elle, alors qu'elle était dans la lingerie, des coups de sonnette énergiques avaient retenti. Elle avait ouvert et avait trouvé sur le palier deux messieurs qui lui avaient montré leurs cartes ; elle avait tout de suite vu qu'elle était en présence de l'autorité de l'État. A aucun moment les policiers n'avaient manifesté le désir de fouiller l'appartement : l'interrogatoire avait eu lieu dans l'antichambre. Ils lui avaient d'abord demandé les choses les plus normales : ses noms et prénoms, lieu de naissance, noms, âges et professions du père et de la mère, quand elle était arrivée à Barcelone, dans combien de maisons elle avait servi et depuis combien d'années elle était dans la présente place, etc., etc. Après quoi, poursuivit Sebastiana, ils lui avaient posé des questions sur les habitudes de son maître ; s'il travaillait chez lui, s'il avait des horaires fixes, s'il s'absentait souvent et longtemps, s'il sortait le soir, seul ou en compagnie de sa femme, s'il recevait des visites. Sebastiana avait répondu à ces questions en disant que, selon ce qu'elle avait pu observer, le maître travaillait chez lui, où il disposait d'un bureau réservé à cet usage, quand il écrivait une pièce de théâtre ; dans ces cas-là, il s'enfermait pendant de longues heures, tous les jours sauf le dimanche ; au contraire, quand on répétait une de ses pièces, son maître assistait aux séances presque chaque jour ; alors il sortait après le déjeuner et ne revenait qu'à l'heure du dîner ou même plus tard. Mais cela n'arrivait que pendant les semaines qui précédaient la première d'une pièce. En général, le maître était un homme aux habitudes rangées. Le maître et la maîtresse allaient régulièrement au théâtre, au music-hall, à la corrida, au Liceo et au cinéma, ils sortaient aussi pour dîner et danser, ou ils se rendaient à des mariages, des baptêmes, des fêtes et des banquets. Naturellement, ils ne rendaient pas compte de leurs faits et gestes à la domesticité, mais ils ne faisaient rien non plus pour les cacher ; ils en parlaient en sa présence et, presque toujours, ils disaient en partant : Au revoir, nous allons au cinéma, ou : Au revoir, nous allons à tel ou tel endroit. Toutes ces réponses avaient été reçues par les représentants de l'autorité avec une satisfaction évidente, comme si les informations qu'elles contenaient concordaient parfaitement avec ce qu'ils attendaient. Ensuite, continua Sebastiana, le chef l'avait interrogée sur les faits et gestes de son maître dans la soirée de la veille, ce à quoi elle avait répondu en s'en tenant à la vérité : le maître était passé rapidement à la maison vers neuf heures, il s'était douché et était reparti. Avait-il dit où il allait ? Oui, monsieur, à Masnou. Lui avait-il dit qu'il se sentait malade ? En effet, le maître avait fait état de ce qu'il ne se sentait pas bien, et, pour le prouver, le maître lui avait tiré la langue jusqu'au fond.

Arrivé à ce point, le chef avait interrompu l'interrogatoire pour la féliciter de sa concision et avait demandé à l'autre représentant de l'autorité s'il avait bien noté toutes les réponses telles qu'elle les avait données. L'autre représentant de l'autorité avait dit que oui et il avait relu ses notes : tout y était. Sebastiana ne comprenait pas comment il avait pu écrire autant de mots, prononcés à toute vitesse, sans se tromper ni s'énerver. Elle avait l'impression que la visite était terminée et que les représentants de l'autorité allaient partir, quand le chef, comme s'il se rappelait soudain quelque chose, avait sorti une photo de sa poche et l'avait montrée à Sebastiana. Est-ce que cette tête te dit quelque chose ? lui avait-il demandé. C'était le visage d'un monsieur que Sebastiana n'avait jamais vu et elle l'avait dit au chef.

Quel aspect avait ce monsieur ? s'enquit Prullàs, et, voyant que Sebastiana haussait les épaules, il ajouta : Est-ce qu'il ressemblait à Bing Crosby ? Eh bien, maintenant que vous me le dites, admit Sebastiana, et vu sous un autre angle, oui, il avait la tête de Bing Crosby. Et ensuite ? Ensuite, le chef avait rangé la photo dans sa poche et en avait sorti une autre. Et cette fille, tu ne l'as jamais vue ? Sebastiana avait reconnu sans difficulté Mlle Lilí Villalba, mais sans réfléchir, plus par instinct que par décision propre, elle avait dit que non. Tu en es sûre, Sebastiana ? avait insisté le chef. Et elle : Oui, monsieur, tout à fait sûre. Le chef avait rangé la photo de Mlle Lilí Villalba avec l'autre, avait regardé l'heure et avait dit : Il se fait tard, merci beaucoup, et tâche d'avoir retrouvé la mémoire quand nous reviendrons. La mémoire, monsieur ? La mémoire de quoi ? De tout, avait répondu le chef.

Hum… tu t'es bien tirée de l'épreuve, je te félicite, dit Prullàs, mais pourquoi as-tu dit que tu n'avais jamais vu Mlle Lilí Villalba ? Parce que cette fille est une coquine, monsieur ; elle ne peut apporter que des histoires et des embrouilles. Je suis peut-être pas savante, mais il y a des choses que je sens tout de suite. Cette perruche est venue ici il y a quelques jours, et aujourd'hui c'est la police qui débarque : c'est clair comme de l'eau de roche. Je crois, dit Prullàs, qu'une aspirine ne me ferait pas de mal, et aussi un whisky avec du soda.

7

Constatant qu'il ne pouvait pas s'endormir et que rester couché ne faisait qu'augmenter sa nervosité, Gaudet se leva et se mit à se promener dans la maison, sans allumer la lumière : il était né dans cet appartement vaste et sombre et y avait toujours vécu, d'abord avec sa mère, puis seul ; il n'avait pas besoin d'y voir pour se rappeler la place de chaque objet, sa forme et son volume. Il parcourait donc sans hésitation et sans réfléchir les chambres les plus éloignées, comme s'il allait retrouver dans l'une d'elles sa sérénité perdue. Mais en vain : partout où il s'arrêtait, il était assailli par des vieux souvenirs insipides, des fantômes désuets ; l'eau qui circulait dans les tuyaux abîmés suggérait à ses oreilles des voix étouffées qui répétaient une litanie inintelligible et plaintive. En passant devant le balcon, il sortit à l'air libre ; toutes les lumières du voisinage étaient éteintes et nul bruit ne montait de la rue. Gaudet se demandait comment il était possible que les gens puissent dormir, qu'il leur suffise de se mettre au lit pour que le sommeil vienne fidèlement, chaque nuit, au rendez-vous. Moi-même, je jouissais, il y a peu de temps encore, de ce privilège qui me semble aujourd'hui un miracle, se dit-il. Il avait soif, mais il renonça à boire : il savait que pas une goutte d'eau ne passerait dans sa gorge ;

la seule idée d'ingérer quoi que ce soit lui donnait la nausée. Il se sentait si faible qu'il décida de se remettre au lit. Auparavant, il défroissa les draps emmêlés par son agitation des heures précédentes ; il le fit si maladroitement qu'il continua d'en sentir les plis lui entrer dans le dos. Cela, joint à la chaleur que dégageait la laine du matelas, lui rappela une gravure naïve de saint Laurent sur le gril. Le tic-tac de la pendule du salon lui crispait les nerfs, mais une peur superstitieuse l'empêchait d'arrêter le balancier. Il essaya de penser à quelque chose de concret et n'y parvint pas ; des idées absurdes l'assaillaient à l'improviste, sa tête était prise dans un tourbillon dont il ne pouvait s'arracher. La disparition de sa mère après une maladie interminable l'avait amené à remettre en question le sens de sa propre vie, une fois perdue la justification de son dévouement pour la malade, aux soins de laquelle il avait consacré les dernières années. Le travail avait cessé de l'intéresser et aucun aspect de sa vie privée, présente ou passée, ne lui était agréable à évoquer. J'ai beau regarder partout, je ne vois que des motifs de honte, se dit-il. Soudain, quelque chose vint interrompre son soliloque dément : par la porte de la chambre à coucher grande ouverte, il vit s'avancer lentement une étrange silhouette, qui ne pouvait être réelle mais qui ne pouvait non plus appartenir à un rêve, puisqu'il ne dormait pas. Les yeux écarquillés, Gaudet en distinguait avec précision tous les traits : c'était un Chinois au teint citron, les yeux en amande et une longue moustache qui lui pendait jusqu'à la taille. Il était habillé en mandarin et sa main agitait mollement un éventail en soie. Gaudet luttait pour écarter cette présence grotesque, mais ses membres et son cerveau ne lui obéissaient pas : il était condamné à l'apparition inexorable du Chinois. La sueur ruisselait sur son front, son cou, sa poitrine. Sans cesser d'avancer, le Chinois fit onduler son éventail ; son regard et son attitude étaient affables, mais ils inspiraient la peur, comme si ce port étudié et hiératique n'avait d'autre but que de masquer une menace indéfinissable et terrible. Gaudet entendit de nouveau la voix de l'eau qui parlait dans les détours de l'appartement : Vilain garçon, vilain garçon.

Une sonnerie le tira de ce mirage ; il mit un instant à comprendre que c'était le téléphone. Il se leva et alla répondre, furieux d'avoir été tiré de ce songe épuisant. Sa vie était devenue un enfer, mais il n'était pas soulagé d'y être arraché, car, du coup, cela l'éloignait d'un monde intérieur auquel, malgré lui, il s'était irrévocablement habitué. Il ne trouvait plus désormais de raison d'être que dans cette prison intérieure de souffrance et de tristesse. Allô ! Pepe, c'est moi. Désolé de te réveiller, mon vieux, mais je suis dans de sales draps et j'ai besoin de ton aide. Non, rien de grave pour l'instant, je ne peux pas t'en dire davantage… Pas au téléphone, tu comprends ? Il faut qu'on se voie, et tout de suite. Je viens chez toi. Carlos, ça ne peut pas attendre demain ? Je ne suis pas dans mon assiette et il est un peu tard.

Je le sais, répliqua Prullàs, moi aussi j'ai une montre ; et je ne te dérangerais pas si l'affaire n'était pas très importante. Allons, habille-toi et descends m'ouvrir dans dix minutes… Non, impossible d'appeler le vigile : personne ne doit me voir. Si je tarde un peu, ne t'inquiète pas : c'est que quelqu'un me suit et que je fais des détours pour le semer… Oui, bien sûr, il vaudrait mieux que je ne prenne pas ma voiture, mais à cette heure et avec la chaleur, je ne suis pas certain de trouver un taxi.

Gaudet suivit les instructions de son ami à contrecœur et, peu après être sorti dans la rue, il aperçut la silhouette de Prullàs, impossible de se méprendre, qui marchait en rasant les murs et en marquant des arrêts avec un souci de dissimulation ostentatoire. Par chance, il n'y avait personne dans les parages pour assister à ce manège ridicule. J'ai laissé la Studebaker au coin par mesure de précaution, chuchota-t-il. Il me semble que tu as agi avec une grande sagesse, répondit le metteur en scène sur un ton ironique qui n'eut apparemment aucun effet sur son ami.

Ils montèrent dans l'appartement de Gaudet ; là, Prullàs se laissa choir dans le fauteuil éventré du salon, alluma une cigarette et résuma les événements des derniers jours. L'annonce de la mort d'Ignacio Vallsigorri ne parut guère impressionner Gaudet. Lorsque Prullàs le lui fit remarquer, l'autre dit que la nouvelle était certes surprenante mais que, depuis quelque temps, il s'était habitué à voir la mort comme une chose naturelle et imprévisible.

Ne sois pas macabre, Pepe ; ce n'est pas avec cet état d'esprit que tu pourras m'aider, répliqua Prullàs. Puis il laissa son regard errer dans le salon et ouvrit les bras dans un geste de répulsion : Tu ne peux pas continuer comme ça, mon vieux ! Fais un effort pour secouer cette mélancolie morbide. Regarde comment c'est, chez toi, on dirait une porcherie : c'est sale, en désordre, et ça pue. Même ta mise est négligée. Écoute ce que je te dis, trouve-toi une femme de ménage ; tu as tout l'argent qu'il faut et il n'y a pas de raison pour que tu vives comme un clochard.

Gaudet protesta : s'il n'avait pas de domestique, dit-il, ce n'était pas par avarice. Prullàs connaissait les faits : pendant des années, Gaudet avait eu la bonne idéale – propre, travailleuse, honnête et discrète. Mais l'âge venant, elle avait fini par décider de retourner au village pour y passer ses dernières années à se reposer. Gaudet, qui lui vouait une sincère affection et lui gardait une profonde reconnaissance pour les soins qu'elle avait prodigués à sa mère au cours de la douloureuse maladie qui avait fini par l'emporter, lui avait donné un pécule considérable et l'avait laissée partir à regret. Il avait tenté de la remplacer mais il avait eu quelques expériences malheureuses après lesquelles, s'il n'avait pas renoncé à chercher, il s'était, dans ce domaine aussi, laissé gagner par l'apathie. Quelques semaines plus tôt cependant, dit-il,

Mariquita Pons lui avait envoyé une jeune fille de bonne présentation et pleine des meilleures dispositions. Elle m'a fait une excellente impression et nous sommes tombés d'accord pour qu'elle commence le plus vite possible, poursuivit-il, mais les jours ont passé et la jeune fille n'a plus donné signe de vie. Tu sais comme ces gens-là sont désinvoltes, conclut le metteur en scène. Prullàs émit un grognement. Pepe, je suis mêlé à une affaire d'assassinat, et tu me parles de tes difficultés avec tes domestiques. Pour l'amour de Dieu !

Gaudet éclata de rire. Prullàs fronça les sourcils mais, au bout d'un instant, il mêla son rire au sien. L'écho de leur hilarité envahissait les recoins les plus lugubres de la demeure, mettant en fuite le spectre des pensées morbides.

C'est bien vrai que tu t'es fourré dans un sacré sac de nœuds, admit Gaudet après avoir recouvré son sérieux, mais je ne vois pas de raisons pour agir d'une manière aussi furtive. Si j'ai bien compris, la seule chose que tu as à faire est d'accompagner ce don Machin Facundo dans ses investigations et, s'il te vient une idée quelconque, de la lui communiquer. Ce n'est pas compliqué.

Oh, Pepe, répondit Prullàs en désignant les piles de livres qui couvraient le sol, si tu lisais moins Sartre et davantage Agatha Christie, tu ne dirais pas tant de bêtises ! Pas besoin d'être un lynx pour voir que don Lorenzo Verdugones ne me veut pas à ses côtés afin de profiter de mes dons de déduction, mais dans une intention beaucoup plus malveillante. Avant d'aller me chercher à Masnou, Verdugones et son acolyte, le dénommé Sigüenza, un individu qui semble sortir tout droit du cabinet du docteur Caligari, sont venus chez moi et ont soumis Sebastiana à un interrogatoire implacable ; ils lui ont montré deux photos qui, d'une certaine manière, me relient au crime, l'ont questionnée sur mes habitudes, ont essayé de l'embobiner, de lui arracher une confession en règle. Et après ça, ma mise au placard dans un bureau, sans communication avec l'extérieur, à seule fin de m'intimider et de me faire perdre mon sang-froid, pendant qu'ils fouillaient ma voiture pour y trouver des traces de sang ou que sais-je… Une torture, Pepe, une authentique torture psychologique ! Et ce n'est pas tout : demain, ils prétendent m'emmener sur le lieu de crime pour voir comment je réagirai ou si je tomberai dans une quelconque contradiction, bref, pour voir si je me dénonce moi-même. Il n'y a pas de doute, Pepe, don Lorenzo Verdugones m'a inscrit sur la liste des suspects, et peut-être en numéro un.

Tu es fou ! s'exclama Gaudet, plus amusé qu'alarmé par le récit de son ami. Comment peux-tu imaginer une absurdité pareille ? Tu es une personne respectable, un citoyen exemplaire, presque une gloire nationale. Pourquoi aurais-tu assassiné un individu avec qui tu n'avais aucune relation ? Où a-t-on vu un crime sans mobile ?

Pepe, je ne t'ai pas tout raconté, répondit Prullàs, et je ne t'infligerais pas ce genre de confidences pénibles si les circonstances n'étaient pas graves. Le fait est, ajouta-t-il après une hésitation, que, sans l'avoir prémédité et sans savoir comment, je me suis compromis avec Mlle Lilí Villalba. Je t'en prie, ne me dis rien ! Je sais ce que tu es en train de penser, mais ce n'est pas ce que tu crois… Bon, enfin, c'est peut-être ce que tu crois ; de toute manière, cela ne change rien. Elle est venue un jour chez moi ; elle était inquiète de son comportement dans les répétitions, sans doute s'était-elle rendu compte qu'elle n'était pas à la hauteur de tes exigences ; elle te tient en très haute estime, Pepe, je t'assure, et sa vocation pour le théâtre est authentique. Je te dirai seulement qu'au milieu de la conversation, croyant que je ne la prenais pas au sérieux, elle a fondu en larmes et a dit des choses… vraiment profondes. Bon, pour abréger, le soir même, nous nous sommes revus dans un hôtel de passe. Après quoi, nous nous sommes encore rencontrés en dehors du théâtre. Ou plutôt nous nous sommes donné un second rendez-vous il y a deux jours, mais elle n'est pas venue, je me suis senti malade, et je suis parti à Masnou. Comme tu vois, je me suis mis dans une situation un peu délicate. Qu'en penses-tu ?

Deux choses, dit Gaudet : la première, c'est que tu es un crétin ; la seconde, c'est que je continue à ne voir aucune raison de t'attribuer la mort d'Ignacio Vallsigorri. Simplement pour avoir bénéficié des faveurs de Mlle Lilí Villalba…

Comment ! Cela ne te semble pas un mobile suffisant pour commettre un assassinat ? s'exclama Prullàs, offensé. Cela paraît incroyable que toi, qui consacres toute ta vie au théâtre, tu en saches si peu sur la nature humaine ! Même Sebastiana, qui est analphabète, a les idées plus claires : elle a tu la visite de Mlle Lilí Villalba, parce qu'elle a subodoré que le nœud du problème était là.

Foutaises ! répondit le metteur en scène avec un geste méprisant de la main. Mlle Lilí Villalba n'a rien à voir dans l'affaire, et ce don Segismundo, ou quel que soit son nom, le sait parfaitement. Écoute-moi, Carlos, des filles comme elles, j'en ai connu des douzaines : elles passent de mains en mains, elles changent de protecteur comme toi de chemise… Et Mlle Lilí Villalba ne fait pas exception. Elle a dû remarquer que Vallsigorri se fatiguait d'elle, elle a vu son mode de vie en danger et, pas bête, elle s'est précipitée chez toi pour te proposer la bonne affaire, un point c'est tout : pas de crime ni rien de tel dans tout ça.

Rien de moins sûr, cria Prullàs, rien de moins sûr ! Ignacio Vallsigorri n'était pas fatigué de Mlle Lilí Villalba ; au contraire, il m'a dit lui-même qu'il la considérait comme quelqu'un d'exceptionnel à tout point de vue. Est-ce qu'il n'est pas venu te voir pour s'enquérir des progrès de sa protégée ? Non, non. Aussi bien Ignacio Vallsigorri que moi-même, nous avons, je veux dire nous avions… Enfin, s'il avait soupçonné que Mlle Lilí Villalba le trompait avec un autre, c'est-à-dire avec moi, à cette heure-ci ce serait moi l'assassiné et lui certainement l'assassin. Mais tu ne comprends pas ces choses-là, Pepe. Tu ne comprends pas la passion que peut éveiller une femme ni à quelles extrémités de violence et de désespoir elle peut conduire un homme, parce que tu es un… un… hum !… un marxiste. Voilà ce que tu es.

Gaudet se remit à rire. En quoi puis-je t'être utile ? demanda-t-il finalement. Donc tu m'aideras ? dit Prullàs. Bien sûr, mon vieux, je ne peux rien te refuser, dit l'autre sur un ton de résignation narquoise, je t'aiderai pour cette fois, mais après, ne compte plus sur moi.

Il faut que je rencontre Mlle Lilí Villalba dès que possible, cette nuit même, expliqua Prullàs. Don Lorenzo Verdugones connaît ses liens avec Ignacio Vallsigorri et il ira certainement chez elle ; la petite est jeune et, s'ils s'en donnent la peine, ils peuvent lui faire dire n'importe quoi. Mais il est probable que ni la police ni don Lorenzo Verdugones ne l'ont encore interrogée. S'il en est bien ainsi, je lui demanderai de ne pas mentionner sa visite chez moi et encore moins notre rendez-vous dans l'hôtel de passe. Je lui enjoindrai de garder le silence.

Carlos, c'est une imprudence, dit Gaudet. Tôt ou tard, vos relations seront découvertes et alors, quand on s'apercevra de tes manœuvres, tu deviendras réellement suspect. Dissimuler des preuves constitue en soi un délit ; en tout cas, c'est ce que disent tous les films de procès.

Je n'ai pas l'intention de dissimuler la moindre preuve, Pepe, argumenta Prullàs, je veux seulement cacher un fait sans importance, qui n'affecte en rien l'enquête, comme tu l'as dit toi-même il y a un instant, mais qui, s'il était rendu public, me causerait d'énormes difficultés personnelles. En d'autres termes, j'essaye de cacher une défaillance aux yeux de ma femme, de mes enfants et de mes beaux-parents. Ce n'est pas un délit, et ça ne peut pas l'être : nos lois fondamentales protègent expressément la famille, et je fais la même chose. Pour le reste, poursuivit-il, la police espagnole est très efficace, l'une des meilleures du monde, d'après ce que j'ai compris : dans quelques jours, ils trouveront le véritable coupable, et alors quelle importance aura encore ce que nous avons pu faire ensemble un soir d'été, Mlle Lilí Villalba et moi ? J'essaye seulement de gagner du temps, Pepe.

Gaudet abattit un poing décidé sur la table : l'atmosphère de conspiration, la discussion et, plus généralement, le changement inespéré que cet événement absurde introduisait dans sa vie avaient dissipé ses lubies et éclairci ses idées noires d'hypocondriaque. Dans ce cas, s'exclama-t-il, trêve de bavardages inutiles ! Qu'attends-tu de moi ? L'adresse de Mlle Lilí Villalba, répondit Prullàs.

Je ne l'ai pas, dit le metteur en scène, ce serait plutôt à toi de l'avoir, puisque tu es en si bons termes avec elle.

Pepe, l'existentialisme t'a liquéfié la cervelle, dit Prullàs, l'adresse de Mlle Lilí Villalba, ni toi ni moi ne l'avons, mais elle est à coup sûr au théâtre. Nous y allons tout de suite, tu entreras, tu la chercheras, et quand tu l'auras trouvée, tu me la donneras. Je t'attendrai dehors. Si le veilleur de nuit me voit entrer à cette heure-ci, il aura des soupçons. Toi, en revanche, tu peux lui donner mille prétextes : que tu prépares la répétition de demain et que tu as oublié des notes, ou un truc du même genre… N'importe quoi fera l'affaire : tu as la réputation d'être cinglé, parmi le personnel.

*

Trois quarts d'heure plus tard, Gaudet sortait du théâtre avec divers papiers à la main ; il entra dans la Studebaker et expliqua à son ami qu'il les avait pris pour ne pas alarmer le veilleur de nuit, lequel, d'ailleurs, avait été plus gêné que surpris par l'apparition intempestive du metteur en scène, à qui il avait avoué qu'il venait de s'envoyer une bouteille de Valdepeñas, opération qui l'avait laissé un peu barbouillé.

Mais l'adresse de Mlle Lilí Villalba, tu l'as, oui ou non ? demanda Prullàs avec impatience. Bien sûr, tu me prends pour un idiot ? protesta l'autre en lui tendant un bout de papier griffonné d'une main tremblante. J'espère que tu pourras lire mon écriture, comme je te l'ai dit, je ne suis pas dans mon assiette et je n'ai pas la main très ferme. Ça doit être la trouille, dit Prullàs en faisant démarrer la voiture. Dépose-moi à la maison, Carlos, j'ai très sommeil et je ne me sens pas bien, je t'assure, supplia Gaudet. Ne me fais pas perdre davantage de temps, mon vieux, répliqua Prullàs, accompagne-moi, après quoi je te ramènerai ; cela ne me prendra pas plus de dix minutes de parler avec la petite. Regarde l'adresse. Où ça peut bien être ? Dans le Barrio Chino, soupira Gaudet. Descends les Ramblas et ensuite je te guiderai. Ça alors ! Et toi, comment tu connais ? demanda Prullàs. Je te raconterai une autre fois, répondit Gaudet.

8

L'endroit qu'ils cherchaient se révéla être un cul-de-sac sordide qui, partant d'une place désolée, débouchait cent mètres plus loin sur un terrain vague dont les limites se perdaient dans l'obscurité de la nuit. Sur un coin de la place on pouvait voir les fondations carbonisées et le mur criblé de balles de la chapelle du Bon-Jésus ; à quelques mètres, il y avait un réverbère à gaz à quatre bras et une fontaine en fonte ; le reste de la place constituait un espace rectangulaire dans le prolongement de la rue, causé par l'effondrement d'un pâté de maisons. L'événement s'était produit des années auparavant ; maintenant, les décombres, que personne ne s'était soucié d'enlever, et ce qui restait intact des vieilles maisons, dont l'unique façade encore debout du pâté, produisaient un effet violent et sépulcral. Dans l'angle le plus obscur de la place, là où ne parvenait pas la lumière mourante des becs de gaz, une tribu de gitans avait installé ses quartiers, et ses membres, emmitouflés dans des couvertures bariolées, gisaient en désordre autour des cendres d'un foyer éteint ; deux chariots et des mules débâtées qui somnolaient debout près d'un tas de ballots complétaient ce misérable retable. Prullàs arrêta la voiture sous le réverbère, éteignit les phares et le moteur puis ouvrit la portière. Attends-moi ici, dit-il à Gaudet, je ne serai pas long. Gaudet répondit qu'il ne voulait pas rester seul dans ce lieu, mais Prullàs insista sur la nécessité de procéder comme il le disait : de la sorte, si, au bout d'un moment, il ne le voyait pas revenir, Gaudet pourrait aller chercher de l'aide, précisa-t-il. Et si c'est moi qui ai besoin d'aide ? Comment je te le ferai savoir ? demanda le metteur en scène d'une voix tremblante. Prullàs lui dit de ne pas être ridicule. Il ne courait pas le moindre danger, insista-t-il, personne ne passait par là et, dans le pire des cas, il pourrait demander secours aux gitans. Avant que Gaudet puisse faire valoir que c'était justement la présence des gitans qui l'inquiétait, Prullàs referma la portière et pénétra dans la ruelle d'un pas mal assuré.

A mesure qu'il avançait, et du fait de l'obscurité croissante, la ruelle semblait devenir plus étroite, comme si un mécanisme imprimait aux murs des mouvements de tenaille. Arrivé devant le numéro 6, il poussa la porte ; celle-ci céda en grinçant mais sans opposer de résistance, soit que les habitants de l'immeuble considérassent qu'il n'y avait là rien qui méritait d'être protégé d'éventuels cambriolages, soit qu'ils eussent décidé de confier la sécurité de leurs biens et de leurs personnes à des moyens plus dissuasifs qu'une serrure cassée et rouillée comme celle que l'on pouvait voir pendre du montant. La porte franchie, Prullàs se trouva dans ce que la petite flamme de son briquet lui révéla être le pied d'un haut escalier aux marches abruptes. La flamme vacilla et Prullàs prit peur en percevant une odeur âcre et épaisse qu'il crut d'abord être un gaz mortel mais qu'il identifia ensuite avec soulagement comme le relent inoffensif de plusieurs siècles d'urine et de friture.

Il commença la montée en titubant et, arrivé au deuxième étage, il frappa à la porte de son poing fermé, d'abord doucement, puis, au bout d'un moment, voyant que personne ne répondait, plus fort ; il entendit à l'intérieur un bruit de pas et des chuchotements ; après quoi la porte s'ouvrit et, nimbé dans la sphère livide de la lumière d'un lumignon, surgit un individu apparemment tout nu, la face large et la trogne en pomme de terre, aussi velu et puissant qu'un gorille. Un examen plus poussé révélait, à demi caché par les plis de son ventre, un haillon sale et effiloché qui lui tenait lieu de caleçon. Le contraste entre cette apparition cavernicole et la mise recherchée de Prullàs était si grand que les deux hommes restèrent un instant muets et immobiles, absorbés dans leur mutuelle contemplation. Finalement, le gros homme réagit et, fixant sur le visiteur intempestif des yeux rouges de sommeil et de colère, s'exclama : C'est quoi, ce bordel ? L'interpellation résonna dans la spirale de l'escalier, et un pigeon teigneux qui nichait dans une fissure battit des ailes en émettant une espèce de croassement.

Bonsoir, dit Prullàs sur un ton exagérément posé et ferme, j'ai besoin de parler à Mlle Lilí Villalba, si elle est ici. Le gros homme se gratta l'abdomen avec délectation, plongeant les doigts dans la broussaille des poils, puis il éleva le lumignon et approcha son visage tout près de celui de Prullàs ; on percevait dans le fond de ses yeux vitreux une lueur de délire et son haleine était volcanique, mais il y avait dans son attitude plus de curiosité que d'hostilité. Y a personne icite, affirma-t-il tout de go. Il soupira et ses yeux se voilèrent, comme si cette affirmation insensée l'avait plongé dans la mélancolie. Au bout d'un instant, il recouvra son expression torve et dit : Et vous, qui qu'vous êtes ? On réveille pas le monde honnête à cette heure. Le monde honnête, il roupille. Faut qu'il roupille ; il est pas comme ceusses de la haute qui roupillent le jour et sortent la nuit pour dépenser le fric que d'autres ils gagnent pour eux pendant qu'ils roupillent... Parvenu à ce point, il perdit le fil de son discours et fronça les sourcils. Putain de bordel de merde, grogna-t-il en guise de conclusion.

Désolé de vous avoir réveillé ; croyez bien que je le regrette, insista Prullàs, mais je dois absolument parler sur-le-champ à Mlle Lilí Villalba : c'est une affaire de vie ou de mort. Si elle n'est pas ici, dites-moi où je peux la trouver. Je saurai vous être reconnaissant de votre complaisance, ajouta-t-il en portant la main à la poche intérieure de sa veste en lin. Mais il se rendit tout de suite compte de l'imprudence de son geste et retira sa main.

C'est une maison décente, icite, répondit le gros homme, y a pas de demoiselles qui reçoivent des hommes à une heure pareille. Pas de demoiselles ni rien qui y ressemble. Tout en parlant, il se grattait de plus en plus frénétiquement. A la lueur du lumignon, Prullàs aperçut des puces qui s'ébattaient dans les poils des épaules de son interlocuteur et fit quelques pas en arrière. A l'intérieur, un bébé se mit à vagir et la colère revint dans les yeux du gros homme. Allez, foutez le camp, foutez le camp que j'vous dis, et, voyant que l'autre refusait d'obéir à son injonction, il ajouta : J'crois bien que j'vais vous démolir le portrait d'une mornifle, s'pèce d'endive.

Prullàs réagit à cette menace d'une manière si étrange qu'elle le surprit autant lui-même qu'elle surprit son vis-à-vis : Il leva les poings, fléchit les jambes, fit un saut en arrière, perdit l'équilibre, et il aurait roulé dans l'escalier si le gros homme ne l'avait retenu à temps. Les vagissements du bébé augmentaient, le gros homme jurait et Prullàs criait, éperdu : Laissez-moi et battez-vous, lâche ! En garde, en garde ! Le voisinage, sans doute habitué à ce genre de scènes et peu soucieux d'en subir les conséquences, gardait un silence prudent. Au milieu de la confusion, une voix dit : Laisse-le, Papa.

Le gros homme lâcha immédiatement sa proie, et Prullàs, d'un geste maladroit, remit de l'ordre dans son habillement maltraité et arrangea ses cheveux. Mlle Lilí Villalba sortit de l'ombre et adressa un regard sévère aux deux adversaires. Excuse ce vacarme, Lilí, mais il fallait que je te parle coûte que coûte, dit Prullàs d'une voix que l'excitation de l'empoignade faisait encore trembler. Le gros homme haussa un sourcil. Lilí ? interrogea-t-il, déconcerté. Sa fille le tira de sa perplexité : C'est un monsieur du théâtre, expliqua-t-elle, pas *le monsieur* du théâtre, mais il est aussi *du théâtre*. L'expression du gros homme s'adoucit. Fallait commencer par là ! Entrez, entrez donc. Notre maison est pauvre, vous comprenez, on n'a pas l'habitude d'avoir de la visite. Vite, fifille, reste pas plantée là, donne une chaise au môssieu. On reçoit pas le monde debout, bordel ! Qu'est-ce que je peux vous offrir ? Il reste encore un peu de saucisson qu'on nous a envoyé du village. Merci, jamais entre les repas, répondit Prullàs.

Il était entré dans un étroit vestibule séparé du reste du logis par un rideau en serpillière. Derrière le rideau, le bébé continuait à brailler et une voix rauque l'apostrophait hargneusement : Ta gueule, sale lardon ! Le gros homme chercha un endroit où poser le lumignon et, n'en trouvant pas, le mit par terre. Je vais prendre les chaises de la salle à manger, dit-il. Quand ils furent seuls, Mlle Lilí Villalba porta les mains à sa figure et éclata en sanglots. Tout son corps était secoué sous les plis transparents de sa chemise de nuit, et la forte lumière du quinquet au sol agrandissait sur le mur l'ombre juvénile et sinueuse de ses formes.

Qu'est-ce que tu as, Lilí ? Pourquoi pleures-tu ? demanda Prullàs. Je préférerais mille fois être morte plutôt que tu me voies ainsi, dit-elle, dans ce taudis… Quelle humiliation ! J'ai eu un quiproquo avec ton père, mais la faute en revient à moi seul : c'est vrai que ce n'est pas une heure pour tambouriner à la porte d'une maison. Nous vivons en garni, dit-elle, sans prêter attention aux paroles de l'autre ni au ton condescendant sur lequel il les avait prononcées. Le bébé qui pleure est celui de la propriétaire. Mon père est un malappris et cette maison… Mon Dieu, quelle honte ! Prullàs l'attira contre lui. Tout s'arrangera, lui murmura-t-il à l'oreille, je m'occuperai de ça et de tout le reste ; ne te fais aucun souci. Et maintenant, écoute-moi, je suis là pour te dire quelque chose d'important. Est-ce que la police est venue te voir ?

La jeune actrice, qui, collée à Prullàs, semblait avoir retrouvé son calme, se raidit. La police ? s'écria-t-elle, en se détachant de ses bras et en reculant jusqu'au mur. Ce faisant, son ombre se réduisit comme par enchantement pour devenir un mince fil qui encadrait sa fragile silhouette. Pourquoi la police aurait-elle dû venir ? Nous n'avons rien fait de mal, ajouta-t-elle d'un ton peu assuré. Il était évident que, dans ce « nous », elle n'incluait pas Prullàs mais le gros homme. Je sais, ma chérie, répliqua Prullàs, mais écoute : il s'est produit quelque chose de tragique ; M. Ignacio Vallsigorri est mort. Je sais que tu lui portais une affection sincère, et j'en suis vraiment désolé. Moi aussi, je le tenais en haute estime, bien que je le connaisse depuis peu. Mais on n'y peut plus rien. Quant au reste, ajouta-t-il tout de suite, sans donner le temps à la jeune fille de réaliser l'importance de l'événement et de ses conséquences, tu ne dois pas te faire de souci : je te l'ai dit, je m'occuperai de tout. Pour le moment, tu dois seulement t'inquiéter de ceci : la police va venir, peut-être demain de bonne heure, peut-être un peu plus tard, mais elle viendra à coup sûr et elle te posera des questions sur M. Ignacio

Vallsigorri, et aussi sur moi. Le mieux, dans ces cas-là, est de toujours dire la vérité, mais il n'est pas utile de dire *toute* la vérité. Par exemple, ne leur raconte pas ce qui nous concerne : ça n'a rien à voir avec l'affaire et ça ne ferait que compliquer les choses. Tu m'as compris ? Carlos, je ne veux pas avoir d'histoires, je ne peux pas *me permettre* d'avoir des histoires avec la police. Prullàs la reprit dans ses bras avec force. N'aie pas peur ; il ne se passera rien, cette affaire ne vous concerne pas, ni toi ni ton père. Dans quelques jours, tout redeviendra normal, et alors plus rien ni personne ne pourra nous séparer. Je n'oublie jamais un service rendu, Lilí, et en plus je ne peux pas vivre sans toi, je pense tout le temps à toi ; je suis fou de toi.

La jeune fille luttait pour se dégager. Laisse-moi, que fais-tu ? Mon père va revenir d'un instant à l'autre ; ne me tripote pas *ici*, je ne suis pas un jouet. Tu vois ? Par ta faute, ma chemise est décousue, gémit-elle sans oser élever la voix. Là-dessus, le bébé se remit à hurler et quelqu'un, exaspéré par le vacarme, envoya un coup de pied dans une cuvette. La jeune fille eut un léger mouvement de la tête qui équivalait à une hésitation et essuya une larme du dos de sa main. Va-t'en, maintenant, mon amour, supplia-t-elle. Je peux donc compter sur ton silence ? demanda Prullàs sur le palier et, la voyant acquiescer, il ajouta : Au théâtre, nous devons continuer à feindre de ne pas nous connaître ; au théâtre surtout. Seul Gaudet est au courant de nos relations, personne d'autre. Mais ne t'inquiète pas : nous serons bientôt de nouveau ensemble. C'est *la seule chose* qui m'importe, dit-elle.

Le baiser qu'elle posa sur ses lèvres lui fit oublier le remue-ménage qui venait de derrière le rideau. Tout en descendant l'escalier à tâtons, il se rendit compte qu'il ne lui avait pas demandé pourquoi elle n'était pas venue l'autre après-midi au rendez-vous de l'hôtel Gallardo, mais il ne pouvait se permettre de remonter et il décida de remettre sa question à plus tard. Dans la voiture, Gaudet dormait, recroquevillé. Au bruit de la portière, il se réveilla baigné de sueur et en proie à de violents tremblements. Tu en as mis un temps ! balbutia-t-il. Ramène-moi chez moi, pour l'amour de Dieu.

Chapitre V

1

J'espère que vous avez bien dormi, mon cher Prullàs, car une dure journée, pleine d'émotions et de découvertes, nous attend. Ce fut par ces mots, prononcés sur un ton plein d'allant et non dénué de raillerie, que don Lorenzo Verdugones salua Prullàs, lequel, après les péripéties de la nuit, pouvait à peine se tenir debout. Dehors, les rayons du soleil, encore obliques, brûlaient comme des tisons ardents. La journée va être magnifique ! commenta le hiérarque en pénétrant dans la voiture et en abaissant la vitre de la portière. Pourvu que la décomposition ne soit pas trop avancée ! ajouta-t-il. Vous avez, bien entendu, assisté à de nombreuses autopsies… Jamais, répondit Prullàs d'une voix de mourant, pas une seule ! L'arrivée matinale du hiérarque ne lui avait pas permis de procéder à son habituel petit déjeuner ni à la lecture tranquille de la presse. Ces privations lui causaient un malaise physique qui augmentait sa contrariété. La perspective d'avoir à assister à une autopsie acheva de le plonger dans la désolation.

Dans ce cas, nous ferons bien de ne pas rater celle-là ! s'exclama allègrement don Lorenzo Verdugones. Et ensuite, sur place, au bar de l'Institut médico-légal, nous mangerons des sandwiches tels que vous n'en avez jamais goûté de votre vie : une vraie merveille ! Mais ce sera pour plus tard, ajouta-t-il. Auparavant, comme l'exige le Code, nous allons nous transporter sur les lieux.

*

L'appartement d'Ignacio Vallsigorri occupait le dernier étage d'un élégant immeuble de l'avenue du Généralissime, près de la rue Aribau. Un garde en uniforme se tenait sous le porche et les curieux se pressaient aux balcons des immeubles voisins. L'arrivée de la voiture officielle précédée de deux motards déclencha une vague de murmures ; deux femmes en deuil agitèrent chacune un mouchoir blanc quand le hiérarque en descendit.

Je suppose que vous êtes déjà venu ici, dit don Lorenzo Verdugones dans l'ascenseur. Devant la réponse négative de Prullàs, il ajouta, contrarié : Tant pis, j'espérais que vous nous aideriez à découvrir quelque anomalie dans la disposition des objets domestiques ; vous savez : un cendrier qui n'est pas à sa place, ou quelque chose de ce genre.

Devant la porte de l'appartement se tenait un autre policier en civil. Il avait sorti une chaise sur le palier et combattait la chaleur par la lecture du *Marca*. En voyant le hiérarque sortir de l'ascenseur, il se mit debout et salua en portant le *Marca* à sa tempe. Rien de nouveau ! s'exclama-t-il. Il tira un trousseau de sa poche, ouvrit la porte de l'appartement et la referma quand les arrivants furent à l'intérieur. Prullàs perçut une odeur âcre de sueur et de tabac refroidi. Le sol de l'appartement était jonché de mégots.

Il est passé beaucoup de monde ici depuis qu'on a découvert le corps, commenta don Lorenzo Verdugones, en voyant l'étonnement de son accompagnateur. La justice, la police, les brancardiers… c'est fou le nombre de gens qui vivent du crime ! Après cette horde, il ne sera pas facile de trouver des pistes, ajouta-t-il avec un geste d'impuissance, mais on fera ce qu'on pourra. Heureusement, le salon où les faits se sont produits est intact, poursuivit-il en indiquant une porte vitrée. J'ai donné des ordres pour qu'on ne touche à rien. Est-ce que vous croyez que l'assassin revient toujours sur le lieu de son crime, comme on dit ? Moi, ça me semble un canular ; si je commettais un assassinat, j'essayerais de me tenir à deux lieues du crime, mais qui sait ? Il existe peut-être une fascination morbide. Avez-vous lu *Crime et Châtiment* ? C'est un roman fastidieux qui contient une dose d'immoralité répréhensible, mais intéressant malgré tout. Je vous le recommande, bien que je sache que ce n'est pas votre style.

Le salon était décoré de meubles Louis XV, et des tableaux aux grands cadres dorés étaient accrochés aux murs dont le papier répétait une vague scène galante sur un fond vert clair. Les fenêtres étaient fermées, mais une lumière oblique et tamisée filtrait à travers les persiennes entrouvertes. La chaleur était asphyxiante et il flottait dans l'air un relent sucré et écœurant, à moins que ce ne fût l'appréhension de Prullàs qui le lui faisait sentir ainsi. Le contraste entre le raffinement décadent du lieu et l'événement sanglant qui s'y était produit le fit frissonner.

Vous ressentez une étrange sensation, n'est-ce pas ? dit don Lorenzo Verdugones. C'est toujours comme ça : là où il y a eu mort violente, l'ambiance est chargée d'électricité. On dit que, à l'instant où un homicide est commis, tant la victime que le meurtrier éprouvent une terrible décharge émotionnelle, une émission d'énergie, et que cette énergie libérée demeure longtemps sur les lieux, des années voire des siècles. Cela serait à l'origine des apparitions, l'explication scientifique des fantômes : certaines personnes sensibles pourraient percevoir cette énergie sous la forme de chuchotements, phosphorescences et autres phénomènes similaires. Vue ainsi, la chose ne paraît pas invraisemblable et ne contredit pas le dogme de notre religion, qu'en pensez-vous ?

Où était le corps ? demanda Prullàs, désireux de remplir son rôle et de quitter ce sinistre séjour le plus vite possible. Le hiérarque indiqua un petit fauteuil à accoudoirs. Je croyais qu'Ignacio Vallsigorri avait été poignardé, murmura Prullàs.

C'est ce qu'il semble, sous réserve des résultats de l'autopsie, répondit don Lorenzo Verdugones. Mais j'ai compris votre objection : si cet homme a été poignardé dans ce fauteuil, comment se fait-il qu'il n'y ait pas de taches de sang sur la tapisserie ? Élémentaire : Ignacio Vallsigorri n'est pas mort dans ce fauteuil, mais dans un fauteuil identique à celui-ci qu'on a emporté, ainsi que d'autres pièces de mobilier, aux fins d'analyses en laboratoire. C'est moi qui ai fait en sorte que l'on place cet autre fauteuil à sa place pour une éventuelle reconstitution des faits. Asseyez-vous, asseyez-vous, ajouta-t-il en désignant le fauteuil, vous êtes tout pâle.

Ce n'est rien, dit Prullàs, la chaleur de ce salon... Je n'avais jamais été personnellement en contact avec un véritable assassinat et je suis un peu, comment dire ? un peu remué. J'aimerais boire un verre d'eau, si c'est possible ; j'ai la bouche sèche.

Bien sûr, bien sûr, répondit don Lorenzo Verdugones, j'ai cru voir que le garde de la porte avait une gourde ; en sortant, nous lui demanderons de nous donner à boire. Où en étions-nous ? Ah oui ! le sang, n'est-ce pas ? Donc, ce qui est certain, c'est qu'il n'y en avait pas en grande quantité : le coussin trempé et une flaque régulière par terre, mais pas d'éclaboussures sur les murs, ni rien de pareil. Voyez vous-même le papier ; il est comme neuf. Tout indique que la victime a reçu l'assassin sans la moindre méfiance, sans soupçonner le moins du monde ses intentions. L'assassin faisait partie de ses connaissances. Ignacio Vallsigorri portait complet et cravate, par une nuit d'été et dans sa propre maison ; cela laisse supposer qu'il s'est habillé pour recevoir son visiteur, ou peut-être qu'il s'apprêtait à sortir, ou encore qu'il venait de rentrer. Nous ne savons pas, évidemment, s'il attendait ou non le visiteur ; il l'a reçu, bien sûr, dans le salon réservé à cet usage. Il fit une pause puis ajouta : L'agression a dû se produire de façon subite. Ignacio Vallsigorri n'a pas eu le temps de réagir ; il n'a même pas pu faire le geste instinctif de se protéger avec les bras : il a reçu un coup de couteau et la mort a été instantanée. Mais ce ne sont là que des conjectures et c'est à vous qu'il convient de les faire, pas à moi. Je me limiterai pour ma part aux faits tout nus.

Il sortit un étui de sa poche et offrit à Prullàs des cigares grossièrement façonnés : Tenez, prenez un *caliqueño*, peut-être la puanteur fera-t-elle fuir les fantômes. Prullàs n'osa pas refuser l'invite et ils fumèrent tous deux dans le salon lugubre. Ce tabac âcre donnait des nausées à Prullàs, qui était à jeun. Don Lorenzo, en revanche, avait l'air aux anges. Il tira plusieurs bouffées de son rustique cigare, fit tomber la cendre par terre, consulta une fiche et dit : Le corps inanimé d'Ignacio Vallsigorri a été découvert dans la matinée d'hier, mercredi, à huit heures et sept minutes, par la dénommée Sancha García Fernández, trente-six ans, mariée, native de Pizarrón del Rey, province de Badajoz, habitant actuellement à Hospitalet, vivant de son travail, laquelle est employée depuis vingt mois au domicile du défunt en qualité de femme de ménage ou de bonne à tout faire, appellation en usage en Catalogne. Avant de travailler pour Ignacio Vallsigorri, elle a servi dans deux autres maisons ; ses références sont impeccables. Antérieurement, la maison avait été tenue par deux domestiques à demeure, une certaine Tiberia Cabestro, cinquante ans, originaire de la province de Burgos, et une autre du nom d'Araceli Sepelio, vingt ans, née dans un hameau proche d'Andújar, province de Jaén. Un beau jour, d'après ce que nous avons pu apprendre, la domestique la plus âgée s'est mise à tousser tout le temps et Ignacio Vallsigorri, craignant que cette toux puisse être un symptôme de la tuberculose, l'a renvoyée. Peu de temps après, la plus jeune a confessé avoir fauté avec son ami du moment ; Ignacio l'a immédiatement mise à la porte. Depuis lors, une femme de ménage venait quotidiennement pour nettoyer, faire les lits, etc. ; le linge était porté à laver et à repasser à la blanchisserie ; le défunt avait l'habitude de manger à midi avec un ami ou une connaissance au Cercle hippique, au Cercle du Liceo, au Club de Polo ou au Tennis Barcelona ; il était membre de tous ; le soir, il dînait presque toujours dans un restaurant proche de chez lui. C'était un arrangement un peu malcommode, mais vous savez combien il est difficile de nos jours de trouver une fille propre, honnête et travailleuse. Par ailleurs, comme Ignacio Vallsigorri était célibataire et riche, ce mode de vie lui donnait une plus grande indépendance pour aller et venir à sa guise, et pour recevoir chez lui qui il voulait sans craindre les indiscrétions de la domesticité. Il semble qu'il ait été un homme à femmes, Dieu le lui aura pardonné, et qu'il ait peut-être eu quelque petite affaire compromettante. Hier, la femme de ménage a quitté l'appartement vers cinq heures, conformément à l'horaire convenu. Le maître, selon ce qu'elle a déclaré ce matin à la police, était chez lui ; il était sorti pour le déjeuner, comme tous les jours, et il était rentré vers quatre heures. Quelques minutes avant le départ de la femme de ménage, une voix féminine a appelé au téléphone en demandant à parler à Ignacio Vallsigorri, lequel a eu, après avoir fermé la porte, une brève conversation avec elle. Il ne s'est rien passé d'anormal ce jour-là ou, du moins, c'est tout ce qu'a pu nous rapporter la femme de ménage ; c'est une pauvre femme et elle est encore sous le coup de la peur qu'elle a eue. Demain ou dans quelques jours, elle se rappellera probablement plus de choses. Le portier n'a laissé entrer personne qui serait allé à cet étage ou à un autre. Le portier quitte son poste à neuf heures. Ce fait permet de supposer que l'assassin est arrivé après cette heure et que c'est Ignacio Vallsigorri en personne qui lui a ouvert. Cela dit, il s'agit là d'une supposition très hâtive : il reste mille autres possibilités et nous devons avancer avec prudence.

Pour revenir au début de sa déposition, poursuivit le hiérarque, la femme de ménage, Sancha García, est entrée dans l'appartement hier à huit heures cinq minutes. Elle se souvient de l'heure avec exactitude, parce que le tramway dans lequel elle fait chaque jour le trajet est passé ce matin-là avec plus de retard que d'habitude et qu'elle craignait une réprimande de son maître. Interrogée pour savoir si son maître la réprimandait souvent, elle répond que non, mais que de temps en temps il lui passait « un bon savon ». Elle a ouvert la porte avec sa clef. Elle ne se rappelle pas si la serrure était fermée à double tour ou non : Elle n'y a pas « fait attention ». Sancha García dispose d'une clef de l'appartement et d'une autre de la porte de l'immeuble ; les deux lui ont été remises par Ignacio Vallsigorri lui-même au bout de quelques mois de service dans la maison, après qu'elle eut prouvé qu'elle était de toute confiance. Auparavant, c'était le portier qui devait lui ouvrir les deux portes, mais cet arrangement ne satisfaisait personne, vu qu'à huit heures du matin le portier n'est pas encore rasé ni coiffé, qu'il est en pyjama et en pantoufles, et qu'un tel laisser-aller nuisait au standing de l'immeuble.

Sitôt entrée dans l'appartement, Sancha García a vu que la porte du salon était grande ouverte. Elle se souvenait de l'avoir laissée fermée la veille « pour que les meubles ne prennent pas la poussière ». En s'y présentant, elle a vu le corps inanimé et ensanglanté de son maître dans le petit fauteuil. Elle a tout de suite compris qu'il était mort, « à cause de la tête qu'il avait ». A ses cris est accouru en premier lieu le voisin du dessous, le dénommé Arsenio Cascante, notaire en exercice : un témoin d'une valeur exceptionnelle. Don Arsenio « corrobore *in toto* » la déposition de la femme de ménage. C'est lui qui a téléphoné à la police. Le salon ne présentait pas de traces de violence.

De fait, il était comme il est maintenant, à part le mort et le fauteuil. D'après la femme de ménage, il ne manquait rien. Dans un tiroir de cette commode, conclut le hiérarque en indiquant un meuble en marqueterie, il y avait plus de deux mille pesetas en duros d'argent. La victime portait une montre en or et il y a dans ce salon des statuettes, des vases et autres antiquités de grand prix. A première vue, rien n'a été dérobé.

Je comprends, dit Prullàs, qui avait suivi attentivement les explications tout en laissant l'atroce cigare se consumer tout seul, le vol ne semble pas avoir été le mobile du crime.

Ne vous en faites pas pour ça, ricana don Lorenzo Verdugones, ce ne sont pas les mobiles qui font défaut. Il y en a autant que de replis dans l'âme humaine : honneur, jalousie, dépit, une rivalité exacerbée, une vieille vengeance… Notre malheureux ami était un homme d'affaires. *Cherchez la femme*, comme disent les Français, mais *cherchez* aussi le compte courant.

Et l'arme du crime ? interrogea Prullàs. On ne l'a pas encore retrouvée, répondit l'autre. Et sur un ton expéditif il ajouta : Poursuivons notre inspection.

Ils parcoururent le reste de l'appartement sans rien trouver d'intéressant : tout ce qui aurait pu jeter quelque lumière sur le crime avait été emporté par les experts. Dans la bibliothèque s'alignaient de nombreux livres aux reliures sévères, lus sans doute avec attention et profit par quelqu'un qui était mort depuis plus d'un siècle. Sur une console était exposé un trophée de chasse naturalisé : un petit singe au poil noir et doux et à l'expression pensive. Une plaque métallique indiquait le lieu et la date de l'événement : GUINÉE, *19-5-42*. Sur un pan de mur, Prullàs avisa des rayonnages bourrés de romans bon marché, sales et débrochés, achetés pour beaucoup d'entre eux chez des bouquinistes. Ignacio Vallsigorri s'est vanté devant moi de posséder une magnifique collection de romans policiers, commenta-t-il tristement. Il n'exagérait nullement ; elle est là, telle qu'il me l'a décrite. J'aimerais savoir qui recevra ce singulier héritage et ce qu'il en fera.

La question de la succession reste encore à éclaircir, répliqua don Lorenzo Verdugones en consultant de nouveau ses notes. Ignacio Vallsigorri était célibataire, mais il a sûrement fait un testament ; gageons que la lecture de ce testament sera des plus instructives. En ce qui concerne les romans policiers, vous connaissez déjà mon opinion : si ce n'était que de moi, j'en ferais un grand tas, je l'arroserais d'essence et j'y mettrais le feu. Je ne vais pas me faire leur avocat, répondit Prullàs, ce genre de livres et d'autres semblables n'ont de valeur que pour le plaisir que procure leur lecture. Pourtant, certains ne manquent pas de qualités littéraires. Je n'en sauverais pas un seul du bûcher, dit le hiérarque, quand bien même il aurait été écrit par Cervantès en personne ; en tout cas, leur lecture n'a guère servi à Ignacio Vallsigorri : on dirait qu'au lieu de lui ouvrir l'esprit ces historiettes le lui ont embrumé, puisqu'il a fini par mourir comme la plus stupide de leurs victimes. Il aurait pu au moins nous laisser un message chiffré écrit avec son sang, un hiéroglyphe sur le parquet ou quelque rébus qui nous permettrait d'identifier son assassin, vous ne croyez pas ?

La bibliothèque communiquait par un couloir avec la chambre à coucher, une pièce un peu plus petite où trônait un énorme lit en bois sculpté. Il y régnait une chaleur insupportable ; il semblait impossible que quelqu'un puisse dormir dans de telles conditions, pensa Prullàs. Tout de suite, il se rendit compte de ce que sa réflexion avait d'absurde et s'irrita contre lui-même : aiguillonné par la nécessité, il faisait de louables efforts pour graver chaque détail dans sa mémoire et en tirer une conclusion quelconque, mais cet effort ne faisait que rendre tout cela superflu et ses observations sans signification.

Le lit était fait. Don Lorenzo Verdugones s'en approcha et appuya ses mains dessus : le sommier grinça et les traces des doigts du hiérarque restèrent marquées sur la courtepointe unie. Des plumes ! s'exclama-t-il en se redressant. Un célibataire qui dort dans un lit conjugal, c'est en soi une déclaration de principe, non ? Il avait peut-être gardé le lit de ses parents, dit Prullàs, gêné par le ton moqueur et désinvolte sur lequel l'autre parlait du défunt. Dans ce cas, il n'a gardé qu'une seule table de nuit, indiqua don Lorenzo Verdugones, ce détail doit signifier que notre ami avait l'habitude de dormir sur le côté droit du lit. Allez savoir qui occupait le côté gauche ! On dit qu'il était du genre chaud lapin. Évidemment, homme et célibataire, il ne faisait de mal à personne, non ? Évidemment, répéta docilement Prullàs.

S'il avait été marié, sa conduite m'aurait dicté un autre jugement, affirma le hiérarque avec sérieux. Je ne suis pas bégueule, mais je réprouve l'adultère : il symbolise le relâchement des mœurs et mine l'institution de la famille, pierre angulaire de l'État. Mais cela ne s'applique pas à notre défunt ami : il avait choisi la voie du célibat et ce qu'il pouvait faire restait entre sa conscience et Dieu. Ah ! si les draps pouvaient parler, ils en auraient des vertes et des pas mûres à nous raconter ! Et puisque nous sommes sur ce terrain, poursuivit don Lorenzo Verdugones comme si une idée vagabonde venait de lui passer par la tête, j'ai entendu dire qu'Ignacio Vallsigorri avait, comment dire ?... un flirt ? avec une jeune actrice, jolies jambes et peu de façons. J'ai aussi entendu dire que la petite faisait partie de la troupe de votre prochaine pièce. Je suppose que vous aurez, vous aussi, eu vent de ces rumeurs. Eh bien, non, répondit Prullàs, rien de cela n'est parvenu à mes oreilles.

Allons donc, cher ami, qui tentez-vous de protéger ? répliqua don Lorenzo Verdugones. Le pauvre Ignacio Vallsigorri n'est plus vulnérable aux ragots et la petite en question ne doit guère se soucier d'avoir bonne ou mauvaise réputation si elle faisait ce qu'elle faisait. C'est sûrement une de ces... enfin, vous savez : de celles que le cinéma rend folles. Les films nourrissent leurs rêves, les hommes les encouragent et en profitent. Après quoi, il n'est guère facile de les faire retourner là où elles auraient dû rester. Elles s'imaginent que le monde entier est Hollywood ; là-bas, c'est facile, La Mecque du cinéma ! Mais l'Espagne n'est pas Hollywood, mon cher Prullàs. Ni Hollywood, ni rien qui y ressemble !

Si vous voulez parler de Mlle Lilí Villalba, dit sèchement Prullàs, je vous dirai que je la connais, mais seulement de vue. Naturellement, au cours des répétitions, j'ai eu largement l'occasion d'observer son allure et sa manière de jouer. Mais je n'ai pas eu de contact avec elle en dehors du théâtre et j'ignore tout de sa vie privée.

Don Lorenzo Verdugones esquissa un sourire mondain. C'est bien ce que je supposais, murmura-t-il. Puis, sans éclairer le sens de son commentaire ambigu, il regarda sa montre et dit : Il est midi passé et nous avons rendez-vous avec le médecin légiste à une heure. Nous avons expédié notre inspection plus vite que je ne l'escomptais. A dire vrai, j'espérais que vous sortiriez une loupe de votre poche pour regarder dans les coins, que vous ramasseriez un bouton par terre en criant : Eurêka ! Bref, que vous résoudriez l'affaire le temps de dire un Ave Maria. Que regardez-vous ? Rien, répondit Prullàs. Il avait ouvert le tiroir de la table de nuit et trouvé à l'intérieur des pages dactylographiées. Il lui suffit de les feuilleter pour comprendre qu'il s'agissait de l'adaptation de *La Nausée* de Jean-Paul Sartre. Mais don Lorenzo Verdugones ne lui donna pas le temps de continuer à fouiller. Allons-y, dit-il, et oubliez la gourde ; nous avons le temps de boire une bière au bar d'en bas. C'est vous qui m'invitez.

*

Pendant qu'ils buvaient leur bière, le jeune homme efflanqué et pâle dont Prullàs avait fait la connaissance la veille dans le bureau de don Lorenzo Verdugones entra dans le bar. Venez, venez, Sigüenza, prenez un demi avec nous, lui dit aimablement le hiérarque. Merci beaucoup, don Lorenzo, mais vous savez que cela m'est défendu, répondit Sigüenza en désignant son flanc du doigt pour signifier la cause de cette interdiction ; cette simple indication suffit à accentuer sa pâleur et à dessiner une grimace de douleur sur ses lèvres exsangues. Excusez-moi de vous déranger, mais l'agent m'a dit que je vous trouverais ici, et je voulais vous montrer, si vous n'y voyez pas d'inconvénient, les photos et l'inventaire. Ils viennent d'arriver, annonça-t-il en posant sur le comptoir une serviette de cuir d'où il retira une grande enveloppe et des feuilles dactylographiées. Don Lorenzo Verdugones ouvrit l'enveloppe et regarda les photos avec une satisfaction évidente. Excellent résultat, murmura-t-il. Puis il les passa à Prullàs. Elles montraient toutes Ignacio Vallsigorri effondré dans un petit fauteuil Louis XV identique à celui qu'ils venaient de voir dans le salon. La qualité des photos était moyenne, le contraste de la lumière et de l'ombre était très accusé, mais la tache sombre qui couvrait la chemise et la veste, le corps disloqué et plus encore le regard vitreux du visage hiératique, indifférent à la présence du photographe et aux éclairs du flash, laissaient peu de doutes sur la signification macabre de ces images. Prullàs les rendit en les posant à l'envers sur le comptoir et vida le reste de sa bière d'un trait. Quelle horreur ! dit-il.

Vous voyez comme cela ressemble peu aux infâmes romans que vous aimez tant ! dit don Lorenzo Verdugones d'un ton méprisant ; et il ajouta, en lui tendant une des feuilles dactylographiées : Voici l'inventaire des objets personnels trouvés sur le corps de la victime ou dans le salon ; tout y est consigné ; les lacets de souliers, les baleines du col de la chemise, les fixe-chaussettes, tout sans exception. La frappe est un peu floue, parce qu'on nous rationne même le papier carbone, mais c'est lisible. Prullàs jeta un regard rapide sur la liste et vit qu'y figurait un portefeuille en veau. Il se rappela le vol dans la taverne de Mañuel et se demanda si la présence d'un portefeuille dans l'inventaire pouvait avoir une quelconque signification. Peut-être Ignacio Vallsigorri l'avait-il récupéré dans l'intervalle entre leur joyeuse nuit et l'assassinat, ou peut-être avait-il menti et le portefeuille ne lui avait-il jamais été soustrait. Le plus probable, cependant, était qu'Ignacio Vallsigorri possédait plusieurs portefeuilles, ou qu'il en avait acheté tout de suite un autre pour remplacer celui qu'il avait perdu. L'inventaire ne spécifiait pas le contenu du portefeuille trouvé dans la poche du mort.

Don Lorenzo Verdugones le tira de ces réflexions : Gardez ce précieux document et relisez-le tranquillement chez vous. Maintenant, dépêchons-nous : on ne fait pas attendre un médecin légiste.

Je dois vraiment assister à l'autopsie ? implora Prullàs en regardant le dos des photos du coin de l'œil. Le hiérarque éclata d'un rire sonore et les lèvres de Sigüenza se pincèrent pour esquisser un pâle sourire. Mais non, voyons, c'était une blague ! L'autopsie a eu lieu hier soir et le cadavre a reçu une sépulture chrétienne ce matin au cimetière de Sarriá.

2

Les tribunaux étaient en vacances pendant les mois torrides de l'été et le Palais de Justice, privé de sa meute habituelle de plaideurs, avocats, magistrats, procureurs et fonctionnaires, était plongé dans un silence sévère et apeuré. Dans les interminables corridors, défendus du soleil de midi par d'étroites jalousies, la lumière avare permettait tout juste de deviner les ombres muettes et indécises des rares personnes qui, prises dans la toile d'araignée de la loi, semblaient n'avoir rien à faire là, ni ailleurs. Feignant d'être très occupé, un avocat passait de temps en temps entre ces groupes silencieux ; revêtu d'une superbe robe garnie de manchettes en dentelle amidonnées, la toque posée de travers sur un sourcil, le corps penché en avant et le menton plongeant dans le délicat velours du col, il essayait en vain d'éviter les malheureux qui lui barraient continuellement le passage pour s'inquiéter de la marche de leur affaire. Le maître s'arrêtait, jetait, d'un air renfrogné, un coup d'œil au dossier qu'il transportait et, enveloppant le justiciable d'un regard aussi condescendant qu'indulgent, répondait entre ses dents : Patience, patience, l'affaire suit son cours, mais nous ne devons pas nous précipiter, le juge a rendu un arrêt conservatoire et requis la comparution des parties, *ipso jure* ! Toute intervention de notre part serait contraire à nos intérêts.

Les prévenus, dûment encadrés, montaient et descendaient d'un pas fatigué le large escalier central et les sombres escaliers latéraux ; c'étaient pour la plupart des filous minables pris en flagrant délit dans leur labeur quotidien ; yeux baissés ou levés vers le ciel avec une expression mélodramatique, ils allaient comparaître devant le juge de garde, et, cette formalité accomplie, être conduits vers les cellules, avant d'être transférés en prison où ils devraient attendre interminablement, oubliés du monde, que leur procès soit appelé. Certains présentaient des contusions et des ecchymoses sur la face, et des bandes de sparadrap sale sur le front et les pommettes, séquelles évidentes de leur obstination à ne pas admettre les délits qui leur étaient imputés. Voilà comment je serai d'ici peu si les choses tournent mal, se disait Prullàs.

*

Dans les bureaux réservés à l'Institut médico-légal, au deuxième étage de l'imposant édifice, les attendait un greffier qui somnolait à sa table, protégé de la curiosité d'autrui par un parapet de dossiers. Sur la table, un sandwich imprégnait d'huile divers papiers officiels à l'écriture méticuleuse. Don Lorenzo Verdugones cueillit le sandwich en douceur et, sans rien dire, le jeta dans la corbeille. Le greffier leva la tête, cligna des yeux, incrédule, se mit silencieusement debout et disparut prestement par une porte en verre dépoli. Le hiérarque profita de l'occasion pour expliquer à Prullàs que les autopsies avaient lieu à l'Hôpital central, mais que les médecins légistes disposaient de bureaux dans le Palais de Justice, où ils pouvaient rendre compte de leurs expertises aux avocats, procureurs et juges. Cette information soulagea Prullàs, qui craignait de se trouver nez à nez avec une exposition de membres conservés dans des bocaux de formol. Au bout d'un instant, le greffier revint pour annoncer que le docteur Capdevila les attendait dans son bureau.

Le docteur Capdevila était un homme cordial et bon vivant, d'âge moyen, corps petit et grosse tête, cheveux courts ressemblant à du crin, lèvres épaisses. Il était vêtu avec élégance, portait cravate et sentait la lotion capillaire. Il salua don Lorenzo avec amabilité et empressement, et ce dernier lui présenta Prullàs qui, dit le hiérarque, avait bien voulu interrompre ses vacances afin de lui donner un coup de main pour résoudre l'affaire. Ah ! c'est très méritoire, dit le docteur Capdevila, très méritoire… Où passez-vous vos vacances, monsieur Prullàs ? A Masnou. C'est un endroit charmant. Un de mes vieux amis et confrère, le docteur Mercadal, y a justement loué une maison pour l'été ; peut-être son nom vous dit-il quelque chose. Oui, bien sûr, dit Prullàs, j'ai eu l'occasion de faire sa connaissance. C'est un homme très agréable, et qui s'intéresse à beaucoup de choses.

Il a toujours été ainsi, approuva le docteur Capdevila. A la faculté, quand nous étions étudiants, il écrivait des vers ; pas très bons, mais enfin c'étaient des vers. Un homme très spirituel et un peu pessimiste, ce qui, soit dit en passant, ne l'a pas empêché d'épouser une femme superbe. Un vrai savant, oui, monsieur, ajouta le médecin légiste en clignant de l'œil, voilà le terme qui lui convient : un vrai savant. Quant à vous, monsieur Prullàs, je dois dire que je suis enchanté de faire votre connaissance, même si c'est dans un lieu si peu plaisant ; vos comédies m'ont fait passer des moments inoubliables, véritablement inoubliables. Mais écoutez bien ce que je vais vous dire, ajouta-t-il, nous voyons souvent ici des affaires qui pourraient être des sujets de comédies, que dis-je de comédies ?, d'authentiques farces, des histoires qui, si l'on pouvait les représenter sur une scène, seraient reçues par le public avec la plus totale incrédulité, et pourtant ce sont des affaires aussi véridiques que la vie elle-même. Ah, si j'avais votre facilité pour écrire ! conclut-il en soupirant. Il se frotta les mains et s'exclama : Mais tant pis ! Il se recueillit un instant puis ajouta d'un ton neutre : Bon, vous êtes venus pour une affaire concrète et je bavarde : allons au fait.

Le docteur Capdevila chaussa des demi-lunes, prit des feuillets sur la table et marmonna : A Barcelone le… du mois de… de l'an mil neuf cent…, nous médecin légiste comparaissant par-devant monsieur le Juge soussigné et le Greffier idem, ayant préalablement prêté serment de remplir fidèlement notre charge, etc., etc., rendons compte que dans l'accomplissement des instructions par nous reçues et bla-bla-bla, avons pratiqué l'autopsie du cadavre d'Ignacio Vallsigorri y Fadrí, sur lequel, à l'examen externe, il n'a pas été trouvé d'hématomes ni autres signes de violence, de même qu'après ouverture de la boîte crânienne celle-ci ne révèle pas de traces d'hémorragie cérébrale… sans intérêt pour nous… passons… passons… Ah, voilà l'important ! Observons une agression physique par un objet pointu (arme blanche), avec pénétration de cinq centimètres dans le cinquième intercostal gauche à environ huit centimètres du sternum, qui intéresse le péricarde ainsi que l'oreillette droite du cœur, avec section de la crosse de l'aorte et de la veine cave supérieure… D'un seul coup d'un seul, commenta-t-il en levant les yeux du papier, il y en a qui sont vernis ! Puis il reprit sa lecture : Ayant ouvert la cavité abdominale, constatons que les autres viscères sont normaux ; à l'incision de l'estomac, la muqueuse apparaît normale ; dans ledit organe, identifions des restes de chou-fleur au gratin, perdrix à la vinaigrette, fromage, pain, vin et café. De tout ce qui précède, concluons que la mort a été occasionnée par une blessure par arme blanche ci-dessus mentionnée, etc., etc.

Il reposa les feuillets sur la table, ôta ses lunettes, les rangea dans la poche supérieure de sa veste, se frotta de nouveau les mains et conclut : Si vous le souhaitez, je peux vous donner copie du rapport clinique, mais ce que je viens de vous lire constitue en gros le plus intéressant. Des questions ? Oui ; docteur, à quelle heure, selon vous, se sont produits les faits ? demanda don Lorenzo Verdugones. C'est très difficile à préciser, mais un calcul approximatif nous permet de les situer, avec la marge d'erreur propre à ce genre de cas, entre mardi vingt et une heures et mercredi zéro heure, c'est-à-dire entre neuf heures du soir et minuit ; peut-être une heure ou une heure et demie, si nous prenons en considération le fait que la nuit du mardi au mercredi a été très chaude et humide. J'ai moi-même passé une bonne part de la nuit sans fermer l'œil, jusqu'au moment où j'ai préféré me lever, remplir le bidet d'eau froide et mettre les pieds dedans.

Don Lorenzo Verdugones prit de nouveau la parole pour questionner : Quel genre de personne a pu ajuster un coup de couteau tel que celui que vous nous avez décrit ? Faut-il pour cela une habileté particulière ?

Le docteur Capdevila toussota. Du point de vue physique, dit-il, n'importe qui pourrait le faire. Je veux dire que cela ne requiert pas une habileté particulière ni une complexion déterminée. Ce serait autre chose si la mort avait été produite par étranglement ou s'il y avait eu préalablement lutte ; en ce cas, le défunt étant une personne athlétique, les choses auraient été différentes ; mais les examens effectués permettent d'exclure ces deux hypothèses. En résumé, conclut-il, je dirai que l'assassin a agi avec préméditation, dans l'intention de produire une blessure mortelle sur la victime, et que la chance, pardonnez-moi l'expression, l'a favorisé dans son entreprise. Il est évident que l'agression a pris la victime au dépourvu. Je dirai que la personne qui a commis l'homicide jouissait de la confiance du mort. Mais ce n'est là qu'une hypothèse. Dans tous les cas, dit don Lorenzo Verdugones en se penchant en avant, le crime a aussi bien pu être commis par un jeune que par un vieux. En effet, dit le médecin légiste, et aussi bien par un homme que par une femme ; et avec un rire sec et quelque peu énigmatique, il s'exclama : Ah, ces faibles femmes !

*

Il est dommage, commenta don Lorenzo Verdugones quand Prullàs et lui eurent quitté le Palais de Justice sous un soleil incendiaire et furent remontés dans la voiture, il est dommage que nous n'ayons pas trouvé l'arme du crime : cela éclaircirait beaucoup de choses. Bien sûr, dans votre pièce, vous avez aussi un homicide, n'est-ce pas ? Mais oui, mais oui, dans une histoire policière, cet ingrédient-là ne pouvait manquer… et quelle est l'arme du crime ?

Un couteau, dit Prullàs consterné, le personnage meurt d'un coup de couteau en plein cœur, exactement comme le pauvre Ignacio Vallsigorri. J'avoue qu'il y a là une coïncidence regrettable, ajouta-t-il immédiatement. Je changerais volontiers ce détail, mais je ne vois pas comment le faire sans modifier toute la trame… Bah ! je crois que personne ne fera le lien entre les deux choses, dit le hiérarque, il faudrait vraiment avoir l'esprit mal tourné. Ne changez rien à votre pièce : vous avez dû avoir assez de mal comme ça à l'écrire. L'arme dont on se sert sur scène est-elle vraie ?

Non, non, pas du tout, répliqua Prullàs, c'est un couteau de théâtre ; pas un couteau rétractile, du genre de ceux où la lame se loge dans le manche, mais un couteau sans tranchant et avec la pointe émoussée, pour éviter que quelqu'un ne soit blessé involontairement. Ou volontairement, corrigea don Lorenzo Verdugones.

3

Madame a appelé en demandant Monsieur ; je lui ai dit que Monsieur n'était pas là, mais je ne lui ai pas dit où vous étiez allé. Madame m'a demandé si Monsieur se portait bien, si tout allait comme il faut, et moi, j'ai dit que oui. Tu as bien fait, Sebastiana ; c'est vrai qu'il n'y a aucune raison de s'inquiéter, ni encore moins d'inquiéter les autres, répondit Prullàs. Il y a quelque chose à manger ? J'ai rien préparé ; vu que Monsieur n'a pas l'habitude de déjeuner à la maison, j'y ai pas pensé. Mais si vous voulez, je vous servirai quelque chose, vite fait bien fait. J'ai un chou-fleur… Non, non, tout mais pas ça. A vrai dire, je n'ai pas faim. Cette chaleur est épouvantable ! Alors rafraîchissez-vous, et pendant ce temps je vous ferai une salade de pommes de terre avec du thon et un œuf dur pour commencer, un peu de viande avec des poivrons sautés pour continuer, une tomate assaisonnée et, comme dessert, fruits et flan. Vous verrez, pas la peine d'avoir faim pour manger ça.

Sebastiana courut s'enfermer dans la cuisine. Prullàs, de son bureau, décrocha le téléphone, fit le 09 et demanda une communication avec le Casino de Masnou ; puis il prit une douche, passa des vêtements propres et s'assit sur le balcon pour lire *La Vanguardia*. La chronique des faits divers rendait compte du déraillement d'un tramway à Saragosse. Le véhicule était sorti des rails en prenant une courbe dans une rue en pente et avait continué à rouler sans freins ni contrôle pour aller s'encastrer dans une vitrine. Les dommages matériels étaient importants mais, par chance, on n'avait pas à déplorer de victimes. En revanche, il n'était pas fait mention de l'assassinat d'Ignacio Vallsigorri, dont le faire-part de décès occupait pourtant une demi-page. Il y était dit qu'Ignacio Vallsigorri était décédé chrétiennement, « muni des secours religieux et de la bénédiction apostolique », et que les obsèques avaient eu lieu dans la plus stricte intimité, « par la volonté expresse du défunt » ; sa famille et ses amis demandaient une prière pour le repos éternel de son âme, concluait le faire-part sans que soit spécifié quelle était cette famille ni quel degré de parenté l'unissait au mort. Don Lorenzo Verdugones n'avait pas mentionné l'existence de parents et aucun ne s'était fait connaître jusqu'à maintenant.

La sonnerie du téléphone interrompit le fil de ses pensées. Il décrocha et entendit à l'autre bout de la ligne la voix de M. Joaquín. Prullàs dit son nom et demanda à M. Joaquín de transmettre à son épouse qu'il allait bien. Tout va comme sur des roulettes, ajouta-t-il, je remonterai dès que possible. Dites-lui aussi de ne pas se fatiguer à me téléphoner ; je ne suis presque jamais chez moi. Oui, ici aussi nous avons beau temps, mais il fait une chaleur d'enfer. Non, je rappellerai dès que j'aurai un moment. M. Joaquín répéta le message pour montrer sa capacité de compréhension et donna l'assurance qu'il le ferait parvenir sans retard à sa destinataire. Prullàs raccrocha et, sans prêter attention aux signaux de Sebastiana qui, du seuil, l'invitait à passer à table, fit le numéro de Mariquita Pons. Il dit à la bonne qui lui répondit qu'il voulait parler à M. Fontcuberta. Je vais voir si Monsieur est à la maison, dit la bonne d'un ton évasif.

Carlos ! Quelle bonne surprise ! J'espère que je ne te dérange pas, dit Prullàs. Non, non, tu me prends juste entre le déjeuner et la sieste, répondit Fontcuberta, et je suis bien content que tu m'appelles : je voulais justement te parler ; tu dois déjà être au courant pour ce pauvre Ignacio. En l'apprenant, je suis resté pétrifié, quel malheur, mon vieux ! On est bien peu de chose… C'est précisément à ce propos que je t'appelle, dit Prullàs, si j'ai bien compris, tu étais en relations d'affaires avec Ignacio Vallsigorri…

Oui et non, répliqua Fontcuberta après un silence. Prullàs se demanda si l'autre connaissait les circonstances de la mort d'Ignacio Vallsigorri ; rien dans ses paroles ne permettait de le supposer, mais c'était quand même le plus probable ; comme lui, Fontcuberta voulait certainement le sonder pour voir ce qu'il savait. Ignacio Vallsigorri et moi avons été associés dans le temps, mais ensuite nos activités commerciales ont pris des directions différentes. Bien sûr, nous continuions à partager beaucoup d'intérêts économiques d'ordre général : nous avons parfois joint nos forces et parfois, au contraire, nous nous sommes trouvés en concurrence loyale. Pourquoi veux-tu savoir cela ? Eh bien, je me suis dit qu'en qualité d'ami et d'associé d'Ignacio Vallsigorri tu pourrais m'éclairer sur quelques points obscurs de sa personnalité. Ne crois pas qu'il s'agisse d'une simple curiosité… En réalité, comme j'imagine que tu le sais déjà, Ignacio Vallsigorri n'est pas mort de mort naturelle. Je veux dire… Inutile de continuer, l'interrompit l'autre avec un soulagement audible, je sais tout ! Don Lorenzo Verdugones m'a appelé hier soir pour me mettre au courant des faits et recueillir des informations sur le pauvre Ignacio. Vraiment ? Don Lorenzo Verdugones en personne ?! s'exclama Prullàs, surpris. Et il se disait en lui-même : Comment ce maudit fouineur a-t-il eu le temps de parler avec tant de gens ? Et que voulait-il savoir ? demanda-t-il à voix haute. Carlos, ne me violente pas ; il s'agissait de problèmes financiers de nature confidentielle. Légalement, je ne suis pas autorisé à révéler le contenu de notre conversation, et encore moins au téléphone. Mais tu m'appelais pour me poser une question. Pas une, plusieurs, répondit Prullàs. Avait-il des parents ? Je parle d'Ignacio Vallsigorri. Il avait un frère aîné, installé depuis des années en Argentine, et une sœur qui vit à Madrid et fait des affaires à Fernando Poo, dont on attend l'arrivée ici aujourd'hui même. Tous deux sont mariés et ont des enfants. Il y a encore d'autres parents à différents degrés : cousins germains, issus de germains, etc., etc.

Qui héritera de la fortune du défunt ?

Celui que désignera le testament, naturellement, en plus des héritiers légaux. J'ignore le contenu du testament et si celui-ci a été communiqué aux héritiers et légataires. Je ne sais même pas si un tel document existe, mais je serais étonné d'une si grande imprévoyance de la part d'un homme méticuleux comme l'était le pauvre Ignacio, qu'il repose en paix. En tout cas, j'ai cru comprendre, par une conversation que nous avons eue un jour que nous abordions fortuitement ce sujet, qu'Ignacio Vallsigorri, s'il n'entretenait pas de relations étroites avec sa famille, n'était pas non plus brouillé avec elle. Il est possible, d'ailleurs, qu'il ait légué le plus gros de son patrimoine à une institution de bienfaisance. Je l'ai entendu dire une fois qu'il laisserait tout à l'asile de San Rafael ou à l'hôpital de San Juan de Dios. Mais je ne sais pas s'il le disait sérieusement ou s'il parlait en l'air, tu sais comment il était. Et maintenant, c'est moi qui vais te poser une question : d'où te vient tant d'intérêt ? Tu le connaissais à peine.

Ta question est tout à fait justifiée, Miguel, mais je préfère, moi aussi, ne pas y répondre au téléphone. Si tu veux, voyons-nous plus tard et parlons tranquillement. A la sortie de la répétition, je ferai un tour à L'Oro del Rhin ; on peut s'y retrouver et je te raconterai tout. En voilà des mystères, mon vieux ! s'exclama Fontcuberta. On dirait Smith le Silencieux.

*

CECILIA, *montrant le cadavre de Todoliu* : Toi et tes maudites idées ! Tu peux me dire ce qu'on va faire, maintenant ?

JULIO : Je ne sais pas, laisse-moi réfléchir. Ne me bouscule pas.

CECILIA : Très bien, réfléchis autant que tu veux, moi, je mets les voiles.

Cecilia va vers la porte de droite. Au moment où elle s'apprête à l'ouvrir, on frappe plusieurs coups à la porte. Cecilia, prise de panique, fait un pas en arrière. Elle revient vers Julio qui, par signes, lui indique de prendre l'air naturel et de répondre.

CECILIA, *d'une voix sucrée* : Qui est là ?

ENRIQUE, *de dehors* : C'est moi, mon amour, Enrique.

CECILIA : Ciel, mon fiancé !

JULIO : Mais qu'est-ce qu'il vient faire ici à cette heure ?

CECILIA : Tu ne te souviens pas ? C'est toi qui m'as dit de lui donner rendez-vous à midi pour qu'il voie Todoliu vivant.

ENRIQUE, *toujours dehors* : Je peux entrer ?

CECILIA *qui court à la porte et met le verrou* : Non, oh ! mon Dieu, non, tu ne peux pas. Je suis en train de m'habiller… je suis presque nue…

ENRIQUE, *dehors* : Dans le salon ?

CECILIA : Oui… oui, bien sûr… on vient de me livrer un nouveau modèle et je n'ai pas pu résister à la tentation de l'essayer dans son cadre naturel !

ENRIQUE, *dehors* : Très bien, j'attendrai. Je vais en profiter pour parler avec Todoliu. Il paraît qu'il a quelque chose d'important à me dire.

CECILIA : Non ! Je veux dire… je veux dire qu'il vaut mieux que tu ne voies pas Todoliu maintenant.

ENRIQUE, *dehors* : Pourquoi ne puis-je pas le voir ?

CECILIA : Parce que Todoliu… Todoliu…

ENRIQUE, *dehors* : Il lui est arrivé quelque chose, à Todoliu ?

CECILIA : Non, non, au contraire, il va divinement bien… divinement. *(Pendant que Cecilia parle, Julio tente de cacher le cadavre derrière le canapé, mais il y a toujours un bras ou une jambe qui dépasse.)* C'est seulement que… Todoliu est ici, avec moi.

ENRIQUE, *dehors* : Comment, avec toi ? Et tu es toute nue ?

CECILIA : Oui… enfin non, c'est-à-dire que ça m'a paru impoli de le congédier quand le paquet de la modiste est arrivé. Mais ne t'inquiète pas, Enrique : il ne me voit pas… je veux dire que, pendant que je me déshabille, il fait les mots croisés d'*ABC*. Si tu voyais la concentration avec laquelle il cherche un affluent du Tage en cinq lettres !

Comment marche la répétition ? demanda Prullàs.

Tu peux l'imaginer, répondit le metteur en scène. La nouvelle s'est propagée comme une traînée de poudre et les nerfs ont craqué. Tu sais combien les gens de théâtre sont superstitieux. Et pour tout arranger, quelqu'un a eu la bonne idée d'inventer qu'il y a un fou caché dans le théâtre, prêt à régler son compte à toute la troupe. Je leur ai dit de ne pas se faire de bile, que si le jour de la première la pièce est jouée comme aux répétitions le public se chargera de ne pas laisser âme qui vive. Jusqu'au brave Bonifaci qui rôde dans les couloirs, une hache de pompier à la main, on dirait un ogre. Et toi ? Quelle nouvelle bêtise as-tu commise depuis la dernière fois que je t'ai vu ?

Je suis allé sur le théâtre du crime et ensuite à la morgue ou dans un endroit du même genre, expliqua Prullàs. Tu ne peux pas savoir le mauvais moment qu'ils m'ont fait passer, Pepe. Et le mystère est toujours aussi épais : pas de pistes, pas de mobiles, pas de suspects. Rien, absolument rien. Cette après-midi, j'ai enquêté sur la question des héritiers, mais toutes mes démarches ont abouti à une impasse. La petite ne t'a fait aucune réflexion ? Qui ça, Mlle Lilí Villalba ? demanda Gaudet. Non, au contraire, elle n'a jamais été aussi discrète : pas d'exhibitions d'entrecuisse en direction des fauteuils ni de clins d'œil à l'assistant, une vraie bonne sœur. Quelque chose l'a métamorphosée ; je me demande si ce n'est pas l'amour. Je t'en prie, épargne-moi tes sarcasmes, grogna Prullàs. Je ne me moque pas, dit Gaudet ironiquement, elle m'a donné ce billet doux pour que je te le fasse parvenir. Il semble qu'elle craigne, en t'approchant, que la flamme de tes yeux ne mette le feu à sa jupe en nylon. Tiens, ajouta-t-il en tendant une feuille pliée, et que la sagesse t'inspire, don Juan, car cette nuit est la dernière qui nous reste avant de trouver notre sépulture. Sans prêter attention au persiflage de son ami, Prullàs déplia la feuille et lut : « La polisse est venu m'interroger j'ai rien dit mais il fau que je te voit d'urgance je t'aime Lilí. » Il replia la feuille et la mit dans sa poche. Je vais m'en occuper, dit-il.

La répétition finie, il se dirigea vers les loges d'un pas déterminé, sans se soucier que les machinistes le voient. Et puis quoi, pensait-il, ça n'a rien d'extraordinaire que l'auteur échange des impressions avec les membres de la troupe, d'ailleurs tout vaut mieux que ce tissu de précautions et de cachotteries qui finiront par nous mener tous en prison si nous ne mettons pas un terme à cette histoire de fous.

Ainsi ruminait-il, tout en cherchant dans la pénombre du couloir la loge de Mlle Lilí Villalba, quand il entendit un bruit étrange en provenance de celle de Mariquita Pons. Il s'approcha de la porte et entendit de nouveau le bruit, qui ressemblait maintenant à un hurlement d'agonie sauvage, le cri d'un animal blessé à mort. Il se souvint des paroles de Gaudet à propos de l'assassin du théâtre et, convaincu que la célèbre actrice était la proie d'un dément, il se précipita dans la loge.

Il vit, étendu par terre, le corps inanimé de Mariquita Pons. Il explora en vain les recoins pour trouver l'agresseur : il n'y avait personne. Il en déduisit que l'assassin au rugissement de fauve s'était échappé par une porte secrète. Mais à peine cette idée s'était-elle formée dans sa tête que le cri atroce résonna de nouveau près de lui. Il comprit alors que c'était la célèbre actrice qui l'émettait. Elle est devenue folle ! pensa-t-il. Il se mit à genoux, lui prit l'épaule et murmura prudemment son nom : Quiqui... Quiqui chérie... Comment te sens-tu ? La célèbre actrice releva son visage du sol et le fixa d'un regard égaré et terrifiant. Qui t'a laissé entrer ? bredouilla-t-elle. Quiqui, au nom du ciel, comment te sens-tu ?

En faisant un effort visible, Mariquita Pons recouvrait son contrôle ; elle se leva et rajusta la ceinture du peignoir qui s'était ouvert dans sa chute. Elle alla vers la table de maquillage d'un pas mal assuré et s'assit sur le tabouret. Le miroir refléta ses traits décomposés, les yeux rouges, la bouche tordue et convulsée. Elle introduisit de ses doigts tremblants une cigarette dans le fume-cigarette en nacre, l'alluma et aspira avidement la fumée du tabac. C'est passé, dit-elle d'une voix rauque, excuse-moi si je t'ai fait peur.

Prullàs s'était relevé, lui aussi, et regardait, interdit, l'image de décrépitude et de désespoir que lui offrait le miroir. Ferme la porte, dit-elle. Tu veux que je m'en aille ? demanda Prullàs. Que j'appelle l'habilleuse ? Non, reste ; prends une chaise et tiens-moi compagnie pendant que je m'arrange.

Prullàs fit comme elle le demandait. Pendant ce temps, Mariquita Pons ouvrit un tiroir de la coiffeuse, sortit un thermos, remplit un verre d'un liquide ambré et le vida d'un trait. Ne me regarde pas comme ça, c'est juste du thé froid, dit-elle ironiquement, en percevant l'appréhension dans son regard. J'en apporte tous les jours un thermos plein de chez moi. L'eau du théâtre est imbuvable et le thé froid ôte la soif, sans être écœurant comme les boissons en bouteille. Et elle poursuivit avec naturel, comme si elle avait déjà effacé l'incident de sa mémoire, qu'elle avait appris cela de Catalina Bárcena, il y avait bien des années, quand elle, Mariquita Pons, vivait et jouait à Madrid, et qu'elles se partageaient la tête d'affiche dans la reprise du *Collier d'étoiles*.

Si tu as quelque chose à me confier, tu peux me le dire, dit Prullàs quand elle eut terminé cette digression, mais si tu préfères te taire, je ferai comme si je n'avais rien vu.

Mariquita Pons se passa du démaquillant sur le visage. Je n'ai rien à te confier, Carlos, dit-elle d'un ton impersonnel. J'ai eu un malaise passager. Ça me prend de temps en temps ; les médecins disent que c'est sans importance. La chaleur, les nerfs, rien que de très banal. Elle eut un geste vague et poursuivit d'une voix fatiguée : Parfois, j'ai l'impression que toute ma vie se défait. Peut-être un moment de faiblesse, peut-être un bref moment de lucidité, qu'importe ? Après, tout redevient normal. Prullàs eut le sentiment que ce n'était pas Mariquita Pons qui parlait, mais le masque crispé qui habitait le monde sans vie du miroir. Les années passent, continua-t-elle, et au lieu d'ajouter quoi que ce soit à nos vies, elles nous enlèvent le peu que nous avons ; c'est toujours pareil : nous désirons quelque chose de toutes nos forces, pendant longtemps, et quand nous l'obtenons enfin il est trop tard, ou ce n'est pas ce que nous imaginions, ou nous découvrons qu'au fond nous ne le désirions pas si ardemment que cela. Tous nos rêves s'avèrent insignifiants quand ils se matérialisent. En revanche, rien ne peut nous consoler de ce que nous perdons. La vie est ainsi faite. Je l'ai toujours su, mais je ne pouvais soupçonner que tout irait si vite. Je regarde derrière moi et je ne vois rien. Elle fit une pause et dit encore :

Je ne veux plus que tu m'écrives de rôle de jeune première, Carlos, promets-moi que tu ne le feras plus.

Ne dis pas de bêtises, répliqua Prullàs, tu es la jeune première la moins vieille de tout le théâtre européen, et la plus séduisante. La célèbre actrice mit du rouge sur ses joues et du rimmel sur ses cils. Tu as raison, murmura-t-elle en contemplant, la tête inclinée sur le côté, le résultat de son ouvrage. Je ne suis pas en forme ; ça passera.

Elle écrasa sa cigarette, se leva et alla se cacher derrière le paravent. Prullàs resta assis à côté de la coiffeuse et joua avec le bâton de rouge à lèvres : en faisant monter et descendre le petit bouton qui saillait d'une rainure latérale du tube métallique, un bâton de carmin onctueux et obscène apparaissait et disparaissait. Pourquoi ne m'emmènes-tu pas au cinéma ? dit la célèbre actrice de derrière le paravent, mon mari est un satrape qui refuse de sortir de chez lui et tu me dois encore un film. Je ne peux pas ; j'ai justement rendez-vous avec ton satrape de mari d'ici peu à L'Oro del Rhin, répondit Prullàs. Ça alors, s'exclama-t-elle, et que venais-tu faire ici ? Me demander ma permission ?

Prullàs ne sut que répondre : il ne voulait pas révéler la vérité, à savoir qu'il était à la recherche de Mlle Lilí Villalba quand les hurlements de Mariquita Pons l'avaient détourné de son projet initial. Qui te dit que je ne venais pas regarder par le trou de la serrure ? Pour la première fois, Mariquita Pons sourit. Tu mens mal, mais tu as raison de me flatter : à partir d'un certain âge, seule une vanité monstrueuse nous permet encore de croire que ce que nous faisons a un sens quelconque.

Elle émergea de derrière le paravent : le tailleur estival lui avait restitué son air gracile. Elle eut une moue coquette. Mon mari est un monstre, me croiras-tu si je te dis qu'il a l'intention de retourner à Madrid dans les jours qui viennent ? Juste au moment où j'ai le plus besoin de lui ! Depuis quand as-tu besoin de ton mari ? s'exclama Prullàs, amusé. Mariquita Pons s'humecta le cou avec le parfum d'un vaporisateur. Les hommes ne comprendront jamais les femmes, dit-elle. Ni les femmes les hommes, dit Prullàs. Bien sûr, répondit-elle, parce qu'il n'y a rien à comprendre.

4

Même pour les clients habituels et généreux, aucune table n'était libre sur la terrasse de L'Oro del Rhin, à cette heure paisible et tiède. Les garçons s'en désespéraient, incapables qu'ils étaient de contenter ceux de leurs clients qui avaient su gagner leur estime à force de constance et de libéralités. Dans l'avenue de José Antonio, le trafic des voitures et des tramways était assez dense, et sur le boulevard ombragé de la Rambla de Cataluña, en cette fin de journée de travail, ouvrières et employées se promenaient quatre par quatre, en se tenant par le bras et en décrivant des zigzags, et faisaient vibrer l'air du rire strident et un peu forcé des jeunes filles seules. La somptueuse façade du cinéma Coliseum était en partie couverte par l'effigie de Loretta Young et de Henry Wilcoxon, embellis et magnifiés par la dignité des personnages royaux qu'ils incarnaient. Des mendiants s'approchaient des tables, essayant d'échapper à la stricte vigilance des serveurs.

A l'intérieur de l'auguste café, les ventilateurs répartissaient équitablement dans tout l'espace la fumée des cigarettes, des cigares et des pipes, ainsi que l'arôme luxueux du vrai café. Des hommes graves habillés de noir pontifiaient sur des sujets banals en longues périodes de rhétorique fleurie qui s'achevaient par l'estocade bien envoyée d'une sentence imparable. Des individus pâles, sinueux, épaules étriquées, peau visqueuse et regard fuyant, vêtus de complets de rayonne marqués par la sueur, chaussures déformées par l'usage, chapeau de paille et serviette, naviguaient de table en table pour offrir leurs services. Ils aimaient se donner le titre injustifié d'« intermédiaires ». Ils travaillaient le matin à la municipalité ou à la députation, aux Impôts locaux, à la direction des Finances ou des Travaux publics, ou dans d'autres postes stratégiques de l'administration, ou encore ils avaient un parent, un ami qui y travaillait, ou encore ils connaissaient le système permettant d'accéder à ces organes vitaux du corps social. On pouvait, par leur médiation, être tenu au courant à l'avance des intentions des autorités ou d'autres données également indispensables au succès d'une opération, qu'il s'agisse d'accélérer la transmission d'un dossier, l'adjudication d'une sous-traitance, l'obtention d'un permis ou le rajustement des tarifs, ou de faciliter la délivrance de documents et d'attestations de créance, de dégager les obstacles et, plus généralement, de lubrifier l'engrenage compliqué de la machine officielle en permettant un contact personnel avec les échelons intermédiaires. Leur serviette contenait toujours une rame de papier timbré, des timbres et des formulaires ainsi que plusieurs exemplaires du Journal officiel, dont ils lisaient les caractères microscopiques en louchant, en tirant la langue et en suivant les dédales du texte d'un doigt jauni de nicotine à l'ongle démesuré. Parmi eux, on trouvait aussi bien d'inoffensifs charlatans à la recherche d'un éphémère instant de pouvoir imaginaire que d'authentiques escrocs vivant comme des sangsues sur le dos des naïfs, des imbéciles, de ceux que leur cupidité rendait aveugles ou que la nécessité étranglait. Miguel Fontcuberta saluait les uns et les autres avec une discrète familiarité.

*

Résignés à occuper la seule place libre, loin des fenêtres, Prullàs et Fontcuberta s'assirent dans un coin, à côté d'un individu à barbe grise et grosses lunettes qui lisait *La Prensa* en remuant en cadence les lèvres et les sourcils.

Fontcuberta resta pantois au récit que Prullàs lui fit des derniers événements. Pour te parler franchement, mon vieux, dit-il en baissant la voix, je te vois bien mal parti ! Il va sans dire que je ne doute pas un instant de ton innocence ; mieux, je suis prêt à la défendre devant quiconque la mettrait en cause. Mais il n'est guère étonnant que la police, ou même don Lorenzo Verdugones, te soupçonne. A leur place, je ferais pareil. Tu es sorti de rien, tu as fait un riche mariage, tu écris des histoires de crimes, tu mènes une vie de bohème, tu fréquentes des gens de théâtre et tu as la réputation méritée d'être un peu polisson, que te faut-il de plus ? Regarde-moi, ajouta-t-il d'un ton dolent, je suis un homme d'affaires respecté dans toute l'Espagne, je suis reçu partout à Madrid, et pourtant, par le simple fait d'être marié à une actrice, Dieu sait tout ce qu'on peut raconter sur mon compte ! Je suis donc bien placé pour te parler sans ambages. Et puis il y a les circonstances : Verdugones lui-même t'a vu chez Brusquets en conversation avec Ignacio Vallsigorri, la veille de l'assassinat, il vous a vus partir ensemble, il sait que vous avez fait la noce dans les bas-fonds. Personne ne saura jamais de quoi vous avez parlé ni ce qui s'est passé entre vous ; nous n'avons que ta version, et il est clair que celle-ci n'a guère de valeur. En réalité, seul manque à Verdugones un mobile pour que toutes les pièces du puzzle s'assemblent. Et maintenant, dis-moi : existait-il un mobile quelconque ? Tu peux te confier à moi comme si j'étais ton frère.

Oh !… à la vérité… un petit mobile… oui, il pourrait y en avoir eu un. Ne m'oblige pas à te le révéler, mais il s'agit d'une histoire de femme.

Oh là là ! les choses sont encore pires que je le supposais ! s'exclama Fontcuberta en baissant davantage la voix. Un faux pas pourrait avoir des conséquences irréparables. Avant tout, il faut mettre l'affaire entre les mains d'un bon avocat, Carlos ; tu dois prévoir toutes les éventualités. Écoute, je vais te dire ce que nous allons faire, enchaîna-t-il immédiatement, comme s'il venait d'avoir une soudaine inspiration. Nous allons nous rendre séance tenante chez don Marcelino Sanjuanete. C'est l'avocat le plus prestigieux de Barcelone et, dans une affaire comme celle-là, il faut prendre le taureau par les cornes.

Prestigieux, tu parles : Sanjuanete a la réputation d'être un intrigant, dit Prullàs. C'est le dessus du panier ! répliqua Fontcuberta. Tu crois, dit Prullàs dubitatif, qu'il acceptera de nous recevoir ? Bien sûr, affirma Fontcuberta, il me connaît, et toi aussi : je vous ai vus, l'autre jour chez Brusquets, en discussion animée. Bah ! nous avons seulement échangé des formules de politesse ; je doute qu'il se souvienne de moi, dit Prullàs.

Ils se dirigèrent à pied vers le carrefour du Paseo de Gracia et de la rue Diputación, où l'illustre jurisconsulte avait son cabinet. Après avoir informé un portier galonné et intransigeant du lieu où ils se rendaient, ils montèrent au premier étage par un escalier de marbre et sonnèrent à une porte colossale. Un factotum accourut aussitôt et Fontcuberta lui remit sa carte de visite après avoir griffonné quelques lignes au dos, en le priant de la faire parvenir à maître Sanjuanete. Le factotum les introduisit dans une petite salle d'un sordide indescriptible, occupée pour le moment par cinq clients plongés dans une profonde léthargie après d'innombrables heures d'attente. Vous avez rendez-vous ? demanda le factotum aux nouveaux venus. Non, mais notre affaire ne souffre pas de retard, répondit Fontcuberta. A vrai dire, il ne s'agit que d'une brève consultation. Ces messieurs, ajouta-t-il dans un murmure imperceptible, ne sont pas aussi pressés que nous, vous me comprenez ? Répétez cela à maître Sanjuanete et prenez ce cigare pour le fumer dimanche à notre santé, pendant la corrida.

Les visiteurs gémirent comme des âmes du purgatoire à la vue de cette manœuvre qui ne pouvait que prolonger le supplice de l'antichambre, mais aucun ne fit mine de protester. C'étaient des gens de condition modeste et ils avaient eu recours à un cabinet de luxe où l'on observait tout naturellement certaines préséances hiérarchiques ; s'ils s'étaient adressés à un cabinet moins important, ils y auraient été mieux reçus, mais leurs chances de succès auraient été moindres.

Le factotum revint aussitôt dans la salle d'attente et pria Fontcuberta et Prullàs de bien vouloir le suivre. Ils firent un long parcours derrière lui ; un corridor débouchait sur un autre corridor qui, à son tour, se prolongeait par un troisième. Cette maison était un labyrinthe obscur et lugubre. De temps en temps, le long de ces corridors consécutifs, s'ouvraient des chambres transformées en bureaux sinistres, éclairés par la lumière grisâtre de tubes fluorescents fixés au plafond. Une armée de gratte-papier de tous âges travaillait sur de grandes tables enfouies sous des liasses, au milieu de rayonnages métalliques croulant sous les dossiers et de classeurs à soufflets bourrés de paperasses qui les empêchaient de fermer. Certains avaient pendu leur veste au portemanteau et portaient une blouse gris souris ; les plus vieux avaient des manchettes de lustrine noire. Des femmes pâles, éteintes, dactylographiaient des écrits interminables sur des machines vétustes avec une lenteur stupéfiante. Les volets des fenêtres étaient hermétiquement clos pour éviter les distractions : seul le bruit lointain des tramways grinçant sur les rails rappelait l'existence du monde extérieur. Des ventilateurs noirs de crasse, placés en équilibre instable sur les gros volumes qui couronnaient les classeurs, brassaient l'air.

Cher et distingué ami, quel honneur ! s'exclama Sanjuanete en saluant d'un large sourire et d'un geste bénisseur de la main l'apparition de Fontcuberta dans l'encadrement de la porte capitonnée que le factotum venait d'ouvrir toute grande. Comment allez-vous ? Et votre charmante et belle épouse ? Et vous, monsieur Pallarés, entrez,

entrez donc, et daignez considérer cette maison comme la vôtre ; c'est un plaisir pour moi de vous recevoir et de vous être de quelque utilité.

Cette harangue contrastait avec l'aspect sale et négligé de l'illustre jurisconsulte : il était en manches de chemise, la cravate défaite, et, en se levant, il montra un pantalon couvert de taches de graisse et déboutonné de façon indécente. Le bureau était plongé dans la pénombre, ce qui empêchait d'apprécier l'ampleur du fouillis qui y régnait : les colonnes de dossiers empilés sur les tables et les chaises s'étaient écroulées en hécatombes successives, tapissant le sol de papiers amoncelés et mélangés, déchirés et piétinés ; des livres ouverts et débrochés couvraient les rayonnages, et l'on pouvait voir entre deux recueils de jurisprudence un plateau portant un verre souillé et un siphon vide. Il semblait impossible, dans ce chaos, qu'une affaire quelconque puisse être suivie avec méthode et intelligence. Il était notoire, dans le milieu judiciaire de la ville, que dans ce cabinet prestigieux les dossiers s'égaraient, les documents de la plus haute importance disparaissaient, les délais et les échéances n'étaient pas respectés, les données étaient faussées et les procédures toujours entachées des plus grossiers vices de forme, ce qui n'empêchait nullement que toutes les affaires soient gagnées.

Voyons donc de quoi il s'agit, dit Sanjuanete en se réinstallant dans son fauteuil et en posant ses mains grassouillettes sur la table, tandis qu'un sourire bonasse se répandait sur sa face large et flasque comme celle d'un monarque français. Prullàs hésitait. C'est un peu compliqué à expliquer, balbutia-t-il. Qu'importe, dit l'avocat, prenez le temps qu'il faut ; nous ne sommes pas pressés. J'ai vu que vous aviez des visiteurs dans la salle d'attente… risqua Prullàs. Bah ! c'est sans importance, répliqua l'avocat. Il appuya sur une sonnette ; le factotum accourut. Vous désirez quelque chose, maître ? s'enquit-il. Il reste des visiteurs ? lui demanda l'autre. Oui, maître, cinq. Les mêmes qu'hier ? Oui, maître. Alors dites-leur de revenir demain.

Le factotum parti, Prullàs commença d'expliquer la situation dans laquelle il se trouvait. L'avocat l'interrompit : Non, non, avant, avant ! Remontez aux antécédents, je vous prie, et ne me cachez rien. Je ferai ainsi pour ce qui me concerne, dit Prullàs, mais il y a une demoiselle impliquée dans l'affaire, dont je ne voudrais pas que le nom et la position soient compromis. Oh ! compromettez, compromettez, sans nulle crainte ! insista Sanjuanete. Rien ne sortira d'ici, et personne ne sait ce qu'il peut en résulter de profitable le moment venu… Eh bien, dit Prullàs, il s'agit d'une demoiselle avec qui le défunt entretenait des relations assidues et qui… récemment… a été également l'objet des mes attentions.

Fontcuberta interrompit le récit pour demander : Je la connais ? Non, dit sèchement Prullàs, et pas un mot de cela à ta femme. Feu Ignacio Vallsigorri et vous-même lui prodiguiez donc simultanément vos attentions ? questionna Sanjuanete. Je crains que oui. Hum ! Y a-t-il eu des témoins de vos… épanchements, à part ladite demoiselle ? Non, je ne crois pas, dit Prullàs. Dans ce cas, décida l'avocat, nous les tiendrons pour nulles et non avenues ; poursuivez.

Prullàs compléta le récit de la manière la plus ordonnée qu'il put. Quand il eut fini de parler, l'avocat se carra dans son fauteuil, croisa les doigts sur sa panse, ferma les paupières et médita. Au bout de quelques instants, il rouvrit les yeux mais resta sans rien dire. Eh bien ! finit par s'exclamer Prullàs, comment voyez-vous l'affaire ? Moi ? dit l'illustre jurisconsulte sur le ton de la surprise, comme si cette question le prenait de court. Mauvaise, très mauvaise. Expliquez-vous, je vous en prie !

L'illustre jurisconsulte haussa les épaules. Eh bien, je crois que l'on vous considère comme coupable, dit-il, cela semble clair. Et il n'y a pas grand-chose à faire contre l'opinion des autres. On vous mettra en prison, mon cher

Pallarés, écoutez bien ce que je vous dis : en prison ! Mais c'est impossible ! cria Prullàs. Je n'ai rien fait ! Ah oui, c'est ce qu'ils crient tous sur le chemin de la prison, ricana Sanjuanete, et même sur celui de l'échafaud ! Mauvaise tactique, croyez-moi, mauvaise tactique ; inutile à l'avenir de clamer votre innocence : c'est une grave erreur et, du point de vue conceptuel, cela n'a aucune valeur juridique.

Prullàs observa une minute de silence hostile. Puis il dit : Et l'enquête ? Elle va bien donner un résultat. La police est dessus ; il faudra bien qu'ils arrivent à une conclusion qui m'exonérera de toute culpabilité. L'avocat sourit béatement. C'est possible, convint-il, mais je dois vous dire que, dans toute ma vie professionnelle, je n'ai jamais vu personne arriver à une conclusion qui ne confirme pas ses a priori. Je n'ai jamais non plus rencontré personne qui ne soit pas persuadé d'avoir entièrement raison. C'est pour cela que j'ai choisi de m'en tenir scrupuleusement à la lettre de la loi. Mieux vaut s'accrocher à la procédure que faire confiance à la raison et à la justice. La subjectivité est une infamie, mon cher Pallarés.

L'illustre jurisconsulte fit une longue pause, à la fin de laquelle il poursuivit son discours en ces termes : Le dénommé Ignacio Vallsigorri, d'après ce que j'ai compris, était un bon garçon, honorable et travailleur, mais un peu bambocheur, non ? Toujours à faire la navette entre le club et le comptoir d'un bar. Mais quand même un brave garçon : tout le monde l'aimait bien, le pauvre ; en tout cas, tout le monde disait du bien de lui. Il n'a jamais été mon client, mais j'ai eu une fois affaire à lui, une histoire compliquée de bail emphytéotique, je ne me souviens plus... il ne nous a pas cherché de poux dans la tête au moment de trouver un accord, cela oui, je m'en souviens bien. Un coureur de jupons, dit-on. Mauvais pour la santé, pour le portefeuille et pour la tranquillité de l'esprit. Chez les femmes, il y a de tout : il y en a de bonnes, d'autres ont la cuisse légère ; et impossible de les distinguer au premier coup d'œil. Enfin, cela ne sert pas à grand-chose de donner des conseils à un mort : sur ce terrain, nous arrivons trop tard. Quant à vous, mon cher Pallarés, ajouta-t-il sans regarder son interlocuteur, vous affirmez, dites-vous, ne pas l'avoir tué. Nous voulons bien vous croire. Mais les circonstances ne plaident pas en votre faveur. Vous êtes un personnage… comment dirai-je ? peu conventionnel : le théâtre et tout ce qui s'ensuit… pas besoin de vous faire un dessin.

C'est exactement ce que je disais tout à l'heure à mon ami Prullàs, l'interrompit Fontcuberta, et je lui donnais mon propre cas en exemple. Voyez vous-même : je suis marié depuis des années avec une des actrices les plus sérieuses et les plus prestigieuses de notre théâtre ; nous sommes un ménage modèle dans tous les sens du mot, et pourtant, Dieu sait ce que les mauvaises langues propagent sur notre compte de par le monde. Oh, je vous en prie, mon cher Fontcuberta, votre épouse est une grande dame, et l'on ne prononce sur elle que des paroles d'éloges, protesta l'avocat, oui, d'éloges ! Et pour en revenir à votre cas, mon cher Pallarés, ma modeste opinion est que le mieux serait d'éviter l'inculpation. Une inculpation vous apporterait de graves conséquences, dans votre travail, dans votre milieu social, face aux autorités ; vous seriez perpétuellement sous surveillance. Des années pourraient passer avant que l'on vous fasse comparaître et, pendant ce temps, comment vivriez-vous ? Sauf erreur de ma part, vous écrivez des comédies ; si vous êtes inculpé, il vous sera interdit à tout jamais d'en faire représenter une. Même si l'on vous épargne la détention provisoire… Et pour finir, dans le meilleur des cas, un non-lieu. Trop tard : le mal serait fait. Tout le monde est au courant d'une inculpation, la nouvelle se répand comme une traînée de poudre ; mais après, qui se soucie des non-lieux ?

L'illustre jurisconsulte fit un geste d'impuissance et ajouta d'un air navré : Malheureusement, je ne peux rien faire pour vous éviter l'inculpation. Ce sera à vous-même de vous en charger. Pire, mon intervention serait contre-productive. Si j'intervenais, tout le monde vous considérerait comme coupable sans chercher plus loin. On dirait : Regardez celui-là, avec l'argent de son beau-père, il s'est payé quelqu'un pour le sortir de prison.

Mais si vous vous ne pouvez rien, qu'est-ce que je peux faire, moi ? dit Prullàs. Oh ! vous avez certainement des amis influents, répondit l'avocat, des citoyens à la réputation sans tache. Parlez-leur. Il arrive qu'une démarche personnelle vaille mieux que mille recours judiciaires. Les mauvais avocats veulent toujours mener l'affaire devant les tribunaux. Comme s'ils ne pensaient qu'à se mettre en robe et à pérorer ! Vanité et envie de briller ! Un bon avocat préfère arranger les choses sans tout ce bruit, entre gens civilisés. En parlant, on arrive à s'entendre, et si pour parvenir à cette entente il faut sortir un peu d'argent, eh bien !, on le sort, et basta ! La paix vaut bien quelques pesetas. Attention, je ne vous dis pas de détourner le cours de la justice. Non, non, il ne s'agit pas de cela. De toute manière, si, comme vous le dites, vous n'avez rien à voir avec cette affaire, dès que l'enquête aura éclairci les choses, vous n'aurez plus à vous faire de souci ; et, dans l'hypothèse théorique où vous seriez réellement coupable, notre but doit être de gagner du temps. Naturellement, je ne vous donne pas ce petit conseil à titre professionnel, mais à titre amical. Si vous ne souhaitez pas le mettre en pratique, ne le faites pas, et si vous le faites et qu'il ne donne pas le résultat attendu, revenez me voir et nous réviserons la stratégie. Excusez-moi si je ne vous raccompagne pas jusqu'à la porte d'entrée, ajouta-t-il en se levant, mais je dois regarder une requête dont la réponse demeure en attente depuis plusieurs semaines. Adieu, mon cher Pallarés. Et vous, mon cher Fontcuberta, n'oubliez pas de transmettre mes sincères hommages à votre épouse : une grande dame !

*

Après cette brève mais intense immersion dans le cabinet de Sanjuanete, retrouver les frondaisons du Paseo de Gracia et le brouhaha quotidien des véhicules et des piétons lui procura une sensation de soulagement qui ne suffit pas, néanmoins, à dissiper sa colère. Cet individu est une marionnette prétentieuse et sans scrupule ! s'exclama-t-il. Il se moque complètement de ce qui m'arrive.

Ne dis pas cela, lui reprocha Fontcuberta, Sanjuanete est une forte personnalité, un vrai génie, avec la dose d'excentricité correspondante. En fin de compte, continua-t-il, les avocats sont comme les médecins : derrière les nœuds embrouillés de chaque affaire judiciaire, de chaque circonvolution légale, se cache en général un cas humain douloureux. Si les avocats devaient assumer les souffrances de tous leurs clients, leur vie serait insupportable ; pour être utiles aux autres, ils doivent garder la tête froide. Tu cherchais la solidarité, il t'a offert des solutions pratiques : il faudra s'en contenter. Mais ne jette pas ses conseils aux orties : la solution de ton affaire est peut-être là.

Où ? Dans la recherche de quelqu'un qui se porte garant de mon innocence ? Je ne sais pas à quoi cela servirait ; don Lorenzo Verdugones ne lâchera pas sa proie aussi facilement. Cela dépend de qui le lui demande, répondit Fontcuberta. Il faudrait trouver une personnalité qui ait un vrai poids moral : un militaire de haut grade, voilà l'idéal. Tu en connais un ?

Non, répliqua Prullàs, ni militaire ni rien de ce genre. En y réfléchissant bien, la personne la plus influente que je connaisse est mon beau-père, mais cela signifierait mettre ma famille au courant ; et, après mon beau-père, il y a toi.

Mon vieux, dit Fontcuberta après quelques instants d'hésitation, je t'ai déjà dit que tu peux compter sur moi quoi qu'il advienne ; mais tout le monde sait que nous sommes amis : ma parole n'aurait aucune valeur.

Tu as raison, mais si la caution des amis est inutilisable, à qui vais-je m'adresser ?

Je ne sais pas, il faut continuer à chercher. Pour l'instant, ce n'est pas dans la rue, entourés de jolies filles, que nous trouverons. Certainement pas ! ajouta-t-il en montrant un groupe de jeunes filles qui passaient sur le trottoir d'en face, suivi de quelques bidasses. Tu as vu ces fesses ? Quel roulis ! Évidemment, toi, il semble que tu sois déjà paré de ce côté-là, sacré chaud lapin !

5

Je me réjouis de vous voir aussi alerte et dispos ! s'exclama le hiérarque. Pour être sincère, je craignais de vous trouver encore en pyjama. J'oubliais que vous n'êtes pas seulement artiste, mais catalan : un peuple laborieux en toutes circonstances. Comment va notre affaire ? Avez-vous fait quelque découverte intéressante ? Une quelconque déduction ? Oh non ! dit Prullàs, plus le temps passe et plus mes idées sont confuses. Dans ce cas, répliqua don Lorenzo Verdugones, nous devrons partir à la recherche de nouveaux indices ; comme on dit dans mon village, celui qui n'a pas de tête doit avoir des jambes, enfin quelque chose comme ça : ce qui veut dire que si les idées ne viennent pas à vous, vous devez aller les chercher là où elles se cachent, les coquines. Mais ne vous découragez pas : l'endroit où nous allons aujourd'hui vous plaira beaucoup, vous verrez.

La voiture de don Lorenzo Verdugones descendit la rue Muntaner, évita un embouteillage de tramways et parcourut un bout du boulevard de San Antonio ; elle s'arrêta à la hauteur de la rue Floridablanca et don Lorenzo invita

Prullàs à descendre. Nous y sommes, dit le hiérarque en indiquant la porte vitrée d'un établissement luxueux.

Mais c'est un institut de beauté ! s'exclama Prullàs.

Oui, monsieur, parfaitement, dit Verdugones, je vous avais prévenu que l'endroit vous plairait. Mais ne vous laissez pas leurrer par l'aspect frivole de ce commerce ; dans ce bâtiment se trouvent les laboratoires de chimie les plus modernes d'Espagne. Remarquez cependant, ajouta-t-il sur un ton dolent, combien il est vexant pour un corps de l'État d'avoir à recourir à ce genre de centre pour effectuer quelques simples analyses. La pénurie matérielle qui est notre lot dans ce pays dépasse l'imagination. Et pendant ce temps, à l'étranger, ceux qui parlent sous la dictée d'intérêts dégénérés n'hésitent pas à nous qualifier d'État policier. Voyez, voyez vous-même à quels moyens doit recourir la police pour pouvoir accomplir efficacement son travail méritoire !

Diligent et méticuleux, Sigüenza sortit à leur rencontre, muni d'un bloc à spirale et d'un crayon. Un silence apaisant régnait dans le vestibule. J'ai prévenu la directrice, dit Sigüenza dans un murmure, comme s'il craignait de perturber par des accents virils la légèreté féminine de l'atmosphère. Si elle me fait poireauter, elle va m'entendre, cette faux-jeton, marmonna le hiérarque. Mais il n'eut pas le temps de mettre sa menace à exécution, car déjà résonnaient sur le dallage les talons aiguilles d'une femme mince et sémillante, portant une blouse d'une blancheur éblouissante.

Bonjour, don Lorenzo, dit-elle d'un ton suave ; et, s'adressant à Prullàs avec un sourire qui découvrait une double rangée de dents parfaites, elle ajouta : Je suis le docteur Maribel. Soyez assez aimables pour me suivre dans mon bureau.

Le corridor était peint en blanc crème et flanqué de portes fermées à travers lesquelles on entendait le bruit amorti du bourdonnement des machines et de l'écoulement de l'eau. L'air était imprégné de l'odeur des cosmétiques, à laquelle se mêlait de temps en temps un âcre relent de chandelle consumée. Ayez la bonté d'attendre quelques instants ici pendant que je vais chercher le rapport du laboratoire, dit le docteur Maribel en les faisant entrer dans un petit bureau austère et bien éclairé. Les trois hommes restèrent debout, un peu gênés par cette ambiance dans laquelle ils se sentaient des intrus.

Écoutez ça, dit Prullàs en lisant un prospectus : Beauté inflétrissable qui résiste au passage du temps, et personnalité attirante et suggestive : rêves de femme devenus réalité ! Foutre ! ricana don Lorenzo Verdugones, ici on entre fée Carabosse et on sort Lana Turner, pas vrai, Sigüenza ? Sigüenza confirma avec le plus grand sérieux, comme s'il avait assisté au phénomène de ses propres yeux.

Le docteur Maribel revint, un dossier à la main, s'assit derrière sa table de travail, planta une cigarette entre ses lèvres couleur cerise, attendit que Prullàs la lui allume, le remercia de son amabilité par un battement de paupières et dit : Les analyses effectuées dans notre laboratoire confirment nos suppositions, à savoir que les taches de sang, tant sur les vêtements du défunt que sur la tapisserie du fauteuil, coïncident avec son groupe sanguin. En revanche, le cheveu adhérant au revers de la veste est certainement un cheveu de femme, long, légèrement ondulé, et teint de façon assez commune en châtain foncé. Cet indice ne nous mènera pas loin : la majorité des femmes, pour ne pas dire toutes, se teignent les cheveux, soit pour dissimuler l'apparition de mèches grises indésirables, soit pour leur donner une tonalité plus en harmonie avec leur épiderme et leurs traits. Appelez cela coquetterie, caprice ou vanité ; je préfère pour ma part l'appeler désir naturel et bien féminin d'offrir à l'homme aimé une image toujours renouvelée et séduisante. Le docteur s'éclaircit la gorge après cette réflexion et ajouta : Je disais donc qu'il se peut que la présence de ce cheveu sur le revers ait quelque chose à voir avec l'assassinat ou, tout aussi bien, qu'elle n'ait rien à voir. Ledit cheveu était peut-être déjà collé depuis plusieurs heures au vêtement en question. Certains cheveux sont très tenaces et ne partent qu'au moyen d'un brossage énergique, toute ménagère consciencieuse en a fait l'expérience. Nous avons cherché sur les revers et sur les zones limitrophes des traces de rouge à lèvres ou d'autres produits similaires, au cas où la présence du cheveu résulterait d'une tendre étreinte, bien qu'il ait pu adhérer à l'étoffe au milieu d'une foule, dans un transport en commun, dans un lieu public ou dans mille autres circonstances de la vie quotidienne qui n'ont rien de romantique. En tout état de cause, les revers de la veste sont imprégnés de diverses substances cosmétiques : poudre, crayon à paupières, rouge à joues, bref, maquillage. On peut également percevoir la trace olfactive d'un parfum. Nous essayons maintenant de séparer les substances, de les identifier et, si possible, de déterminer la marque à laquelle correspond chacun de ces produits. Ce travail est long, car il ne peut être mené à bien qu'en confrontant chaque produit avec les produits analogues existant sur le marché ; cela nous prendra des heures, des jours ou des semaines, selon que la chance nous sourira ou pas. Compte tenu de la catégorie sociale du défunt, j'ai donné des instructions pour que l'on commence les recherches par les produits les plus coûteux et de la meilleure qualité, mais nous ne devons pas écarter l'éventualité que le défunt ait eu des relations intimes avec des personnes, comment dirai-je, de rang social inférieur.

Mais, pour le moment, dit don Lorenzo Verdugones, ce que nous pouvons affirmer, c'est que, peu avant de mourir, la victime a embrassé une femme ou a été embrassée par elle. Si par l'expression « peu avant » nous entendons un laps de temps de deux ou trois heures, oui, monsieur, convint le docteur Maribel ; et Sigüenza en prit note sur son bloc à spirale. Pas plus sur le tapis que sur la tapisserie de l'autre petit fauteuil, poursuivit-elle, il n'a été relevé de traces d'une présence humaine. Sur les draps adhéraient des poils corporels provenant des régions thoracique et pelvienne antérieures et postérieures, ainsi que des extrémités supérieures et inférieures ; analysés et confrontés avec ceux qui ont été fournis à notre laboratoire par l'Institut médico-légal, il a été constaté qu'ils provenaient tous des parties précitées du défunt, la présence desdits poils sur les draps pouvant résulter du fait qu'il s'est gratté ou d'un simple frottement contre le tissu. On peut en déduire que personne n'a, comment dire, partagé le lit du défunt au cours des trois derniers jours, compte tenu du fait que la literie a été changée le lundi, selon la déposition de la femme de ménage, Sancha García. Pour le moment, messieurs, je ne puis rien vous dire de plus.

Dans ce cas, ce sera tout pour aujourd'hui, docteur Maribel, dit le hiérarque. Ne manquez pas de me prévenir dès que vous aurez obtenu un résultat concret avec les produits.

Soyez sans crainte, don Lorenzo, dit le docteur, vous savez que c'est une fierté et une satisfaction pour moi et pour l'institut de pouvoir vous être utiles. Êtes-vous marié, monsieur Prullàs ? ajouta-t-elle. Et devant son signe affirmatif, elle dit en sortant d'un tiroir divers prospectus : Tenez, donnez-les de ma part à votre épouse ; nos traitements l'intéresseront peut-être. La peau requiert des soins continuels, mais particulièrement durant la période estivale. Le soleil est traître : un épiderme bronzé est un épiderme maltraité. Pour l'heure, remettez-lui cet échantillon de lait de concombre et dites-lui de m'appeler pour que nous combinions un premier rendez-vous : voici ma carte. Elle me trouvera tous les jours à l'institut, à n'importe quelle heure.

6

L'immeuble où le révérend père Emilio Porras S. J. résidait en œuvrant à sa tâche imprécise dans le recueillement des sages et des saints, et où Prullàs se présenta à l'heure convenue pour le rendez-vous pris la veille par Miguel Fontcuberta, occupait l'angle septentrional du croisement des rues Rosellón et Balmes ; c'était une construction austère, en pierre grise, dépourvue de tout signe ostentatoire, sauf, peut-être, un porche aux dimensions colossales, indiquant la vocation universelle au magistère de cette institution conçue pour exercer une influence bénéfique sur les couches les plus larges de la société. Cependant, comme s'il s'agissait de représenter la douloureuse contradiction entre les visées idéales de l'esprit et les nécessités pratiques de la réalité, ce porche œcuménique était totalement fermé à l'extérieur par une énorme porte à plusieurs battants, destinée à n'être ouverte que dans les grandes occasions, et dont, pour le moment, seul un panneau étroit et bas permettait au visiteur d'entrer après avoir dûment décliné son identité au travers d'un petit judas. Ce fut ainsi qu'après avoir subi un examen prolongé de la part d'une sorte de frère tourier laïc, court de jambes, de vue et d'esprit, Prullàs obtint le droit de pénétrer dans un vestibule obscur, dominé par une gigantesque croix de Constantin en bois. Un vertueux parfum conventuel flottait dans l'air, composé d'encens, de soude caustique et de pot-au-feu. Le frère tourier lui indiqua comment parvenir au bureau du révérend père Emilio Porras S. J. et rentra en glissant dans sa loge.

Excuse-moi de te recevoir dans mon bureau, au milieu de ce capharnaüm de papiers et de bouquins, dit le révérend père Emilio Porras S. J., en adoptant dès l'abord un tutoiement amical, mais ces semaines-ci sont les plus propices à l'étude. Nos enfants sont partis camper, loué soit le Seigneur, et cela nous libère temporairement des tâches pastorales. Tu as vu le calme paradisiaque qui règne dans cette maison ? Eh bien, si tu reviens quand les cours auront repris, tu n'en croiras pas tes yeux ! Ni tes oreilles ! Dans ce cas, je me sens doublement coupable, mon père, dit Prullàs, puisque je viens non seulement en intrus mais en perturbateur. En réalité, c'est notre ami commun Fontcuberta qui a insisté pour me ménager cet entretien avec vous.

Oh, tu n'as pas à t'excuser et, je t'en prie, quitte ce vouvoiement ; après tout, nous sommes collègues ; la plume nous unit fraternellement, en marge des autres liens spirituels d'ordre plus général. J'ai toujours soutenu que vous, les créateurs, même en traitant de sujets profanes, vous êtes sans le savoir plus près de Dieu que nous, qui tirons nos connaissances de l'étude. Ce qui est né de l'esprit est esprit, dit l'Évangile selon saint Jean ; mais saint Luc nous le rappelle dans le sien : à qui il est beaucoup donné, il sera beaucoup réclamé.

Je ne sais, dit Prullàs après le bref silence qui suivit cette citation, si Miguel Fontcuberta t'a mis au courant de la nature de mon problème. Il m'a seulement dit que tu viendrais me voir et que tu m'expliquerais de quoi il s'agit, dit le jésuite, et c'est mieux ainsi : il est toujours préférable d'entendre l'intéressé donner lui-même sa version des faits, sans avoir d'idées préconçues. Tu fumes ? ajouta-t-il en sortant de la poche de sa soutane une blague en cuir et du papier à cigarette. Prullàs déclina l'offre et, réprimant son impatience face à la cordialité affectée et aux manifestations réitérées d'esprit positif du personnage qui semblait prêt à trouver en toute chose son bon côté, se mit en devoir d'exposer son affaire le plus succinctement possible, sans omettre en filigrane son désir qu'il intervienne en sa faveur auprès de don Lorenzo Verdugones ou de quiconque pourrait avoir de l'ascendant sur ce dernier.

Le révérend père Emilio Porras S. J., qui avait écouté le récit avec une extrême attention et non sans un léger sourire, tout en hochant de temps en temps la tête en signe d'approbation, de manière à laisser entendre que tout cela formait un ensemble harmonieux qui s'accordait parfaitement avec sa vision du monde, écrasa son mégot dans un cendrier de bakélite et se frotta vigoureusement les mains, comme s'il remontait un mécanisme intérieur. Carlos, dit-il enfin, l'histoire que tu viens de me raconter, en dépit de son apparente simplicité, nous dispense une leçon d'une grande valeur. Mais tu es venu ici pour demander de l'aide et non des conseils, aussi t'épargnerai-je le sermon. En quelques mots et sans détour, mon cher ami, je ne peux pas faire grand-chose pour toi et, en tout cas, pas ce que tu me demandes. Je vais t'expliquer et tu vas comprendre tout de suite. Vois-tu, en qualité de prêtre, j'ai le pouvoir d'administrer le sacrement de la pénitence institué par Notre Seigneur Jésus-Christ pour le salut de nos âmes. En contrepartie, j'ai le devoir absolu – tu m'entends : absolu ! – de garder jalousement le secret sur tout ce que je reçois en confession, dussé-je payer mon silence de ma vie. Si tu me racontes quelque chose sous le secret de la confession, même le crime le plus épouvantable, mes lèvres resteront scellées. Seulement voilà, tu ne me demandes pas cela, mais l'opposé, c'est-à-dire d'écouter ta déclaration d'innocence et de la rendre publique. Une telle démarche serait contraire à mon devoir sacerdotal ; c'est une évidence. Mais quand bien même j'agirais ainsi, mon intervention serait dénuée de toute efficacité, puisque ce serait agir en dehors de mes prérogatives. A César ce qui est à César, a dit le Christ. Si c'est là le genre d'aide que tu recherches, tu dois recourir à un bon avocat. Le révérend père Emilio Porras S. J. jeta à la dérobée un regard sur sa montre-bracelet et ajouta : Cela ne signifie pas pour autant que je ne puisse ni ne veuille t'aider. Bien au contraire : tu es venu en quête d'aide et je te donnerai de l'aide, mais à ma manière. Carlos, tu as commis, et tu viens toi-même de l'admettre, diverses actions répréhensibles : tu as péché, tu as induit d'autres personnes au péché, et tu as créé des occasions claires et réitérées de scandale. Malheur à celui par qui le scandale arrive ! Mieux vaudrait pour lui qu'on lui passe autour du cou une meule de moulin à âne et qu'on le jette au fond de la mer ! Tu es corrompu, et pire encore : tu en as corrompu d'autres. Tuer est un crime horrible, mais plus horrible encore est de causer la damnation éternelle d'une âme. C'est cela qui devrait véritablement te préoccuper, et non le reste. A quoi te servira d'échapper à la prison terrestre si, en définitive, tu dois tomber dans la prison de l'enfer, où il n'y a ni amnistie ni réduction de peine ? Tu es un criminel, Carlos, que ce soit dans ou hors la loi des hommes, oui, tu es un criminel. Comment t'étonner alors que les soupçons retombent sur toi ? Celui qui est capable d'enfreindre un commandement de Dieu n'est-il pas capable d'enfreindre les neuf autres ? Mais je n'insisterai pas sur ce point. Dieu écrit droit avec des lettres tordues ; peut-être cet imbroglio et la situation angoissante dans laquelle tu te trouves seront-ils autant d'occasions pour qu'Il te permette de remettre ta conscience en ordre. Ne te bouche pas les oreilles à Sa voix. Lui-même nous a prévenus : Veillez et priez, car vous ne savez ni le jour ni l'heure. Tu vas me dire : A quoi peut servir ce prêche dans un moment pareil ? Tu vas penser : D'autres affaires plus urgentes me pressent, et j'aurai le temps, plus tard, de m'occuper de mon âme. Ce n'est pas vrai. On ne peut bâtir une maison sur le sable, ni faire briller un coffre sans le nettoyer auparavant de la charogne qui est dedans. Crois-moi : tu dois te nettoyer au-dedans, te confesser, bref revenir au sentier étroit qui mène à la vie éternelle. C'est alors seulement que resplendira ton innocence, et moi-même je serai prêt à donner témoignage du changement qui se sera opéré en toi. Il est écrit : demandez et on vous donnera ; cherchez et vous trouverez ; frappez et on vous ouvrira ; car quiconque demande reçoit, quiconque cherche trouve, et à qui frappe on ouvre.

Le révérend père Emilio Porras S. J. se tut et Prullàs se leva de sa chaise pour marcher de long en large dans le petit bureau afin de calmer sa nervosité. Ce n'était pas l'envie qui lui manquait de gifler les joues glabres du jésuite ou, au moins, de répondre à ses paroles sur le ton de l'ironie, mais il se contenait en comprenant que cette attitude accentuerait encore la méfiance que sa personne semblait inspirer à tous ceux à qui il s'adressait. Jamais auparavant, se disait-il, pareille chose ne lui était arrivée ; jamais il n'avait imaginé qu'il pourrait être tenu pour un monstre. Et pourtant, maintenant, tous semblaient convaincus de sa culpabilité. Qu'ai-je fait de mal, se demandait-il, moi qui me suis toujours comporté en honnête homme ?

Eh bien !? dit le révérend père Emilio Porras S. J. Tu as tout à fait raison, répondit Prullàs en revenant à la réalité après avoir interrompu ses allées et venues et adopté une attitude déférente. Je ne te remercierai jamais assez de m'avoir parlé avec autant de sincérité. Tes paroles m'ont ému et tes conseils ne seront pas vains, tu peux en être sûr. Mais en ce moment je ne me sens pas encore préparé pour affronter le changement que tu me demandes. J'ai besoin de temps pour réfléchir. Le chemin du repentir est long et je dois m'y engager de mon propre pas.

Ne pense pas, dit le révérend père Emilio Porras S. J., que je ne te comprenne pas. Moi-même, jadis, j'ai été comme toi. Non, que dis-je comme toi ? Pire ! Bien pire ! Mais une nuit, en prison, j'ai eu un rêve, ou si tu préfères, une illumination. J'ai vu devant moi une image confondante, merveilleusement belle, un être qui répandait une lumière aveuglante. J'ai compris que j'étais en présence de la Très Sainte Vierge et, à partir de ce moment, ma vie a changé du tout au tout. Toi aussi, cela peut t'arriver. Il se leva pour mettre fin à l'entretien et ajouta d'un ton expéditif : Tu sais où tu peux me trouver, de jour comme de nuit. Les portes du pardon sont toujours ouvertes. Quelle femme, si elle a dix drachmes et qu'elle en perd une, n'allume la lumière, ne balaye la maison et ne cherche avec soin jusqu'à ce qu'elle la retrouve ? Et quand elle l'a retrouvée, elle convoque ses amies et ses voisines et leur dit : Réjouissez-vous avec moi, car j'ai trouvé la drachme que j'avais perdue ! Ainsi, et de la même manière, il y aura plus de joie au ciel pour un pécheur qui se repent que pour quatre-vingt-dix-neuf justes qui n'ont pas besoin de pénitence.

7

Il était l'heure du déjeuner quand Prullàs sortit de son entretien infructueux avec le révérend père Emilio Porras S. J. ; les boutiques étaient fermées et les rues offraient un aspect désolé sous le soleil de midi. Sur le trottoir, un enfant en haillons, le crâne tondu et les sandales trouées, lançait et rattrapait une petite balle attachée à son poignet par un élastique, indifférent à la chaleur et à la voix de stentor qui le réclamait depuis l'obscurité d'une loge de concierge : Antonio, rentre, ta mère t'appelle ! Un tramway passa avec un seul occupant, et une voiture klaxonna sans raison. Dans la lumière aveuglante du soleil, l'enfant n'était qu'une ébauche. Prullàs épongea la sueur de son front avec son mouchoir et maudit le sort. Je n'en peux plus, se dit-il, ah, prendre un bateau et émigrer en Amérique ! Mais une fois là-bas, pensa-t-il encore, qu'est-ce que je ferais ?

Arrivé chez lui, il appela Fontcuberta. Alors, Carlos, comment ça s'est passé avec notre ami le jésuite ? Affreux, mon vieux : je lui exposé mon affaire et il m'a répondu qu'il m'aiderait, mais à la seule condition que je passe sous les fourches caudines, tu vois le tableau : confession, communion, procession et cierge. Les prêtres ne donnent rien gratis. Et si tu voyais ce qu'il a fait de moi ! En sortant, je me suis regardé dans une vitrine pour voir si je n'avais pas des cornes et une queue. Ah oui, parlons-en ! ajouta-t-il en élevant la voix, ce sont eux, oui eux, qui sont les véritables Méphistophélès. N'ont-ils pas essayé d'acheter mon âme en échange de leurs faveurs ? On dirait vraiment que cette ville n'est peuplée que de saints et que j'en suis l'unique réprouvé. Hypocrisie, Miguel ! Hypocrisie, suffisance, et rien de plus ! Et le pire, c'est que non seulement je n'obtiens rien, mais je m'exhibe partout en parlant de cette demoiselle. Heureusement que je n'ai pas donné de nom…

Il y eut un silence. Fontcuberta réfléchissait. Finalement, il dit : Ne te décourage pas si vite. Rome n'a pas été faite en un jour. Écoute, je viens d'avoir une autre idée : pourquoi ne fais-tu pas appel aux écrivains ? Tu sais à qui je pense : à ceux qui se réunissaient autrefois à l'Ateneo ; aujourd'hui, si mes informations sont bonnes, ils se rencontrent une fois par semaine je ne sais où. Non, Miguel, il n'en est pas question, répondit Prullàs, nos relations ne sont pas bonnes. Dans le meilleur des cas, ils me considèrent comme un vendu, et dans le pire comme un indicateur de police. Ce sont des gens très soupçonneux.

Ne sous-estime pas l'*esprit de corps*, répliqua Fontcuberta, ni le traditionnel corporatisme des Catalans. Dans les coups durs, ils se serrent tous les coudes. Cherche quelqu'un qui te serve de parrain. Chez Brusquets, je t'ai vu parler avec José Felipe Clasiciano. Il t'apprécie et il a ses entrées partout. S'il est encore à Barcelone, il t'aidera. Appelle-le, dis-lui que tu es dans le pétrin, dis-lui ce qui te passera par la tête sans me compromettre, ni moi ni personne. Si tu vois que l'argent peut le gagner à ta cause, propose-lui un pactole ; bien que je ne croie pas qu'il en ait besoin. Prullàs hésita. Et ça servira à quelque chose ? Mais oui, voyons ! Depuis quelque temps, les autorités mènent avec ces gens-là une politique de donnant donnant ; s'ils te soutiennent, sois sûr que Verdugones ne fera pas la sourde oreille. Le tout est d'essayer : en fin de compte, tu n'as rien à perdre.

Prullàs raccrocha, alluma une cigarette, marcha nerveusement dans le profond corridor. Sebastiana passait la tête par la porte de la cuisine, se signait, murmurait : Oh, bonne mère ! et retournait se cacher comme si un fauve était lâché dans l'appartement. Le téléphone grelotta de nouveau, Prullàs l'attrapa au vol. Qui est à l'appareil ? demanda-t-il. A l'autre bout du fil, la voix de Marichuli Mercadal lui répondit : Carlos, comment vas-tu ? Ah, c'est toi ! Je te dérange ? Non, d'où m'appelles-tu ? D'un bar de la rue Provenza. Encore le dentiste ? Non, aujourd'hui, c'est la modiste que j'ai prise pour excuse ; je n'ai que deux heures devant moi ; j'ai promis d'être de retour avant le dîner. Où pouvons-nous nous voir ? Nulle part ! s'exclama Prullàs. Je n'ai pas de temps pour des effusions. Je ne suis pas venue pour cela, répondit-elle avec sérénité, je sais que tu as des ennuis et je veux t'aider, c'est tout. Des ennuis ? dit Prullàs, d'où sors-tu une idée pareille ? De ton coup de téléphone, dit Marichuli Mercadal, j'étais chez vous hier soir, en train de papoter avec Martita, quand M. Joaquín est venu apporter ton message d'optimisme et de normalité ; j'en ai tout de suite déduit que quelque chose clochait et le ton du message ne m'a pas abusée.

Hum ! dit-il, et Martita ? Elle aussi, elle a des soupçons ? Oh non ! Martita est tellement habituée à tes extravagances qu'elle croirait n'importe quoi. Mais moi je te connais mieux, ajouta-t-elle, raconte-moi tout. D'accord, dit Prullàs après un instant, mais pas au téléphone, ni dans un appartement, ni dans un lieu public ; il est possible que je sois sous surveillance. Écoute, fais ce que je vais te dire : prends un taxi et attends au coin de chez moi sans sortir de la voiture ;

il importe que personne ne te voie ; je descendrai dans dix minutes. Tu as compris ? Bien sûr, répondit-elle.

*

Une demi-heure plus tard, Marichuli Mercadal poussa un cri à effaroucher les anges en se voyant devant la porte tournante de l'hôtel Gallardo. Carlos, tu m'as conduite dans une maison de rendez-vous ! Tu n'as pas honte ? Mais non, voyons, c'est un petit hôtel modeste et calme, où nous pourrons parler sans être dérangés et sans que personne ne nous demande notre identité. Dans notre situation, tu ne prétends pas aller au Ritz, et puis qu'est-ce que ça peut te faire ? Ici personne ne te connaît, argumenta Prullàs tout en payant le chauffeur de taxi. Il ne s'agit pas des autres, Carlos, il s'agit de moi et de ma dignité. Je suis une femme honnête, pécheresse mais honnête, et les femmes honnêtes ne fréquentent pas ce genre d'hôtels. Tu tomberais raide si tu savais le nombre de femmes respectables qui ont franchi ce seuil, répliqua-t-il, mais tu n'en sauras jamais rien, car la maison est d'une discrétion à toute épreuve. Et puis, si tu ne veux pas entrer, personne ne t'y force : tu peux aller reprendre l'autocar et, en un clin d'œil, tu seras chez toi, avec ta dignité intacte. Marichuli Mercadal soupira. D'accord, pour cette fois, entrons ; mais tu vas me promettre que tu ne me traiteras pas comme si j'étais une catin. Je te donne ma parole d'honneur, dit Prullàs.

Marichuli se laissa conduire docilement à la chambre. Mais, une fois là, et aussitôt que le réceptionniste au gardénia à la boutonnière se fut retiré en faisant des courbettes, elle s'assit sur le bord du lit et reprit ses lamentations : Quelle horreur, mon Dieu, quelle horreur ! Des draps rouges et des gravures indécentes au mur, comment vais-je raconter ça à mon confesseur ? Vierge des Affligés, fais que ma fille n'apprenne jamais ce qu'a été sa mère !

Prullàs attendit la fin des gémissements en regardant par la fenêtre : dans la maison d'en face, le chardonneret continuait de purger sa peine de prison et le vieux au bonnet était toujours endormi sur la chaise à bascule, la face tournée vers le plafond et la bouche grande ouverte. On entendait à travers la cloison un murmure étouffé provenant de la chambre contiguë ; puis le murmure cessa et quelqu'un se mit à siffler joyeusement un air populaire. Marichuli Mercadal recouvra sa sérénité et Prullàs, sans quitter son poste d'observation, la mit au courant des événements. Marichuli Mercadal, pendue à ses lèvres, l'écoutait avec une attention si intense que Prullàs se demanda si elle l'écoutait réellement. Tu as compris quelque chose ? lui demanda-t-il en concluant son récit. A moitié, répondit-elle, j'ai compris ce que tu me racontais, mais je ne vois pas la raison pour laquelle quelqu'un pourrait te soupçonner : tu ne ressembles pas à un mauvais homme. Prullàs sourit avec bienveillance. Il reste quelques détails que je ne t'ai pas racontés par délicatesse, expliqua-t-il. Ne sois pas ridicule, Carlos ; tu m'emmènes ici et je ne saurais pas de quels détails il s'agit ? Tu as dû avoir une histoire avec une fille, à part égale avec le dénommé Ignacio Vallsigorri, ou quelque chose dans ce genre-là. Mais ce n'est pas une raison pour tuer qui que ce soit ; en tout cas, quand c'est toi qui es en cause, pas ça, ni rien de pareil ; tu es incapable de tuer, et cela, ton monsieur Machinugones doit bien le savoir. Non, Carlos, ajouta-t-elle sur un ton grave qui surprit Prullàs, il doit y avoir autre chose.

Autre chose !? s'exclama-t-il. Que veux-tu dire ? Je ne sais pas, mon amour, mais je vais te livrer le fond de ma pensée : quelqu'un oriente l'enquête dans ta direction ; quelqu'un a intérêt à ce que la responsabilité de l'affaire retombe sur toi ; et je dirai plus : ce quelqu'un, tu le connais et tu lui fais confiance. J'ai vu un jour un film où il se passait quelque chose de semblable : il y avait Ray

Milland et une actrice brune dont je ne me rappelle pas le nom, ajouta-t-elle comme si c'était une preuve.

Prullàs fit un geste évasif : au fond, il tenait Marichuli Mercadal pour une personne qui n'avait guère de jugement, voire au bord de l'aliénation mentale, comme le docteur Mercadal lui-même l'avait laissé entendre plus d'une fois ; ses réflexions n'avaient guère de valeur. Comme si elle pouvait lire dans ses pensées, Marichuli Mercadal soupira et dit : Je vois que tu ne m'écoutes pas ; je ne te parais pas digne d'attention, et c'est probablement de ma faute : je me suis toujours comportée avec toi comme une idiote. Mais je ne le suis pas ; c'est ma passion qui l'est : une passion idiote, à laquelle je ne peux ni ne veux résister. Comment me prendrais-tu au sérieux, si je cède tout le temps à mes impulsions et à mes caprices ? Qui peut respecter une femme mariée, mère de famille et pratiquante, qui se laisse entraîner si facilement dans une maison de tolérance ? Mais ne te laisse pas influencer par les apparences ; ce que je te dis est une certitude : quelqu'un qui t'est proche veut te perdre. Je ne peux rien faire d'autre que de t'avertir. T'avertir et prier pour toi. Tiens, je t'ai apporté quelque chose.

Elle ouvrit son sac, fouilla dedans et finit par en sortir une carte rectangulaire. Une photo de toi ? demanda Prullàs. Ça ne te ferait pas de mal, répliqua Marichuli Mercadal. Mais ce n'était pas une photo, c'était une image en couleurs de la Vierge de Fatima, celle-là même qui avait fait son périple semé de miracles en Espagne et en France pour aller jusqu'à Maastricht où l'attendait Sa Sainteté Pie XII. Elle te protégera, murmura-t-elle en baissant les yeux, même si tu t'en moques. Prullàs franchit la distance qui les séparait et prit l'image. Marichuli Mercadal se leva. S'il te plaît, conduis-moi à l'arrêt de l'autocar, supplia-t-elle. Sans rien dire, Prullàs sortit de la chambre et revint quelques instants plus tard. Je suis allé appeler un taxi, dit-il, on nous avisera quand il sera là.

Maintenant, c'était elle qui s'était approchée avec beaucoup de précautions de la fenêtre et observait le ciel. Prullàs éprouva une vague de tendresse pour cette femme belle, malheureuse et écervelée. Avant de nous séparer, dit-il, je voudrais te poser une question. Marichuli Mercadal passa le dos de sa main sur ses yeux avant de se retourner. Quelle question ? Prullàs toussota. Tu te teins les cheveux ? demanda-t-il enfin ; et devant son étonnement, il s'empressa d'ajouter : Ne crois pas que je te le demande par frivolité ; en analysant les vêtements du mort, on a trouvé un cheveu teint. Lors de notre première rencontre, tu m'as dit que la couleur de tes cheveux était naturelle ; maintenant, je veux savoir la vérité.

Eh bien, je ne l'ai pas tué, si c'est ça le sens de ta question ! dit Marichuli Mercadal. Et quant au reste, je ne t'ai pas menti, cette nuit dont je préférerais qu'elle n'ait pas existé ; je ne t'ai pas menti cette nuit-là, ni jamais. Je suis naturellement rousse. Mais il faut quand même que tu saches que toutes les femmes, à un degré ou à un autre, se teignent les cheveux : les jeunes et les vieilles, les jolies et les laides, les honnêtes et les évaporées ; même Martita ajoute quelques reflets, sans que tu t'en aperçoives. La police doit forcément savoir ce genre de choses.

La police n'a rien à voir là-dedans ; les analyses sont effectuées dans l'institut de beauté d'un certain docteur Maribel, tu le connais ? Évidemment, et je connais surtout le docteur Maribel lui-même, de réputation : c'est une authentique célébrité à Barcelone. Elle a une consultation radiophonique, tous les matins ; elle donne des conseils personnels, et aussi de beauté, ainsi que des recettes de cuisine et des trucs pour que les chaussures ne moisissent pas dans l'armoire, enfin des choses de ce genre. Je l'écoute quand je suis à la maison et que n'ai rien à faire, c'est-à-dire presque tous les jours. Elle a une voix très agréable et ce qu'elle dit est plein de bon sens. Tu devrais peut-être lui faire les confidences que tu ne veux pas me faire. Mais ne la traîne pas dans cet endroit. Je le lui proposerai et nous verrons si elle est aussi sensée que tu le supposes, plaisanta Prullàs. A ce moment, le réceptionniste au gardénia à la boutonnière entra pour dire que le taxi attendait en bas.

8

José Felipe Clasiciano, le poète melliflue et moderniste, avait l'habitude de descendre dans un hôtel modeste situé dans les abords immédiats de la Puerta del Angel et fréquenté par les subalternes de la corrida : picadors, banderilleros, aides de l'estocade et valets, à l'ombre desquels proliféraient les toreros novices en quête d'engagement. Sur les murs du hall s'étalaient des photos de toreros célèbres et au bar, au-dessus de la glace oblongue, l'énorme tête naturalisée d'un taureau. A la radio, Lola Flores chantait *La Zarzamora* tandis qu'au comptoir le poète melliflue devisait avec un éphèbe imberbe. Quelle joie de te voir, mon petit Carlos, mais quelle joie ! Il accueillit Prullàs par une embrassade spectaculaire et écarta l'éphèbe. Va faire un petit tour, mon mignon ; j'irai te chercher dans un moment. L'interpellé s'éloigna en mimant des passes de corrida. Ah, mon petit Carlos, j'adore babiller avec ces galopins, oui, j'adore ! Ils sont tellement touchants ! Ils croient tout ce qu'on leur dit et un rien les enthousiasme. Ces enfants ne voient que ce que leur peint leur imagination. Cet chérubin-là s'est mis dans sa petite tête que je suis un impresario de corridas, venu de par-delà les mers océanes, et moi qu'est-ce que je fais ? Je me laisse aimer, mon petit Carlos, je me laisse aimer ! Ça ne fait de mal à personne. Le joli garnement ! Si différent de nous autres, tu comprends, qui sommes tellement revenus de tout, tellement *blasés*, comme disent les Français. Et toi, dis-moi, c'est quoi, ces petits ennuis dont tu m'as parlé au téléphone ?

Tu sais, José Felipe, dit Prullàs, que j'ai avec ce groupe des rapports un peu ambigus…

Le poète eut un geste magnanime. Heureux de pouvoir t'être utile, mon petit Carlos. Nous ne sommes pas amis pour rien, saperlipopette ! *Sommelier*, deux xérès ! Puis, baissant la voix : J'ai donné rendez-vous à Montcusí dans une demi-heure au Central. Je me suis permis de l'inviter à déjeuner en ton nom, et il a accepté, enchanté. La cuisine de cette gargote n'est pas des meilleures, mais c'est là que se réunit tous les jeudis le cercle aténéiste et j'ai supposé que, sur son territoire, il se sentirait moins gêné.

Ton idée me semble excellente, José Felipe, répondit Prullàs, et je te remercie de tout mon cœur, mais en fait, c'est moi qui devrais me sentir gêné. Il n'y a pas de raison qu'il en soit ainsi, répliqua Clasiciano, que tu le veuilles ou non, tu es du bon côté de la barrière. C'est ce qui fait que, même s'il n'y a pas d'hostilité personnelle entre vous, vous êtes séparés par une brèche infranchissable, mon petit Carlos. Il est bien douloureux pour nous, Espagnols d'outre-mer qui aimons si fort ce pays et cette culture, de constater la triste situation qui règne ici, uniquement par la force des choses.

C'est vrai, admit Prullàs, il y a eu une époque, cela fait des années, où nous aurions pu, les uns et les autres, nous asseoir autour d'une table et nous regarder dans les yeux. Mais nous n'avons pas saisi l'occasion, si tant est qu'elle ait réellement existé, et aujourd'hui il est trop tard. Sans remonter aux questions de principe, ma personne provoque chez eux rancœur et méfiance.

Ne les juge pas avec dureté, mon petit Carlos, dit Clasiciano, pense à la manière dont la vie les a maltraités. Se voir d'un coup arrachés à la sécurité de leurs travaux et de leurs foyers, jetés dans un exil semé d'embûches, de pénuries et d'humiliations, obligés dans bien des cas d'en appeler à la pitié d'autrui pour survivre, c'est terrible, saperlipopette ! Et ensuite, du fait même de tous ces malheurs, obligés de revenir pour sauver leur peau…

Ici personne ne leur fait de mal, dit Prullàs. Bien sûr, répliqua Clasiciano, parce qu'ils ne représentent plus aucun danger. Mais même ainsi, mon petit Carlos, ils restent absents, le regard et les pensées ailleurs, tournés vers une patrie qui, pour eux, a cessé d'exister.

Ne dramatise pas, José Felipe ; les choses redeviendront bientôt comme avant. Le poète melliflue laissa errer un vague sourire sur son visage énigmatique de quarteron. Quelques-uns vivent dans cette idée, acquiesça-t-il, convaincus que tout se résoudra heureusement dans un avenir pas trop éloigné ; alors, pensent-ils, leurs mérites passés seront reconnus et, du même coup, les souffrances subies pendant cette longue période d'oppression et d'étouffement. En attendant, ils vivent en se raccrochant à n'importe quelle nouvelle qui semble confirmer leurs espoirs, en ajoutant foi à toutes les rumeurs, à toutes les exagérations, même les plus absurdes et les plus fantaisistes. D'autres, ajouta-t-il, se sont résignés, au moins dans leur for intérieur, à vivre toujours davantage dans cet état d'accablement. De toute manière, les uns comme les autres sont condamnés : l'Histoire les a laissés en arrière, et cela sans appel. En fin de compte, mon petit Carlos, nous sommes tous de simples jouets du hasard : il n'y a pas de raison pour que tu te sentes gêné. Mais m'aideront-ils ? demanda Prullàs. Ça, c'est à voir, saperlipopette ! répliqua Clasiciano.

Ils réglèrent l'addition du bar et sortirent. Sur la chaussée, les aspirants toreros s'exerçaient à la corrida.

*

Le maître d'hôtel les conduisit à une table où Montcusí les attendait. Nous sommes en retard ? gémit le poète melliflue. Non, non, pas du tout, répondit l'autre, je suis venu en avance dans l'espoir de rencontrer Santamans ; il paraît qu'il me cherche. Celui qui parlait ainsi était un homme de grande taille, fort, avec une tête énorme et des traits durs, comme taillés dans la pierre. On disait dans son dos que son caractère correspondait à son aspect et l'on racontait qu'une fois, alors qu'il vivait une période particulièrement difficile, aveuglé par le désespoir, ou pour une autre raison, il avait tiré un coup de revolver sur sa femme, lui causant des blessures assez graves. Il avait voyagé dans le monde entier et possédait une vaste culture. En particulier, il était très versé en philosophie allemande et il avait suivi, semblait-il, les cours de Heidegger à Fribourg. On disait aussi qu'il avait hérité jadis d'un patrimoine considérable qu'il avait rapidement dilapidé. Notre ami Prullàs, déclara d'emblée le poète melliflue, souhaiterait exposer ses ennuis et obtenir, dans la mesure du possible, l'appui de la profession. Vous avez été bien aimable, ajouta Prullàs, d'accepter notre invitation. C'est moi qui me réjouis de l'occasion qui nous est donnée de nous retrouver, répondit Montcusí, cela fait bien longtemps que nous ne nous sommes vus… Peut-être, ajouta-t-il après réflexion, depuis la première de *La Nausée*, la saison dernière. Dûment expurgée, cette adaptation d'un écrasant succès parisien avait reçu l'autorisation gouvernementale pour être représentée à Barcelone par une troupe d'amateurs, dans un petit théâtre et pour une seule soirée. Prullàs s'était bien gardé d'assister à cette représentation qui avait produit une profonde impression sur les spectateurs, aussi préféra-t-il laisser l'autre dans l'erreur et se borner à faire un geste vague.

Le maître d'hôtel vint à leur table et la conversation passa ensuite à des sujets d'ordre général. Montcusí, qui était un bon causeur et possédait un stock inépuisable d'anecdotes étincelantes, raconta comment, quelques mois plus tôt, alors qu'il se trouvait à New York sur l'invitation d'une université, il avait assisté à un banquet sans bien savoir comment ni pourquoi, ne connaissant aucun des convives et en grave condition d'infériorité, vu qu'il ne parlait pas un mot d'anglais. Quelle n'avait pas été sa surprise, poursuivit-il, de se retrouver assis à côté de Marlène Dietrich, avec qui il avait eu en français, pendant toute la soirée, une conversation animée, au cours de laquelle la star mondialement célèbre avait montré un grand intérêt pour l'histoire de la Catalogne et pour les particularités de sa langue et de sa culture.

Conscient de son rôle de médiateur, Clasiciano ramena la conversation au sujet qui avait motivé cette rencontre, avant d'attaquer le panaché de jambons. Notre ami Prullàs, dit-il, avait très envie de parler avec toi ; mais il vaut mieux que ce soit lui qui te mette au courant de ce qui lui arrive. Prullàs s'éclaircit la gorge. A vrai dire, bafouilla-t-il confus, il s'agit de quelque chose de symbolique. J'ai eu dernièrement un petit heurt avec les autorités, dont les conséquences sont encore incertaines, et j'ai pensé que si je pouvais compter sur l'appui moral de quelques intellectuels prestigieux, j'arriverais peut-être à dissuader ces mêmes autorités d'adopter certaines dispositions d'ordre légal, pour ainsi dire, concernant ma personne. Parvenu à ce point de sa dissertation, il se tut, consterné. La démarche qu'il était en train d'entreprendre lui apparaissait maintenant comme une grossière erreur. Il était évident que son interlocuteur était au courant de la mort d'Ignacio Vallsigorri et de l'implication de Prullàs dans l'affaire, mais le fait même de collaborer avec don Lorenzo Verdugones le mettait dans une position délicate. Il lut dans les yeux de Montcusí la question que celui-ci se posait : de quel côté était Prullàs ?

Cette situation embarrassante fut tranchée par l'arrivée d'un individu menu, d'aspect fragile et à tête de lièvre. Enfin, Santamans ! On m'a dit que tu me cherchais. Le nouveau venu avait le front couvert de sueur et était très excité par la nouvelle qu'il apportait. *El pobre Arnalot és mort*, annonça-t-il d'une voix haletante, *a Mèxic !* Il allait poursuivre quand il s'aperçut de la présence de Prullàs, et il s'empressa d'ajouter : Oh ! excusez-moi, je ne vous avais pas vu… Je vous en prie, je vous en prie, répondit Prullàs, continuez, s'il vous plaît ; je comprends parfaitement le catalan. Mais le nouveau venu garda un silence scrupuleux. Assieds-toi avec nous, Santamans, dit Montcusí pour faire baisser la tension, tu arrives à temps pour nous tenir compagnie ; comme tu vois, nous venons à peine de commencer. Oui, s'il vous plaît, venez nous rejoindre, dit Prullàs.

Santamans remercia mais refusa l'invitation. Il souffrait d'une maladie du sang qui l'obligeait à suivre une diète très rigoureuse et à garder un repos presque absolu. Il restait enfermé chez lui à traduire des textes classiques et ne sortait qu'une fois par semaine pour assister à la réunion du cercle ou pour aller au cinéma, expliqua-t-il d'une voix entrecoupée. Ne me fais pas cette avanie, Santamans, insista Montcusí, assieds-toi, même si tu ne manges pas, et participe à notre conciliabule. Santamans prit la quatrième chaise après avoir salué servilement et demanda un verre d'eau avec un peu de bicarbonate. Prullàs, qui le connaissait de vue et n'avait jamais échangé plus de deux phrases avec lui, ne sut quoi dire. Santamans était fameux pour son insurmontable timidité et son caractère effacé, mais non pour son absence de courage ; affronté à un danger véritable, comme cela lui était arrivé plus d'une fois au cours des années terribles, il se répandait en lamentations et en gémissements mais finissait par se comporter avec une fermeté bien supérieure à celle d'individus qui, dans des circonstances similaires, prenaient une pose courageuse et agissaient de la façon la plus malhonnête et la plus déloyale. Beaucoup affirmaient que son héroïsme muet était à l'origine de sa maladie dévastatrice. Pour l'heure, sa présence à cette table, en tant que témoignage vivant de la triste nouvelle dont il était le porteur, rendait la communication plus difficile et le silence plus tendu. Je suis désolé, murmura Prullàs. Montcusí prit une expression absente. Il était patent que la disparition de leur ami en terre étrangère les avait plongés dans une grande consternation ; Prullàs comprit, cependant, qu'ils ne l'extérioriseraient pas tant qu'il serait présent. En certaine occasion, Prullàs avait cité publiquement le défunt, dont les écrits étaient marqués par une indéniable érudition et une insupportable lourdeur, dans des termes sardoniques. Maintenant, ces épigrammes planaient dans l'air épais du restaurant. Notre ami Prullàs est en difficulté et sollicite notre coopération, dit Montcusí.

Santamans cessa d'agiter le bicarbonate et dévisagea Prullàs avec une innocence feinte. Naturellement, naturellement, s'exclama-t-il avec un soupçon d'ironie à peine perceptible, nous sommes toujours prêts à rompre une lance en faveur de la république. Heu… la république des Lettres, bien entendu. Cette sortie lui valut la réprobation muette de Montcusí. A peine un mois auparavant, un autre habitué du cercle aténéiste, qui avait composé un poème satirique pour les obsèques imaginaires de certaine personnalité publique et l'avait lu au cours d'un dîner intime, avait été incarcéré et traduit devant les tribunaux pour injures aux autorités. L'intervention de personnages influents avait permis de faire classer l'affaire, mais l'incident avait mis en évidence que, même dans un groupe aussi restreint et en apparence aussi solidaire, il y avait un délateur. De sorte que ce constat avait beaucoup affecté le mordant des interventions et la jovialité habituelle du cercle aténéiste.

Trêve de plaisanterie, mon cher Prullàs, dit Montcusí, l'affaire est certainement grave et, en ce qui nous concerne, nous vous aiderons bien volontiers. Cela dit, quelle aide pouvons-nous apporter à d'autres, quand c'est nous, justement, qui en avons le plus besoin ? Il est vrai, ajouta-t-il, que les choses s'améliorent petit à petit ; ces derniers temps, quelques autorisations ont été délivrées… Ce que nous disions tout à l'heure de *La Nausée* en est un exemple. Il y a de légers signes d'ouverture, la pression se relâche, il faut le reconnaître ! Cela ne nous empêche pas de rester très vigilants. Notre ami Clasiciano, qui a une vision impartiale de la situation, me corrigera si je mens.

Impartiale, mais aussi très affectueuse… corrobora le poète melliflue. Et, changeant subitement d'attitude, il ajouta : Or il se pourrait même qu'une action inopportune soit contre-productive, saperlipopette !

Santamans alluma la pipe qu'il avait bourrée avec lenteur et cérémonie et murmura derrière le rideau de fumée : Nul ne peut témoigner mieux que vous de ce que nous endurons. Prullàs détecta dans sa voix une pointe d'ironie. Personne, dans l'assistance, n'ignorait que le poète melliflue était un hypocrite qui s'engraissait avec la bénédiction des institutions officielles, auprès desquelles il faisait les plus serviles protestations d'amour envers la mère patrie, d'admiration et de loyauté envers ceux qui régnaient sur son destin. Mais, malgré sa duplicité, il était toléré dans ce cercle et dans d'autres semblables parce qu'il disposait d'un passeport qui lui donnait la possibilité de voyager à sa guise en Europe et en Amérique du Nord, ce qu'il faisait continuellement en laissant toujours derrière lui un sillage de dettes et de notes impayées, et de rapporter lors de ses fréquentes visites à Barcelone des livres et des nouvelles de l'extérieur qui permettaient aux aténéistes d'étancher momentanément leur soif de cosmopolitisme.

Clasiciano remercia pour le compliment et s'exclama : C'est une prérogative des apatrides et des déracinés comme votre serviteur que de se faire les dépositaires de toutes les tribulations et de tous les malheurs qui existent dans le monde. Figurez-vous qu'il y a peu j'étais à Vienne, où jamais, jusque-là, ne m'avaient mené mes pas errants. Et donc je suis resté pour me promener un peu dans cette ville que je m'étais toujours représentée, après tant de lectures, tant et tant de musique *exquise*, comme le *nec plus ultra* de l'élégance et de la culture, et je me suis rendu compte que mon imagination était bien éloignée de la réalité crue : la plupart des édifices sont en ruines, et l'opéra est un tas de moellons ; pas de gaz ni d'électricité, presque pas d'eau, la nourriture rare et les articles de première nécessité accessibles seulement au marché noir, à des prix exorbitants et en employant mille expédients. Les rues font peur, surtout après le coucher du soleil : des bandes de pillards attaquent les passants, les femmes honnêtes doivent subir les outrages d'une soldatesque ivre et incontrôlée, et toutes les nuits des personnes sont enlevées, dont on n'a plus jamais de nouvelles. Dans cette Vienne loqueteuse et éventrée, j'ai assisté à une soirée artistique qui s'est révélée un piège à touristes. Dans un palais grouillant de rats, des laquais portant des pourpoints rapiécés et des bas troués nous ont servi un casse-croûte composé de pain de seigle, de fromage et d'oignon. Pendant que nous mastiquions cette pitance impossible, la maîtresse de maison nous a chanté des Lieder de Schubert : *Auf dem Wasser zu singen* et autres rengaines du même genre. L'intermède musical terminé, alors que les derniers accords du pianoforte résonnaient encore dans le vieux salon, la dame est venue faire le tour de la compagnie pour quêter, sans la moindre gêne. Elle m'a raconté que son mari se trouvait encore en un lieu inconnu et que toute leur fortune était restée de l'autre côté de la frontière hongroise. Elle m'a dit que ce qui se passait en Hongrie sous les yeux impavides du monde était une honte, oui une honte ! Elle m'a décrit avec des sanglots dans la voix les exactions commises par l'armée d'occupation, les abus inimaginables du régime bolchevique et la résistance héroïque du cardinal Mindszenty. Au nom de Dieu, faites quelque chose, a-t-elle imploré, vous qui jouissez de la liberté d'action et d'expression, faites quelque chose ! *Et elle avait des mamelles grosses comme ça !* conclut en français le poète melliflue.

Les convives accueillirent ce récit, probablement apocryphe, par des murmures. Prullàs détestait ce genre d'anecdotes dont le seul but était de transformer les malheurs et les faiblesses d'autrui en objet d'amusement, voire de dérision. Jamais, pensa-t-il, je ne ferais une chose pareille. Mais, enchaîna Montcusí, nous ne devons pas oublier l'objet principal de cette réunion, je veux dire la requête de notre ami Prullàs. Je n'ai rien à ajouter, dit l'intéressé ; discutez-en entre vous, soupesez soigneusement le pour et le contre et agissez ensuite en conséquence. Je veux que vous sachiez, s'empressa-t-il d'ajouter, que, quelle que soit votre décision finale, je vous remercie sincèrement de votre intérêt, et que j'espère pouvoir, un jour ou l'autre, répondre à mon tour, dans la mesure de mes moyens, à l'attention que vous me portez.

Ah non, s'exclama Montcusí en frappant du poing sur la table, nous n'avons pas deux visages, nous ! Vous pouvez entendre tout ce dont nous délibérerons : il ne manquerait plus que ça ! Je n'avais pas l'intention de vous offenser en disant cela, se hâta de dire Prullàs, tout en pensant : Les choses vont de mal en pis. Par chance, à ce moment précis, une voix connue accapara l'attention de tous. Ça alors ! Quelle surprise ! Messieurs Montcusí et Santamans en compagnie de don Carlos Prullàs et de don José Felipe Clasiciano ! La Grande Ourse, l'Étoile polaire et la Croix du Sud !

Poveda ! s'exclama Prullàs. Le petit trafiquant se livra à un récital de contorsions serviles. Toujours au service de l'illustre compagnie ! Il serra toutes les mains à la ronde, sauf celle du poète melliflue que, d'un mouvement rapide et furtif, il baisa. Je garderai toujours le souvenir de ce moment, susurra-t-il. Puis il épongea la sueur de son front avec un mouchoir, s'installa à la table, posa dessus sa serviette gonflée et en sortit sans se dissimuler des cartouches de cigarettes américaines. Laissez donc votre camelote pour plus tard, dit Prullàs, et commandez quelque chose à manger ; je vous invite.

Le petit trafiquant referma la serviette et redressa l'échine. Non, don Carlos, ce n'est pas pour vous offenser, mais je n'ai pas faim, avec votre permission. A dire vrai, j'ai déjà mangé ; je vis avec ma vieille mère et nous déjeunons très tôt ; pour ce genre de choses, nous sommes très casaniers. Tout en murmurant ces mots avec précipitation, il ramassa les cigarettes et quitta les lieux, qu'il laissa imprégnés de son odeur. Comme c'est étrange ! commenta Montcusí, à qui l'interruption avait rendu la sérénité. Poveda reste toujours un moment, à faire ses pitreries et à réciter ses vers de mirliton licencieux. Il ne doit pas être dans son état normal. Prullàs, comprenant que c'était lui qui, par sa présence, avait provoqué la fuite du petit trafiquant, tomba dans un état de profond abattement et, tout le reste du repas, ne participa à la conversation que par de rares monosyllabes.

9

Le lendemain, le téléphone sonna au moment où Prullàs finissait de prendre son petit déjeuner, agréablement plongé dans la lecture de *La Vanguardia*. Pour la deuxième fois en un mois, une soucoupe volante s'était manifestée dans un petit village de l'Arkansas. De nombreux témoins certifiaient l'événement, de même que l'énorme cercle de vapeur laissé par les turbines de la nef. Pour sa part, le chef de l'État était parti se reposer au Pazo de Meirás ; il y charmait ses loisirs en pêchant, en peignant des paysages ou en se promenant avec sa petite-fille Carmencita, le tout étant attesté par des photos passablement baveuses. Dans le procès d'Alfred Krupp, la routine judiciaire s'était vue dramatiquement troublée par la comparution de la mère de l'accusé à la barre des témoins. Frau Bertha Krupp était une dame fort âgée, mais encore vigoureuse et imposante. Aux premières années du siècle, en raison de la mort tragique de son père, acculé au suicide par une campagne de presse insidieuse l'accusant d'entretenir des relations illicites avec son majordome, la jeune Bertha avait pris la tête de l'affaire familiale. Un peu plus tard, son mari, le baron Gustav von Bohlen, qui en contractant mariage avec Bertha avait assumé la direction de l'entreprise et le nom prestigieux de Krupp, baptisait du prénom de son épouse un puissant canon mobile de 420 millimètres de calibre, pesant 100 tonnes, lançant des projectiles de 80 kilos et d'un mètre de longueur, et dont le service requérait 200 hommes. Avec cet engin extraordinaire, véritable prodige de l'industrie militaire connu sous le surnom de « Grosse Bertha », l'armée du Kaiser avait, au cours de la guerre de 14, bombardé avec succès l'Angleterre depuis les côtes françaises, puis Paris. Aujourd'hui, cette illustre dame, dont le nom devait rester à jamais gravé dans les annales de l'artillerie, comparaissait devant les juges en sa double condition d'épouse et de mère, le cœur déchiré par le chagrin, afin de défendre l'honneur de sa dynastie et d'implorer la clémence pour son fils.

Monsieur Prullàs ? Oui, c'est moi, qui est à l'appareil ? Sigüenza. Mes hommages, monsieur Prullàs. Don Lorenzo Verdugones désire vous parler ; ne quittez pas, s'il vous plaît, je vous le passe tout de suite.

Prullàs attendit un long moment. Lorsque, finalement, il entendit la voix du hiérarque à l'autre bout du fil, il avait l'écouteur collé à l'oreille par l'effet de la chaleur. Allô ! Prullàs ? Où en êtes-vous ? Toujours au même point, don Lorenzo, je n'ai ni avancé ni reculé. Ne vous découragez pas, voyons ! Rappelez-vous la fable de Samaniego : « Une guenon monta sur un noyer… » Avez-vous des projets pour le week-end ? Aucun, répondit Prullàs, mais j'aimerais aller à Masnou ; si vous m'y autorisez, naturellement. Si je n'y vais pas, ma famille s'inquiétera. Je n'ai aucune autorisation à vous donner, Prullàs ; vous êtes un libre citoyen dans un pays libre ; vous pouvez aller où bon vous semble. Malheureusement, je ne peux pas dire la même chose en ce qui me concerne : cette après-midi, je dois clôturer le Congrès international d'apologétique qui s'est tenu cette semaine à Vich dans le cadre du Centenaire balmesien, et demain je dois présider à Reus une corrida de bienfaisance avec Pepe Calabuch. Je vous appelais justement pour vous proposer de m'accompagner à Reus. Nous aurions d'abord mangé des fruits de mer, et après : aux taureaux ! Mais la famille passe avant tout, ajouta-t-il immédiatement sur le même ton de joviale camaraderie. Allez donc à Masnou ; reprenez des forces, profitez-en pour réfléchir et n'oubliez pas de saluer votre beau-père de ma part ainsi que de mettre mes respects aux pieds de votre charmante épouse. Après avoir raccroché, Prullàs se sentit comme un enfant à qui on donne un jour de vacances.

Il appela Mariquita Pons. Je pars à Masnou, lui dit-il, je ne peux pas laisser la famille seule si longtemps, et puis j'ai bien mérité de me reposer ; tu ne peux pas savoir l'agitation dans laquelle j'ai vécu ces derniers jours, avec l'enquête sur le crime et tout le tralala. Je vois surtout que tu t'amuses bien, dit en riant la célèbre actrice à l'autre bout du fil. Tu parles, répondit Prullàs, l'affaire est sérieuse ; si tu ne me crois pas, demande à ton mari : il a une vision très sombre de l'affaire. Bah, mon mari fait encore des siennes ! Le voilà reparti à Madrid, dit-elle sur un ton désinvolte qui ne parvenait pas à masquer un fond d'amertume, il doit avoir une histoire de jupons, là-bas… Ne vois donc pas le mal partout, dit Prullàs. Je ne vois pas le mal partout, Carlos, dit Mariquita Pons, mais je suis furieuse. Vous allez tous par monts et par vaux, vous courez la prétentaine, vous faites les quatre cents coups et vous menez la grande vie, et moi, parce que je suis une femme fidèle et une pauvre salariée, je dois passer l'été à la maison ou dans un sale petit théâtre sombre et malsain, morte d'ennui et plus pâle que sainte

Thérèse d'Avila. Sainte Thérèse d'Avila n'allait jamais à la plage ? dit Prullàs. Elle n'y est allée qu'une fois et on lui a volé son peignoir pendant qu'elle lévitait, dit Mariquita Pons. A mon retour, dit Prullàs, je t'emmène au restaurant et au cinéma, c'est promis ; as-tu eu des nouvelles de Poveda, récemment ? Non. J'aimerais bien le voir et lui poser quelques questions ; si tu en as l'occasion, dis-lui de m'appeler. Entendu, chef, répondit la célèbre actrice.

Voilà bien les femmes ! pensa Prullàs après avoir raccroché, elles sont convaincues qu'elles sont des victimes et que nous, les hommes, simplement parce que nous sommes ce que nous sommes, tout nous est facile. Allons donc ! C'est vrai qu'il nous arrive d'être un peu coureurs, quand l'occasion s'en présente, mais est-ce qu'elles ne font pas tout pour qu'il en soit ainsi ? Est-ce qu'elles ne s'habillent pas et ne se pomponnent pas, est-ce qu'elles ne font pas des régimes et de la gymnastique, est-ce qu'elles ne se soumettent pas à de véritables tortures chinoises dans le seul but de nous faire perdre la boussole ? Allez donc demander si ce n'est pas la vérité au docteur Maribel et à cette espèce de tchéka qu'elle dirige ! Et puis, pour ce qui est de l'honnêteté, il faudrait voir les statistiques : les hommes ne sont peut-être pas des saints, mais elles ne sont pas non plus des anges ; la seule différence entre elles et nous, c'est qu'elles dissimulent mieux.

Ragaillardi par ces réflexions, il envisagea un instant la possibilité de partir à la recherche de Mlle Lilí Villalba. C'était encore le matin : il pouvait passer deux ou trois heures avec elle et arriver à Masnou pour le dîner. Mais il se souvint qu'elle travaillait pendant la journée dans une fabrique d'emballages, ce qui lui fit abandonner ce séduisant projet.

Il sortit dans la rue et demanda au portier de laver le pare-brise de la Studebaker stationnée devant l'immeuble ; puis il se dirigea vers le kiosque du coin, acheta *Triunfo* et *El Hogar y la Moda* pour Martita et sa belle-mère, ainsi que plusieurs pochettes-surprises pour ses fils ; à la librairie, un roman de S. S. Van Dine pour lui-même, en espérant ne pas l'avoir déjà lu. La libraire était en train de lire un roman de Concha Linares Becerra. C'est comment ? l'interrogea-t-il. Ça ne vaut rien, répondit-elle avec modestie. En revanche, j'ai lu hier *L'Auberge de la Jamaïque* de Daphné Du Maurier et j'ai bien aimé ; prenez-le pour votre épouse. Comment va votre mari ? La pauvre femme haussa les épaules. *Malament*, dit-elle en montrant son flanc droit, *el fetge*. Prullàs revint chez lui, se changea, informa Sebastiana de son départ et ressortit. Avant de monter dans sa voiture, une femme jeune, d'aspect sauvage, lui coupa le passage. Allons, beau brun, file-moi un peu de pognon, t'es plein aux as et y en a d'autres qu'ont rien, lui dit-elle.

Le soleil déclinait quand il se mit en route ; la fumée noire des usines de Badalona se fondait dans le ciel pourpre, donnant au crépuscule un aspect lugubre. Un peu plus loin, alors qu'il était déjà sur la grand-route, un train longea celle-ci, chargé de voyageurs jusque sur les toits ; le sol trembla comme s'il y avait un tremblement de terre et le déplacement d'air fit zigzaguer la voiture. Quand le train se fut éloigné, le cahotement des wagons sur la voie et le sifflement perçant de la locomotive continuèrent à vibrer.

Quelques minutes plus tard, cependant, après qu'il eut passé le promontoire de Montgat et laissé derrière lui l'âcre odeur des émanations de soufre, le paysage changea du tout au tout. Au ponant, les pins noirs se profilaient sur les nuées rouges du couchant, la brise limpide et fraîche charriait une odeur de feuilles sèches, et la mer calme et bleue avait une sérénité antique et majestueuse. C'est comme si je franchissais le seuil d'un autre monde, pensa Prullàs. Pourtant, l'accueil qu'il reçut le désappointa. Pour sa famille, bercée par le rythme monotone et agréable des journées de vacances, le temps avait coulé rapidement et sans laisser de traces. Pour lui, en revanche, cette semaine mouvementée et riche en émotions avait paru durer une éternité. Il avait l'impression de revenir au foyer après un voyage périlleux ou une guerre, et il découvrait avec chagrin et colère que personne ne semblait s'être aperçu de son absence. Il se dit que pendant qu'il vivait dans les affres nul n'avait pensé à lui. Mais passé les premiers moments, la paix de ce monde clos, inexpugnable, à l'abri de tout ce qui n'était pas bien-être et intimité, finit par le gagner ; il recouvra sa bonne humeur, dîna avec appétit, puis, quand ses enfants et ses beaux-parents se furent retirés, proposa à Martita d'aller faire un tour. Tu n'es pas fatigué ? demanda-t-elle. A ton arrivée, tu ressemblais à un chien à qui on a marché sur la queue…

Je traînais encore la chaleur de Barcelone, dit-il, et l'énervement du travail ; mais maintenant je me sens comme si on m'avait enlevé un énorme poids. Allons jusqu'au Casino : une promenade et un petit verre de cognac finiront de me détendre.

Martita accepta sans enthousiasme. Je vais m'arranger un peu, dit-elle, je suis fagotée comme l'as de pique. De toute évidence, elle aurait préféré rester à la maison. Prullàs ne s'émut pas de cette nouvelle manifestation d'éloignement : à Masnou, Martita vivait immergée dans une ambiance où il débarquait en intrus ; sans que cela affecte en rien son amour conjugal, la présence de son mari représentait une complication dans sa vie, et c'était au nouvel arrivé de s'y adapter sans faire de vagues. Prullàs s'installa dans une chaise longue et respira le parfum de la nuit. Il vit la lune à son dernier quartier à travers le feuillage d'un magnolia. Il se maintint éveillé en fumant jusqu'au retour de Martita, coiffée, parfumée et vêtue d'une légère robe rouge, aux manches très courtes.

Prullàs se leva et elle lui prit le bras. Je dois être fou pour aller me fourrer dans des histoires quand j'ai ici tout ce qu'un homme peut désirer et plus encore, pensa Prullàs. Dès que j'aurai réglé cette maudite affaire, j'enverrai le théâtre au diable et j'emmènerai Martita en voyage. Nous ne sommes jamais allés à Venise. On dit qu'en été les canaux ont une puanteur d'enfer, mais ce ne doit pas être si grave. C'est ça, continua-t-il de soliloquer, nous irons à Venise ; je pourrai y trouver l'inspiration et écrire une nouvelle pièce. Avec toutes ces salades, voilà un temps fou que je n'ai pas écrit une ligne. A Venise, le soir, au café ou à l'hôtel, je prendrai des notes. Ensuite, au retour, j'écrirai la pièce, et je ferai jouer la première pour le Samedi saint. Mais, cette fois, ce sera différent, quelque chose de neuf : pas de crimes pour rire ni de cadavres qui jaillissent des armoires ; pas de bègues, de calembours ni de comiques en caleçon. Une pièce romantique, légèrement lacrymogène par moments, mais avec un happy end. Une belle histoire d'amour ! Tu causes tout seul ? se moqua Martita. C'est possible ; j'ai dit quelque chose ? Non, tu remuais les lèvres comme si tu faisais une harangue bien sentie, répondit-elle. En réalité, je pensais à nous deux, dit Prullàs, à toi et moi, à Venise. Et pourquoi à voix basse ? Je ne sais pas ; à Barcelone, j'ai perdu l'habitude de parler, dit-il. Où vas-tu ?

Ils étaient dans la rue et Martita, sans lâcher le bras de son mari, s'était mise à la remonter, dans la direction opposée à celle du Casino. Au Casino, répondit-elle, mais en faisant un détour. Tu as dit que tu avais envie de marcher ; comme ça, chemin faisant, nous passerons par la maison des Mercadal et, s'il y a de la lumière, nous pourrons les appeler. Est-ce bien nécessaire ? demanda Prullàs, que la perspective d'une rencontre avec Marichuli Mercadal en ce moment précis n'emballait pas du tout. Si cela ne t'ennuie pas, dit Martita avec une expression suppliante. Et elle ajouta tout de suite, sur le ton de la confidence : Elle va mal ; je ne sais pas si c'est sa santé, mais son état général est inquiétant ; elle ne mange pas, elle ne dort pas, elle est abattue. Son mari n'ose pas la laisser seule.

Prullàs se frappa le front de l'index. Ça doit venir de là, suggéra-t-il. Beaucoup de maladies viennent de là, convint Martita, mais ce sont des maladies comme les autres, sauf qu'elles sont plus difficiles à soigner. L'autre soir, dit-elle dans un murmure pour ne pas être entendue des femmes du village qui prenaient le frais à la porte de leur maison sur des chaises en vannerie, vêtues de noir de la tête aux pieds, Marichuli Mercadal est venue me voir ; nous avons passé plusieurs heures à nous raconter des bêtises et, soudain, sans crier gare, elle s'est mise à pleurer avec un désespoir terrifiant ; il n'y avait pas moyen de la calmer, j'ai dû lui donner du tilleul et de l'eau des Carmes. Quand elle a recouvré ses esprits, je lui ai demandé la raison de cette crise de larmes et elle a été incapable de me l'expliquer. Mais elle m'a raconté, à demi-mot, quelques épisodes de sa vie. La pauvre n'a vraiment pas eu de chance. Non, « pas de chance » n'est pas l'expression qui convient : sa vie a été une véritable tragédie.

Ils étaient arrivés devant la maison et ils regardèrent à travers la grille : au fond du jardin, le faîte effilé du toit, avec ses paratonnerres, dépassait la cime des arbres et se superposait au ciel noir ; mais les fenêtres étaient invisibles, cachées par la végétation. Comme Martita ne se décidait ni à entrer, ni à s'en aller, Prullàs et elle s'assirent sur le bord du trottoir, pour attendre ils ne savaient quoi. Bien que personne ne passât et que le silence ne fût troublé que par le chant des grillons, Martita baissa la voix pour rapporter ce que son amie lui avait raconté. D'après son récit, les parents de Marichuli Mercadal étaient morts dans des circonstances terribles ; cet événement effroyable avait largement défrayé la chronique. Cela s'était passé bien des années plus tôt, quand Marichuli était encore toute petite. Circonstance d'autant plus néfaste pour elle que, outre les répercussions désastreuses que pouvait avoir un fait de cette dimension sur une âme d'enfant et le drame de se retrouver subitement orpheline avec tout ce que cela comporte de conséquences, personne n'avait voulu, pour des raisons certainement excellentes, lui dire ce qui s'était réellement passé, de sorte que la mort de ses parents était toujours restée pour elle entourée d'un mystère insoluble, car plus tard, quand elle avait voulu chercher la vérité, elle n'avait trouvé personne qui se souvienne de façon digne de foi de faits qui étaient déjà confus au moment où il s'étaient produits et que le temps, le secret et les chuchotements avaient ensuite déformés. Toutes ses tentatives pour déterminer les circonstances réelles de la mort de ces deux personnes, avait dit l'intéressée elle-même à Martita, avaient sombré dans les eaux troubles de l'ignorance, de la commisération et de la médisance. Elle avait finalement renoncé à savoir. Mais cette renonciation portait en elle, implicite, une conclusion terrible : aux yeux de Marichuli Mercadal, quelle qu'ait été la raison pour laquelle ses parents avaient été conduits à cette triste fin, celle-ci ne pourrait jamais justifier l'abandon dont elle avait été la victime. Une seule chose était claire et certaine, avait-elle fini par penser, ils ne l'avaient pas suffisamment aimée, et c'est ce qu'elle avait confié à Martita, dit celle-ci pour conclure son récit.

Le sifflement plaintif d'un train y mit un point final. Ce devait être un train de marchandises, long et lent. Quand le silence fut retombé sur la rue, Martita frissonna. Partons, dit-elle en se levant, j'ai pris froid ; c'est l'humidité. Prullàs ne dit rien. Lors de leur première rencontre, le docteur Mercadal lui avait laissé entendre à demi-mot quelque chose qui ressemblait à l'histoire que venait de lui raconter Martita. Mais alors, il s'en souvenait bien, le docteur avait explicitement mentionné le mot « suicide ».

*

En marchant d'un bon pas, ils furent vite rendus au Casino. La salle était presque vide et chichement éclairée. Trois hommes en manches de chemise jouaient au billard et, au comptoir, le docteur Mercadal faisait la conversation avec M. Joaquín. D'un commun accord, Martita et Prullàs s'arrêtèrent sur le seuil, dans l'intention de faire demi-tour et de rentrer à la maison, mais M. Joaquín les repéra tout de suite et, voyant dans cette apparition providentielle la possibilité de se libérer du bavardage du médecin, il les salua avec un enthousiasme exagéré. Une fois découverts, ils n'eurent pas d'autre solution que d'entrer et de rejoindre le docteur Mercadal.

L'éminent chirurgien avait pas mal bu ; ses yeux étaient rougis, il avait la langue pâteuse et sa lèvre inférieure pendait un peu. Prullàs lui demanda des nouvelles de son épouse. Martita m'a dit que notre Marichuli est un peu patraque, dit-il. Le docteur Mercadal mit quelque temps à laisser la phrase parvenir jusqu'à son cerveau, puis il haussa les épaules. Il était mal rasé, ses vêtements étaient froissés ; il donnait une impression générale de laisser-aller. La caractéristique principale de l'esprit humain, dit-il, est précisément sa constante modification, comme je l'expliquais à M.Joaquín quand vous êtes arrivés : tout change à chaque instant en fonction de l'expérience ; chaque expérience nouvelle s'ajoute à l'ensemble de nos expériences et nous oblige à redistribuer tous les éléments du système. Cette redistribution, comme je le disais il y a un moment à M.Joaquín, est plus ou moins importante selon l'amplitude de l'expérience nouvelle, mais chaque expérience nouvelle, si minime soit-elle, produit un changement dans la totalité du système.

M. Joaquín adressa un signe à Prullàs pour lui faire comprendre qu'il ne faisait pas sienne cette théorie et qu'en conséquence il déclinait toute responsabilité qui en dérivait.

De la même manière, poursuivit l'éminent chirurgien, la désintégration d'un seul atome provoque une réaction en chaîne et une véritable hécatombe : une hécatombe nucléaire ! Badaboum boum boum ! Pour appuyer cette affirmation par un geste catégorique, il ôta ses coudes du comptoir, écarta les bras avec emphase et il serait tombé par terre s'il n'avait rencontré le corps de Martita qu'il faillit entraîner dans sa chute. Il y eut un instant de déséquilibre et de confusion spectaculaire qui attira l'attention des joueurs de billard. Le bruit des boules entrechoquées s'arrêta et un silence gêné plana sur la salle du Casino.

Je m'en vais ! murmura Martita. Une bretelle de sa robe s'était décousue dans la mêlée. Excuse-moi, mon chou, bafouilla le docteur Mercadal.

Prullàs soutint le médecin par les aisselles et le remit en position stable. M. Joaquín fit des gestes d'impuissance. C'est une honte et vous n'auriez pas dû permettre ça ! lui lança Martita. Pour gagner quatre misérables pesetas, vous permettez des spectacles répugnants comme celui-là dans votre établissement. Partons tout de suite, Carlos, ajouta-t-elle à l'adresse de son mari. Madame, je tiens un commerce et je suis là pour servir la clientèle, répondit M. Joaquín.

Prullàs joua les conciliateurs. Nous allons le ramener chez lui, dit-il, on ne peut pas le laisser ainsi. Il se débrouillera bien tout seul, dit Martita ; il est majeur et vacciné, et il devrait savoir ce qu'il fait ou en assumer les conséquences. Mais bon, si tu veux te promener avec lui bras dessus, bras dessous en chantant *Asturias patria querida*, c'est ton affaire. Moi, je t'attendrai à la maison.

Prullàs perdit patience : Tais-toi et fais ce que je te dis, marmonna-t-il sans élever la voix, mais sur un ton qui n'admettait pas de réplique.

Ils parvinrent plus facilement que prévu à détacher le docteur Mercadal du comptoir et à le faire marcher lentement, sans trébucher. Ils sortirent tous les trois du Casino sous le regard amusé des joueurs de billard. Vous êtes bien braves, dit le docteur Mercadal, vous êtes mes meilleurs amis et je vous aime beaucoup, vous deux. Je n'ai jamais eu d'amis aussi bons que vous. Tout en parlant, il faisait de grands efforts pour avancer d'un pas ferme et mesuré. La difficulté, c'est qu'il est impossible d'englober les sentiments dans la conception scientifique du monde, ajouta-t-il. C'est écœurant ! s'exclama Martita en s'écartant de quelques mètres et en maintenant une distance éloquente entre elle et les deux hommes.

Arrivés à destination, Prullàs laissa le docteur Mercadal appuyé contre le mur et essaya d'ouvrir la grille. Par chance, celle-ci n'était fermée que par un loquet, si bien qu'en un instant Prullàs et l'ivrogne franchirent l'entrée, puis ils parcoururent le sentier de gravier pour parvenir à la porte de la maison. Là, l'ivrogne recouvra une vague dignité. Ne sonne pas, dit-il. J'ai la clef et il ne faut réveiller personne.

Prullàs attendit patiemment que l'autre trouve son trousseau, sélectionne la clef, l'enfonce dans le trou de la serrure après divers essais infructueux et réussisse finalement à ouvrir. Avant de disparaître dans l'obscurité du vestibule, l'éminent chirurgien ressortit la tête par l'entrebâillement de la porte et chuchota : Merci, mon petit Carlos ; je regrette ce qui s'est passé, mais franchement la fission de l'atome est un scandale. La nature n'aurait pas dû nous faire ce coup-là. Puis il referma et le bruit de ses pas mal assurés, accompagné de celui de collisions variées, se perdit dans l'intérieur de la demeure.

Prullàs prit le chemin du retour. Avant de dépasser le premier tournant du sentier, il se retourna pour scruter la maison ; puis, ne voyant aucune lumière aux fenêtres, il poursuivit sa marche. Il se dit qu'il avait fait tout ce qu'il pouvait. Martita l'attendait, furieuse. Prullàs tenta de la calmer : C'est un homme sensible, soumis à une forte pression ; tu m'as toi-même raconté l'état dans lequel est Marichuli Mercadal, cela doit beaucoup l'affecter, pour ne pas parler de la petite fille. Et puis il y a son travail, ne l'oublie pas. Chirurgien, c'est un fichu métier ! Tous les jours avec la vie ou la mort d'un être humain sur le fléau de la balance !

Arrête de dire des sornettes, dit Martita, la conduite de cet individu est dégradante, et la nôtre aussi ! Qu'ont dû penser les gens qui nous ont vus ? Je m'en fous, rétorqua Prullàs avec une irritation croissante, ils peuvent bien penser ce qui leur chante ! Martita éclata en sanglots.

*

Le dimanche, à midi, peu après le retour de la messe de toute la famille et en pleins préparatifs du départ à la plage, la bonne des Mercadal apparut avec une énorme boîte de bonbons pour Martita, de la part du docteur. Martita ne daigna même pas lire la carte qui accompagnait le cadeau ; elle renvoya la bonne d'un ton sec, en lui disant de remporter les bonbons : Retournez d'où vous venez ! Le visage de la bonne devint rouge comme une pivoine ; la pauvre portait un uniforme noir, avec la coiffe, le col et les poignets amidonnés, un accoutrement peu adéquat pour traverser Masnou sous le soleil de midi. Elle semblait au bord de l'apoplexie.

La bonne partie, Prullàs intercéda : Après tout, qu'un homme boive, ce n'est pas si grave. Un homme, je ne sais pas, répondit Martita, mais lui, il est docteur : il devrait donner l'exemple, au lieu de se rendre ridicule devant un inférieur.

Vers le soir, Marichuli Mercadal se présenta en rapportant la boîte de bonbons. Martita la reçut avec froideur, mais elle consentit à écouter ses raisons. Les deux femmes parlèrent longtemps seule à seule dans le jardin, sous le magnolia. Finalement, Martita céda aux prières de son amie, accepta les bonbons et lut la carte. Après quoi, Marichuli Mercadal se remit à pleurer et Martita ne put faire autrement que de suivre son exemple.

Prullàs passait de temps en temps à proximité, en prenant un air distrait, comme si ce conciliabule de femmes ne le concernait pas. Il craignait que Marichuli Mercadal, portée par ce désir de vivre des expériences dramatiques qui semblait la posséder, ne confesse à Martita son aventure extraconjugale. A plusieurs reprises, il fut tenté d'interrompre la discussion, mais il n'osa pas : une intervention de ce genre aurait semblé choquante et, par ailleurs, l'expression de Martita était celle de la compréhension, pas de la colère.

Lorsque Marichuli Mercadal prit congé, peu avant l'heure du dîner, Prullàs profita de l'occasion pour s'approcher d'elle. Nous ne nous sommes presque pas vus, ce week-end, dit-il en s'inclinant pour lui baiser la main, et maintenant Martita te garde pour elle ! Voilà bien les hommes ! répondit-elle d'un ton léger, en adressant un clin d'œil à son amie en signe de camaraderie, vous n'avez pas le moindre scrupule à nous laisser seules toute la semaine, et ensuite vous voudriez que nous ne dépendions que de vous. Il faut qu'on s'occupe de vous quand vous êtes petits, quand vous êtes vieux et quand vous êtes malades ; en revanche, quand vous êtes en forme, vous n'avez de temps que pour le travail, les copains, et allez savoir pour quoi d'autre encore.

Tu ne veux pas rester dîner ? dit Martita. Non, merci, répondit Marichuli Mercadal, j'ai été absente de chez moi toute l'après-midi. Je t'accompagne jusqu'à la porte, dit Prullàs. Jusqu'à la porte seulement ? s'étonna Martita en riant. La première fois, tu l'as raccompagnée jusque chez elle comme un vrai homme du monde et maintenant… Oh, mon Dieu ! A qui faire confiance ? Marichuli a bien raison ; les hommes sont impossibles.

Arrivés à la grille, Prullàs et Marichuli Mercadal gardèrent un moment le silence. Le soleil s'était couché derrière les collines, mais le ciel était encore bleu et le soir clair et chaud. Apparemment, ça ne va pas fort chez vous, dit enfin Prullàs. C'est vrai, admit-elle, mon mari déraille, je suis folle, et notre fille qui n'y est pour rien paye les pots cassés. Heureusement que j'ai Martita ; la seule chose qui me soulage, c'est de parler avec elle ; c'est une sainte. Tu ne lui as pas parlé de nous, au moins… dit Prullàs. N'aie pas peur ; je suis peut-être une folle mais pas une faiseuse d'embrouilles, je te l'ai déjà dit et je te le répète. Tu vas rester quelques jours ? Je ne peux pas ; je partirai cette nuit ou demain matin ; l'affaire que tu sais me réclame à Barcelone, et puis c'est mieux que je m'en aille, tu ne crois pas ?

Marichuli Mercadal poussa un soupir douloureux. Pour moi, fais ce que tu voudras, dit-elle, je souffre quand je te vois et je souffre quand je ne te vois pas, mais de ces deux souffrances la pire est celle de ne pas te voir.

Elle se tut un instant, écrasée par le poids de sa peine, mais elle se ressaisit tout de suite, approcha son visage de celui de Prullàs et murmura très vite : Il se passe quelque chose d'anormal. Dans quel sens ? demanda-t-il. Je ne sais pas… répondit Marichuli Mercadal. Jeudi, sans avoir annoncé sa visite, un neurologue de Valence, un ami ou une connaissance de mon mari, a débarqué chez nous. Une affaire urgente et importante l'amenait. Mon mari et lui se sont promenés dans le jardin en chuchotant, tête baissée, et en gesticulant beaucoup. Puis l'autre est reparti avec la même précipitation, et mon mari est resté pensif et silencieux. Plus tard, Alicia au lit et la bonne partie, il s'est envoyé plusieurs whiskies et sa langue s'est un peu déliée. Il parlait avec plus de véhémence que de cohérence, mais j'ai pu comprendre que, ce jour-là ou la veille, la Garde civile avait fouillé plusieurs yachts.

Des yachts ? répéta Prullàs. Oui, c'est ce qu'a dit mon pochard de mari, affirma-t-elle. Et en quoi ça peut concerner mon affaire ? Je te l'ai dit, murmura Marichuli Mercadal, je ne le sais pas ; peut-être que ça n'a aucun lien et que je me trompe ; mais, à tout hasard, vérifie si ton mort ne possédait pas un yacht et tâche de découvrir ce que cherche la Garde civile. Un yacht est un yacht, et on ne prendrait pas de telles mesures si elles n'avaient pas été ordonnées par don Lorenzo Machinugones ou par quelqu'un d'encore plus haut placé, conclut-elle en pointant l'index vers le ciel livide du crépuscule.

Chapitre VI

1

Le lundi, il se leva tard, prit son petit déjeuner et lut tranquillement *La Vanguardia.* Laissant derrière lui un sillage de serpentins et de musique de jazz, le *Queen Mary* avait appareillé du port de New York à destination de l'Europe, emmenant à son bord la célèbre actrice Ingrid Bergman et notre illustre philosophe José Ortega y Gasset, lequel revenait d'un cycle de conférences dans des universités américaines sur des sujets de sa spécialité. Pour sa part, la fameuse star du cinéma d'origine suédoise se rendait en Italie pour jouer dans un film sous la direction du prestigieux réalisateur Roberto Rosselini. Tant le philosophe que l'actrice se proposaient de profiter, chacun à sa manière, de la traversée sur le somptueux transatlantique. Dans le procès d'Alfred Krupp, le verdict allait être rendu. La veille, le ministère public avait transformé l'acte d'accusation en réquisitoire définitif et la défense avait de nouveau demandé la relaxe de l'accusé dans une plaidoirie enflammée où elle rappelait au tribunal, dont elle récusait par ailleurs la compétence, qu'il n'était pas là pour juger l'attitude collective d'un groupe social déterminé, dont l'accusé était sans nul doute un exemple accompli, mais les actes d'un individu en chair et en os, dont la conduite avait été constamment fondée sur les considérations d'ordre pratique inhérentes au bon fonctionnement de son entreprise et au strict accomplissement de ses obligations commerciales, sans être jamais sorti des limites de la législation en vigueur. Certes, reconnaissait la défense, l'accusé avait manifesté en son temps des sympathies évidentes pour un parti politique, et plus précisément pour le parti national-socialiste, auquel il avait même fini par adhérer, mais il l'avait fait alors que ledit parti s'inscrivait dans la légitimité constitutionnelle de ce que l'on appelait à l'époque la République de Weimar. Or, rappelait encore la défense, une fois le parti national-socialiste au pouvoir, l'Allemagne n'avait pas été pour autant exclue de la Société des Nations, c'était de sa propre initiative qu'elle l'avait quittée, et jusqu'au début des hostilités, c'est-à-dire au début de 1939, tous les États, en particulier les États auxquels appartenaient les juges de ce tribunal, avaient maintenu, dans tous les domaines, des relations officielles avec l'État allemand. En réalité, ce qui était en cause ici, avait argumenté ensuite la défense, n'était donc pas une conduite criminelle, mais la signification d'un fait historique, sur lequel il était facile de porter un jugement *a posteriori*, une fois ses résultats connus, mais impossible de porter un jugement *a priori*, avant qu'il ait suivi totalement son cours. Bien entendu, si l'accusé avait été doté de la faculté de prédire l'avenir, non seulement il aurait œuvré dans un sens différent, mais, de toute évidence, il aurait mis son extraordinaire prestige personnel et ses puissants moyens matériels au service d'une autre cause ; cependant l'accusé, ne possédant pas pas plus qu'aucun être humain ce don de prophétie, avait fait, à l'égal de l'immense majorité de ses compatriotes, lorsqu'il s'était vu confronté à un dilemme historique, un choix qui, s'il était risqué, n'était pas pour autant déraisonnable ni, en aucune manière, criminel ou répréhensible. Si Hitler avait tenu sa promesse de créer un État prospère et juste, paladin et phare d'une Europe nouvelle, sans frontières ni querelles héritées du passé, alors la participation d'Alfred Krupp à cette noble entreprise aurait mérité les applaudissements des peuples unanimes. Mais les choses ayant pris un tour différent, Alfred Krupp se voyait l'objet d'un procès inique, comme un vulgaire malfaiteur. Était-ce cela, la justice ? s'interrogeait la défense. Ou n'assistions-nous pas plutôt au résultat arbitraire d'un jeu de hasard sur une grande échelle et aux effets incalculables pour l'avenir de l'humanité ?

Prullàs prit sa douche, se rasa, appela Gaudet et l'invita à déjeuner. Je préfère rester chez moi à travailler, répondit le metteur en scène, j'avais l'intention d'avaler quelque chose, plus tard, sur le chemin du théâtre ; on pourrait se voir là-bas, après la répétition. Pas question ! répliqua Prullàs. J'ai à te raconter ce qui s'est passé ces derniers jours et tu dois prendre soin de toi. Je t'attends à deux heures et demie au Suizo.

Je sais prendre soin de moi tout seul, dit sèchement Gaudet. Quant à ce que tu veux me raconter, tu ne peux pas faire ça au téléphone ?

Prullàs resta un peu interloqué. J'aimerais mieux le faire en tête à tête, mais si tu insistes… Et là-dessus, il résuma les rencontres qu'il avait eues jusque-là.

Le récit fini, le metteur en scène s'exclama d'un ton méprisant : Ça t'apprendra à faire appel à ces gens-là. Les avocats sont tous des plaisantins et des filous, et qu'est-ce que tu pouvais donc attendre des curés ? Tu ne voudras jamais comprendre ce qu'ils sont réellement, quelle méchanceté se dissimule sous leurs bonnes manières et leurs phrases redondantes ? Tu ne te souviens peut-être plus de notre collège ?

Pepe, ça fait un siècle… Faut-il vraiment remettre cela sur le tapis ? dit Prullàs. Mais Gaudet ne l'écoutait pas : Tu as oublié ces grands élèves qui s'amusaient à taper sur les faibles et les timides, ceux qui imposaient leur tyrannie aux autres par la peur et la violence ? Est-ce que tu t'imagines, par hasard, que les curés ne s'en rendaient pas compte ?

Bien sûr que si ! N'importe qui s'en serait rendu compte, et eux plus que personne. Alors pourquoi ne l'empêchaient-ils pas ? Eh bien, parce que cette barbarie faisait partie de leur plan, la barbarie était l'essence même de leur pédagogie : le pouvoir aux forts, la justice au service du pouvoir et, pour les faibles, impuissance et soumission ! C'est ainsi qu'ils nous ont formés, Carlos, c'est ça l'éducation qu'ils nous ont donnée. Et, conséquence de cette éducation, les faibles comme moi, pour se défendre, pour simplement survivre au jour le jour, ont dû faire appel au pire d'eux-mêmes : la flagornerie, la dissimulation, le silence et l'abjection, éternels maux de l'Espagne. Qui est coupable de tout, Carlos ? Les curés ! Les curés ont fait de nous ce que nous sommes et, du même coup, ils ont fait de ce pays ce qu'il a été, ce qu'il est et continuera d'être tant que nous ne mettrons pas tous les curés dans un sac que nous lesterons de pierres et que nous jetterons à la mer !…

Pepe, je te trouve un peu excité, dit Prullàs quand l'autre eut mis un point final à sa tirade. Ne vaudrait-il pas mieux que nous parlions de tout cela tranquillement, comme je te l'ai proposé ?

Il finit de s'habiller et alla chez le coiffeur. Pendant que le cireur astiquait ses chaussures et que la manucure s'occupait de ses ongles, le coiffeur lui fit la barbe et lui coupa les cheveux et, avant que Prullàs ait pu l'en empêcher, lui administra une friction à l'écorce de quinquina. Entre-temps, tout ce petit monde lui raconta diverses anecdotes, agrémentées d'un débat tauromachique animé, auquel participèrent d'autres clients de l'établissement. Les uns étaient partisans de Luis Miguel Dominguín et les autres du Litri, et il s'en trouva naturellement un pour dire que l'un et l'autre n'étaient rien à côté de don Juan Belmonte.

*

Gaudet entra dans le restaurant en trébuchant, s'excusa pour son retard et s'assit à la table qu'occupait Prullàs. Aux autres tables, des hommes seuls mangeaient avec des gestes mécaniques en partageant leur intérêt entre leur assiette et leur journal. Je me suis permis de commander pour nous deux, dit Prullàs, un menu léger, estival. Très bien, dit Gaudet et, après avoir repris son souffle, il ajouta : Tu m'as l'air en forme, et tu pues. Ah oui ! répondit Prullàs en riant, je sors de chez le coiffeur ; et puis cela m'a fait un bien fou de passer deux jours à Masnou, après l'agitation de la semaine dernière. Toi non plus, ça ne te ferait pas de mal de te reposer, ajouta-t-il, à voir la tête que tu as. Gaudet émit un bruit nasal. Je n'ai pas pu fermer l'œil de la nuit, gémit-il, je crève de fatigue, mais le sommeil refuse de venir. Le pharmacien m'a vendu un somnifère en me disant qu'il était miraculeux. Je l'ai essayé : il m'a fait mal atrocement mal au ventre, mais pour dormir, zéro. Je suis même allé jusqu'à compter des moutons, c'est te dire mon degré de désespoir... C'est cette chaleur, dit Prullàs, dès qu'il fera un peu plus frais tu dormiras de nouveau comme un angelot. Que Dieu t'entende, Carlos, murmura l'autre.

Bon, enchaîna Prullàs avec impatience, nous nous occuperons de ta santé une autre fois. Pour l'instant, nous avons une question plus urgente. Mon affaire se présente mal : comme je te l'ai dit, les soupçons retombent sur moi, les indices semblent m'accuser et, partout où je vais pour demander de l'aide, je me fais claquer la porte au nez. Je commence à perdre espoir de m'en tirer. Il ne nous reste pas d'autre issue que de poursuivre l'enquête pour notre propre compte, Pepe. Il faut que nous trouvions qui diable a pu tuer Ignacio Vallsigorri. C'est la seule manière pour moi d'échapper à l'arrestation et, qui sait, à la paille humide des cachots pour le restant de mes jours. Écoute-moi bien, j'ai beaucoup réfléchi ces derniers jours, et j'ai un plan. Je t'y ai réservé un rôle un peu risqué mais superbe. Tu te souviens de Franchot Tone dans…

Gaudet arrêta son ami d'un geste : Carlos, il faut que je te dise quelque chose d'important, annonça-t-il. Le ton grave et l'expression presque désespérée du metteur en scène déconcertèrent Prullàs. Gaudet hésitait ; on voyait clairement que chaque syllabe de son discours lui coûtait un effort douloureux. Je voulais te dire, réussit-il à prononcer, qu'en ce qui concerne cette histoire, l'affaire Ignacio Vallsigorri, et tout ce qui s'y rapporte… enfin, bon, tu ne dois pas compter sur moi. Ne m'interromps pas : je parlerai d'abord et, ensuite, tu pourras dire tout ce que tu voudras. Après notre conversation au téléphone, j'ai réfléchi, poursuivit-il les yeux fixés sur la table, et je suis arrivé à la conclusion que cette affaire est un guêpier ; et moi, je n'ai pas l'intention de me fourrer dedans. Je sais, ajouta-t-il très vite, qu'en agissant ainsi je commets une trahison impardonnable, mais je n'ai pas le choix. En dernier ressort, poursuivit-il sur le même ton accablé et geignard, comme si c'était lui qui était en réalité la victime de la trahison, toi, il ne t'arrivera rien, tu as de bons protecteurs, tu appartiens au cercle de ceux que rien ne peut atteindre ; ils vont te faire tourner un peu en bourrique, et puis ils finiront bien par te laisser tranquille ; moi, en revanche… tu sais à quel point ma position est vulnérable.

Pendant que Gaudet parlait, Prullàs avait vidé sa tasse de gaspacho ; il s'essuya les lèvres avec sa serviette et but une gorgée de vin avant de répondre. Je ne comprends rien, Pepe, je suis perplexe ! s'exclama-t-il finalement. Je pense que les somnifères du pharmacien t'ont déréglé les intestins et, du même coup, le cerveau. Ton raisonnement est incohérent et ton attitude ridicule. D'où te viennent ces craintes soudaines ? Il s'est passé quelque chose de nouveau ? Tu sais quelque chose que tu ne veux pas me dire ? Tu as encore eu des rêves prémonitoires ? Dis-moi la vérité… Et prends du gaspacho, bon Dieu ! Si, en plus de ne pas dormir, tu ne te nourris pas, tu finiras par te retrouver à la morgue : c'est ça qui devrait te préoccuper, et non tes élucubrations nocturnes.

Tu ne veux pas écouter ou tu ne veux pas comprendre, répondit Gaudet. Quand on enquête sur une affaire de cette nature, on ramène au grand jour des choses qu'il est préférable de laisser enfermées derrière sept serrures ; ce n'est pas difficile à comprendre. De quels secrets il s'agit, je n'en sais rien. Je sais seulement que je ne veux pas être à proximité du couvercle au moment où quelqu'un le soulèvera. C'est pour cela que je te demande de me tenir à l'écart de tout : je ne veux pas savoir ce que tu fais, ni où tu vas, ni à qui tu parles. Rien. Et je n'ai pas envie de gaspacho : il contient de l'ail, du concombre et du vinaigre, rien que d'y penser ça me donne la nausée. Garçon, enlevez immédiatement cette tasse !

C'est facile à dire quand ce n'est pas toi qui es dans le bain, dit Prullàs dès que le garçon eut emporté les tasses, mais moi je ne peux pas prendre mon chapeau, et bonsoir la compagnie ! Pepe, tu es mon meilleur ami ; tu m'as toi-même rappelé, et à juste titre, le temps du collège, quand tout le monde t'attaquait et que je te défendais. Toutes ces années d'amitié ne comptent pour rien ?

Le garçon servit les entrées. A l'heure de la vérité, dit Gaudet, chacun essaye de sauver sa peau, à n'importe quel prix, et s'il faut pour ça enfoncer le voisin, personne n'est retenu par la main de sa conscience : pas le moindre scrupule. Toi aussi ? demanda Prullàs en le regardant fixement. Tu es mon meilleur ami, et toi aussi tu sauverais ta peau en m'enfonçant, tu n'aurais pas non plus de scrupules ?

Moi, répondit le metteur en scène tout en donnant de grands coups de fourchette dans la croûte du vol-au-vent, j'ai les pieds et les poings liés. Tu le sais bien, Carlos, ils me tiennent ! Tant que je me contente de distraire un public bourgeois avec des comédies de boulevard, ils me laissent faire, mais malheur à moi si je sors de mon rôle ! Maudit soit le sort qui est le mien ! Je n'ai rien fait pour mériter une telle animosité. Pourtant, ajouta-t-il immédiatement, puisque tu as invoqué notre vieille amitié, je vais te dire une bonne chose : l'heure est venue pour nous de suivre chacun son chemin. Il ne s'agit pas de renoncer à l'amitié, je ne parle pas des sentiments : je t'ai toujours beaucoup aimé et je t'aimerai toujours beaucoup, Carlos, probablement plus que personne ne t'aura jamais aimé ; quand je parle de suivre chacun son chemin, je veux seulement dire sur le terrain du métier. Nous sommes arrivés à la fin d'une étape.

Tandis que Prullàs réglait son compte au vol-au-vent, le metteur en scène laissa errer son regard vers le plafond de la salle, puis il dit : Nous avons commencé l'aventure du théâtre quand nous étions étudiants, presque enfants, comme un jeu. Ça nous a réussi et le succès nous a aveuglés. Aujourd'hui, nous devons faire une pause, récapituler tant qu'il est encore temps et imprimer un cours nouveau à nos vies.

Maintenant précisément ? dit Prullàs. Au moment où la police m'accuse d'assassinat ? Gaudet sourit. Personne ne t'accuse de rien, Carlos, dit-il avec patience, je te l'ai déjà dit : on ne touchera pas à un cheveu de ta tête. Mais c'est maintenant précisément, oui, quand tout semble se retrouver à l'envers, quand rien ne paraît plus avoir de sens, qu'il faut affronter le changement ; avant que tout revienne à la normale, et que la monotonie et l'inertie nous paralysent…

Je vois où tu veux en venir, Pepe ! s'exclama Prullàs. Tu veux profiter de ce moment où je suis en position de faiblesse pour m'amener sur ton terrain… Mais ne compte pas sur moi. Pepe, je ne veux pas ressembler à Sartre : il a le cul en ramasse-miettes, il est bigle, et sa femme fait peur.

Je n'espérais pas te convaincre, dit Gaudet, mais je devais essayer. Tout à l'heure, enchaîna-t-il, tu as mentionné le collège. Je ne l'ai pas oublié, Carlos, même si je le voulais, je ne pourrais oublier ces années de honte. Tu te rappelles quand des grands de cinquième m'ont plongé la tête dans les chiottes ? Toi, tu me disais : Défends-toi, Pepe, ne te laisse pas humilier. Je comprenais que tu avais raison et qu'en définitive, dans ma situation, je n'avais rien à perdre en me rebellant. Mais je ne me suis pas rebellé ; je ne pouvais pas le faire, j'étais ligoté par ma mère, par la fausse, vaine et prétentieuse imagination de ma mère qui croyait, en m'expédiant dans ce maudit collège, qu'elle assurait mon avenir. Eh bien, Carlos, aujourd'hui, c'est moi qui te dis : Ne te laisse pas humilier, méprise les absurdités qui pèsent sur toi, tu n'as de compte à rendre à personne, ose être celui que tu es capable d'être !

Descends de ton nuage, Pepe ! répliqua Prullàs. Tout ça, c'est de la psychanalyse à bon marché et complètement à côté de la plaque. Dis-moi une fois pour toutes ce que tu as derrière la tête et vidons l'abcès !

Gaudet hésita quelques secondes. J'ai pensé, dit-il ensuite avec une lenteur délibérée, qu'après la première d'*Arrivederci pollo !* je partirais pour l'Argentine. Là-bas, on travaille dans une ambiance plus ouverte, il y a malgré tout plus de liberté et une vie théâtrale plus dynamique dans bien des sens. D'autres l'ont fait et s'en sont bien trouvés. Je n'aurai pas beaucoup de mal à y creuser mon trou, j'en suis sûr. Il est même possible que quelqu'un se souvienne encore de ma mère…

Ta mère !? cria Prullàs. Tu crois que quelqu'un peut se souvenir de ta mère ? Tu divagues, Pepe. Ta mère n'a jamais été une actrice célèbre ; il est même possible qu'elle n'ait jamais joué, qu'elle n'ait jamais mis les pieds dans un théâtre ; il est possible qu'elle ait gagné sa vie en Amérique comme serveuse de restaurant ou comme bonne d'enfant chez les riches, voire, sans vouloir t'offenser, en tapinant à La Havane, va savoir ! Elle nous racontait des bobards, Pepe ; des bobards innocents, mais des bobards quand même !

Peut-être, répondit Gaudet, mais ils l'ont aidée, et ils m'aideront moi aussi. Parce que tu crois que le monde que nous avons fabriqué n'est pas, lui aussi, un bobard ? Tiens, cette nuit, en fouillant dans les papiers de ma mère, j'ai trouvé cette photo, ajouta le metteur en scène en sortant de la poche intérieure de sa veste un vieux cliché sépia bordé d'or. Il le tendit à Prullàs et celui-ci, quelque peu interloqué, contempla le portrait d'un vénérable militaire en uniforme de gala, baudrier et képi ; il portait un sabre et sa tunique était un étalage de médailles, croix, crachats et autres décorations destiné à attester de sa vaillance. C'est mon arrière-grand-père maternel, expliqua Gaudet, il était colonel d'infanterie, il s'est battu à Tétouan sous les ordres de Prim, il a été à Cuba avec Weyler et aux Philippines avec Polavieja ; il s'est battu deux fois en duel pour défendre sa réputation ou celle d'une dame, ce qui revient au même : en tout cas, c'était un homme d'honneur, un brave et un patriote.

Gaudet se tut aussi brusquement qu'il avait commencé à parler et regarda son ami avec un air de défi. Au bout de quelques secondes, Prullàs réagit en lançant la photo sur la table. Là, tu m'as scié, Pepe ! s'exclama-t-il. J'ai supporté tes divagations jusqu'à maintenant parce que je vois que tu n'es pas dans ton état normal, mais le coup de la photo dépasse les bornes ! Qu'est-ce que tu veux que ça me fasse que ce guignol soit ton arrière-grand-père ! Une photo ! Qu'est-ce qui me prouve que tu ne viens pas de l'acheter dans un bric-à-brac du marché de San Antonio ? Et puis qu'est-ce que j'en ai à faire de tes ancêtres ? Tu peux bien me raconter que tu descends de Gengis Khan, pour moi c'est pareil. Pepe, la seule chose que je retiens c'est que tu te comportes avec moi comme un lâche.

Gaudet leva les bras et les laissa retomber sur ses flancs, dans l'attitude véhémente de l'homme découragé qui s'aperçoit de l'inutilité de ses efforts. Tu ne m'as pas compris, Carlos ! s'exclama-t-il. Ce que j'essayais de te montrer, c'est que jadis il était beaucoup plus facile d'être courageux. Il se leva et quitta la salle sans se soucier de récupérer la photo de son ancêtre. Prullàs haussa les épaules, bafouilla quelque chose pour lui-même, mit la photo dans sa poche et demanda la suite au garçon avec une indifférence affectée. Mais la conduite inattendue de Gaudet, la défection de son ami dans ces circonstances difficiles, l'avait plongé dans la consternation et l'abattement. Il mangea sans plaisir le filet de bœuf et la glace à la vanille qui complétaient sa modeste collation, puis, furieux et taciturne, il reprit le chemin de chez lui.

2

Tenez, Bonifaci, en venant je suis entré dans deux quincailleries et ni l'une ni l'autre n'avait de bougeoir : il faut croire que c'est un article très demandé, avec toutes ces coupures de courant. J'ai finalement acheté une lanterne sourde ; je crois qu'en cas de besoin elle vous rendra les mêmes services. Le concierge défit le paquet et admira l'ustensile. Il ne fallait pas, don Carlos, c'est une merveille, mais ça a dû vous coûter une fortune. Un peu cher, c'est vrai, dit Prullàs d'un air faussement sérieux, comme tout ce qui est importé, mais la sécurité et l'efficacité méritent la dépense. Vous avez bien raison ! convint Bonifaci. Rangeant la lanterne dans la grosse poche de sa blouse, il ajouta : Je ne m'en servirai qu'en dernière extrémité.

Avant de déboucher sur la scène, le portier s'arrêta et tira Prullàs par la manche ; quand il eut l'oreille de celui-ci à portée de ses lèvres, il murmura : Doña Mariquita m'a donné un mot pour vous ; elle m'a dit de vous le remettre dès que je vous verrais, mais avec la lanterne, ça m'était sorti de la tête. En disant cela, il lui tendit un papier plié.

Prullàs le prit, le déplia et lut : « Il faut que je te parle aujourd'hui sans faute. Viens dans ma loge à la fin de la répétition et essaye ne pas te faire remarquer. Surtout, que Gaudet ne te voie pas. » Le message ne portait pas de signature, mais Prullàs reconnut sans peine l'écriture de la célèbre actrice. Il fit un geste d'assentiment à Bonifaci et celui-ci, mission accomplie, lâcha sa manche, s'inclina solennellement et repartit par le corridor obscur en marchant à reculons.

ENRIQUE : Cecilia, ta conduite me paraît tout à fait étrange. Je te le répète pour la dernière fois : laisse-moi voir ce qu'il y a dans cette armoire.

CECILIA, *se plaçant devant l'armoire* : N'insiste pas, Enrique. Je t'ai dit non, et c'est non. Tu ne peux pas voir ce qu'il y a dans cette armoire.

ENRIQUE : Pourquoi ?

CECILIA : Parce qu'elle contient… des secrets de famille !

ENRIQUE : Ça m'est égal. Je suis ton fiancé, Cecilia, mais, avant d'être un fiancé, je suis inspecteur de police, et je vais découvrir ce que contient cette fichue armoire, même si je dois pour ça faire usage de mon arme réglementaire.

Enrique se dirige vers l'armoire d'un air décidé, mais avant qu'il ait pu ouvrir la porte Cecilia lui prend le bras.

CECILIA : Enrique, mon amour, écoute-moi. Ce que tu découvriras en ouvrant cette armoire va sûrement te surprendre. C'est la faute à Julio, mais je suis complice, moi aussi, je ne peux pas le nier. Nous sommes tous complices. C'est une affaire de famille et toi… eh bien ! tu fais quasiment partie de la famille. Essaye de comprendre ! La situation était devenue intenable… les créanciers, les dettes, le déshonneur, les langoustines… Fais un effort… Pour nous, c'était la seule issue possible, même si ce n'est peut-être pas la plus honorable.

Enrique, mon petit pigeon adoré, si tu m'aimes, sois compréhensif !

Enrique hésite en écoutant cette supplique, mais finalement son sens du devoir l'emporte, il empoigne son pistolet et ouvre l'armoire d'un coup.

ENRIQUE : Ciel, que vois-je !

CECILIA, *se voilant la face* : Pardonne-nous, Enrique ! Je ne voulais pas !

Sortent de l'armoire, terrorisés, Luisito et la bonne en tenue légère et les mains en l'air.

LUISITO : Ne ti-ti… ne ti-ti… ne ti… tirez pas !

Gaudet leva le bras et cria : Ce sera tout pour aujourd'hui, merci ! Ces mots signifiant que la répétition était terminée, Prullàs, qui était resté caché derrière les praticables, profita du moment où les projecteurs s'éteignaient et où les acteurs allaient écouter les commentaires de leur patron sur le devant de la scène, traversa celle-ci en passant derrière la toile de fond et se perdit de nouveau dans l'obscurité du corridor qui menait aux loges. Là, à l'abri des costumes décolorés et poussiéreux d'anciennes représentations, il vit passer, fatigués et silencieux, tous les membres de la troupe. Personne ne s'aperçut de sa présence. Je dois me cacher de mes propres gens comme un authentique proscrit, pensa-t-il. La contrariété produite par cette idée s'exacerba lorsqu'il vit Mlle Lilí Villalba ; complètement étrangère à sa présence, elle reboutonnait la robe qu'elle avait ôtée pour jouer la scène bouffonne de l'armoire. Même si, conformément aux règles en vigueur en matière de morale, la combinaison utilisée pour cette scène ressemblait davantage à une toge romaine qu'à de la lingerie féminine, même si cet accoutrement était fait pour susciter l'hilarité, cette vision avait troublé Prullàs. Il brûlait constamment du désir de se retrouver seul avec elle, mais d'autres affaires plus pressantes réclamaient pour l'instant son attention. Autant pour son bien que pour le mien, se dit-il, je dois éviter à tout prix que quelqu'un puisse établir un lien entre nous ; et puis quand ce cauchemar sera fini, je l'emmènerai passer quelques jours à Palma de Majorque, et alors à nous la belle vie.

Lorsque les acteurs eurent disparu dans leurs loges respectives et que les machinistes furent partis, il sortit de sa cachette et se dirigea vers la loge de Mariquita Pons : il frappa doucement. Qui est là ? demanda-t-elle de l'intérieur, et, la réponse obtenue, elle ajouta : Entre et ferme la porte.

La célèbre actrice se déshabillait derrière un paravent. Prullàs approcha une chaise de la table de maquillage et s'assit. La célèbre actrice ne tarda pas à sortir de derrière le paravent couverte d'un peignoir d'organdi foisonnant de dentelle. Sans faire cas de Prullàs, elle s'assit devant le miroir de la table de maquillage, ouvrit un pot de porcelaine et se mit à s'enduire le visage d'une épaisse crème blanche. Bonifaci m'a donné ton message et me voici, dit-il.

Bonifaci est une perle, dit Mariquita Pons, et elle termina l'opération par des gestes mesurés et économes. Je t'ai demandé de venir sans être vu parce que je préfère que ce dont nous allons parler reste entre nous. De quoi s'agit-il ? demanda Prullàs. De Gaudet, répondit-elle. Je préférerais qu'on parle d'autre chose, dit Prullàs.

La célèbre actrice fit opérer un demi-tour à son tabouret et présenta à Prullàs une face de statue où seuls les yeux inquiets semblaient vivants. Allume-moi une cigarette, dit-elle. Sa bouche était une fente horizontale dans la partie inférieure du masque. Prullàs fixa une cigarette dans le fume-cigarette de nacre, glissa celui-ci dans la fente et alluma la cigarette. Je sais que vous avez eu hier une entrevue douloureuse au Suizo, poursuivit-elle. Devant le silence hargneux de son interlocuteur, elle lança un jet de fumée vers le plafond de la loge et ajouta : La nuit précédente, la police était venue le chercher chez lui. Il était déjà au lit ; ils ne l'ont pas laissé s'habiller ; ils l'ont conduit en pyjama, sans ménagement, rue Layetana, où ils l'ont interrogé plus de deux heures, en douceur mais sans perdre leur temps en politesses inutiles ; après quoi ils l'ont laissé partir. Il lui a fallu déambuler un bon moment en pyjama, jusqu'à ce qu'il trouve un taxi qui accepte de le prendre dans cet accoutrement. Arrivé chez lui, il a réveillé le portier et lui a demandé de quoi payer le taxi. Il n'avait pas non plus ses clefs mais, par chance, le portier en possédait un double.

Et il ne pouvait pas me raconter cette péripétie lui-même, au lieu d'exhiber la photo d'une vieille ganache mangée aux mites ? s'exclama Prullàs.

Mariquita Pons rapprocha son visage immobile de celui de Prullàs et le regarda avec des yeux ronds et fixes comme ceux d'un serpent. Il ne t'a rien dit pour ne pas t'inquiéter, expliqua-t-elle. Il a peur, pour lui et pour toi ; il voit un malheur planer sur ta tête. J'ai essayé de le rassurer, mais tout a été inutile. Il pense à toi et ça l'empêche de manger et de dormir : tu sais combien il t'aime. Parle-moi de l'interrogatoire, dit Prullàs.

Mariquita Pons refit demi-tour et commença d'enlever la crème de sa face avec une serviette. Il ne s'est rien passé, répondit-elle sur un ton indifférent, comme si cette histoire avait cessé de l'intéresser. Je te l'ai dit : ils lui ont posé mille questions sur toi, sur tes habitudes, tes amitiés, tes goûts, tes vices… enfin ce genre de choses. Évidemment, il a essayé de faire celui qui ne sait rien et il a répondu par des banalités.

Ça ne change rien, dit Prullàs, tout ce qu'il aurait pu leur raconter, ils le savaient déjà. La seule chose importante, c'est le pourquoi de cette comédie. Ils espèrent me faire peur, mais dans quel but ? Mariquita Pons haussa les épaules. En tout cas, ajouta-t-il, je te remercie pour l'information. Et immédiatement, sans relation apparente avec ce qui avait précédé, il demanda : Pourquoi te maquilles-tu autant pour une simple répétition ?

Mariquita Pons sourit tristement à son propre reflet. Mon petit Carlos chéri, à mon âge, si je ne me maquillais pas, j'aurais l'air d'une marchande de marrons, répondit-elle. C'est pour cela que je me maquille, que je mets ces falbalas et que je passe la moitié de ma vie chez le coiffeur. Je le fais aussi pour que ton petit copain Gaudet se fasse une idée approximative de comment je serai le soir de la première : après tout, je reste encore le personnage principal de la pièce.

« Encore » ? s'étonna-t-il. Qu'est-ce que ça veut dire ? Tu as reçu une proposition plus intéressante ? Non, et je n'en attends pas, répondit-elle, mais rien n'est sûr dans ce monde : Gaudet peut perdre la boule et toi aller en prison. Chaque jour qui passe, tu m'es plus sympathique, Quiqui, dit Prullàs. Dans ma prochaine pièce, je te ferai loucher et tu auras une moustache : comme ça, tu n'auras pas besoin de maquillage.

3

Inquiet de la tournure de plus en plus confuse des événements, mais soulagé par les révélations de la célèbre actrice sur les véritables raisons de la défection de Gaudet, Prullàs rentrait chez lui, bien décidé à se reposer des fatigues de la journée, quand il eut la surprise de voir surgir de l'ombre du porche le gros homme avec lequel il avait été sur le point d'en venir aux mains deux nuits plus tôt au domicile de Mlle Lilí Villalba, et dont il savait seulement que c'était un individu fruste, querelleur, ivrogne et, selon tous les indices, le père de l'objet de ses ardents désirs. Cette dernière qualité, cependant, ne suffisait pas pour qu'il lui inspire sympathie et confiance. Que faites-vous ici, lui demanda-t-il sèchement, et qui vous a donné mon adresse ?

L'homme portait un grossier pantalon de toile et une chemise répugnante dont les trous laissaient passer sa toison rustique. Vous bilez pas, répondit-il, personne m'a filé votre planque ; personne, et encore moins la petite, faut pas penser du mal de la pitchoune ; elle est réglo pour ces choses-là, tout ce qu'y a de plus réglo. Et mézigue, ajouta-t-il avec un soupir vineux, je suis venu icite, comment dire, pour vous présenter mes respects et m'excuser pour l'autre nuit. Très bien, dit Prullàs, maintenant que vous l'avez fait, vous pouvez partir ; et j'espère que c'est la dernière fois que je vous vois mettre les pieds chez moi. Le gros homme mit un peu de temps à recouvrer son assurance. Prenez pas les choses comme ça, putain de bordel de merde, j'ai rien fait pour vous offenser, dit-il d'un ton geignard.

Monsieur, trancha Prullàs d'un ton ferme, le fait que j'aie des relations avec votre fille pour des raisons strictement professionnelles, et rien de plus, ne vous confère aucun droit. Aucun ! Vous m'avez compris ? Quant à Mlle Lilí Villalba, elle sait où elle peut me trouver si elle souhaite parler avec moi de toute affaire concernant son travail. Qu'il soit donc clair, si cela ne l'était pas encore, que vous n'avez rien à faire ici ; vous allez donc quitter les lieux si vous ne voulez pas que je prévienne la police.

Voyons, môssieu Prullàs, dit Villalba sans s'émouvoir de cette menace, soyez compréhensif avec mézigue, après tout j'ai pas de manières et je sais pas me comporter avec les gens de la haute comme vous ; faut vous dire qu'avant de venir vous voir j'étais si nerveux et je me faisais tellement de mouron que j'ai fait un tour au bistrot et je me suis envoyé un p'tit coup pour me donner du cœur au ventre ; un p'tit coup ou peut-être trois, je m'rappelle plus ; vous voyez si je me rends compte de mes décifiences. Mais faut croire que même mes meilleures intentions elles servent à rien, bordel ! Vous l'avez dit, bouffi, appelez donc la police, appelez-la, c'est tout ce que je mérite ; après tout, je m'en fous, moi, de la police ; la police et mézigue, on est des vieux potes. Peut-être que j'ai pas eu un papa ou un maître ou même un foutu curé pour m'enseigner le cachétisme, mais j'ai jamais manqué de flics pour veiller sur moi sans que je les aie sonnés. Pas plus tard qu'aujourd'hui, sans chercher plus loin, on a passé la journée au commissariat, la pitchoune et mézigue, et on avait rien fait pour mériter ça. Ils nous ont gardés si longtemps qu'un peu plus la pitchoune elle manquait la ripétition, la pauvrette, et c'est ça qui lui aurait fait le plus de chagrin : plus que les saloperies qu'elle a dû entendre, faut voir comment qu'ils l'ont secouée ; et tout ça pour vous protectionner, vu qu'elle a un cœur en or, ma pitchoune. Et elle, tout le temps : Oh, mon Dieu, je vais manquer la ripétition ! Oh, mon Dieu, je vais manquer la ripétition ! Vous voyez comme qu'elle est accrochée, ma fifille. La police vous a interrogés ? dit Prullàs quand le gros homme eut terminé son récit hyperbolique. Interrogés ? s'esclaffa celui-ci. Vous voulez dire que la rousse nous a salement cuisinés, bordel !

Prullàs scruta les alentours avec inquiétude. Par chance, à cette heure, le portier avait terminé son service et nul voisin ne passait par là. Montons chez moi, dit-il, nous y serons plus tranquilles pour continuer la conversation. Mais tâchez de ne pas parler haut et de ne pas dire de gros mots : ici, il n'y a que des gens bien. Ça se déduit rien qu'à zyeuter le mobilier, confirma l'autre en lançant un regard approbateur aux appliques dorées et au comptoir en acajou.

Une fois dans l'antichambre, Prullàs indiqua une chaise rustique à son accompagnateur. Celui-ci comprit que ce serait là toute l'intimité qui lui serait accordée et s'assit, non sans avoir auparavant examiné la pièce avec soin et adressé aux quatre coins une sorte de révérence servile en signe de respect. Prullàs observait ces singeries avec un mélange de répugnance, d'énervement et de curiosité.

Racontez-moi cet interrogatoire, dit-il quand le gros homme eut terminé la cérémonie.

Eh bien, tout ce que je peux vous certifiquer, répondit celui-ci, c'est que dès potron-minet ils nous ont sortis de chez nous comme qui dirait à coups de pied au cul et qu'ils nous ont embarqués là-bas sans explications, comme de juste, et sans tenir compte de nos obligations professionnelles ; c'est pas que ça soit vraiment un problème pour mézigue vu qu'à cette heure j'suis comme qui dirait en chômage technique, mais la pitchoune ils l'ont foutue dans la mélasse vu qu'elle a pas pu aller à son boulot des emballages ; ils l'ont pas laissée prévenir, les salauds, et pas question de protester ! Vous savez, j'ai vu un jour un film avec Unfré Bogar où qu'ils arrêtaient un quidam, et le mec il disait : Je parlerai qu'en présence de mon avocat ! C'est bien joli, mais chez nous ça serait plutôt : Je parlerai qu'en présence de mon dentiste, vu que celui qui veut faire le malin, au premier gnon qu'ils lui filent il avale ses crochets. C'est là qu'on voit que c'est pas pareil d'être un Américain dans les films et un pauvre type dans ce pays du Bon Dieu et de la Sainte Vierge. Le gros homme hocha la tête d'un air découragé, comme si ce qu'il venait de décrire représentait la faillite d'une vie entière consacrée au progrès de l'humanité. Mais je cause, je cause, et vous vous vouliez savoir ce qu'ils ont demandé. En deux mots, je vous dis la chose : ils ont demandé à la pitchoune si elle connaissait un dénommé Poiliforri, et elle a dit que oui ; si elle avait des bontés pour ce cave, et elle a dit que ça lui était arrivé quelquefois, en certaines occasions, et juste pour lui rendre une politesse ; si pour vous aussi elle avait des bontés, et elle a dit que non et non (et là ils lui ont allongé une torgnole et ils l'ont traitée de tous les noms mais elle a pas lâché le morceau) ; si elle vous avait vus quelquefois ensemble, vous et Poiliforri, et elle a dit que non ; si Poiliforri lui avait causé de vous ; si vous lui aviez causé de Poiliforri ; et comme ça tout le temps. Et aussi si elle était avec vous la nuit du crime ; et là encore elle a dit que non.

Prullàs essayait d'évaluer le sens de ce récit. Et vous, pendant ce temps, qu'est-ce qu'ils vous demandaient ? A mézigue ? Nib ! Qu'est-ce qu'ils pouvaient me demander, puisque j'suis pas dans ce coup-là ? Je sais même pas pourquoi qu'ils m'ont emmené avec la pitchoune... sauf si c'est pour que j'entende ce qu'elle disait.

Prullàs perçut un éclair de malice dans les yeux du gros homme : il était évident qu'en impliquant Villalba père dans l'affaire don Lorenzo Verdugones avait agi dans un but précis et que celui-ci s'était rendu compte de la manœuvre. Très bien, dit-il en tentant de prendre un air indifférent, je vous remercie de ce rapport, mais je vous répète que je n'ai rien à voir dans cette histoire ni avec votre fille, et encore moins avec vous. Et maintenant, si vous avez vidé votre sac, je vous prie de partir et de vous abstenir à l'avenir de tout contact avec moi, ici, au théâtre, dans la rue ou dans tous autres lieu et circonstance. Bonsoir.

Le gros homme se leva de sa chaise avec lourdeur et se balança un instant afin de reprendre son équilibre sur ses chaussures informes et éculées. Ça va, je me tire, dit-il sur le ton de la résignation, ça crève les yeux que ma présence elle est indésirable dans cette maison ; la présence d'un type comme mézigue dans une turne comme celle-là est un scandale. Et vous voulez pas de scandale, hein, môssieu Prullàs ? Moi, le scandale, c'est pas la peine de vous faire un dessin, je me le mets où vous savez. Je suis un scandale ambulant depuis que je suis au monde ; mais vous, vous avez une réputation à protéger, pour vous et votre dame, pour vos deux lardons, et pour môssieu votre beau-père qu'est un fumier respecté dans la société. Et comme si ça vous suffisait pas, faut encore que vous protégiez la réputation de cette rouquine qu'est drôlement gironde, enfin c'est une supposition, vu ce qui s'est passé vendredi soir à l'hôtel Gallardo...

Après avoir dit ces mots, le gros homme se mit à contempler avec indifférence les moulures du plafond et à siffloter tout bas. D'accord, dit Prullàs en tentant de réprimer son indignation, qu'est-ce que vous voulez ?

Mézigue ? Nib de nib ! répondit le misérable. Manquerait plus que ça ! On est tous des frères ! Je suis juste venu vous dire que vous avez pas à vous faire de bile pour vos secrets, qu'avec mézigue ils sont aussi bien gardés que dans les coffres de la Banque d'Espagne. Ah oui !? Et combien coûte la location du coffre ? demanda Prullàs. Pas cher, môssieu Prullàs, pas cher : c'est à vot'bon cœur. Et si je ne vous donne pas un centime, dit Prullàs, qu'est-ce que vous ferez ?

Le gros homme sourit avec indulgence. Ben, je sais pas, admit-il, vu que j'ai pas réfléchi au cas ; et m'obligez pas à réfléchir, putain de bordel de merde, vu que c'est pas mon fort. Si je savais réfléchir à ce genre de choses, j'aurais plus de problèmes et je gagnerais tous les concours. Allons, môssieu Prullàs, me compliquez pas la vie : j'essaye seulement d'être utile ; je suis pas une balance, moi, c'est même tout le contraire ; rien qu'à penser que votre dame ou môssieu votre beau-père ou le légitime de la rouquine, enfin c'est une supposition, ils se fâchent tous pour une bêtise, ça me fait mal au cœur. Mal au cœur comme vous pouvez pas imaginer, môssieu Prullàs ! Vous n'avez pas de preuves, dit Prullàs, vos menaces sont du vent.

Le sourire du gros homme s'élargit. Vous me plaisez, bordel, vous me plaisez vraiment beaucoup. On voit que vous en avez dans la caboche. Et, quand on y pense, peut-être que vous avez raison : j'ai pas de preuves, pas de photos, pas de témoins, j'ai nib de nib ; juste ma parole, et elle vaut pas un clou. Mais si je vais dire : je suis un maître chanteur et un moins que rien, mais j'ai vu untel avec unetelle dans tel hôtel à telle heure, vous pourrez bien gueuler que non, que ce salopard il a tout inventé, qui c'est que les gens croiront ? Vaut mieux pas essayer, pas vrai ? Le monde est tellement méchant, surtout le beau monde, vu qu'il a rien d'autre à branler…

Cette fois, ce fut Prullàs qui sourit, malgré son inquiétude. Et Mlle Lilí Villalba ? demanda-t-il après un silence. Maintenant que M. Ignacio Vallsigorri est mort, elle n'a que moi pour la protéger et l'aider. S'il m'arrive quelque chose, si un scandale met ma réputation par terre, que deviendra sa carrière théâtrale ?

L'homme fit aller sa tête d'un côté et de l'autre comme un bœuf. Non, dit-il finalement pour résumer ses réflexions, vous feriez pas ça à la pitchoune ; la pitchoune, elle vous a tapé dans l'œil, vous pouvez pas le nier, j'ai vu ça l'autre nuit, quand vous êtes venu à la maison ; dans les turnes des pauvres, les parois sont plus minces que du papier à cigarette et on entend tout, même la respiration des voisins, et je parle pas des chuchotements et des roucoulements à mi-voix. Allez, môssieu Prullàs, laissez la pitchoune en dehors de cette affaire et occupons-nous de la nôtre, qui doit se traiter entre honnêtes gens. Elle sait rien, et surtout pas que je suis là ; elle aurait honte si elle le savait, vu qu'elle est très romantique, la pitchoune, comme toutes les filles de son âge, et elle a le béguin pour vous. Ça la rendrait malade si elle apprenait le coup de la rouquine ; vaut mieux la laisser dans l'ignorance ; vous lui direz rien et mézigue non plus. Moi, ce que vous faites, c'est pas mes oignons, j'ai rien à dire, rien à reprocher. A votre place, je ferais pareil, surtout avec la rouquine qu'est un vrai morceau de roi. Mais vu que les morceaux de roi c'est pas pour mézigue, faut bien que je me démerde, comme qui dirait, autrement. Et c'est kif-kif pour la pitchoune, du vrai pain béni, bordel, même moi qui vous parle, j'ai beau être son paternel, quand je vois son petit cul et ses nichons j'ai le braquemart comme un canon de soixante-quinze… Vous êtes une canaille ! rugit Prullàs.

Le gros homme éclata de rire. Elle est bien bonne ! dit-il en se tapant sur le ventre. Vous avez une dame qu'est jeune et riche, vous vous envoyez la rouquine, vous tringlez ma fille, et c'est moi la canaille ! C'est à quelle école, qu'on vous a appris ce cachétisme, môssieu Prullàs ?

D'accord, d'accord, ne vous mettez pas dans cet état, dit Prullàs, alarmé par les cris du misérable. Je me mets pas dans cet état, bordel, c'est vous qui m'y mettez ! Qu'est-ce que vous vous figurez ? Que nous autres on est là seulement pour que vous nous chiiez dessus ? Que tout ce qui vous plaît, vous pouvez vous le payer à l'œil ? Bien sûr : c'est fait pour quoi, la fille d'un pauvre, si c'est pas pour servir à l'amusement des patrons, pas vrai ? Mais pas question de ça, bordel, icite on est tous égaux ! Si je vais au marché pour acheter un kilo de patates, faut bien que je les paye leur prix, pas vrai ? Eh bien, si cette petite patate-là elle plaît à môssieu, que môssieu la paye son prix et qu'il ferme sa grande gueule ! Et si vous voulez pas payer, démerdez-vous avec le scandale. Le vrai scandale, c'est notre situation, et ça, personne il lève le petit doigt pour y remédier. Chez nous, on est huit, parqués dans un gourbi sans fenêtres, pareils que les rats, malades, sans bouffe, sans clopes, sans fric, sans rien. Et en plus de vivre dans ces conditions dégueulasses, vous voudriez qu'on soit honnêtes ? Putain de bordel de merde, c'est la faute à la société si on est ce qu'on est. Je vous le dis icite et je le dirai partout où qu'il faudra, même si je dois en écoper pour vingt ans, vu qu'on peut tout prendre à un homme, sauf le droit de mettre les points sur les i. A bas le régime et vive la révolution ! Taisez-vous, taisez-vous, au nom de Dieu, supplia Prullàs, il ne me manquerait plus que ça !

Le gros homme se calma et un silence tendu régna dans l'antichambre. Combien ? demanda Prullàs. Mille duros, répondit l'autre. Vous n'êtes pas dans votre bon sens ! s'exclama Prullàs. Le misérable allait répliquer quand il fut interrompu par la sonnerie du téléphone. Qui cela peut-il bien être à cette heure-ci ? pensa Prullàs.

On entendit un bruit de pas précipités de l'autre côté de l'épais rideau : c'était Sebastiana qui accourait à l'appel du téléphone. La fidèle servante avait-elle entendu sa discussion infamante avec le maître chanteur ? se demandait Prullàs. Et à voix haute : Laissez, Sebastiana, je vais le prendre dans mon bureau ! Puis, indiquant la chaise rustique au gros homme : Vous, restez là, sans bouger et sans faire de bruit, lui intima-t-il.

Il courut au bureau, ferma la porte du couloir, mit le verrou et prit le combiné : Qui est à l'appareil ? Monsieur Prullàs ? demanda une voix féminine. Lui-même, qui parle ? Je suis le docteur Maribel, dit la voix, je ne sais si vous vous souvenez de moi : nous nous sommes rencontrés à l'institut de beauté.

Je me souviens parfaitement de vous, docteur, dit Prullàs, et j'ai appris depuis que vous êtes une célébrité de la radio. A l'autre bout du fil, il perçut un léger soupir dubitatif. N'accordez pas d'importance à ce détail, dit-elle, et excusez-moi de vous appeler à une heure aussi intempestive. Elle ne l'est pas du tout, répondit Prullàs, j'étais justement en train de me défaire d'un visiteur encombrant. En quoi puis-je vous être utile ?

Il y eut un nouveau silence ; puis, d'une voix ferme, le docteur Maribel dit : On vient de m'apporter les résultats des analyses. Je les remettrai à la police demain à la première heure… Mais je me suis dit que cela pourrait peut-être vous intéresser de les connaître avant. M'intéresser, moi ? Oui, bien sûr, répondit Prullàs, un peu surpris de cette proposition insolite. Dans ce cas, si vous n'avez rien d'autre à faire, passez me prendre à la porte de l'institut dans une demi-heure. Je vous y attendrai.

Il raccrocha, ouvrit la porte du bureau et appela Sebastiana d'une voix forte. Celle-ci accourut en suffoquant, comme si elle venait de parcourir une longue distance, et il lui ordonna de repasser immédiatement son veston blanc. Vous allez sortir à cette heure ? ronchonna la servante. Et de quoi tu te mêles ? Fais ce que je te dis et tais-toi, bouche fermée n'avale pas les mouches. D'accord, répliqua Sebastiana, mais en partant, emmenez avec vous le mendigot qui est assis dans l'antichambre. Quelle casse-pieds ! se dit Prullàs.

Il sortit sur le balcon, alluma une cigarette et fuma en contemplant les étoiles. Puis il rentra, écrasa le mégot dans le cendrier, ouvrit le tiroir où il gardait son argent, y prit une liasse de billets, la fourra dans sa poche et se dirigea vers l'antichambre.

Vous en avez mis un temps ! protesta le gros homme. L'attente semblait lui avoir rabattu un peu de son intrépidité.

Et alors ? répondit Prullàs d'un ton hautain, je suis chez moi, non ? De plus, ajouta-t-il, j'ai quelque chose à faire, de sorte que nous allons régler notre affaire en vitesse, et nous le ferons de la façon suivante : je ne vous donnerai pas la somme que vous me demandez pour plusieurs raisons ; la première, c'est que je ne l'ai pas et que je ne puis la réunir aussi rapidement sans éveiller les soupçons ; la deuxième, c'est que si je vous la donnais, au lieu de la gérer avec prudence, vous la gaspilleriez en vin, en femmes et autres stupidités, et vous viendriez m'en réclamer davantage dans quelques jours ; la troisième et la principale, c'est que je n'en ai pas envie. En revanche, je vous donnerai trois cents pesetas par mois, comme si c'était un salaire. Tous les mois, soixante duros. Mais ne vous y trompez pas : avec cet argent, je n'achète pas votre silence, je vous achète, vous. A partir de maintenant, vous travaillez pour moi ; ce ne sera pas un travail fatigant, vous n'aurez presque rien à faire mais, de temps en temps, je vous demanderai de me rendre un service et vous vous exécuterez avec célérité. C'est à prendre ou à laisser : qu'est-ce que vous décidez ?

Tandis que le gros homme regardait fixement le bout de sa trogne en pomme de terre dans une grossière parodie de méditation, Prullàs sortit de sa poche la liasse de billets et commença à les compter avec lenteur. La vision de l'argent fit tomber les ultimes défenses de Villalba père ; il cessa de feindre, haussa les épaules et s'exclama : Ce que vous faites là est un abus, mais le pauvre il peut jamais choisir : aboulez les fafiots !

Vous avez choisi judicieusement, dit Prullàs en lui donnant les billets. Je vous en donnerai autant dans un mois, mais inutile de venir les chercher : dorénavant, l'accès de ma maison vous est interdit ; à toute heure et pour n'importe quelle raison, tenez-vous-le pour dit. Je vous ferai parvenir vos émoluments tous les mois par un intermédiaire.

Le gros homme se racla la gorge. Y a un rade près de chez moi qu'on appelle le bistrot de Papa Ciruelo ; vous pouvez m'y trouver quand vous voulez. Si ça vous fait rien, je préfère que vous m'envoyiez le pèze là ; c'est pas pour dire, mais si la famille est au parfum… vous me comprenez.

On fera comme vous dites, accepta Prullàs, et quand j'aurai besoin de vos services, je prendrai moi-même contact avec vous. Le reste du temps, je préfère ne pas voir votre sale groin. Et rappelez-vous : si vous commettez la moindre indiscrétion ou si vous essayez de me rouler, s'il m'arrive quelque chose pour n'importe quelle raison, adieu la bonne soupe et votre fille ne remontera plus sur une scène de sa vie… Est-ce clair ?

Le gros homme émit des grognements variés en guise d'acquiescement, tout en comptant les billets et en les rangeant un à un dans la poche de son pantalon ; il plia plusieurs fois les deux derniers et les cacha dans ses chaussettes. Vous et moi, dit Prullàs avant qu'il disparaisse dans l'escalier, nous ne nous connaissons pas, compris ? Nous ne nous sommes jamais vus.

4

En arrêtant la voiture le long du trottoir, il vit la silhouette mince du docteur Maribel postée derrière la porte vitrée de l'institut de beauté. Le gardien ôta sa casquette plate et ouvrit la porte pour la laisser sortir tandis que Prullàs descendait, faisait le tour de la voiture et lui tenait la portière. J'espère que je ne vous ai pas fait attendre trop longtemps, dit-il.

Non, non, répondit le docteur Maribel en s'installant sur son siège et en déplissant la simple robe d'été bleu et blanc à grandes poches qui avait remplacé la blouse blanche, je viens juste de descendre. Entre l'institut et les consultations à la radio, mes journées me semblent sans fin : je pourrais enchaîner avec le jour suivant sans dormir ni manger. Elle parlait de façon heurtée et, malgré son assurance apparente, elle ne pouvait s'empêcher de jeter des regards furtifs dans toutes les directions, comme si elle craignait d'être surprise en train de commettre un acte répréhensible.

Prullàs démarra. Je déduis de vos paroles que vous n'avez pas encore dîné, dit-il. Ne vous inquiétez pas de cela, répondit-elle, je mange seulement quelques fruits avant de me coucher. Moi non plus, je n'ai pas dîné, dit Prullàs, et je vais donc vous contraindre à modifier votre régime, si vous n'y voyez pas d'inconvénient. Je n'en vois pas, répondit-elle, emmenez-moi où vous voudrez.

*

Le jardin de La Rosaleda était éclairé par des centaines d'ampoules disposées entre les branches des arbres. Au fond du jardin, sur une estrade et sous une gloriette ceinte d'une guirlande d'ampoules rouges et jaunes, un orchestre composé de huit musiciens en chemise à fleurs et d'une chanteuse interprétait un fox-trot. Le maître d'hôtel arriva en contournant les tables disposées en quinconce. Après avoir ployé plusieurs fois l'échine et s'être excusé de ne pouvoir les placer plus près de l'orchestre, il les conduisit à une extrémité du jardin où des serveurs se dépêchaient de dresser une table apportée en grande hâte. L'odeur des jasmins qui tapissaient le mur en torchis était très forte en cet endroit. Ce soir, dit le maître d'hôtel, nous sommes débordés. Ne vous inquiétez pas, dit Prullàs en glissant discrètement un billet dans la main du maître d'hôtel, la place est merveilleuse ; nous y serons très bien.

Eh bien ! dit le docteur Maribel quand les serveurs furent partis et qu'ils purent s'asseoir à la table, si j'avais su que nous viendrions ici je me serais habillée autrement. Soyez sans crainte, dit-il, cette robe est parfaite et vous va à ravir. Merci, vous êtes un habitué des lieux ? J'ai vu qu'on vous traitait avec beaucoup d'obséquiosité. J'y viens de temps en temps, dit Prullàs, les soirs d'été, je préfère être ici que de rester à couvert au Cortijo. J'espère que l'endroit vous plaira aussi. Oh oui, j'en suis sûre, dit-elle avec une spontanéité sans détour, il est charmant ; j'en avais entendu parler, mais je n'y étais jamais venue… Le théâtre rapporte autant que ça ? Prullàs sourit de cette question inattendue et impulsive. Non, répondit-il, et encore moins que vous ne le pensez ; c'est ma femme qui est riche, pas moi. Le docteur Maribel rougit. Pardonnez-moi, murmura-t-elle, je vous ai posé une question très indiscrète. Pas du tout, dit-il, j'aime votre franchise. Vous pouvez me poser toutes les questions que vous voulez si, en échange, vous me laissez vous interroger sur ce qui m'intrigue chez vous. Chez moi ? s'exclama-t-elle à voix basse.

Le maître d'hôtel revint pour leur demander s'ils désiraient dîner ; l'heure était avancée et la cuisine était sur le point de fermer. Prullàs jeta un coup d'œil sur la carte. Est-ce qu'il y a quelque chose dont vous auriez particulièrement envie ? demanda-t-il. Non, je vous laisse choisir, répondit-elle. Prullàs choisit de la salade d'asperges et des soles au vin blanc, et le maître d'hôtel se retira. Ils vont mettre un certain temps avant de nous servir, dit Prullàs, vous voulez danser ? Cela fait des années que je n'ai pas dansé, dit-elle, je ne sais pas si je saurai encore. Cela ne s'oublie pas, vous n'en avez pas envie ? Si, mais j'ai la sensation que tout le monde nous regarde… murmura le docteur Maribel. C'est naturel, les gens viennent ici pour regarder et pour être regardés ; il n'y a rien de mal à ça ; ne me dites pas que vous avez peur du qu'en-dira-t-on ?

Ils allèrent sur la piste. Au début, le docteur Maribel dansait très crispée, tête baissée et bras rigides ; son manque d'assurance la faisait trébucher et elle perdait continuellement le rythme. Puis elle se tranquillisa, ses mouvements devinrent plus spontanés et ses membres se détendirent. Vous voyez que vous dansez très bien, lui dit Prullàs.

Elle releva la tête, sourit et la rebaissa. Toutes ces femmes sont tellement bien habillées… chuchota-t-elle. Ne dites pas de bêtises : vous dirigez une entreprise prospère, vous avez une émission de radio très populaire et, en plus, vous êtes une femme extrêmement séduisante ; toutes ces femmes prétentieuses et infatuées tomberaient raides si elles se savaient observées par le fameux docteur Maribel et, malgré cela, vous vous conduisez comme une collégienne. Qu'est-ce qui vous inhibe ? Ne vous moquez pas de moi, monsieur Prullàs. Je ne me moque pas, je suis seulement déconcerté ; vous êtes très différente hors de l'institut ; hier, dans votre bureau, vous m'avez presque fait peur. Ça doit être le lieu, dit-elle en riant, ou la blouse blanche. Ou votre attitude, rectifia Prullàs. Mon attitude ? Ne me dites pas que, quand je suis en docteur, j'ai l'air d'un adjudant ! Un adjudant, non ; plutôt une de ces femmes professeurs qu'on voit dans les films de science-fiction, froides et distantes, toujours collées à leur microscope, jusqu'au moment où elles sont attaquées à l'improviste par un Martien visqueux et plein de vilaines intentions, et où elles découvrent la vanité de leurs efforts. En tout cas, ajouta-t-il en reprenant son sérieux, vous êtes mieux hors de votre bureau. Il ne peut pas y avoir beaucoup de différence, dit le docteur Maribel, dedans ou dehors, je suis comme je suis : je ne m'applique aucun des traitements que je recommande ni aucun des conseils que je donne ; mais ne le répétez à personne.

Le morceau s'acheva et les danseurs s'arrêtèrent en applaudissant du bout des doigts. Voulez-vous que nous retournions à notre table ? s'enquit Prullàs. J'aimerais danser un autre morceau, répondit-elle contre toute attente, et, s'apercevant du regard étonné de Prullàs, elle ajouta en manière de justification : Cela fait des siècles que je reste enfermée dans ce maudit institut comme dans un tombeau.

Ils dansèrent en silence, puis ils regagnèrent leur table où les serveurs avaient déjà apporté les hors-d'œuvre. Dans un seau d'étain plein de glace, il y avait une bouteille de champagne que le maître d'hôtel s'empressa de déboucher en provoquant une joyeuse détonation ; il enveloppa la bouteille dans une serviette blanche, remplit les coupes, la remit dans le seau et se retira. Je ne vous ai pas entendu commander du champagne, dit le docteur. Je ne l'ai pas commandé, dit Prullàs, le maître d'hôtel vous a vue et il en a tiré une conclusion évidente. Le docteur Maribel rougit de nouveau. Mais je ne puis accepter de vous causer tous ces frais, protesta-t-elle. Ne vous tourmentez pas, répliqua Prullàs, comme je vous l'ai dit, je suis dans l'aisance ; et puis c'est mon affaire. Vous êtes si économe que ça ? Par la force des choses, répondit le docteur Maribel d'un ton sec, je gagne pas mal d'argent, mais j'ai énormément de frais. Elle but une gorgée de champagne, s'appuya au dossier de sa chaise, ferma les yeux et se laissa envahir par une sensation de plaisir.

Au bout d'un moment, elle rouvrit les yeux, se pencha en avant, adressa à son compagnon un regard résolu et dit : Mieux vaut que je vous dise tout : mon mari est au pénitencier de Burgos depuis neuf ans ; je ne sais quand il sortira, ni même s'il sortira un jour. Pour qu'il ne meure pas de faim et de froid et soit traité un peu convenablement, je dois lui envoyer en permanence vêtements, nourriture, argent. Je m'occupe aussi de la révision de son cas à Madrid par le biais d'avocats et de personnages influents : tout cela me coûte une fortune ; de là mon aversion pour le gaspillage. Mais cela n'implique aucun reproche, aucun jugement sur la manière de dépenser votre argent, bien au contraire : je vous remercie infiniment de votre gentillesse et de votre générosité.

Elle se tut aussi brusquement qu'elle avait débuté et observa fixement Prullàs, en essayant de juger de l'effet produit par ses révélations. Mangez, dit Prullàs, si vous ne commencez pas je ne peux pas commencer moi-même, et je suis affamé.

Le docteur Maribel piqua une feuille de salade et la porta distraitement à sa bouche tandis que ses yeux se voilaient. Prullàs attaqua hardiment la salade. Pourquoi vous êtes-vous spécialisée dans la beauté féminine ? demanda-t-il au bout d'un moment, dans l'intention de donner un cours moins douloureux à la conversation. Est-ce une branche de la médecine, comme la cardiologie ou la puériculture ?

Le docteur Maribel se frotta les yeux et sourit. Non, dit-elle, cela ne l'est pas, et d'ailleurs je ne suis pas médecin ; en réalité, j'use du titre de docteur de façon frauduleuse. Je vais vous confesser un grand secret, si vous me promettez de ne pas le divulguer : j'ai fait des études de vétérinaire ; j'aime beaucoup les bêtes, toute petite je rêvais d'avoir une ferme. Puis je me suis mariée et j'ai abandonné les études. La famille de mon mari avait une pharmacie et j'y ai travaillé. Après quelques années, mon beau-père, qui se faisait vieux et qui ne pouvait plus transmettre l'affaire à son fils, comme il l'avait prévu, a cédé la pharmacie. C'est avec cet argent que j'ai ouvert l'institut. Comme vous voyez, moi aussi je vis de l'argent d'autrui.

Ça n'est pas la même chose, répliqua Prullàs, vous travaillez et je suis un saltimbanque. Mais racontez-moi encore comment vous avez fait pour avoir ce succès ; je vous ai déjà dit que vous êtes une femme très séduisante ; maintenant vous m'apparaissez aussi comme un personnage très intéressant. Merci, dit-elle en rougissant légèrement, comme si ce compliment la touchait davantage que celui qui s'adressait à ses charmes physiques, en fait, je dois davantage mon succès à la chance qu'à mes mérites personnels. Vous aviez raison, ajouta-t-elle, la beauté féminine est pratiquement une branche de la médecine : c'est compliqué et plein de risques ; lorsque je me suis aventurée sur ce terrain sans avoir les connaissances nécessaires, j'ai agi de façon gravement irresponsable ; mais la Providence a eu pitié de moi en m'envoyant le docteur Schumann : c'est lui qui dirige vraiment l'institut ; moi, je me borne à lui servir de façade. C'est un homme extraordinaire, un travailleur infatigable ; et, comme si ce n'était pas suffisant, il porte monocle. Le docteur Schumann ? Et avec un monocle ? rit Prullàs. D'où l'avez-vous sorti ? d'un film d'Eric von Stroheim ? ou est-ce un réfugié nazi ? Oh, mon Dieu, non, il est juif, répliqua le docteur Maribel. Et, sans attendre les commentaires de son interlocuteur, elle ajouta sur le ton du défi : Vous avez quelque chose contre les juifs ? Non, répondit Prullàs, ni d'ailleurs contre les nazis. Désarmée par cette réponse imprévue, elle abandonna son attitude agressive. Le serveur enleva les assiettes vides, versa du champagne et servit les soles.

Pour vous, tout se vaut ? demanda le docteur Maribel quand ils furent de nouveau seuls. D'une certaine manière, oui, répondit Prullàs après avoir goûté sa sole, s'être essuyé les lèvres et avoir bu une gorgée de champagne, mais pas comme vous vous l'imaginez. Vous voyez, je sais bien qu'aujourd'hui il est à la mode, dans tous les pays civilisés, de tomber à bras raccourcis sur les nazis. Bien sûr, si ce qu'on raconte d'eux est vrai, ils ont fait des choses horribles, impardonnables. Mais ils ne les ont pas faites parce qu'ils étaient des nazis, ils les ont faites parce qu'ils étaient des imbéciles. Voilà ce que je voulais dire : je suis contre toutes les atrocités qu'ils ont commises, mais pas contre les nazis. Pas plus que je ne suis contre les chrétiens, même si je sais qu'en leur temps ils ont envoyé au bûcher des milliers de malheureux accusés de sorcellerie et d'autres crimes également improbables. Pis encore, si l'Inquisition avait disposé à l'époque des moyens perfectionnés d'aujourd'hui, elle aurait tué autant de gens que l'on prétend que les nazis en ont tué. Les individus sont relativement bons ; les peuples, en revanche, sont violents et sanguinaires ; tous sans exception. Pour pouvoir donner libre cours à leurs instincts sanguinaires et, en même temps, tranquilliser leur conscience, ils recourent à une idéologie grandiloquente, un simulacre grossier et invraisemblable, avec discours, hymnes et drapeaux. Que pouvons-nous y faire ? La stupidité et la brutalité font partie de la nature humaine, et, comme tel, je les accepte. Après tout, ce n'est pas moi qui ai inventé la nature humaine. Je hais les théories, c'est tout. Les individus m'intéressent ; en revanche, les idéologies me semblent toutes les mêmes. Est-ce que je commets un grand péché en pensant ainsi ? Et si je le commets, qui a le droit de me condamner ou de m'absoudre ?

Un éclair de curiosité passa dans les yeux du docteur Maribel. Je ne sais si vous me faites marcher, monsieur Prullàs… dit-elle enfin. Vous êtes un professionnel de la parodie et des mots d'esprit, mais je préfère vous prendre au sérieux et, en conséquence, je me risquerai à vous dire ce que je pense : votre position ne me semblerait pas du tout mauvaise si elle était applicable ; mais dans le monde où nous vivons, on ne vous laissera pas la garder. Personne ne peut passer sa vie à nager entre deux eaux, et vous pas plus qu'un autre. Je ne dis pas qu'on vous obligera à en changer par la force, mais on vous mettra dans une situation telle que vous serez vous-même obligé de choisir entre une idéologie et une autre. Vous vous trompez si vous croyez être seulement un individu ; personne ne l'est. Nous ne sommes que ce que nous représentons, ce que le passé a fait de nous. Que nous le voulions ou non, nous sommes les héritiers de la haine et de l'injustice, les héritiers d'une Histoire que nous n'avons pas faite, mais dont nous devrons, tous sans exception, accepter les fruits. Elle fit une pause, respira à fond le parfum des jasmins et sourit. Excusez-moi, dit-elle, je me suis emballée sans m'en rendre compte ; je ne bois jamais de champagne. Ne vous inquiétez pas, dit Prullàs, vous n'avez pas dit de bêtises ; mais vous pensez vraiment qu'il est impossible de vivre sans épouser une idéologie, même si l'on ne croit à aucune ? Oui, monsieur Prullàs, je le pense. Et votre idéologie vous interdit de m'appeler Carlos ? interrogea-t-il. Non, mais mon expérience me le déconseille, rétorqua-t-elle.

Voyant que les assiettes étaient vides, le serveur les enleva et le maître d'hôtel vint leur demander s'ils désiraient un dessert. Prullàs commanda une glace et le docteur Maribel une tranche d'ananas avec de la crème. En attendant qu'on nous apporte le dessert, faites-moi encore danser, dit-elle ensuite, ça ne se fait pas de le demander, mais je meurs d'envie de danser. Et une fois sur la piste, sans raison apparente, comme si une pensée soudaine venait conclure un soliloque intérieur, elle ajouta : On ne peut pas vivre éternellement avec des plaies ouvertes. Elle observa une pause et demanda : Vous croyez que j'agis mal ? Je ne sais pas, dit Prullàs, ce n'est pas moi qui tiens une consultation. Tout ce que vous faites me semble bien, mais je suis un fort mauvais juge, vous avez déjà eu l'occasion de vous en rendre compte. Ma consultation n'est pas un tribunal, répliqua-t-elle, et je ne juge pas non plus les gens qui me demandent conseil, je tâche seulement de les comprendre. C'est la même chose, répondit Prullàs, comprendre et juger, où est la différence ? Et, changeant de ton, il questionna : Comment avez-vous eu l'idée de cette consultation radiophonique ?

C'est la chaîne de radio qui me l'a proposée. Ils cherchaient quelqu'un pour faire concurrence à un programme similaire sur une autre chaîne et, je ne sais comment, ils ont entendu parler de moi. Aujourd'hui, les deux programmes coexistent pacifiquement : le mien le matin, l'autre à sept heures du soir. Naturellement, poursuivit-elle, j'ai accepté pour l'argent, mais je dois ajouter que je suis finalement assez fière de mon travail. Je le dis sans vantardise ni fausse modestie. Je ne crois pas avoir procuré le bonheur à qui que ce soit par mes conseils, mais j'ai évité quelques infortunes à mes auditrices. J'ai souvent pu résoudre des petits problèmes qui étaient susceptibles de provoquer de terribles désagréments. Une fois, une auditrice m'a écrit pour me dire que, grâce à mes trucs pour faire la sauce béchamel sans grumeaux, elle avait surmonté une véritable crise conjugale d'une façon plus que satisfaisante ; d'après elle, la recette avait sauvé une relation de couple qui allait au naufrage. Je vois que vous me regardez avec scepticisme. Vous ne me croyez pas ?

Non, admit Prullàs avec franchise, je ne vous crois pas et je ne crois pas votre auditrice complaisante. Malheureusement, les choses sont plus compliquées que vous ne les dépeignez. Même quelqu'un d'aussi superficiel que moi ne ferait pas dépendre son équilibre sentimental d'une sauce. Je profiterais d'une sauce mal liée pour laisser libre cours à mon mécontentement et à ma mauvaise humeur, mais si quelqu'un parvenait à réparer ce défaut, je chercherais un autre prétexte tout aussi futile. A la longue, le résultat serait le même. Si, comme vous me l'avez dit tout à l'heure, mon attitude vous paraît frivole, la vôtre, maintenant, me paraît frivole et pleine de complaisance envers vous-même.

Excusez mon manque de tact, mais je considère que vous êtes trop intelligente pour tomber dans ce genre de piège. La justification de l'argent était moins jolie, mais plus crédible.

Le docteur Maribel cacha son visage contre l'épaule de son partenaire. Prullàs craignit d'abord de l'avoir offensée par sa rudesse, mais comme cette langueur ne semblait pas feinte il choisit de continuer à danser en silence.

Après un temps, le docteur Maribel se serra soudain davantage contre Prullàs, leva la tête et, approchant ses lèvres de son oreille, murmura : Vous l'avez vraiment tué, ce Vallsigorri ? Cette question le laissa sans voix. Elle éclata de rire. Vous aviez oublié le véritable objet de notre rencontre ? Je préférais le tour que nous lui avions donné, dit Prullàs, vous savez vous venger. Je n'ai jamais dit que j'étais une sainte, répliqua-t-elle, et vous n'avez pas répondu à ma question. Je ne l'ai pas prise au sérieux, dit-il. Vous ne seriez pas capable de danser avec un assassin. Peut-être que oui, peut-être que non, dit le docteur Maribel. Vous savez qui sont mes acteurs favoris ? Basil Rathbone et Dan Duryea. Docteur Maribel, dit Prullàs, ce qui est en jeu, c'est ma liberté, mon honneur, la possibilité de continuer à travailler, peut-être ma vie, et aussi le bonheur ou la ruine de ma famille et d'autres personnes qui dépendent de moi à un titre ou à un autre ; je refuse de penser que vous ne voyiez dans une situation aussi pénible qu'un excitant pour vos fantasmes et finalement un simple passe-temps. Est-ce ainsi que vous traitez vos pauvres auditrices ? Le docteur Maribel s'écarta brusquement, amusée et un peu honteuse. Retournons à notre table et faisons la paix, dit-elle. Elle avait recouvré d'un coup sa désinvolture, elle était de nouveau la femme pratique et indépendante ; mais le pacte secret établi entre eux sous l'emprise de la musique, du champagne et du parfum des fleurs était rompu.

De toute manière, ce que je peux croire ne compte pas, commença le docteur Maribel quand ils se furent rassis, je n'ai aucun pouvoir. En revanche, don Lorenzo Verdugones en a, et même beaucoup, et il est convaincu de votre culpabilité. C'est du moins ce que m'a dit son assistant, un jeune homme lugubre qui s'appelle Sigüenza. C'est un garçon timide, célibataire et taciturne ; sa vie sentimentale doit être insipide. Il vient souvent à l'institut de beauté sous un prétexte officiel quelconque et reste là à rôder, au cas où il parviendrait à voir une cliente en tenue légère. Il ne voit jamais rien, mais il ne se décourage pas. L'autre jour, il est venu de bonne heure, comme toujours, et en vous attendant, son chef et vous, il nous a tous mis au courant des faits pour se donner de l'importance. A ce qu'il paraît, des indices vous désignent comme celui qui a tué Ignacio Vallsigorri. Ils ne constituent pas une preuve suffisante pour vous faire condamner, mais ils ont persuadé don Lorenzo Verdugones de votre culpabilité. Comme je ne vous connaissais pas quand Sigüenza me l'a raconté, je n'ai pas trop prêté attention à ce qu'il disait et je n'ai pas cherché à lui tirer davantage les vers du nez. Je ne sais de quelle preuve il s'agit : peut-être un témoin oculaire, peut-être une lettre ou un document compromettants ; en tout cas, un indice déterminant.

Allons donc, docteur Maribel, l'interrompit Prullàs, vous plaisantez ! D'abord, cette preuve ne peut pas exister, pour la bonne raison que je n'ai tué personne ; je n'ai aucun motif de le faire, et même si j'en avais un je ne le ferais pas. Ensuite, si don Lorenzo Verdugones détient cette prétendue preuve, pourquoi ne m'a-t-il pas fait arrêter ?

Le docteur Maribel savourait à la fois la tranche d'ananas à la crème et l'évident désarroi de son compagnon. Je ne sais pas, répondit-elle, mais je pense à plusieurs explications logiques. D'abord, vous êtes un personnage connu, vous avez des relations : votre arrestation ferait un tapage énorme, et la fonction première de don Lorenzo Verdugones à Barcelone est de veiller au calme et à la concorde sociale. Tant qu'il n'aura pas réuni des preuves vraiment irréfutables, il refusera de faire le pas décisif ; et en attendant, avec le prétexte de votre collaboration, il vous garde près de lui en vous contrôlant constamment. Le plan est bon. Cependant, je crois que, avant de penser à tout cela, vous feriez bien de vous demander pourquoi don Lorenzo Verdugones s'est chargé personnellement d'un simple cas d'homicide qu'il pouvait laisser entre les mains de la brigade criminelle. Ignacio Vallsigorri n'était pas si important, et vous non plus, sans vouloir vous offenser.

Continuez, dit Prullàs. Je n'en sais pas davantage, répondit-elle, mais il n'est pas besoin de faire appel aux oracles radiophoniques du docteur Maribel pour en déduire que don Lorenzo Verdugones soupçonne que l'assassinat d'Ignacio Vallsigorri fait partie d'une trame plus complexe, dans laquelle sont impliqués plus de gens que son simple exécutant, peut-être des personnalités importantes de la vie barcelonaise… Une affaire avec de nombreuses ramifications, voire un authentique complot… Vous savez ce que les hauts fonctionnaires pensent des Catalans : à peine arrivés de leurs provinces, ils se heurtent à notre proverbiale circonspection, et ils l'interprètent comme le symptôme d'une conspiration spécialement ourdie contre eux ou contre ce qu'ils croient représenter et même incarner : le système politique, la patrie, un idéal, n'importe quoi.

Ça, c'est le comble ! s'exclama Prullàs. Me voilà devenu le représentant de la perfidie catalane ! Moi, précisément ! Ne vous énervez pas, dit-elle, en fin de compte, je ne sais même pas si ce que je vous raconte est exact ou non. En fait, ce ne sont que des suppositions, fondées sur d'autres suppositions de Sigüenza, qui n'a entendu que des rumeurs et dont l'intelligence n'est pas des plus évidentes. Cela dit, si ce que je viens de vous exposer est exact et non une simple erreur d'appréciation, le moins qu'on puisse dire est que vous êtes dans une situation délicate…

Ayant gaillardement réglé son compte à l'ananas, elle laissa les couverts sur l'assiette, s'essuya les lèvres avec sa serviette et tendit le bras sur la nappe pour atteindre le paquet de cigarettes et le briquet de Prullàs, mais, au dernier moment, sa main fit un détour pour aller se poser sur celle de son vis-à-vis. Ne soyez pas en colère contre moi, murmura-t-elle en déviant son regard vers le jardin comme pour se désolidariser de ce geste ou l'attribuer à ses membres et non à sa volonté, j'aimerais vous aider, mais je ne peux pas. Ma position est aussi fragile que la vôtre, sinon plus. En vous appelant ce soir, en venant ici, j'ai gravement compromis l'avenir de mon mari et le mien. Les hommes comme don Lorenzo Verdugones ne peuvent supporter qu'une femme dans ma situation arrive à se maintenir et même à prospérer un peu sans s'avilir. Il me hait et ne laissera passer aucune occasion de me faire chasser de la radio ou de fermer l'institut de beauté. Si je vous dis cela, s'empressa-t-elle d'ajouter, ce n'est pas pour demander votre reconnaissance ; j'ai pris l'initiative de vous appeler, je suis venue ici de mon plein gré, et c'est moi qui vous suis reconnaissante ; cette soirée m'a donné les seuls moments de plaisir que j'aie connus depuis des années. Elle retira sa main, ouvrit son sac, sortit son bâton de rouge à lèvres et rajusta sur sa bouche plissée le carmin qu'elle avait laissé sur la serviette en dînant. Il est très tard, ajouta-t-elle ensuite, partons.

Prullàs demanda l'addition, paya et ils quittèrent les lieux, suivis des regards soupçonneux des clients. Le docteur Maribel habitait un immeuble moderne de la rue Floridablanca, non loin de l'institut de beauté. Ils firent le long trajet en silence, mais, contre toute attente, elle ne montra pas la moindre hâte à descendre lorsqu'il arrêta la voiture devant la porte. Prullàs éteignit les phares et le moteur et alluma une cigarette. Deux heures sonnèrent à la paroisse de Notre-Dame du Carmel. Personne ne circulait dans les rues et le tintement des cloches continua de vibrer un moment entre les murs des maisons.

La police, dit-elle abruptement, a localisé le restaurant où Vallsigorri a dîné le soir du crime. Il y était seul et il en est reparti peu avant dix heures. De notre côté, nous n'avons pas encore identifié la plus grande partie des résidus prélevés sur les vêtements du mort, mais l'odeur dont ils étaient imprégnés provient d'un parfum français appelé Arpège. Trouvez la propriétaire de ce parfum et vous aurez fait un pas dans la solution du mystère. Je ne saurais vous en donner la raison, mais j'en ai l'intuition. Vous croyez que c'est une femme qui a tué Ignacio Vallsigorri ? demanda Prullàs. Cela se pourrait, répondit-elle, je ne suis pas détective, les problèmes que j'ai à résoudre sont d'un calibre inférieur ; mais si vous voulez connaître mon opinion, j'en doute. Pourquoi ? insista Prullàs. Parce que cet homme était un don Juan et que seules les idiotes s'attachent aux don Juan. Et les idiotes ne tuent pas… dit le docteur Maribel à voix basse mais avec conviction. Vous croyez qu'une femme de caractère ne peut pas tomber amoureuse d'un don Juan, docteur Maribel ? demanda Prullàs.

Je préfère le supposer, monsieur Prullàs, répondit-elle, je déteste les don Juan. Comme vous pouvez l'imaginer, dans ma situation, j'ai dû souvent supporter leurs avances ; je les connais bien : ce sont des individus minables. Seule les intéresse la conquête, au sens militaire du terme. Pour eux, une femme est l'ennemi qu'il faut battre, par la ruse, par la force, ou autrement. Ils ne cherchent qu'à humilier et à rabaisser les femmes, c'est leur unique objectif. S'ils y parviennent, ils s'en vantent publiquement ; mais s'ils n'y parviennent pas, ils se taisent et essayent de se venger par les moyens les plus vils et les plus cruels. Au début, ajouta-t-elle après une pause et avec un effort évident, j'ai cru que vous étiez, vous aussi, un don Juan. Je me suis trompée et je me vois dans l'obligation de vous le dire.

On entendit au loin le vigile frapper les pavés de sa hallebarde ; le docteur Maribel s'interrompit et baissa instinctivement la tête. Puis elle adressa à Prullàs un sourire triste. Ne sortez pas de la voiture, s'il vous plaît, murmura-t-elle, je ne veux pas être vue à cette heure-ci en compagnie d'un homme. Elle descendit, courut jusqu'à la porte, l'ouvrit avec des gestes rapides et précis et disparut dans le hall obscur.

Prullàs finit sa cigarette devant la porte close, puis, comprenant que celle-ci ne se rouvrirait pas, il démarra et rentra chez lui. Là, il se mit à chercher partout le flacon d'Arpège que Poveda lui avait vendu en son temps, mais il eut beau fouiller les tiroirs, les armoires et les poches, il ne put mettre la main dessus. Il se rappelait l'avoir acheté au petit trafiquant pour un prix exorbitant et l'avoir emporté avec lui à Masnou dans l'intention d'en faire cadeau à Martita ; il se rappelait aussi comment il l'avait perdu la nuit même de son arrivée à Masnou dans le jardin de Marichuli Mercadal : péripéties minuscules qui lui semblaient maintenant lointaines et innocentes. Et ensuite ? Elle l'avait trouvé et le lui avait rendu le lendemain matin ; il avait voulu le lui donner et elle l'avait refusé, mais le lui avait-elle rendu pour de bon ou l'avait-elle finalement conservé ? Il ne s'en souvenait pas avec précision. Le plus probable, malgré tout, était qu'il avait repris le flacon de parfum ; pourtant il ne se souvenait pas non plus de l'avoir offert à Martita après cet incident, peut-être sous le coup d'un léger sentiment de culpabilité. Et s'il l'avait offert à Mlle Lilí Villalba lors de leur première et unique rencontre à l'hôtel Gallardo ? Le souvenir de cet épisode le troublait encore : il lui était impossible d'examiner froidement les heures passées dans les bras de cette jeune personne audacieuse et complaisante.

L'aube pointait quand il renonça à poursuivre ses investigations : le flacon de parfum restait introuvable et, avec la fatigue, son esprit devenait confus. Il se coucha mais ne put trouver le sommeil : il se vit plongé dans un tourbillon d'idées extravagantes. Toujours en état de veille, il eut des cauchemars épuisants. Finalement, il se leva avec difficulté, se dirigea en titubant vers la salle de bains, se mit la tête sous le robinet du lavabo et laissa l'eau couler sur ses cheveux, sa figure, son cou et son dos ; puis, encore ruisselant, il sortit sur le balcon. La pâleur de l'aube progressait sur les terrasses, une vapeur légère montait de la chaussée humide et les premiers martinets décrivaient des arcs dans l'air léger. Un employé en espadrilles allait silencieusement de réverbère en réverbère et éteignait les becs de gaz. Il regagna son lit sans beaucoup d'espoir d'y trouver le repos, mais il s'endormit immédiatement.

5

Il ne se réveilla qu'au début de l'après-midi. Sebastiana n'avait pas voulu le déranger. Cette nuit, je vous ai entendu rôder et tourner en rond, et j'ai pensé que vous aviez besoin de vous reposer ; si vous voulez, je vous prépare le petit déjeuner, ou le déjeuner, ou le goûter, dit-elle.

Je ne veux rien, dit Prullàs. Vous n'y pensez pas ! répondit la bonne. Vous allez manger tout de suite des tranches de pain à la tomate, et on en reparlera après ; et avec un soupir, elle ajouta : Ah, monsieur, si vous n'avez pas d'appétit, c'est très mauvais signe ! Pour moi, vous travaillez trop, et par cette chaleur ! Pourquoi vous n'allez pas passer deux semaines au bord de la mer avec Madame et les enfants, qui doivent se languir de vous ?

Prullàs leva la main pour couper court au bavardage bien intentionné de la servante. Est-ce que quelqu'un est venu ou a téléphoné pendant que je dormais ? demanda-t-il. Il m'a semblé entendre des coups de sonnette dans mon sommeil. Et comment donc que ça a sonné, ça n'a pas arrêté de toute la matinée ! D'abord, un homme a appelé pour demander Monsieur. Je lui ai dit que vous n'étiez pas là et il a insisté. Il a rappelé au moins trois fois. A-t-il dit qui il était et ce qu'il voulait ? Non, monsieur ; sûr que je lui ai demandé, comme vous m'avez dit de faire, mais il répétait juste qu'il voulait parler à Monsieur, pas plus. Ce ne serait pas Poveda ? Ça, je peux pas vous dire, monsieur ; peut-être, mais ça n'y ressemblait pas ; pour moi, c'était quelqu'un qui dissimulait sa voix en mettant un mouchoir sur le téléphone. Nous revoilà dans ces maudits films… grogna Prullàs. Et quoi d'autre ?

On a apporté un paquet pour vous, dit Sebastiana, je vais le chercher tout de suite.

Elle réapparut bientôt avec un petit paquet. Un commissionnaire l'a déposé vers onze heures, dit-elle. Prullàs l'emporta dans son bureau, s'enferma et défit promptement l'emballage, en pensant qu'il contenait peut-être un élément qui éclairerait l'affaire. Dans les romans, les détectives recevaient souvent des envois anonymes qui s'avéraient d'une grande utilité : révélations de témoins timorés qui préféraient l'incognito pour éviter des représailles. Jusqu'à maintenant, il avait eu tout le monde contre lui, pensa-t-il, et il avait bien mérité de recevoir un peu d'aide. En fait, le paquet contenait un exemplaire usagé du *Divin impatient* de José María Pemán, et une note rédigée en ces termes : « Pour donner une suite à notre agréable et fructueuse conversation d'hier matin, je me permets de t'offrir cette œuvre de notre grand poète et dramaturge, au cas où tu ne la connaîtrais pas, afin que sa lecture t'amène à considérer le genre de théâtre auquel tu pourrais ou peut-être devrais consacrer l'imagination et l'esprit qui t'ont été accordés par Dieu devant qui, tôt ou tard, tu devras rendre des comptes. Ton très affectionné dans le Christ, Emilio Porras S. J. »

Il rangea le livre dans un tiroir, écrivit quelques mots de remerciement au révérend père Emilio Porras S. J. sur une carte de visite, la glissa dans une enveloppe, y colla un timbre et la mit dans la poche de sa veste. Il dit à Sebastiana de lui préparer du café au lait et des toasts avec du beurre et de la marmelade. Je vais sortir, dit-il, si cet individu rappelle, tu lui diras que je serai de retour à la fin de l'après-midi. Tu peux aussi lui dire de ma part que celui qui refuse de donner son nom est un imbécile ou une canaille, ou les deux à la fois.

Puis il appela Mariquita Pons. Quiqui, as-tu cherché l'adresse de Poveda comme je te l'avais demandé ? J'ai essayé, mais sans aucun succès. Comme c'est toujours lui qui appelle, ou qu'il débarque chez les gens sans prévenir, personne ne s'est soucié de savoir où il habite ni s'il a le téléphone. Il fait presque tous les soirs le tour des cafés : la Granja Royal, le Salón Rosa, le Gambrinus, enfin tu vois ; tu peux le trouver là. Quiqui, c'est comme chercher une aiguille dans une botte de foin ! s'exclama Prullàs.

Il raccrocha et réfléchit un moment ; après quoi, il composa un autre numéro. Sigüenza décrocha le téléphone. Don Lorenzo est sorti et n'a pas dit quand il reviendra ; puis-je vous être utile en quelque chose, monsieur Prullàs ? Eh bien, oui ! En fait, j'ai juste besoin d'un renseignement et vous pouvez me le donner vous-même. Le fonctionnaire zélé hésita avant de répondre : Toujours à votre disposition, monsieur Prullàs. J'aimerais entrer en contact avec Poveda le plus vite possible. Le petit trafiquant ? demanda Sigüenza. Il y en a un autre ? répliqua Prullàs. Ne quittez pas, je vais voir si, par hasard…

*

Il eut du mal à arriver en voiture au domicile de Poveda, situé dans les parages inférieurs de la rue Aragón, car il y avait des travaux dans le secteur et l'on enlevait les pavés de la chaussée sur plusieurs tronçons. La municipalité profitait toujours des mois d'été pour faire les travaux de voirie, quand la circulation était moins importante, afin de ne pas causer trop de gêne ; mais les chantiers se prolongeaient en automne et jusque dans les mois humides et rudes de l'hiver. A voir travailler les manœuvres, on comprenait aisément la cause du retard : pendant que l'un renouait ses espadrilles, l'autre se roulait une cigarette assis sur une brouette de ciment et un troisième engloutissait un énorme morceau de pain à l'ombre de la cabane à outils. Comme le véritable but de ces chantiers était de procurer du travail aux ouvriers en chômage et que la paye était dérisoire, personne ne se donnait la peine de les presser. De sorte que tout le quartier restait abandonné à son sort, transformé pendant une année entière en terrain vague impraticable pour les véhicules et les piétons, et à la merci des variations climatiques : s'il pleuvait le sol devenait un bourbier, s'il tombait quatre gouttes l'herbe poussait entre les pavés, et si le temps était sec le vent soulevait des nuages de poussière qui entraient par les fenêtres et les balcons, au désespoir des ménagères.

Poveda habitait un immeuble ancien, aux balcons étroits et à la façade noircie par la suie. Dans la loge de la concierge, un chat pelé dormait sur la chaise vide. Prullàs monta à pied et sonna. Une voix connue se fit entendre à l'intérieur : J'y vais, Maman !

La porte s'entrouvrit et Poveda eut un haut-le-corps. Don Carlos ! Poveda, je voulais vous parler et je ne savais comment vous trouver, dit Prullàs, je peux entrer ? Une femme minuscule arrivait dans le couloir en tâtonnant le long des murs, les bras tendus. Qui a sonné, fiston ? Un ami, Maman, ne t'inquiète pas, répondit Poveda d'une voix tremblotante. La femme était arrivée dans l'entrée et palpait l'air à la recherche de son fils. Pourquoi ne lui dis-tu pas d'entrer ? Oui, Maman, c'est justement ce que je lui disais, répondit Poveda ; et s'adressant à Prullàs, en manière d'excuse : Comme vous le savez, ma mère est atteinte d'une légère cécité totale. Je suis désolé, dit Prullàs. Oh, vous savez, elle se débrouille très bien ! Hein, Maman ? Mon fils n'amène jamais d'amis à la maison, répondit l'aveugle d'une voix dolente, c'est parce qu'il a honte d'avoir une mère infirme. Maman, au nom de Dieu, comment peux-tu dire des choses pareilles ! murmura Poveda avec plus de douleur que d'indignation.

Prullàs, s'accoutumant à l'obscurité qui régnait sur le palier et dans l'entrée, remarqua que Poveda portait un pyjama à rayures. Cet accoutrement lui donnait l'aspect comique d'un forçat de bande dessinée. Votre fils me parle toujours de vous avec beaucoup d'affection, dit-il à l'aveugle. Une lueur de gratitude passa dans les yeux de Poveda. Entrez, don Carlos, et pardonnez-nous notre accueil ; ma mère dit vrai, nous ne recevons jamais. Par ici, je vous en prie.

A l'intérieur de l'appartement, l'air semblait figé. Une odeur répugnante de vinaigre imprégnait tout. Un long couloir étroit débouchait sur une salle à manger également plongée dans le noir. Poveda appuya sur un interrupteur et une ampoule agonisante s'alluma au plafond. Nous gardons les persiennes baissées durant le jour, car le soleil donne en plein sur cette partie de la maison ; je suis toujours dans ma chambre, et ma mère, la pauvre, n'a pas besoin de lumière, expliqua Poveda. Il sortit une autre ampoule d'un tiroir du buffet et la vissa dans une douille vide. Quand nous n'avons pas de visite, je l'enlève pour éviter les excès de consommation, dit-il, il faut bien s'ajuster aux exigences de la médiocrité.

Prullàs examinait les murs écaillés et le mobilier grossier : la table en pin, le buffet et la desserte, des roses en papier dans un pot de terre. Sur une console, la photo encadrée du chef de l'État en uniforme d'amiral de la Flotte tenait la place d'honneur dans cette pièce lugubre. Oui, dit Poveda avec une inclination du buste, j'ai eu l'audace, il y a quelques années, d'envoyer au Pardo quelques vers bien tournés et Lui, en témoignage d'affection, m'a fait envoyer ce portrait. Mais prenez un siège, don Carlos ; vous êtes ici chez vous.

Prullàs s'assit sur une chaise branlante. Vu les prix que vous nous imposez, je vous croyais plus argenté, Poveda, commenta-t-il. Le petit trafiquant prit une expression dramatique. Hélas ! don Carlos, vous dites cela par méconnaissance des aléas du marché ! Vous n'en reviendriez pas si vous saviez combien me coûte la matière première ; je dois faire des investissements onéreux pour obtenir un minuscule bénéfice ; je travaille avec des marges ridicules, et sans aucune garantie de pouvoir écouler toute la marchandise. La ruine, don Carlos !

Prullàs acquiesça et dit : Et en plus, vous devez filer de temps en temps une petite ristourne aux autorités pour qu'elles ferment les yeux… Absolument pas, don Carlos, s'empressa de répliquer l'autre, les autorités de l'Espagne nouvelle sont d'une honnêteté transparente ! Don Lorenzo Verdugones aussi ? Le sang reflua du visage du petit trafiquant. Je travaille sur une toute petite échelle et don Lorenzo a pour moi quelques vertueuses complaisances, murmura-t-il. Que vous lui rendez avec intérêts, dit Prullàs en élevant la voix. Ne me mentez pas, Poveda !

Excusez-moi une seconde, murmura ce dernier. Et s'adressant à haute voix à sa mère qui suivait ce dialogue avec recueillement du seuil de la pièce, il dit : Maman, pourquoi ne vas-tu pas faire la vaisselle dans la cuisine ? J'irai ensuite la ranger dans les placards. Son infirmité ne lui permet pas de le faire, précisa-t-il en s'adressant de nouveau à Prullàs.

L'aveugle s'en fut à tâtons dans le couloir et Poveda alluma la radio. Quand les lampes eurent chauffé, on entendit une mélodie aigrelette mêlée de parasites de toutes sortes. Je préfère que ma sainte mère n'entende pas ce que nous disons, expliqua-t-il en s'asseyant à la table, et comme les aveugles ont l'oreille très fine… Je vous écoute, don Carlos.

Prullàs ne savait comment dominer un personnage pour lequel il éprouvait de la pitié et du mépris mais pas d'animosité. Vous avez vos entrées partout, dit-il enfin en feignant la colère, vous fréquentez toutes les réunions, et ensuite vous informez don Lorenzo Verdugones, n'est-ce pas ? Poveda pleurnichait ; c'était une proie facile. Don Carlos, je n'ai jamais fait de mal à personne, et encore moins à vous, vous êtes comme un père pour moi ! Le courroux de Prullàs s'évanouit devant la fragilité du minable petit trafiquant. Laissons cela, Poveda, dit-il, je ne vous reproche rien : nous devons tous vivre. Je veux seulement savoir ce que don Lorenzo Verdugones cherche en ce moment.

Le petit trafiquant se tordait les mains ; la sueur diluait la ligne stricte de sa moustache factice. Il ne me dit rien, don Carlos, vous pensez bien ; je ne suis qu'un humble pion. Ce week-end, la Garde civile a fait des perquisitions sur la Costa Brava, Poveda, qu'est-ce qu'ils cherchaient ? Je ne sais pas, don Carlos, personne ne m'explique rien ; je ne fais que répéter ce que j'entends, et ensuite don Lorenzo en tire ses conclusions. Je suis un simple pion sur cet échiquier !

Poveda, ma patience a des limites !

Le petit trafiquant recula sur sa chaise. Ne vous énervez pas, gémit-il. Tout ce que j'entends, ce sont des bouts sans liens entre eux, ou, si vous préférez, des mots isolés. Je ne peux pas composer une vision d'ensemble, don Carlos. Mais… ajouta-t-il précipitamment en voyant que Prullàs faisait mine de se lever, il m'est revenu des bruits à propos d'un complot. Un complot ? dit Prullàs. Ce sont juste des bruits, comme je vous disais, des bruits et des rumeurs ; mais il peut y avoir quelque chose de vrai là-dedans, il n'y a pas de fumée sans feu. Un complot ! répéta Prullàs. Poveda, ce que vous dites est grave ! Hélas, don Carlos, les gens sont ingrats et ils oublient vite tout ce que nous Lui devons ! dit Poveda en désignant l'auguste image encadrée sur la console. Quel genre de complot ?

Les sifflements et les stridences de la radio se mêlaient aux bégaiements chevrotants du petit trafiquant. Prullàs se leva et tenta en vain de trouver la bonne longueur d'ondes. Saloperie de poste ! cria-t-il, exaspéré. Il y a quelques mois, vous vouliez me vendre un Marconi formidable, vous n'auriez pas pu le garder pour vous ? Au moins pour votre mère ! Un poste qui marche, ce n'est quand même pas trop demander pour une pauvre aveugle !

Don Carlos, je vous en supplie, baissez la voix ! Quel genre de complot, Poveda ? Au début de l'été, des éléments monarchistes et socialistes se sont réunis à Saint-Jean-de-Luz, dit Poveda en levant les yeux au ciel et en portant les mains à son visage. Vous vous rendez compte, à deux pas de l'endroit où le gouvernement de l'Espagne passe ses vacances ! Dans quel but, Poveda ? Le petit trafiquant soupira. Les détails dépassent ma compétence, mais on dit qu'il y a des militaires de haut rang qui sont en liaison avec l'Estoril. Don Carlos, ils veulent faire de nouveau entrer le diable chez nous !

De la cuisine parvint un fracas d'assiettes brisées. Qu'est-ce qui se passe, Maman ? Rien, fiston : j'ai laissé tomber un plateau ! Ne t'en fais pas, Maman, fais attention de ne pas te couper !

Poveda, aidez-moi et je vous achète un service entier en plexiglas, dit Prullàs. Faites-le pour elle. N'insistez pas, don Carlos ; l'affaire est grave : des têtes vont tomber ! Mais pas la vôtre, Poveda ; ce que nous disons ne sortira pas d'entre ces quatre murs. Et un peu d'argent ne fait de mal à personne… Le petit trafiquant sembla intéressé par la tournure nouvelle de la conversation. Je vous écoute, don Carlos. La mort de Vallsigorri a-t-elle quelque chose à voir avec cette histoire ? Était-il impliqué dans le complot ? L'a-t-on tué pour le faire taire ?

Poveda se leva et marcha de long en large dans la pièce. Ce ne sont que des bruits, don Carlos, des bruits et des rumeurs ; mais il y a beaucoup de gens impliqués. En plus des militaires ? Des gens de la haute, don Carlos. Des banquiers ? des industriels ? Oui, et d'autres encore. Les prêtres ? Don Carlos, partout où il y a des intrigues les soutanes ne font jamais défaut. Poveda, je veux des noms !

Le petit trafiquant interrompit sa déambulation et écarta les bras. Vous m'en demandez trop ! Poveda, ne me laissez pas au milieu du gué ! Ce sont juste des bruits et des rumeurs ! Poveda, je vais vous faire avaler vos dents !

En entendant cette menace, le petit trafiquant se rua vers le buffet, ouvrit un tiroir, en sortit un pistolet et le porta à sa tempe. Don Carlos, vous m'acculez à un geste fatal ! cria-t-il en regardant fixement son interlocuteur.

Poveda, remettez immédiatement cet engin à sa place et retournez vous asseoir ! lui ordonna Prullàs. Qui prétendez-vous impressionner ? Ça se voit à une lieue que c'est un jouet ! Ce n'en est pas un, don Carlos ! C'est un Star neuf millimètres fabriqué à Eibar et il est chargé. Alors raison de plus pour ne pas commettre d'imprudences, Poveda ! Il ne s'agit pas d'imprudences, don Carlos, répliqua le petit trafiquant dont le visage, qui jusque-là avait conservé la pâleur du début de la conversation, était devenu couleur pivoine. Je ne saurai lutter, mais à l'heure suprême ni mon cœur ni ma main ne viendront à trembler ! déclama-t-il. Je suis un poète, don Carlos, et peu m'importe de finir comme don José María de Espronceda !

Arrêtez vos sottises, répliqua Prullàs, vous n'êtes ni un poète ni rien de semblable ; vous êtes un contrebandier minable, un indicateur de police et, pour tout dire, un foutriquet. Et laissez ce pistolet tranquille, les armes sont des instruments du diable. S'il arrive un accident, votre mère ira tout droit à l'asile et moi je resterai sans tabac blond. Et celui qui s'est suicidé, ce n'est pas Espronceda, c'est Larra.

Poveda remit le pistolet dans le tiroir, ferma celui-ci et épongea la sueur de son visage et de son cou avec un mouchoir jaunâtre. Qu'est-ce qui se passe, fiston ? demanda la mère à la porte de la salle à manger. Personne ne l'avait entendue approcher. Il ne se passe rien, madame, dit Prullàs. Nous avons eu, votre fils et moi, un différend amical ; cela nous arrive tous les jours. Il se leva, prit l'aveugle par le bras, la conduisit jusqu'à la chaise qu'il venait de quitter. Asseyez-vous, dit-il, j'étais sur le point de partir.

Sur le palier, Poveda dit : Pas un mot de cela à personne, don Carlos ; il y va de notre vie. Il s'était rasséréné et parlait sur le ton détendu d'un homme qui sait que le danger est définitivement conjuré. Prullàs comprit qu'il avait perdu la partie. Soyez sans crainte, dit-il.

*

La fièvre de la discussion lui avait ouvert l'appétit. Il arrêta sa voiture devant La Puñalada, s'assit à une table de la terrasse, presque vide à cette heure-là, et commanda du riz à la milanaise, du rosbif et une carafe de blanc bien frais. Ceci fait, il entra dans la salle et téléphona à Mariquita Pons. La célèbre actrice répondit immédiatement, comme si elle avait attendu cet appel avec anxiété. Carlos, enfin toi ! Cela fait des heures que je te cherche, où étais-tu donc ? Chez Poveda, répondit-il, il s'est passé quelque chose ? Pour ça, oui ! Mais je ne peux pas te le raconter au téléphone ; viens tout de suite. Très bien, dit Prullàs, le temps de liquider un petit en-cas que j'ai commandé, je suis chez toi ; j'en ai pour un instant.

De retour à sa table, il trouva le hors-d'œuvre servi ; le garçon montait la garde à côté pendant que, à la lisière de la terrasse, un mendiant contemplait le riz. Prullàs remit quelques pièces au garçon pour qu'il les donne au mendiant, celui-ci s'en alla et Prullàs, libéré de sa présence indiscrète, déplia sa serviette, s'empara des couverts et mangea avec délectation à l'ombre amoureuse des arbres.

*

Chez Mariquita Pons, l'atmosphère était à l'énervement. Prullàs fut conduit en hâte au salon, où la célèbre actrice l'attendait. Je vous sers un café, madame ? Non, Carmen, merci beaucoup. Un thé ? Non, non, Carmen. Un jus de fruit, madame ? Finalement, Mariquita Pons renvoya sèchement la soubrette : Allons, va-t'en, idiote ; tu n'as rien à faire ici ! Cette malheureuse, expliqua-t-elle quand la pauvre femme de chambre fut partie, se meurt d'amour pour toi depuis la première minute où elle t'a vu, et elle entre en transes chaque fois que tu mets le pied dans cette maison. Je me sens très flatté, dit Prullàs, mais nous parlerons de ça une autre fois ; pour l'heure, dis-moi ce qui s'est passé.

Mariquita Pons s'assura que toutes les portes du salon étaient fermées. Ce matin, dit-elle ensuite, don Lorenzo Verdugones s'est présenté ici sans crier gare. Pour quoi faire ? dit Prullàs. Il ne comptait tout de même pas me trouver chez toi ; j'ai justement parlé à Sigüenza ce matin et je l'ai mis au courant de mes projets. Mariquita Pons interrompit l'explication : Ne sois pas si infatué ! Il ne venait pas pour toi mais pour mon mari. Et tu n'imagines pas dans quel état il s'est mis quand je lui ai dit que Miguel était parti à Madrid. Eh bien, dit Prullàs en riant, il semble que le cercle des suspects s'élargisse. Ne plaisante pas, lui reprocha la célèbre actrice. Je ne plaisante pas, Quiqui ; je connais la situation et elle n'a rien d'amusant, mais je ne puis m'empêcher de ressentir un plaisir peu charitable à voir dans le pétrin celui qui, il y a une semaine, me donnait des bons conseils. Don Lorenzo Verdugones a-t-il dit quelque chose qui justifierait ses soupçons ?

Mariquita Pons soupira. Non, rien ; il s'est simplement mis en colère et a donné des instructions à son assistant pour qu'il prenne contact avec la direction générale de la Sûreté ; il semble qu'il s'apprête à mobiliser toute la police espagnole pour capturer le pauvre Miguel. Je lui ai dit que ce serait plus économique de le joindre à son hôtel : il descend toujours au Palace. Mais don Lorenzo Verdugones se comportait comme s'il était sur les traces de l'ennemi public numéro un. N'y accorde pas d'importance, dit Prullàs, il essayait seulement de t'impressionner. Dans ce cas, il a réussi, dit Mariquita Pons.

Sais-tu si Miguel fait de la politique ? demanda Prullàs. Non, répondit-elle. Il n'en fait pas, ou tu ne le sais pas ? Les deux ; je veux dire que je ne l'ai jamais entendu mentionner quoi que ce soit qui aille dans ce sens. Quiqui, je ne veux pas m'immiscer dans votre intimité, mais si Miguel se trouvait mêlé à une affaire dangereuse, est-ce qu'il te le dirait ?

La célèbre actrice prit le temps de la réflexion. Je suppose que non, finit-elle par affirmer. Bien sûr, compléta Prullàs avec gentillesse, il est normal qu'il veuille t'éviter des soucis. C'est plutôt que je ne compte pas pour lui, répliqua-t-elle. Elle alluma une cigarette et fuma mélancoliquement, le regard rivé aux lambris du plafond. Je ne le lui reproche pas, ajouta-t-elle au bout d'un moment, je me suis toujours efforcée d'affirmer mon indépendance et il a probablement interprété cette distance comme de l'indifférence pour sa personne. Les actrices sont par nature égocentriques, et certaines même un peu inhumaines… Allons donc, Quiqui, tu n'es pas comme ça ! se récria Prullàs.

Elle accepta cette protestation avec un silence glacé. D'où venait cette question sur les activités politiques supposées de ce pauvre Miguel ? Tu crois vraiment que mon mari est un élément subversif ? dit-elle. Prullàs rit. Pas du genre qui prend le maquis avec une carabine et deux cartouchières comme Pedro Armendáriz, dit-il. Quel genre alors ? demanda Mariquita Pons. Ma chère Quiqui, tu es en âge de comprendre certaines choses : en Espagne, il y a des gens qui sont contre le régime, expliqua Prullàs, des gens qui préféreraient voir rétablie la monarchie… ou un autre système moins exceptionnel que le nôtre. Si tous les pays du monde sont d'accord pour ne pas nous admettre aux Nations unies, il doit bien avoir une raison. En tout cas, je peux te garantir que Miguel ne se soucie guère des Nations unies, assura Mariquita Pons. Ma chérie, Miguel passe sa vie en voyages à Madrid… poursuivit patiemment Prullàs. Peut-être que ce ne sont pas seulement des affaires commerciales qui le conduisent dans la capitale, ni des histoires de femmes, comme tu l'insinuais l'autre jour ; peut-être qu'il fait l'agent de liaison sans que nous le sachions. L'agent de liaison ? répéta Mariquita Pons comme si elle entendait ces mots pour la première fois.

Prullàs décida de changer de tactique : Comment étaient les relations de ton mari avec Ignacio Vallsigorri ? Bonnes, répondit-elle. Miguel et Vallsigorri avaient fait des affaires ensemble il y a quelques années, j'ignore quel genre d'affaires. Je me souviens seulement d'avoir entendu des bouts de conversations auxquels je n'ai pas prêté attention. A cette époque, Vallsigorri venait souvent à la maison, mais il s'enfermait dans le bureau avec Miguel et ils parlaient tous les deux pendant des heures. Je les ai parfois entendus élever la voix, mais je n'ai jamais eu un sentiment de violence ; rien qu'un désaccord normal quand des décisions, des risques et, en fin de compte, de l'argent sont en jeu. Voilà un an, ou un peu moins, leurs relations commerciales se sont complètement arrêtées, sans querelles ni ressentiments. Miguel n'a jamais évoqué ce qui s'était passé, et moi je ne le lui ai jamais demandé. Vallsigorri a cessé de venir chez nous. A dire vrai, ils n'avaient jamais été de ce genre d'amis qui vont ensemble aux corridas, aux matches de football ou qui fréquentent les mêmes soirées. Mais ils n'étaient pas indifférents l'un à l'autre, bien au contraire ; même après cette séparation, quand ils se rencontraient en public, ils se saluaient avec beaucoup de cordialité, comme de vieux camarades, ils discutaient et riaient. Pour ma part, je n'ai jamais eu de relations étroites avec Vallsigorri, en dépit de son intérêt désintéressé pour le théâtre et les jeunes actrices. Tu as dit tout cela à don Lorenzo Verdugones ? Rapidement, répondit-elle. Quand ton mari a-t-il prévu de rentrer de Madrid ? demanda Prullàs. Au milieu de la semaine, si la Garde civile ne le ramène pas avant, la corde au cou. Ne t'inquiète pas, dit Prullàs d'un ton rassurant, finalement ce ne sera rien : un feu de paille. De toute manière, j'en parlerai à don Lorenzo Verdugones et j'essayerai de connaître ses intentions. Dès que je saurai quelque chose, je t'appellerai.

Mariquita Pons raccompagna Prullàs à la porte. Il avait hâte de faire ce qu'il avait promis, mais elle le retint dans l'antichambre, sans but apparent, comme si elle souhaitait lui dire quelque chose d'étranger à l'affaire qui les occupait en ce moment, mais qu'elle s'en abstenait pour des raisons d'opportunité ou de convenances. Prullàs, qui avait observé en diverses occasions la même indécision chez la célèbre actrice, attendit un peu, puis, voyant que la situation pouvait se prolonger indéfiniment, il dit : Il se fait tard, Quiqui, il faut que je m'en aille. Merci pour tout, Carlos, murmura-t-elle. De rien. Qui t'a raconté toutes ces choses – le complot, les Nations unies et le reste ? Poveda, dit Prullàs.

Mariquita Pons observa ses mains avec intérêt. Ne te fie pas à lui, dit-elle, il y a quinze jours, il m'a vendu une crème miraculeuse pour éliminer les taches sur la peau, je m'en suis mis sur les mains et j'ai maintenant plus de taches que je n'en ai jamais eu. Si j'avais continué à l'appliquer, je ressemblerais à un léopard. Poveda est un imposteur. Et souviens-toi que tu t'es engagé à m'emmener au cinéma, ajouta-t-elle ensuite d'une voix enjouée, je serai chez moi après la répétition. Je n'ai pas oublié ma promesse et je la tiendrai, dit Prullàs, mais pas aujourd'hui.

6

Il se gara devant l'imposant bâtiment au moment même où les deux gardes hissaient les drapeaux au balcon. Dans le hall, il dut donner de nombreuses explications et montrer plusieurs cartes pour obtenir qu'on le laisse passer. Il fut finalement conduit dans la pièce précédant le bureau de don Lorenzo Verdugones, où Sigüenza l'accueillit avec son invariable et improductive amabilité.

Don Lorenzo ne peut vous recevoir maintenant, mais si vous avez la bonté d'attendre, je le préviendrai dès qu'il aura terminé ce qu'il est en train de faire. Mais je ne peux vous dire quand. Il peut en avoir pour quelques minutes comme pour deux heures, ou même plus.

Prullàs manifesta son assentiment : J'attendrai le temps qu'il faudra. Dans ce cas, je vais vous conduire dans la salle d'attente, dit Sigüenza. Non merci, j'attendrai ici même, répliqua Prullàs fermement ; et il s'assit sur une chaise très inconfortable, au dossier rigide. Continuez à travailler, Sigüenza, et ne vous occupez pas de moi.

Le fonctionnaire zélé se creusait la cervelle pour trouver le moyen de se débarrasser de Prullàs sans se défaire de son obséquiosité ; il ne le trouva pas et dut accepter sa présence avec une gêne manifeste. A travers la porte qui communiquait avec le bureau du hiérarque on entendait de temps en temps la voix forte de ce dernier, alternant avec des périodes de silence. Son visiteur est là depuis longtemps ? s'enquit Prullàs. Je ne sais pas, répondit Sigüenza, je me suis absenté à plusieurs reprises et je n'ai vu entrer personne ; il se peut même qu'il n'y ait pas de visiteur.

Est-ce que don Lorenzo Verdugones a l'habitude de crier tout seul ? demanda Prullàs. Le fonctionnaire zélé hocha la tête. Du fait de sa charge, expliqua-t-il, don Lorenzo doit prononcer beaucoup de discours ; don Lorenzo déteste la rhétorique absconse et essaye de donner à toutes ses interventions publiques un solide contenu dogmatique ; cela l'oblige à une préparation constante et difficile. Je comprends, dit Prullàs, et c'est le cas en ce moment. Je ne sais pas, répondit l'autre, il se peut qu'il soit avec un visiteur.

Les derniers rayons du soleil couchant envahirent la pièce en donnant un léger halo de vie à la tristesse cendreuse du mobilier. Quand les bruits de la rue s'arrêtaient, on pouvait entendre le grattement obstiné de la plume de Sigüenza sur le papier. Une heure s'écoula de la sorte, au bout de laquelle le fonctionnaire zélé remit le porte-plume dans l'encrier, se leva et chuchota : Excusez-moi. Il alla à une armoire, sortit une bouteille d'eau, la déboucha et vida dedans la poudre d'un sachet. L'eau se mit immédiatement à faire des bulles. Sigüenza referma la bouteille et l'agita pour accélérer l'effervescence. L'opération terminée, il tira de la même armoire un verre de pique-nique et le remplit d'eau gazeuse. Vous en voulez ? Prullàs déclina l'offre d'un geste poli et le fonctionnaire zélé but le contenu du verre d'un trait. Il eut plusieurs convulsions, son visage se crispa, et un renvoi muet mit un point final à cette humble transfiguration.

Don Lorenzo ne peut plus tarder beaucoup, annonça-t-il en revenant à sa table de travail ; et tout de suite, inquiet de son audace, il ajouta : Ou peut-être que si. Et sans s'aventurer davantage dans ses prédictions, il alluma la lampe et s'immergea derechef dans ses occupations.

Prullàs affectait un grand calme, mais intérieurement le découragement le gagnait. Si je déclare forfait et que je m'en vais sans avoir été reçu, je perds le dernier vestige de dignité aux yeux de ces rustres, pensait-il, mais si cette attente se prolonge encore beaucoup, je vais avoir une attaque. Il essayait de profiter de ce temps pour réfléchir aux derniers événements et mettre de l'ordre dans ses idées, mais l'invincible sensation de routine et d'abrutissement que produisait ce bureau, à la lumière lugubre du crépuscule, loin de faciliter la concentration, le plongeait dans une torpeur exaspérante et stérile.

Il était au bord d'admettre sa défaite quand la porte s'ouvrit et qu'un quidam sortit à reculons du bureau du hiérarque en multipliant les courbettes. Au moment où il allait leur faire face, la toux soudaine de Sigüenza l'avertit d'une présence étrangère. Effrayé, le quidam se couvrit le visage de son chapeau dans une tentative grotesque de ne pas être reconnu et traversa la pièce à la vitesse d'un courant d'air. La voix de Sigüenza tira Prullàs de sa stupéfaction : Don Lorenzo va vous recevoir tout de suite.

Don Lorenzo Verdugones était en manches de chemise, et d'une humeur de dogue. Un casse-pieds, mon cher Prullàs, un authentique casse-pieds ! s'exclama-t-il en le voyant entrer ; et il ajouta, en accompagnant son propos d'un geste magnanime : Naturellement, ce n'est pas votre cas. Je vous ai à la bonne, j'ai déjà eu l'occasion de vous le dire, et je ne parle jamais dans le vide. Ne l'oubliez pas : ma parole est sacrée ! Je disais cela pour le particulier qui sort d'ici. Un casse-pieds intégral ! Et pendant ce temps, vous faisiez antichambre : inconcevable ! Une gloire de la scène espagnole obligée de poireauter, oui, c'est inconcevable ! Sigüenza, cela ne doit jamais se reproduire, vous m'avez compris ?

Le fonctionnaire zélé prit une expression soumise et son chef, saisissant du papier à cigarettes sur la table, se mit en devoir d'en rouler une avec du mauvais tabac ; mais l'opération se révéla peu satisfaisante : le papier se défit et des brins restèrent collés aux lèvres du hiérarque. Celui-ci déchiqueta la cigarette entre ses doigts avec un grognement et jeta les débris par terre. Prullàs lui offrit une de ses cigarettes américaines. Don Lorenzo Verdugones prit un air dégoûté mais accepta et fit même un signe à Sigüenza pour lui indiquer qu'il pouvait l'imiter sans scrupule. Les trois hommes fumèrent un moment en silence, en savourant le délicieux arôme de contrebande.

Prullàs posa le paquet de cigarettes sur la table avant de dire : Ce casse-pieds…

Vous vous connaissez ? demanda don Lorenzo Verdugones. Eh bien, je ne sais pas : je lui ai trouvé un air familier, mais je n'ai pas pu voir sa figure, avoua Prullàs. Il la dissimulait comme si sa vie était suspendue à son anonymat. Le hiérarque eut un sourire méprisant. Personne ne veut être vu en train d'entrer ou de sortir de ce bureau, comme si c'était un déshonneur, dit-il. Pourtant vous seriez étonné si vous saviez combien de Barcelonais du meilleur monde ont réchauffé ce fauteuil de leur respectable postérieur. Un défilé de mode à faire pâlir de jalousie la dénommée Christiane Dior ! Pas vrai, Sigüenza ? Vous, naturellement, vous êtes l'exception, ajouta-t-il sans modifier l'expression de son visage. Qu'est-ce qui vous amène en ces lieux ?

Prullàs s'éclaircit la gorge. Après cette longue attente, il avait complètement perdu de vue le motif de sa visite. Don Lorenzo, dit-il finalement, je suis venu pour intercéder en faveur de Miguel Fontcuberta, que, d'après ce que j'ai appris, vous faites rechercher. Bien entendu, ajouta-t-il, j'ignore vos raisons, mais je connais Miguel Fontcuberta depuis des années et je suis convaincu qu'il est un parfait honnête homme, incapable de commettre un assassinat.

Le hiérarque donna un grand coup du plat de la main sur la table ; celle-ci trembla et le buvard oscilla. Fontcuberta ! s'exclama-t-il. Putain de bordel de merde ! Êtes-vous venu me dire où nous pouvons lui mettre la main au collet ? D'après ce que je sais, il est à Madrid, répondit Prullàs. On vous renseignera à l'hôtel Palace ; c'est toujours là qu'il descend. Ne dites pas d'âneries, répliqua don Lorenzo

Verdugones, cela fait plus d'un an que Fontcuberta n'a pas mis les pieds au Palace, ni dans aucun autre hôtel de Madrid, en tout cas sous son vrai nom ; s'il le fait avec des faux papiers, nous ne le savons pas encore, mais nous sommes sur la piste. Pour tout dire, nous ne savons même pas s'il va à Madrid, nous savons seulement qu'il dit aller à Madrid et que, au retour, il rapporte des caramels de La Pajarita. Putain de foutre de merde ! Depuis quand savez-vous qu'il est parti ? Cela fait plusieurs jours, admit Prullàs, décontenancé par ces révélations inattendues. Vous auriez dû me le communiquer sur-le-champ, dit don Lorenzo Verdugones. Ne vous ai-je pas dit de me tenir au courant de tout ? Décidément, vous faites un fameux détective ! Mais je ne pouvais pas soupçonner que Fontcuberta était suspect, je ne pouvais même pas imaginer qu'il était sous surveillance, bredouilla Prullàs. Tant que nous n'aurons pas mis le coupable derrière les barreaux, tout le monde est sous surveillance, hurla l'autre, y compris mon propre père !

Prullàs resta muet. L'air du bureau était irrespirable. Sigüenza, enlevez-moi ce cendrier ! cria de nouveau le hiérarque. S'il y a bien quelque chose d'insupportable, c'est l'odeur de mégot ! Le fonctionnaire zélé s'éclipsa avec le cendrier. En passant devant le ventilateur, sa tête disparut dans un tourbillon de poussière. Prullàs risqua une question : Mais quelle relation peut-il y avoir entre Fontcuberta et l'assassinat de Vallsigorri ?

L'assassinat ? dit don Lorenzo Verdugones. Mais qui a parlé d'assassinat ? Ah ! parce que vous ne recherchez pas Fontcuberta pour l'assassinat de Vallsigorri ? s'exclama Prullàs. Non, bon Dieu ! C'est vous qui vous en occupez, de ce foutu assassinat ! Moi, je suis sur une affaire d'une tout autre envergure. La sonnerie du téléphone interrompit le hiérarque. On entendit la voix de Sigüenza dans la pièce voisine. Allô ? A vos ordres, mon colonel ! Je le préviens tout de suite, mon colonel ! Le fonctionnaire zélé passa la tête par l'ouverture de la porte : Don Lorenzo, le lieutenant-colonel Vergara vous demande.

Don Lorenzo décrocha prestement le poste secondaire. Vergara ? Vergara, foutre ! Toujours à ta disposition ! Non, foutre ! Non : c'est moi qui suis à la tienne. Quoi ? Oui, je t'entends très bien ; oui, foutre ! comme si tu étais dans la pièce d'à côté. Mais si, foutre ! je t'entends parfaitement ! Qu'est-ce que tu racontes de beau ? La famille va bien ? Ça me fait foutrement plaisir ! Et la petite ? Elle doit être grandelette ! Non, foutre, gran-de-lette ! Je te dis qu'elle doit avoir foutrement grandi ! Quoi ? Pour janvier ! Alors transmets-lui toutes mes félicitations, foutre ! Oui, Vergara, eux en haut et nous en bas, foutre ! Qu'est-ce qu'on y peut ? C'est la vie ! Quoi ? Ha ha ha ! je dis la même chose ; l'arme toujours prête, Vergara, c'est ça le plus important. Toujours le même, Vergara ! Oh, tu sais, ici, les petits emmerdements quotidiens. Ne m'en parle pas, foutre, ne m'en parle pas ! Tu sais ce qu'on disait : Tous les commerçants sont malhonnêtes, tous les Catalans sont commerçants, et il n'y a qu'à compléter le syllogisme. Oui ? Vraiment ? Foutre de foutre de foutre ! Qui ? Non, pas lui. Oui, mon vieux, la vieille bagarre. Enfin tu vois. Oui, bien sûr, la liste complète. Non, rien : quatre pédés et deux banquiers. Non, c'est un avocat qui me l'a dit. Oui, il sort tout juste de mon bureau. Oui, bien sûr, quand on veut quelque chose, faut y mettre le prix. Foutre oui ! Dès qu'ils voient la queue du loup ils sont prêts à chanter *La Parrala* si besoin. Non, pas pour l'instant. Qu'est-ce que tu dis ? Je t'entends foutrement mal ! Une interférence, c'est ça. Des procès ? Je ne peux pas te dire. Des condamnations à mort ? Non, non, non, ça ne sera pas nécessaire. De toute manière, je suis dans l'attente de ce qu'on me dira de Madrid. Oui, bien sûr. Comment ? Non, sans blague ! Foutre de foutre de foutre ! Ha ha ha ! Ha ha ha ! Je vois ça d'ici… Ha ha ha ! Ha ha ha ! Foutre de foutre de foutre ! Mais oui. Mais oui. Mais oui. Bien sûr, foutre !

Non, foutre ! Mais oui. Ha ha ha ! Non, c'est tout pour le moment. Oui, je te tiendrai au courant. Merci, Vergara, je te répète ce que je t'ai dit, et d'accord pour la réciproque. Bons baisers de ma part à la petite et prépare-toi bien à être grand-père, foutre ! Au revoir, au revoir. Je te serre la main très fort, Vergara !

Il raccrocha et, le sourire encore aux lèvres, il expliqua : C'était le lieutenant-colonel Vergara, un camarade du bon vieux temps : un homme tout d'une pièce, intelligent et cultivé, un homme véritable ! Sigüenza, je vous ai déjà raconté la fois où nous sommes allés voir, Vergara et moi, le général Mola ? Oui, don Lorenzo, vous me l'avez racontée à plusieurs reprises, mais l'histoire est si jolie et vous la racontez avec tant d'esprit que je ne me lasse pas de l'écouter, répondit Sigüenza. Très bien, dit le hiérarque d'un ton sec, dans ce cas revenons à nos moutons : Vergara vient de me dire que Fontcuberta a été vu à Séville en train de descendre d'une calèche. On dirait qu'il fait du tourisme, maintenant. Sigüenza, un message au gouverneur civil de Séville et au commandement supérieur de la police. Non, pas par téléphone ; d'abord par télégramme, et ensuite par la voie réglementaire. Pour une fois, faisons les choses comme il faut, putain ! A vos ordres, don Lorenzo.

Le fonctionnaire zélé griffonna sur son bloc à spirale et s'en fut exécuter les ordres reçus. Prullàs et le hiérarque se retrouvèrent seuls. Les ampoules oscillèrent comme si elles allaient s'éteindre, puis le courant retrouva sa stabilité. Quand ça commence de cette manière, c'est mauvais signe, commenta don Lorenzo Verdugones. Sigüenza, laissez ce que vous êtes en train de faire et allez chercher un quinquet ! Nous disposons d'un groupe électrogène, mais il met un moment à se mettre en marche. Il finissait juste sa phrase quand la lumière s'en alla définitivement. A la fenêtre, un rectangle de ciel bleu marine se découpait encore. Les réverbères électriques de la rue s'étaient également éteints et les klaxons des voitures commencèrent à corner.

Le hiérarque se carra dans son fauteuil et, dans l'ombre, sa silhouette se confondit avec le dossier de cuir. Seules sa voix grave et la faible lueur de sa cigarette témoignaient de sa présence. Au début de cette année, commença-t-il, un cargo est arrivé d'Argentine, donnant ainsi la preuve des liens fraternels qui unissent nos deux pays et de l'affection que professe pour nous son président, et ledit cargo apportait un chargement de blé, de fécule et autres aliments de base destinés à pallier le sérieux problème de ravitaillement dont souffre notre patrie du fait de l'injuste blocus imposé par les ennemis de l'Espagne. Il s'agissait, comme je viens de le dire, de produits de toute première nécessité destinés aux travailleurs. Le pain de la patrie ! Quelques mois plus tard, l'épouse du général Perón en personne, cette dame sans égale, honorait notre sol de sa visite. Je dus donc me rendre à Madrid. Quels ne furent pas mon étonnement et ma honte, la honte d'être espagnol, de voir venir à ma rencontre Son Excellence l'ambassadeur d'Argentine en personne, pour me communiquer que, selon ce qu'il avait appris de bonne source, des commerçants catalans, de connivence avec de hauts fonctionnaires du Consortium des farines de Madrid, avaient détourné plusieurs tonnes de blé et, dans le dos de leurs compatriotes, les avaient vendues ici, à Barcelone, à la corporation des pâtissiers, qui en ont fait des gâteaux de Pâques et de la Saint-Jean. Le pain de la patrie, Prullàs ! J'ai eu honte d'être espagnol !

Les lampes se rallumèrent au moment où le hiérarque prononçait ces derniers mots et où Sigüenza entrait, le quinquet à la main. Toujours comme les carabiniers ! s'exclama don Lorenzo Verdugones avec irritation, comme si la lumière l'avait surpris en train de dévoiler ses sentiments les plus secrets. Sigüenza sortit en emportant le quinquet et Prullàs demanda : Fontcuberta en faisait partie ? Bien entendu, dit l'autre. Et Vallsigorri ? Nous n'avons pas encore vérifié, mais je n'en serais pas surpris ; vous saviez que Fontcuberta est franc-maçon ? Non, non, ça ne m'a pas effleuré, avoua Prullàs. Eh bien, il l'est, et son compère Vallsigorri l'était aussi. Ils ont été un temps associés pour commettre diverses escroqueries ; puis ils se sont séparés, mais ils gardaient le contact, peut-être à travers la loge. Je croyais qu'il n'y avait plus de francs-maçons, dit Prullàs. Vous êtes un grand naïf, répliqua le hiérarque, les maçons ne disparaissent jamais : quand on les croit définitivement exterminés, ils reviennent, comme la vermine.

Prullàs réfléchit quelques instants. Si Fontcuberta et Vallsigorri étaient tous les deux francs-maçons, dit-il enfin, il faut exclure Fontcuberta de la liste des suspects de l'assassinat. Pourquoi ? demanda don Lorenzo Verdugones. Les maçons ne se tuent pas entre eux ; au contraire, ils s'entraident, dit Prullàs. Les maçons ont l'âme noire comme du cirage, répliqua don Lorenzo Verdugones. Et Mariquita Pons ? reprit Prullàs. Elle aussi, elle appartient à la maçonnerie ? Non, ne soyez pas stupide, Prullàs ; les maçons n'acceptent pas les femmes dans leur saloperie d'organisation. Celles-là, même le diable n'en veut pas.

Sigüenza passa la tête à la porte : Excusez-moi, don Lorenzo, la préfecture de Séville vient d'appeler. Un individu dont le signalement coïncide avec celui de don Miguel Fontcuberta s'est inscrit hier à l'hôtel Alphonse XIII sous le nom de Miguel de Casabona, marquis de l'Ampurdán ; il voyage avec une demoiselle qui dit être sa secrétaire particulière, loge dans la chambre contiguë à celle du marquis et répond au nom de Charito. Je dois donner une réponse ? Pas pour l'instant, Sigüenza ; nous prendrons les dispositions qui s'imposent tout à l'heure ; il est tard et nous avons fait perdre beaucoup de temps à M. Prullàs. Raccompagnez-le jusqu'à la sortie et revenez, je vais vous dicter un billet doux.

7

Il arriva chez lui exténué. Prépare-moi un bain, dit-il à Sebastiana, et fais-moi ensuite quelque chose pour dîner. Qu'est-ce que vous diriez d'une tortilla de mon pays pour commencer et de croquettes ensuite ? Oui, très bien, on a appelé ? Juste le monsieur qui a une voix de corbeau, dit Sebastiana. Je lui ai dit ce que vous m'avez ordonné de lui dire, mais ça ne lui a fait ni chaud ni froid ; pour moi, il doit être bouché à l'émeri. Il a dit qu'il rappellerait ? demanda Prullàs. Non, il ne l'a pas dit, mais vous pouvez être sûr qu'il le fera, répondit la servante.

A cet instant, le téléphone sonna. Vous voyez ce que je vous disais, monsieur ? triompha Sebastiana en courant à l'appareil. Prullàs l'arrêta avant qu'elle ne décroche. Je vais répondre, dit-il, et, soulevant le combiné, il brama : Allô ! En voilà une façon de commencer la conversation, Carlos, répondit une voix amusée. Qui est à l'appareil ? Je suis le docteur Mercadal. Ah, pardonne-moi mon ton brusque, mon vieux, je ne t'avais pas reconnu, s'excusa Prullàs, il y a un abruti qui n'arrête pas d'appeler et je pensais que c'était lui ; comment ça va ? Aussi bien que les circonstances le permettent, répondit l'éminent chirurgien. En fait, je t'appelais parce que je suis à Barcelone et que je n'ai pas envie de dîner seul ; si tu n'as pas d'autres projets, je passe te prendre dans une demi-heure et je t'invite à manger une bouillabaisse à Can Solé. Au lieu d'une demi-heure disons trois quarts d'heure et laisse-moi t'inviter, répondit Prullàs. Pour la première partie, je suis d'accord, pour la seconde pas question, répliqua l'éminent chirurgien.

Prullàs appela Sebastiana. Ce n'était pas le fou, lui dit-il. Et ne me prépare pas de bain ni de dîner, je sors. Pendant que je prends ma douche, trouve-moi du linge propre. Un moment plus tard, Prullàs contemplait dans la glace la bonne coupe de son complet d'alpaga anglais ; au fond du miroir, dans l'opacité du couloir, la silhouette rebondie de Sebastiana le regardait avec révérence.

*

La forme imposante d'un cargo à quai dans la darse se découpait dans la lumière du crépuscule. Un officier fumait la pipe, accoudé au bastingage de la passerelle de commandement, des bruits métalliques étouffés montaient de la cale et, dans les instants où le murmure des vagues mourant sur le brise-lames se taisait, on pouvait entendre les accords lointains et entrecoupés d'un accordéon mélancolique. A une table près de la fenêtre du restaurant, Prullàs et le docteur Mercadal picoraient des coques et des clovisses et buvaient de la bière brune en attendant le dîner. L'éminent chirurgien gardait son regard perdu dans l'infini. Le petit train qui parcourait les docks siffla. Le docteur changea d'expression, comme si ce sifflement avait mis en marche un mécanisme intérieur, et dit : Je m'étais juré de ne pas t'assombrir avec mes soucis, mais je te considère comme un véritable ami et cela ne me semblerait pas honnête de feindre devant toi un état d'esprit qui ne correspond pas à la réalité.

Prullàs s'essuya les lèvres avec sa serviette, but une gorgée de bière et dit : Je suis tout ouïe. Le docteur Mercadal ne se le fit pas dire deux fois. Il s'agit encore une fois de Marichuli, commença-t-il, son état s'aggrave de plus en plus… Elle vit obsédée par l'idée de la mort, elle ne pense qu'à cela jour et nuit. Avec ses antécédents familiaux et avec l'état de la pauvre Alicia, cette obsession est logique, je l'admets, mais on ne peut pas vivre ainsi ! Nous devons tous mourir, mais est-ce une raison pour gâcher les années de vie qui nous sont données par la peur d'une chose que rien ne peut empêcher, qui doit arriver inévitablement ? Je lui dis : Vis maintenant, et laisse l'obsession de la mort pour quand tu seras morte. Est-ce que ce n'est pas la voix de la sagesse ? La mort, en définitive, n'est rien : un beau jour nous cessons de manger de la bouillabaisse et nous nous transformons en bouillabaisse pour les vers. C'est tout. Je le lui dis et le lui répète, mais elle, ça lui glisse dessus : elle ne trouve aucun secours dans cette philosophie.

Et en quoi est-ce mal ? demanda Prullàs. C'est nier l'évidence, répondit le chirurgien. Un garçon posa l'imposante soupière au milieu de la table et remplit les assiettes à ras bord avec la louche. Bon appétit, dit-il quand il eut fini l'opération. Après son départ, le docteur Mercadal poursuivit : Ces derniers temps, la situation a empiré. Il ne s'agit plus seulement, maintenant, de cette vision pessimiste de la vie, mais d'authentiques symptômes de détérioration mentale.

Non ! s'exclama Prullàs. Mais c'est terrible ! La nouvelle, pourtant, ne le surprenait pas : dans son for intérieur, il avait toujours tenu Marichuli Mercadal pour une détraquée, et l'épisode humiliant de la transe hypnotique avait constitué pour lui la preuve irréfutable de son instabilité psychique. Et quels sont ses symptômes ? demanda-t-il. Le docteur Mercadal souffla sur sa cuiller avant de goûter la soupe. Elle a des absences de mémoire, dit-il, elle s'égare. Pas comme toi et moi, mais sur le mode pathologique, voisin de l'amnésie. Et elle commence à souffrir d'hallucinations. Il me suffira de te dire qu'elle crie ton nom au milieu de la nuit avec une vraie détresse ; elle l'a fait à plusieurs reprises et, d'après ce que j'ai pu constater, plongée dans le plus profond sommeil. Au réveil, elle ne se souvient pas d'avoir parlé, elle ne se souvient même pas d'avoir rêvé.

Hum ! Et à part mon nom, elle dit autre chose ? demanda Prullàs. Oui, beaucoup de choses, pas toujours intelligibles, répondit l'autre, des phrases isolées comme « Ne m'abandonne pas » et d'autres du même genre ; en règle générale, elle semble t'attribuer la cause de tous ses malheurs, directement ou indirectement. Je sais que c'est absurde, mais cela se passe comme je te le dis. J'ai consulté un ancien camarade d'études qui s'est spécialisé dans la psychiatrie, un garçon de grande valeur, et il m'a donné ce genre d'explication que donnent les psychiatres. D'après lui, il est fréquent que l'on remplace en rêve la figure d'une personne lointaine, perdue ou oubliée, pour laquelle on éprouve des sentiments conflictuels, par une figure plus proche et inoffensive : dans le cas présent, la première serait, naturellement, celle du père de Marichuli, lequel, comme tu sais, est mort quand elle était toute petite ; il l'a pour ainsi dire abandonnée, au moment où elle avait le plus besoin de son affection et de sa protection. Aujourd'hui, dans son subconscient, deux sentiments contradictoires s'affrontent : l'un d'hostilité à son père qui l'a laissée, et l'autre d'amour et d'admiration. Nous avons tous, dans notre enfance, idéalisé notre père, avant de le démystifier en devenant adultes. Elle, en revanche, l'ayant perdu très jeune, n'a pas eu la possibilité de le contempler d'un œil plus lucide. Aujourd'hui elle l'invoque, dans une période de difficultés, convaincue que s'il revenait il résoudrait tous ses problèmes par quelques tours de passe-passe.

J'ai compris, dit Prullàs, et cet homme providentiel, en rêve, a mes traits. C'est ce qu'il semble, répondit l'éminent chirurgien. En tant que mari fidèle de Martita, pour qui elle a une immense affection, tu es pour Marichuli le type même de la figure paternelle.

Eh bien, je trouve le diagnostic de ton ami très sensé, dit Prullàs, soulagé par le tour qu'avait pris la conversation. Peut-être, mais pas moi, répliqua le docteur Mercadal, je suis un homme de science et je me méfie de la psychanalyse freudienne. Il est possible que, dans certains cas, elle ait été capable d'alléger certaines affections psychiques, au moins momentanément, mais en règle générale je la tiens pour de l'esbroufe. La psychanalyse verse dans la grave erreur de réduire le comportement humain et ses désordres à l'évolution de la sexualité infantile. C'est trop élémentaire. Les progrès de la neurologie apportent un démenti irréfutable à cette proposition. La vie psychique réside entièrement dans le cerveau, dans ses circonvolutions extrêmement compliquées. Pour simplifier, je dirai que le cerveau est comme le tableau de contrôle d'un immense réseau électrique, en l'occurrence le système nerveux. Ce réseau transmet les impulsions sensorielles, de haut en bas et de bas en haut, de l'épiderme au cerveau et vice versa, pim-poum, pim-poum. Action et réaction, catapim, catapoum. Tu comprends ? Oui, dit Prullàs. Eh bien, les sentiments c'est cela, dit l'autre en manière de conclusion, l'amour, le désir, la mémoire, la passion de la corrida et la dévotion à Notre Seigneur. Que ça nous plaise ou non, il n'y a rien d'autre, Carlos. Rien.

Prullàs fit un signe d'assentiment sans cesser de manger. L'aspect scientifique de la question ne le préoccupait guère et, par ailleurs, il était convaincu que son interlocuteur n'attendait de lui qu'un silence poli et une attitude attentive et compréhensive.

Le garçon vint à leur table et demanda : Est-ce que la soupe est bonne ? Excellente, répondit le docteur Mercadal, un peu épicée à mon goût, mais vraiment excellente. Dans tous les cas, nous nous trouvons en présence d'une configuration polyneurologique, d'une pathologie grave. Dites donc, de quoi vous causez ? demanda le garçon. Et toi, de quoi tu te mêles ? répliqua Prullàs. Moi, de rien, mais je pensais que vous causiez de la soupe, et je ne comprenais pas. Eh bien, non, monsieur, nous parlions du système neurovégétatif. Ah, ça alors, ça m'en bouche un coin ! dit le garçon. Lorsqu'il fut parti, Prullàs dit : Sans vouloir te contredire, je ne vois pas en quoi le fait de me confondre avec quelqu'un d'autre puisse être un symptôme de folie, surtout en rêve. Si c'était en état de veille, il y aurait de quoi s'inquiéter, mais quand on dort on n'est pas responsable des mots que l'on prononce, ni de ses rêves, ni de rien.

Ah non ?! rétorqua l'éminent chirurgien. Tu fais pipi au lit ? Non, n'est-ce pas ? Moi non plus, et ce garçon, malgré son absence manifeste d'éducation, sûrement pas non plus. Pourquoi ? parce qu'une sentinelle intérieure, pour l'appeler d'une façon ou d'une autre, se charge de nous réveiller au moment critique. Non, Carlos, même en rêve, nous ne sommes pas irresponsables de nos pensées et de nos émotions. Je ne parle pas de l'aspect moral : je laisse ça de côté. Mais, quelle que soit la peine que cela peut nous faire, Marichuli est une malade et, tôt ou tard, je me verrai dans l'obligation de prendre une décision radicale. L'idée me répugne, mais je ne vois pas d'autre solution. L'asile ? s'exclama Prullàs. Non, il ne faut pas exagérer, dit le docteur Mercadal, il y a d'autres procédés.

Il mangea un moment en silence, vida son verre de vin et ajouta : As-tu entendu parler de la psychose de Korsakov ? Si ma mémoire est bonne, Korsakov est un musicien russe, dit Prullàs, mais je ne savais pas qu'il avait une psychose. Mais non, voyons ! s'esclaffa le chirurgien en laissant tomber sa cuiller dans l'assiette et en arrosant sa cravate de soupe. Korsakov était un médecin russe qui portait le même nom que l'auteur de *Schéhérazade*. Le Korsakov dont je parle, le médecin, a découvert à la fin du siècle dernier la maladie mentale qui porte son nom. Ceux qui en sont atteints souffrent de pertes de mémoire fréquentes et remplacent les événements oubliés en faisant appel à leur imagination. Je vais te donner un exemple pour que tu comprennes : supposons que tu sois justement allé voir *Schéhérazade*. Je parle, bien sûr, du film en technicolor. Eh bien, le lendemain ou même avant, au moment où tu sors du cinéma, tu as tout oublié : le Kursaal, l'histoire du film, les acteurs, les images, tout. Seule subsiste dans un coin de ta mémoire la forte impression que t'a produite Yvonne de Carlo. Alors, pour suppléer à l'oubli, l'imagination te fournit une histoire fausse, mais satisfaisante : cette nuit, tu es sorti avec Yvonne de Carlo, tu l'as invitée à manger une bouillabaisse à Can Solé, vous avez bavardé et, en vous quittant, vous avez décidé de poursuivre votre amitié en vous écrivant. A partir de ce jour, tu commences à dire : Voilà longtemps qu'Yvonne de Carlo ne m'a pas écrit, j'espère qu'il ne lui est rien arrivé !

J'ai compris, dit Prullàs. Et cette maladie se soigne avec des médicaments ? Non, pas avec des médicaments, répondit le chirurgien, mais par une lobotomie. C'est une intervention indolore et très peu agressive. Et elle fait un bien énorme aux patients.

*

Sur une île minuscule et sauvage de l'archipel des Açores, des marines américains avaient capturé, après plusieurs heures de siège, un sous-officier de l'armée japonaise qui, ignorant que la guerre était finie et que son pays s'était rendu sans conditions, continuait à défendre tout seul ce bastion inexistant au nom de l'empereur, qu'il considérait comme un véritable dieu. L'opération avait pu être menée à bien grâce à l'emploi de gaz asphyxiants qui avaient mis le sous-officier obstiné hors de combat sans qu'il puisse, avant de déposer les armes, les retourner contre sa propre personne et se faire le fameux hara-kiri. En reprenant connaissance, le vaillant soldat, qui répandait une puanteur insoutenable car, comme il l'avait reconnu lui-même par le truchement d'un interprète, il n'avait pas pris de bain depuis le printemps 1942, avait exprimé son incrédulité en apprenant que le Japon et les États-Unis n'étaient plus désormais des pays belligérants mais, au contraire, alliés et amis. L'article concernant ce fait curieux n'expliquait pas comment un sous-officier japonais était arrivé aux Açores, bien que tout permette de penser qu'il s'agissait simplement d'une erreur de l'agence de presse dans la transcription de la dépêche. A Nuremberg, le tribunal continuait à délibérer à huis clos, et l'accusé restait au secret dans sa cellule en attendant que le verdict soit connu. Pour la première fois depuis des semaines, ce matin-là, le monde entier était sans nouvelles de Krupp.

Prullàs replia *La Vanguardia* et appela Sebastiana. Sebastiana, si je te disais que j'ai dîné hier soir avec Yvonne de Carlo, tu me croirais fou ? lui demanda-t-il. Oui, monsieur, fou comme un lapin. Et si je te disais que quelqu'un peut commettre un assassinat et ensuite l'oublier complètement en croyant qu'il était ailleurs en train de faire autre chose, tu le croirais ? Non, monsieur ; dans ce cas, je penserais que vous vous payez ma tête. Mais faut pas vous fier à ce que je pense, ajouta-t-elle précipitamment, je suis qu'une pauvre ignorante. Et, s'il vous plaît, ne me parlez plus de crimes, vu que je prends tout ça trop à cœur et que je passe mes nuits sans dormir.

Chapitre VII

1

ENRIQUE : Cecilia, assieds-toi, ce que j'ai à te dire est très grave. Il est arrivé quelque chose d'épouvantable, quelque chose de vraiment affreux…

CECILIA : Oh, mon Dieu ! Mon petit Enrique chéri, ne me fais pas peur, je suis sûre que ce n'est pas si terrible !

ENRIQUE : Si, mon amour, c'est terrible. Écoute, cela concerne Todoliu.

CECILIA : Todoliu ?

ENRIQUE : Oui, Todoliu. Votre oncle Todoliu.

CECILIA : Ouh là là ! Todoliu ! Qu'est-ce qui a bien pu lui arriver ? Lui qui est justement parti en voyage ce matin, heureux et content, après avoir passé un séjour si agréable chez nous, ses chers neveux…

ENRIQUE : Précisément : il n'est pas parti en voyage, comme tu le crois.

CECILIA, *de plus en plus inquiète* : Quoi ?… Il n'est pas parti ?

ENRIQUE : Si, il est parti ; c'est-à-dire qu'il n'est pas parti. Enfin, il est parti, mais il n'est pas parti. Je veux dire que ton oncle Todoliu est parti, mais pas en voyage, il est parti dans l'autre monde. Il est mort, quoi.

CECILIA, *feignant la surprise* : Mort ! Si je m'attendais à ça ! Pauvre Todoliu ! C'est incroyable. Ce matin, quand il nous a quittés, il se portait comme un charme…

ENRIQUE : Il ne s'agit pas d'un problème de santé, ma chérie. Todoliu a été assassiné.

CECILIA, *feignant encore plus la surprise* : Assassiné ! Impossible ! Qui aurait bien pu vouloir assassiner ce pauvre Todoliu ? Tout le monde l'adorait ! C'est certainement une erreur.

ENRIQUE : Ce n'est pas une erreur, Cecilia. Malgré tout le chagrin que cela te cause, tu dois te faire à cette idée : Todoliu a été assassiné. *(Un silence.)* Mais il y a encore quelque chose que je dois te dire.

CECILIA : Quelque chose… encore quelque chose ?

ENRIQUE : Oui. Todoliu a été assassiné… il y a un mois.

CECILIA, *surprise pour de bon cette fois* : Comment ? Un mois ? Ce n'est pas possible, Enrique, ce n'est pas possible ! *(Lorgnant du côté de l'armoire.)* Parce que si, comme tu le dis, Todoliu est mort il y a un mois, alors qui donc nous avons… nous… enfin, je veux dire…

ENRIQUE : Oui, mon cœur, je comprends ce que tu veux dire. Et tu as tout à fait raison : la personne qui a fait un séjour chez vous… n'était pas Todoliu. C'était l'assassin de Todoliu !

CECILIA : Je m'évanouis !

Elle s'évanouit.

La célèbre actrice sursauta quand, entrant dans sa loge, elle se trouva face à Prullàs. Je suis venu en tapinois et ton habilleuse m'a ouvert, expliqua-t-il. Mariquita Pons renvoya l'habilleuse. Je ne t'attendais pas aujourd'hui, dit-elle en s'asseyant devant le miroir de la coiffeuse. Prullàs avisa un bougeoir au milieu des pots de fards. Mais, dis-moi, est-ce que ce n'était pas le bougeoir de Bonifaci ? Je n'en ai pas la moindre idée, répondit l'actrice, la couturière l'a apporté la dernière fois qu'il y a eu une panne de courant et l'a laissé ici au cas où cela se reproduirait. D'après ce que j'ai compris, avec cette chaleur, les ventilateurs, les réfrigérateurs et l'air conditionné fonctionnent à plein et les lignes sont surchargées. Deux fois sur trois les plombs sautent, ou un condensateur explose, ou alors c'est le diable qui met sa queue dans un transformateur et qui envoie tout valser en enfer. Ça revient au même ; c'est tout ce que je peux te dire à propos de ce bougeoir. Tu es en train de faire l'inventaire du théâtre ?

Non, dit Prullàs, j'enquête sur des assassinats et, quand il me reste un moment de liberté, sur des vols, larcins et autres délits de moindre importance.

Indécise, Mariquita Pons jouait avec un pot. Son visage reflétait la fatigue causée par l'alliance impitoyable de la préoccupation et de l'insomnie. Prullàs hésitait, lui aussi, avant d'attaquer son récit. Hier soir, comme je te l'avais promis, je suis allé voir don Lorenzo Verdugones, commença-t-il. Mariquita Pons lâcha le pot. Je t'en remercie, mais tu aurais pu t'épargner cette peine, dit-elle d'un ton allègre. Cette nuit, Miguel m'a téléphoné de Madrid, il n'avait pas trouvé de chambre au Palace et il est dans un autre hôtel, dont j'ai oublié le nom. Je l'ai mis au courant de la visite de don Lorenzo Verdugones et il a ri comme un bossu ; après quoi, il a dit qu'il irait dès ce matin à la direction générale de la Sûreté, où il connaît un tas de gens, et qu'il mettrait fin à tous les malentendus. T'a-t-il dit quand il comptait revenir ? demanda Prullàs. Il ne savait pas encore, répondit la célèbre actrice, il se peut même qu'il fasse un voyage éclair à Séville pour régler quelques affaires. Dans ce cas, m'a-t-il dit, il en profitera pour aller à la corrida ; il était excité comme un gosse à l'idée d'assister à une bonne course de taureaux à la Maestranza.

Prullàs observa un temps de silence. Puis il dit : J'imagine… Comment vont les répétitions ? La célèbre actrice finit d'enlever son maquillage avec une serviette humide et s'enduisit le front et les joues de crème hydratante. Sa bonne humeur se dissipa d'un coup. De mal en pis, dit-elle, Gaudet traverse une vraie période noire, j'oserais presque dire un tunnel. Il n'entend rien, ne voit rien, oublie tout, confond les acteurs avec les personnages de la pièce et, de temps en temps, confond la pièce elle-même avec d'autres du même genre, ce qui est impardonnable quand on sait l'originalité d'*Arrivederci, pollo !* Bah ! tu es furieuse parce que le public rira davantage du bègue que de tes répliques, dit Prullàs. Tu devrais avoir honte de profiter des malheurs d'un ami pour accabler ma pauvre comédie ; tu la trouves donc si mauvaise ? Elle haussa les épaules. Je n'en ai pas la moindre idée ; ce ne sont peut-être que les nerfs et cette maudite chaleur. Rien ne marche comme il faut : les éclairagistes se plaignent des pannes, les costumiers sont très en retard, et il y a un membre de la troupe qui ne parvient pas à retenir son rôle, ajouta-t-elle en faisant un geste vers la cloison de la loge. Mais si ce n'est pas cela, ajouta-t-elle d'un air sombre, si Gaudet est malade ou s'il traverse une crise personnelle, il conviendrait de penser à le remplacer par un autre metteur en scène. Remplacer Pepe ? s'exclama Prullàs. Tu ne parles pas sérieusement !?

La célèbre actrice s'appliquait du fond de teint sur la figure. Ce serait cruel, dit-elle, mais ce serait encore plus cruel de lui imposer une tâche au-dessus de ses forces. Dans ce cas, nous ne jouerons pas la pièce, affirma Prullàs, sans Gaudet, pas d'*Arrivederci, pollo !* Ta fidélité t'honore, dit Mariquita Pons, mais cette décision ne dépend pas de toi. On verra bien, rétorqua-t-il, j'écrirai à la Société des auteurs !

Ce sera peut-être inutile, dit Mariquita Pons, après la mort de Vallsigorri, je ne sais pas où en est le financement de la pièce. Bah ! son apport ne devait pas être très élevé… répondit Prullàs, un peu inquiet. Et même s'il l'est, le versement a déjà dû être effectué.

Mariquita Pons laissa de nouveau échapper un éclat de rire amusé. Ne sois pas si optimiste, dit-elle, il s'est peut-être contenté de signer des traites, auquel cas le règlement dépend des héritiers. Hum ! je n'y avais pas pensé, admit Prullàs. Sais-tu s'il a mis beaucoup d'argent ? Suffisamment pour imposer ses conditions à Gaudet, dit la célèbre actrice. Et qui t'a raconté tout ça ? s'enquit Prullàs. Bah ! les murs ont des oreilles et les gens sont bavards, s'exclama-t-elle sans perdre une once de sa bonne humeur. Tu vas m'emmener au cinéma, ce soir, ou tu vas encore me laisser en carafe ?

Prullàs regarda sa montre. Je passerai te prendre chez toi à neuf heures et demie, dit-il. Auparavant, j'aimerais avoir une petite conversation avec mon cher ami Gaudet. Choisis un film, et fais ton possible pour que ce soit un film d'Indiens. Youpi ! répondit-elle. Puis, reprenant son sérieux, elle ajouta : Sois prudent en parlant avec Gaudet ; s'il a fait des gaffes ces derniers temps, attribue-les à la mort de sa mère, ou à sa mauvaise santé, ou à l'âge, mais pas à autre chose. Tout en parlant, elle avait sorti une petite clef de son sac et ouvert un tiroir de la coiffeuse. Elle en sortit un flacon de parfum et s'en mit derrière les oreilles et sur les poignets avec le bouchon de cristal. La marque du parfum n'échappa pas à Prullàs. Où as-tu trouvé ce flacon d'Arpège ? demanda-t-il. Devine ! C'est Poveda qui me l'a vendu il y a quelque temps. Il m'a juré qu'il n'y en avait qu'un dans tout Barcelone, raison pour laquelle, selon lui, je ne pouvais ni refuser de l'acheter ni marchander. Naturellement, j'ai marchandé comme une tigresse et il a fini par me le laisser pour la moitié du prix initial. Et pourquoi le gardes-tu sous clef ? Parce que le premier que j'ai acheté a disparu. Je l'ai apporté ici, et il s'est trouvé quelqu'un d'assez effronté pour entrer dans ma loge et me le piquer. Quelqu'un ou quelqu'une… ajouta-t-elle avec une joyeuse indifférence.

Au sortir de la loge de la célèbre actrice, et après s'être assuré que personne ne le voyait, Prullàs se dirigea vers celle de Mlle Lilí Villalba, dans l'intention d'éclaircir les choses une fois pour toutes. Il entra sans frapper et se heurta brutalement à la jeune actrice qui, au même instant, s'apprêtait à sortir. Pour ne pas tomber, ils exécutèrent un bref et maladroit simulacre d'étreinte. Mlle Lilí Villalba réagit avec une colère inhabituelle. Pour qui tu me prends ? Cela fait des *semaines* que tu ne m'adresses pas la parole, et maintenant tu te jettes sur moi sans même prévenir. Je ne suis pas un bibelot !

Je ne voulais pas t'agresser, je suis entré un peu rapidement pour que personne ne me voie, s'excusa-t-il. Quand il s'agit de la loge d'à côté, tu entres et tu sors au vu de tout le monde, lança-t-elle en rajustant les lanières de sa sandale, et chez moi tu as honte ? Ce n'est pas la même chose, ma fille : personne ne trouverait à redire de mes relations avec Quiqui. Le clignotement des ampoules allumait et éteignait les yeux furieux de la jeune fille : Mais des nôtres, bien sûr, on ne peut qu'avoir à redire, puisque je ne sers *qu'à une chose*, maugréa-t-elle.

Prullàs alla à la coiffeuse, prit un peigne et remit de l'ordre dans ses cheveux. N'exagère pas. Tu es jeune et très séduisante : cela présente de grands désagréments mais aussi beaucoup d'avantages. Tu préférerais être laide et contrefaite ?

Non, répondit-elle, un peu plus calme. De toute manière, le monde est injuste et les hommes plus injustes encore. Pourquoi es-tu venu ? Pour t'inviter à dîner, si tu n'as pas déjà un autre engagement, dit Prullàs sans cesser de se contempler dans la glace. Au diable Gaudet, se dit-il, au diable le maudit parfum et au diable Quiqui et ses maudits films, je l'appellerai pour annuler le rendez-vous sous un prétexte quelconque.

La jeune actrice le regardait avec incrédulité. Vraiment, tu ferais ça pour moi ? Tu m'emmènerais dans un lieu *public* ?… Oh non, c'est impossible !… Et puis je n'ai rien à me mettre, murmura-t-elle. Tu es parfaite comme tu es, dit-il en se retournant et en l'examinant attentivement.

La lumière disparut puis revint aussitôt, avivant la flamme de ses prunelles. Tais-toi, grand fou, chuchota Mlle Lilí Villalba, gênée. Puis elle se mit à rire sans raison apparente. Attends ! Une voisine peut me prêter une robe ; elle est un peu plus forte que moi, plus enveloppée *ici* et *ici* ; mais une robe d'été s'ajuste en deux coups d'aiguille. Je suis très adroite, tu sais. Donne-moi deux heures, et tu ne me reconnaîtras pas…

D'accord, dit Prullàs. Il est sept heures, je passerai te prendre à neuf heures sur la petite place à côté de chez toi. Sois ponctuelle !

*

Au moment où Prullàs pénétrait dans son appartement, le téléphone sonna. Oh, monsieur, prenez-le, s'il vous plaît, ça doit encore être la voix de corbeau et je n'en peux plus, dit Sebastiana. Prullàs ferma la porte du bureau, s'assit sans se presser, prit du papier et un crayon et décrocha.

Enfin, je vous trouve, dit une voix étrange à l'autre bout du fil, vous jouez les courants d'air, comme si vous n'étiez pas dans le bain jusqu'au cou… A qui ai-je l'honneur ? A quelqu'un qui peut vous proposer quelque chose d'intéressant, répondit la voix de corbeau, à condition que vous soyez disposé à payer le prix. Pas question de payer, ni de continuer à vous écouter si vous ne dites pas immédiatement qui vous êtes ! s'exclama Prullàs. Oui, qui diable êtes-vous ? Un ami sincère ; et inutile de le prendre sur ce ton, monsieur Prullàs : si vous m'insultez, je raccroche, je ne rappelle plus, et nous serons tous perdants ; vous le premier.

Ne gaspillons pas notre temps en circonlocutions, dit Prullàs, allons au fait. Pas au téléphone, répondit la voix de corbeau, il faut qu'on se voie, et rien que vous et moi : en tétaté, comme disent les Français. Et qui me garantit que vous n'êtes pas un fou ou un farceur ? Un farceur, moi ?

C'est la meilleure ! Bon, je vais vous donner une preuve qui vous rassurera sur mon sérieux : vous vous rappelez l'autre nuit ? Vous êtes allé dans un troquet avec un ami, et cet ami a perdu accidentellement son portefeuille ; le troquet s'appelle la taverne de Mañuel. Vrai ou faux ? C'est vrai, admit Prullàs, cela s'est bien passé ainsi.

Et ça ne vous intéresserait pas de le récupérer ? Quoi, le portefeuille ? Le *contenu* du portefeuille, dit l'autre en baissant la voix, un document compromettant qui détournerait les mirettes des flics dans une autre direction et libérerait ce soir même certaines personnes de tout soupçon… Vous m'avez compris… Si vous êtes intéressé, venez me voir cette nuit et apportez un peu de pèze.

Combien ? demanda Prullàs. Un paquet de dix mille suffira, dit l'inconnu. Dix mille pesetas ! s'exclama Prullàs. Même si j'étais intéressé, je ne pourrais pas disposer de tant d'argent en si peu de temps !

Essayez, monsieur Prullàs, le document les vaut bien. Certaines personnes de votre connaissance seraient prêtes à payer beaucoup plus pour l'avoir et pour éviter que Son Excellence don Lorenzo Verdugones le lise. Mais, bien sûr, c'est votre argent. Si ça vous semble trop cher, inutile de vous déplacer.

Attendez ! Je vais voir ce que je peux faire pour trouver cet argent, mais je ne vous promets pas de payer ; dans tous les cas, avant de casquer, j'exige de voir le document.

Manquerait plus que ça : c'est un bizness honnête que je vous propose. Et maintenant, écoutez-moi : retournez à la taverne de Mañuel ce soir, à neuf heures précises, pas une minute avant ni une minute après ; mettez-vous au bar et ne causez à personne : je vous y rejoindrai et je me ferai reconnaître. Je viendrai seul : vous ne courez aucun danger, mais si vous aviez l'idée d'aviser la rousse, adieu le document !

2

Impavide devant les coups du sort, insensible au passage inexorable des ans, vaccinée contre le découragement, La Fraîche n'avait pas renoncé à l'espoir de triompher dans le monde de la *copla* et du fandango. Ce soir-là comme tous les soirs, elle se préparait pour mettre toute son âme dans son numéro quand les cris du public réclameraient sa présence sur la scène. Auparavant, elle avait fait la vaisselle, lavé par terre, rangé les tables et les chaises, débouché et nettoyé les cabinets, rempli les carafes et accordé les guitares de la taverne de Mañuel. L'horloge de Notre-Dame du Pin sonnait neuf heures quand Prullàs fit son entrée dans la salle. N'y voyant personne à part La Fraîche, il dissimula son désappointement derrière une grimace d'amabilité forcée et s'accouda au comptoir où la mégère, le regard abîmé dans le liquide visqueux d'un verre de chinchón, reprenait des forces en trempant un quignon de pain noir dans un bol de café aqueux.

La Fraîche fronça sa petite bouche écarlate. Caramba, mon mignon ! T'es en avance ! l'interpella-t-elle malicieusement. J'ai l'argent, répondit Prullàs sur un ton expéditif, mais avant je veux voir la marchandise. Et je vous préviens que je n'ai pu réunir que quatre mille pesetas. Quatre mille ? s'exclama La Fraîche en haussant les sourcils si fort que l'épaisse couche de maquillage qui couvrait les rides de son front se fendilla. Doux Zésus, mon mignon, faut pas forcer sur la galézade ; pour vingt duros, moi, ze te la montre, la marsandise, et au passage ze fais de toi un homme tout neuf.

Prullàs soupesa cette réponse. Voyons, ne nous sommes-nous pas parlé, vous et moi, tout à l'heure au téléphone ?

Non.

Prullàs éclata de rire. Oubliez ce que je viens de dire, fit-il, c'est une erreur, je n'avais pas l'intention de vous offenser. Prenez une autre tournée à ma santé : je vous invite. Merci, dit La Fraîche, et y a pas offense, mon céri ; z'ai la peau dure. Mais si l'affaire qui t'amène ici est du montant que t'as dit, tu ferais mieux de mettre le patron au parfum. Et sans lui donner le temps de protester, elle cria en direction du fond de la salle : Amène-toi tout de suite, Mañuel, on te demande !

L'interpellé apparut au bout d'un moment en boutonnant sa braguette et en bafouillant : Qui c'est qui veut me voir ? Prullàs reconnut dans cet individu rébarbatif le tavernier qui, la nuit du forfait, les avait d'abord servis puis plus tard expulsés sans façon de son établissement. Retranché à l'autre bout du comptoir, comme s'il voulait protéger des mains de l'intrus les boissons qui y étaient exposées, le tavernier questionna d'un ton rogue : C'est quoi que vous m'voulez ?

Vous vous souvenez de moi ? demanda Prullàs. J'étais ici il y a quelques jours, en compagnie d'un monsieur qui ressemblait à Bing Crosby.

Le tavernier fit un geste de dégoût et affirma de mauvaise grâce que la police l'avait déjà interrogé à ce sujet ; il avait répondu à toutes les questions et il n'avait rien à ajouter, ajouta-t-il. Cet établissement est en règle, conclut-il. Barrez-vous et ne me cassez plus les pieds.

Je ne mets pas votre honnêteté en doute, dit Prullàs, et je ne suis pas venu pour vous compromettre. Je n'ai aucune relation avec la police ; je suis un auteur de théâtre, j'écris des comédies policières ; mon nom vous dira peut-être quelque chose : Carlos Prullàs. Quant à ma situation, elle est pareille à la vôtre : je me suis trouvé mêlé à cette histoire alors que je n'ai rien à y voir.

Allons, Mañuel, sois aimable avec le monsieur, trancha La Fraîche, que ce dialogue semblait avoir tirée de sa léthargie, tu vois bien qu'il est innocent comme l'agneau. Tu parles, répliqua Mañuel, tout ce qui m'est tombé sur le coin de la gueule est de sa faute ! Qui c'est qui leur avait demandé de venir ici ? Ils avaient qu'à aller au Rigat ! Qu'est-ce qu'ils venaient glander chez nous, hein ? Se moquer de nous ? Voir si nous mangeons avec les doigts et si nous nous grattons le cul avec la fourchette ? Qu'est-ce que ça peut bien leur foutre ? A la fin des fins, nous sommes comme nous sommes et basta ! Mais suffit que ces messieurs se pointent, et nous voilà tous bons pour la taule. Dégagez !

Te bile pas, mon mignon, dit La Fraîche en posant une main grasse et moite sur la manche de Prullàs, c'est vrai que t'es auteur de théâtre ? Je vous l'ai dit : j'écris des comédies, dit Prullàs. Il retira le bras, défroissa sa manche et ajouta sèchement : Mais je n'ai aucun contact avec le music-hall.

Tu pourrais m'écrire un p'tit rôle dans une pièce de toi… proposa La Fraîche, sans s'arrêter à son expression ni à ses paroles. Un p'tit rôle très court, mais qui ait de l'allure : z'entre, ze çante et ze danse ; ça plaît toujours, et après, qui sait ? y aura peut-être quelqu'un pour me découvrir… Comment t'as dit que tu t'appelles ? Prullàs, répondit-il à contrecœur.

Écoute, Prullàs, ze suis une artisse, poursuivit la mégère, si tu m'voyais zouer, tu pizerais ; l'os, c'est que z'ai pas eu de bons maîtres, c'est ça qui m'fait du tort ; ce que ze sais, ze l'ai appris toute seule ; ze çante et ze danse avec tout mon cœur, mais z'ai pas la technique. Entre copines, on se corrize nos défauts et on se donne des conseils, mais z'ai pas confiance dans leur opinion : elles ont pas le çant et la danse dans le sang comme moi. Elles ont des âmes de marçandes de poisson. Moi, c'est autre çose : ze suis née artisse. Allons, Prullàs, mon p'tit çou, donne-moi une çance.

Ferme-la, épouvantail, et retourne à tes occupations ! l'interrompit Mañuel. Tu gaspilles toute ton énergie à bavasser avec la clientèle, mais pour le service, que dalle ! Regarde ces verres. T'appelles ça des verres propres ? Même un cochon y boirait pas !

La Fraîche se mit à essuyer les verres avec un torchon incroyablement sale. Tout en effectuant cette opération, dans laquelle n'intervenaient ni eau ni savon, la mégère poursuivit : Ah, mon mignon ! Quelle misère, ce pays ! Si ze pouvais, ze filerais tout de suite, même si c'était pour aller en Sine. Mais là-bas, de quoi que ze vivrais ? Ze sais bien ce que tu vas me dire : en Sine, ils apprécient pas la *copla*. Elle mira un verre en transparence, cracha dedans, le frotta avec le torchon et continua : Mais ici, rien de rien. Si un zour z'avais du pognon, si ze touçais le gros lot, tu sais la première çose que ze ferais ? Non, dit Prullàs. Eh bien ! la première çose que ze ferais, mon mignon, ça serait de prendre l'express de Madrid et là, à la Puerta del Sol, ze sierais sur le kilomètre zéro. Juste au centre de l'Espagne, z'y coulerais un bronze plus gros qu'un béret de phalanziste. Tu comprends, quand on en a bavé, on se venze ! Qu'est-ce que tu viens foutre ici, Gueule d'Amour ? s'exclama-t-elle soudain en interrompant son discours.

La béquille du vendeur de billets de loterie cognait sur le plancher. Il s'appuya en ahanant sur le comptoir et épongea la sueur de son front avec sa manche. Donne-moi une petite bière, Mañuel, murmura-t-il, je suis crevé.

Le tavernier regarda l'infirme en fronçant les sourcils. Allez, servez une bière à ce camarade, dit Prullàs, c'est moi qui paye. Faut pas avoir d'complaisance avec cet affreux, mon mignon, intervint La Fraîche, c'est une sale bête.

Ne faites pas attention, monsieur Prullàs, on voit tout de suite que vous êtes un brave type, dit l'infirme en lançant de son œil valide un regard de haine sans équivoque à la mégère, c'est pas comme d'autres que je connais…

Comment savez-vous mon nom ? demanda Prullàs. C'est moi qui vous ai donné rendez-vous, dit Gueule d'Amour. Si je suis en retard, c'est à cause de ces maudits tramways. Les transports urbains sont de pire en pire ; si Son Excellence monsieur le gouverneur civil ne nous les arrange pas très vite, ça se terminera mal, et le jour où on y pensera le moins.

Prullàs resta pantois à l'idée qu'un estropié comme Gueule d'Amour puisse monter dans un tramway et en descendre sans se rompre le cou, mais il ne fit aucun commentaire. Pas de bière ni rien ! dit Mañuel. Les clients vont arriver et je veux pas de ta présence chez moi. Et de la vôtre non plus, monsieur Je-sais-pas-qui. Foutez le camp !

Très bien, on s'en va, dit l'infirme en coinçant sa béquille sous son unique bras et en lâchant le comptoir. Non, un instant, dit Prullàs, j'ai l'argent, si vous avez le document, nous pouvons liquider l'affaire ici même. M. Mañuel n'est pas à une minute près. Ah ! mais c'est que je n'ai pas le document sur moi, monsieur Prullàs, répondit Gueule d'Amour, je suis un pauvre invalide sans défense, et je ne veux pas prendre de risques. En fait, c'est quelqu'un d'autre qui l'a ; moi, je ne suis qu'un intermédiaire. Si vous voulez le document, il faudra m'accompagner. Ce n'est pas loin.

La Fraîche agrippa de nouveau le bras de Prullàs. Au nom du ciel, mon anze, supplia-t-elle, pars pas sans m'avoir laissé ton adresse. Z'ai zamais eu une occase comme celle-là et z'en aurai plus zamais. Tu peux faire beaucoup pour moi, ze lis ça dans tes mirettes. Allez, sois bon. Ze te demande pas un contrat, non ; zuste un essai. Si ça marse pas, on perd rien, et si ça marse, t'auras été mon découvreur.

Prullàs réfléchit un instant. Non sans peine, l'infirme était arrivé sur le seuil et, de là, il lui adressait des signes impérieux. Impulsivement, il sortit une carte de visite de son portefeuille et griffonna dessus un nom et une adresse. Puis il tendit la carte à La Fraîche. Va demain matin à cette adresse et demande José Gaudet. Il t'ouvrira sûrement la porte lui-même : tu lui diras que tu viens de ma part et, tout de suite, sans lui donner le temps de réagir, tu chanteras et tu danseras comme je t'ai vu le faire l'autre nuit. Il est possible qu'au début il soit un peu surpris, mais c'est un metteur en scène et il est habitué aux excentricités. Il sait aussi détecter le talent là où il y en a. C'est tout ce que je peux faire pour toi ; pour le reste, à toi de jouer… et à M. Gaudet.

La Fraîche contemplait la carte de visite comme si elle n'accordait pas foi à ce qu'elle voyait. Une larme naissante fit se refléter la lumière avare de la salle dans ses prunelles. Que Dieu te le rende, Prullàs… murmura-t-elle d'une voix mal assurée. Z'oublierai zamais ce zeste et t'auras pas à t'en repentir. Le succès ne me montera zamais à la tête ; ze resterai touzours celle que ze suis : La Fraîche ! On m'a donné ce petit nom affectueux parce que ze suis touzours gaie… et parce que z'ai zamais dit non à un beau gosse.

Elle prit la main de Prullàs dans les siennes et y imprima le gras écarlate de sa bouche. Toujours adossé à l'encadrement de la porte, l'infirme croassait : Tu vas lui foutre la paix, poufiasse ? Tu ne vois pas qu'il n'est pas pour toi ? Barre-toi et va fumer un étron à ma santé ! rétorqua La Fraîche en faisant voltiger sa jupe. Et, baissant la voix afin de n'être entendue que de Prullàs, elle ajouta : Méfie-toi de Gueule d'Amour, il est capable de toutes les saloperies.

Mais Prullàs n'écouta pas l'avertissement.

3

Ah ! s'exclama l'infirme en respirant à pleins poumons la brise humide et pestilentielle qui circulait dans les ruelles, il n'y a rien au monde de plus beau que la mer ; non, vraiment, rien de plus beau ! Je suis de l'intérieur, très loin, au-delà de Barbastro, si vous voyez. J'ai connu la mer qu'à l'âge de vingt ans, vous imaginez le choc ! Elle m'a tellement impressionné que j'ai décidé de passer toute ma vie dans une ville maritime, avec port et plage. J'adore la plage ! Dès que je peux, je m'échappe à Sitges, parce que sur les plages de la Barceloneta, faut reconnaître qu'y a vraiment trop de monde. Je ne dis pas dans l'eau, ça non, mais vous vous rendez compte, un particulier comme moi là-bas…

Je comprends, dit Prullàs que ce bavardage amical achevait de rassurer. Il essayait de mémoriser le chemin afin de pouvoir le refaire seul en cas de besoin, mais il dut vite y renoncer : à chaque coin de rue, sans exception, l'infirme prenait à droite ; pourtant, au lieu de décrire des cercles, ce système les faisait s'enfoncer progressivement dans un territoire inconnu, où les rues étaient de plus en plus obscures et étroites. Tous les magasins avaient leur rideau baissé, les maisons semblaient inhabitées, on n'apercevait pas une seule lumière aux fenêtres. De temps en temps, pourtant, dans le cadre improvisé d'une petite place ou d'une maison démolie, la version la plus crue du marché noir déployait ses fastes. Produits alimentaires, médicaments, pièces de rechange de voitures, radios, phonographes à pavillon et à manivelle, bouilloires électriques, articles de toilette, vaisselle et couverts, papier carbone et tabac étaient proposés à des prix variables. On y vendait aussi des papiers d'identité, des certificats de bonne conduite et des cartes d'alimentation, plus ou moins habilement falsifiés. Pas plus les vendeurs que les acheteurs n'adressèrent un regard au couple incohérent formé par Prullàs et Gueule d'Amour, que les ténèbres du quartier engloutissaient de nouveau. Dans les coins, des chats teigneux se disputaient férocement le pillage des boîtes à ordures. Vous n'avez pas peur, quand vous vous promenez seul dans ces endroits abandonnés de Dieu et des hommes ? demanda Prullàs à son compagnon.

Gueule d'Amour émit un rire bref et dur. Qu'est-ce qui peut m'arriver ? dit-il. Je n'ai rien à perdre, à part ma béquille, et même dans ce cas je ne risque pas grand-chose. Je l'ai déjà perdue à plusieurs reprises, et je suis toujours là, et bien là, ajouta-t-il. Une fois, ce sont des voyous qui me l'ont volée, pour rigoler ; une autre, un ivrogne malintentionné ; et une autre encore, un quidam vindicatif qui n'avait rien de mieux sous la main et qui me l'a arrachée pour la casser sur les côtes de son rival.

Et qu'est-ce que vous avez fait, alors ? demanda Prullàs. Bah, qu'est-ce que je pouvais faire ? Marcher à cloche-pied ! répondit l'infirme. Mais son cas, expliqua-t-il ensuite, ne présentait pas que des inconvénients ; avec sa dégaine, il n'avait pas de mal à émouvoir les gens et la vente des billets lui rapportait suffisamment pour ne pas mourir de faim, ce qui n'était pas rien par les temps qui couraient. Il avait dégoté chez un fripier une vieille médaille, ajouta-t-il, qu'il accrochait souvent à son revers ; et bien que ses nombreuses infirmités soient dues en réalité à des maladies ou des accidents survenus dans son enfance et son adolescence, on le prenait pour un glorieux mutilé et on le laissait voyager sans billet dans le métro et le tramway, et même entrer gratuitement dans certains cinémas. Il allait beaucoup au cinéma, dit-il, surtout les jours de pluie et de froid ; quand un film lui plaisait, il le revoyait indéfiniment ; il précisa qu'il pouvait réciter par cœur les dialogues de ces films-là sans sauter une syllabe. Cela lui suffisait, ajouta-t-il, un repas par jour, un peu de soleil pour se réchauffer les os, et de temps en temps un film, autant que possible avec Hedy Lamarr. Il n'en demandait pas plus à la vie. Au point où j'en suis, affirma-t-il en manière de conclusion, tout m'est devenu égal. Supposons que, tout d'un coup, Dieu descende et me dise : Gueule d'Amour, veux-tu récupérer la jambe, le bras, l'œil ou l'oreille qui te manquent ? Sûr que je lui dirais : Merci, mon Dieu, mais je n'en ai pas besoin, épargne-toi cette peine. Puisque vous êtes si philosophe, dit Prullàs, je ne comprends pas pourquoi vous vous embarquez dans une histoire pareille pour de l'argent.

Ah, monsieur, tout homme a ses faiblesses ! répondit Gueule d'Amour en faisant une horrible grimace. Il ferma son œil valide en singeant ce que Prullàs supposa être un clin d'œil et ajouta : Dès que j'ai quatre sous, je me cherche une petite gitane qui soit bien balancée et qui me danse quelques séguedilles. Femme bien foutue, le reste ne compte plus : ce n'est pas votre avis ? Je ne sais pas, dit Prullàs. L'endroit où nous allons est encore loin ?

Mais non, c'est tout près, je vous l'ai déjà dit. En fait, nous ne sommes pas loin de la taverne de Mañuel. Nous avons fait de longs détours pour vous désorienter et pour donner plus de valeur à mon travail, dit l'infirme en riant. Dans ce cas, je ne fais pas un pas de plus, dit Prullàs. Alors, dit l'infirme, vous ne pourrez pas retourner : ce quartier est un labyrinthe pour celui qui ne le connaît pas ; mais ne vous inquiétez pas, monsieur Prullàs, nous sommes arrivés, vous n'entendez pas le boucan ?

*

Prullàs s'arrêta : on entendait des voix lointaines et le grossier mugissement d'un phonographe. Il rejoignit l'éclopé et tous deux poursuivirent leur chemin en silence.

Ils débouchèrent sur une courte rue, éclairée par des tubes de néon aux couleurs criardes. A leur droite, un mur en torchis d'environ trois mètres de haut séparait la rue d'un terrain vague ; contre ce mur couvert de vieilles affiches déchirées et décolorées, plusieurs individus urinaient tranquillement. Allez-y, messieurs, pissez votre soûl ! croassa l'infirme. Et quand vous aurez fini, secouez-la bien !

De l'autre côté de la rue, sous les tubes de néon, s'ouvraient les portes de dix ou douze bordels. Des lumières rouges brillaient à travers les rideaux des étages supérieurs. Au milieu de la chaussée, à mi-distance du mur et des bordels, s'agglutinait une véritable foule d'hommes silencieux parmi lesquels ne manquaient ni les idiots, ni les pervers, ni les individus atteints d'horribles difformités congénitales ou de maladies dévastatrices. De temps en temps, de vieilles putes échevelées qui semblaient sorties d'un cauchemar passaient leur cou décharné par une porte et vociféraient des invitations salaces et goguenardes. Un essaim de mendiants leur barra le passage. Prullàs ne comprenait pas la présence de ces miséreux dans un quartier aussi misérable. Pourquoi ne vont-ils pas mendier sur la Diagonal ? demanda-t-il. Je ne sais pas, monsieur ; c'est peut-être que les gens sont plus généreux ici, dit l'infirme en riant.

Peu après, Gueule d'Amour s'arrêta brusquement devant une maison de passe. Prullàs recula. Vous n'avez pas l'intention de me faire entrer dans une porcherie pareille ! s'exclama-t-il. Juste un petit moment, monsieur Prullàs. La personne que nous cherchons est là.

A contrecœur, à la suite de l'infirme, Prullàs pénétra dans un taudis tout en longueur, murs décrépis et poutres du plafond vermoulues, au fond duquel s'ouvrait un couloir masqué par un rideau de raphia. Assises sur des chaises d'osier, quatre poufiasses suantes et plâtrées riaient à s'en décrocher la mâchoire des saillies et des évolutions d'un vieillard cadavérique qui avait remonté son pantalon sur ses genoux pour laisser à découvert des mollets blêmes et sans poils, noué sa veste de deuil autour de sa taille et coincé un œillet fané derrière une oreille, sous le béret. Hip ! hop ! criait le vieux débris. Ne faites pas attention, murmura Gueule d'Amour à l'oreille de Prullàs, c'est don Eduvigis ; il vient tous les soirs divertir la compagnie pour essayer d'avoir une passe à l'œil.

Le vieux débris lançait ses doigts noueux vers l'ampoule blafarde qui pendait du plafond. L'ampoule se balançait, et les ombres grandissaient et rapetissaient au rythme de son va-et-vient. Mais quel manche, ce mec, mais quel manche ! s'esclaffèrent les poufiasses. Sans cesser de se tordre, elles soulevaient leurs jupes et chassaient les mouches de leur entrecuisse avec un éventail en palme. En l'honneur des nouveaux venus, les éclats de rire se muèrent en minauderies enjôleuses. Où c'est que t'as déniché ce mignon, Gueule d'Amour ?

Bas les pattes, vieille truie, c'est pas pour ta fraise ! répondit l'infirme d'une voix digne et avec force grimaces. Qu'est-ce que t'en sais ? répliqua la vieille truie. Comme dit la chanson : Ç'ui qui veut jouir et qu'est pressé, y baiserait même les macchabées.

Contrarié par cette diversion, don Eduvigis redoubla d'efforts pour ne pas perdre la vedette. Hip, hop ! Gueule d'Amour cracha par terre. Retourne à l'hospice, bitte molle ! T'aimerais bien que je te la mette au cul, pédé ! répliqua le vieux débris.

Les poufiasses accueillirent comme il convenait cet échange de gracieusetés. Non mais t'as pas honte, l'infirme ? Putain de ta mère !

Vaincu, don Eduvigis se retira noblement. Les poufiasses recouvraient lentement leur sérénité : elles replâtrèrent leur maquillage, rajustèrent leurs jupons, arrangèrent avec des peignes leur chignon défait par les convulsions du charivari. Antoñita Grand-Écart n'est pas là ? s'enquit Gueule d'Amour. Dans la chambre du fond, répondirent-elles. Seule ? Tu parles ! L'Enfant de la Doctrine est avec elle. Et il est en rogne. Ça barde !

Prullàs restait à proximité de la porte, prêt à prendre la fuite ; à la dérobée, il portait régulièrement son mouchoir parfumé à son nez pour combattre la puanteur de cette atmosphère pestilentielle. Quelque chose d'imprévu, Gueule d'Amour ? demanda-t-il. Non, non, venez, monsieur Prullàs, vous êtes ici chez vous.

Des deux côtés du couloir s'ouvraient des réduits étroits, obscurs, sans fenêtre, séparés les uns des autres par un mince paravent. Un rideau en loques accroché à une tringle servait de porte et permettait d'établir une intimité précaire quand c'était nécessaire. A cette heure, cependant, les chambres étaient vides et les rideaux ouverts ; on pouvait voir dans chacune un lit étroit, aux ressorts défoncés, une cuvette d'eau trouble où flottait une éponge noirâtre et une chaise pour poser les vêtements. Dans l'un de ces réduits, ils surprirent une scène touchante : assise sur le bord du sommier, sous la lumière avare d'une tulipe, une femme encore jeune mais présentant des symptômes d'anémie donnait le sein à un bébé décharné ; un autre marmot à l'aspect scrofuleux, accroché à la jupe de sa mère, mâchouillait un bâton de réglisse. Prullàs s'arrêta pour regarder et, en l'apercevant, la mère lui adressa un sourire soumis. Un petit cadeau pour mes chérubins, les pauvrets !

Gueule d'Amour pivota sur sa jambe et lança un croassement. T'avais qu'à pas les faire ! Ils m'ont mise en cloque sans demander ma permission, se justifia la femme. Alors t'aurais dû les noyer au lavoir, comme elles font toutes. C'est toi qu'on devrait noyer dans un baquet de crachats, sale bête ! Puis, s'adressant à Prullàs, elle ajouta comme pour s'excuser : On les a sans faire exprès, mais après on s'attache…

Il y avait dans la voix de la femme plus de résignation que de chagrin. Prullàs sortit quelques pièces de sa poche. L'éclopé lui attrapa le bras. Ne favorisez pas la mendicité, dit-il. Dites donc, je fais ce que je veux de mon argent ! répliqua Prullàs. Ici, non. Donnez tout ce que vous voulez, mais chez vous. Pourquoi tant de haine pour cette pauvre femme ? Elle l'a bien cherché, dit l'infirme, et de toute manière, ces enfants n'en ont plus pour longtemps. Regardez leur mine ! De vrais cadavres en miniature ! Ne gâchez pas votre argent pour eux.

Au bout du couloir, on entendait des cris et des bruits de coups. C'est l'Enfant de la Doctrine qui est avec cette salope, dit l'infirme. C'est lui qui a le document ? demanda Prullàs. Lui ? Non. C'est Antoñita Grand-Écart qui l'a. C'est Antoñita Grand-Écart qui a volé le portefeuille ? insista Prullàs. Mais non, voyons ! Voler est une mauvaise action, et ici personne ne commet de mauvaises actions. Mais vous savez comment c'est, les choses changent de mains…

Et l'Enfant de la Doctrine, qui est-ce ? Le mac d'Antoñita Grand-Écart, dit l'infirme. Il a dû découvrir le bizness et il veut sa part, c'est bien naturel. En ce moment, ils doivent être en train de signer le contrat. Vous entendez pas qu'il pleut des baffes ? Ah ! il la bat ? Tant qu'il est à jeun, il va pas plus loin. Mais quand il boit, alors il devient mauvais pour de bon. Il prend la mouche pour n'importe quoi et, s'il a une arme à portée de la main, il ne se contrôle plus. Il a fait deux fois de la taule, mais pas longtemps : c'étaient des traînées et les juges lui ont accordé les circonstances atténuantes. Sinon, il serait resté derrière les barreaux jusqu'au Jugement dernier.

Au moment où ils arrivaient devant le rideau tiré de la dernière chambre, le bruit cessa. Ce silence était pire que le chapelet d'insultes et de coups qui l'avait précédé. Prullàs tourna les talons. Partons, dit-il, j'ai déjà un mort sur le dos, ça me suffit. N'exagérez pas, ce n'est rien. Vous ne filez pas une trempe à votre femme de temps en temps ? Jamais ! Alors j'aimerais bien savoir quelles méthodes vous employez pour vous faire respecter ! dit Gueule d'Amour. Allons-y.

L'infirme colla son visage au rideau. Vous permettez ? Une voix de femme lui répondit : C'est toi, Gueule d'Amour ? Oui, et j'amène qui tu sais.

Entrez !

La tulipe était cassée et son ampoule projetait une lumière oblique aveuglante sur une partie du bouge. Étalée sur le lit, Antoñita Grand-Écart avait rabattu le bas de sa chemise sur ses cuisses épaisses couvertes de varices et d'ecchymoses. Dans l'angle obscur se tenait un homme pâle et maigre, cheveux plats, lèvres minces, moustache effilée et menton fuyant.

On ne veut pas déranger, dit l'infirme. Vous nous dérangez pas. On causait, dit le maquereau. Juste un peu fort, fit remarquer l'infirme.

L'Enfant de la Doctrine alluma une cigarette en grattant l'allumette sur la semelle de son soulier. Des roucoulements de tourtereaux, susurra-t-il. La poufiasse grimaça : Une raclée, oui ! Elle l'avait pas volée, s'indigna le maquereau.

Prullàs se sentait de plus en plus mal à l'aise. Liquidons notre affaire, dit-il. Ça dépend que de vous : vous avez le pèze ? J'ai apporté quatre mille pesetas. La chose vaut le triple. Toute chose ne vaut que ce qu'on est disposé à la payer, dit Prullàs. Si ça ne vous suffit pas, cherchez-en un autre qui vous donne davantage.

L'Enfant de la Doctrine lança un regard furtif à son interlocuteur et sourit en exhibant une rangée de dents cassées. C'est pas le genre de l'Enfant de la Doctrine de discuter les questions d'argent. Va pour quatre mille.

D'abord le document.

Antoñita, montre à Monsieur la marchandise que tu lui vends.

Je l'ai laissée à la maison, pour pas la perdre.

Mais Bon Dieu ! s'exclama Prullàs. Dans combien d'endroits il faudra que j'aille pour obtenir ce malheureux document ?

C'est à côté d'ici, dit l'infirme, conciliant. Au coin de la rue.

Antoñita Grand-Écart enfila des bas crasseux. Prullàs croisa les bras. Je n'irai nulle part, dit-il fermement. Si c'est si près que ça, elle n'a qu'à aller chercher le document et le rapporter.

Les yeux de l'Enfant de la Doctrine se rétrécirent. Écoutez-moi bien, camarade, aboya-t-il, sans vouloir vous offenser, je vais vous dire une bonne chose : ici, c'est pas le Risse ; ici, c'est un endroit tranquille et sans prétention où c'que le monde honnête y vient tremper son biscuit ; s'il veut un truc spécial, il paye et on est gentil tout plein avec lui. Mais en dehors de ça, pour tout ce qui concerne le reste, ici, celui qui donne les ordres, c'est mézigue, compris ? Alors en route ! Et toi, salope, arrête de te gratter le poivron, et en avant, marche !

C'est les clients qui me filent des morpions, répondit Antoñita Grand-Écart. J'ai la cramouille à vif à force d'y mettre du fly-tox.

Le maquereau jeta sa cigarette par terre et l'écrasa sous la semelle de son soulier verni. L'infirme rigolait sans bruit en ouvrant et en refermant sa bouche édentée. Pour qui qu'elle se prend, cette conne, on dirait qu'elle veut plus se faire tringler que par Charles Boyer.

Le maquereau soupira : Elle s'laisse aller. Une chance que mézigue soit là pour veiller au grain quand il faut.

Antoñita Grand-Écart finit de boutonner sa robe en cretonne et se pendit au bras du maquereau. Ah, pourquoi que je t'aime tant, vaurien !

Ferme ta gueule, poufiasse ! Et passez devant, chef, ajouta-t-il en écartant le rideau. Questions manières, personne y fera la leçon à l'Enfant de la Doctrine !

4

L'étrange compagnie fit le trajet en sens inverse, traversa le vestibule abandonné sans perdre son temps en politesses et gagna la rue. Les noctambules lui jetaient un regard narquois pour l'oublier aussitôt. Si quelqu'un proposait de me lyncher, ils répondraient tous présent, pensait Prullàs, impressionné par l'aspect ignoble de cette populace, mais s'ils me voyaient en danger, pas un ne lèverait le petit doigt pour me porter secours. Vraiment, se dit-il, la solidarité humaine est un bluff. Il se rendait compte un peu tard de l'imprudence qu'il avait commise en prenant l'argent sur lui, convaincu qu'il était de n'avoir affaire qu'à une seule personne et qu'il resterait à la taverne de Mañuel. Tout cela c'est la faute à Gaudet, se disait-il sans trop de logique, s'il m'avait aidé à régler cette histoire avec plus d'intelligence… Je ne lui pardonnerai jamais sa défection. Pendant qu'il se faisait ces réflexions et d'autres semblables, ils avaient laissé derrière eux la zone où grouillait la horde et pénétraient de nouveau dans des ruelles obscures. Bientôt, ils n'entendirent plus que l'écho de leurs propres pas résonner entre les murs et les circonvolutions du quartier interlope. Les trois marchaient vite et l'infirme les suivait avec difficulté. C'est encore loin ? demanda Prullàs.

L'Enfant de la Doctrine s'arrêta net, scruta les alentours et répondit qu'ils étaient arrivés. Prullàs regarda, surpris. Ici ? Cet endroit ou un autre, c'est du pareil au même, répondit le maquereau en sortant de la poche de son pantalon une navaja à cran d'arrêt. Qu'est-ce que tu regardes, connard ? T'as jamais vu un surin ? Ben, maintenant tu connais. Et aboule l'oseille, si tu veux pas que je t'aère le lard !

Quoi ? Un guet-apens ? s'exclama Prullàs. Faut croire ! répondit le maquereau avec un rire de chacal. Mais pas besoin de lever les mains, andouille, on va pas danser la sardane !

Gueule d'Amour, qu'est-ce que c'est ? Que se passe-t-il ? demanda Prullàs en s'adressant à l'infirme qui venait de les rejoindre en soufflant et en jurant. Tu pourrais pas avoir un peu de considération pour un pauvre unijambiste ? protesta Gueule d'Amour. Achète-toi une patinette, répliqua l'autre, et dis à ton pote de se dépêcher s'il tient à sa peau !

T'emballe pas, l'Enfant, et fais gaffe avec ton outil, dit l'infirme, esquivant les moulinets que le matamore faisait décrire à la navaja en gesticulant. Et vous, monsieur Prullàs, vous avez entendu.

Mais… Et le portefeuille que vous deviez me donner ? Et le document ?

De quel portefeuille et de quel document tu causes ? brama l'Enfant de la Doctrine. Ici on paye juste pour le plaisir de la compagnie, et si tu te dépêches pas, je te découpe avec cet eustache : d'abord les oreilles et ensuite la queue. C'est clair ?

Calmez-vous, calmez-vous, au nom du ciel ! dit Prullàs dans un filet de voix. Je vous donnerai l'argent et les objets de valeur que j'ai sur moi, mais ne me faites pas de mal…

Tu nous donneras ! Tu nous donneras ! Tu vas rien nous donner du tout, pauvre cloche : on va tout te prendre, falzar compris, faut bien te mettre ça dans le citron ! Antoñita, vide-lui ses poches, à ce minable, et vas-y franco, il a plus de trouille que d'honneur.

La poufiasse exécuta l'ordre avec des doigts tremblants ; ses mains boudinées palpaient l'entrejambe de Prullàs à travers la doublure du pantalon.

Tu vas pas passer toute la nuit à lui peloter les grelots ? s'étrangla Gueule d'Amour. Grouille-toi, salope ! Maladroitement, Antoñita Grand-Écart sortit l'un après l'autre les objets qui se trouvaient dans les poches de Prullàs et les remit à son jules qui jaugeait la marchandise avec le bagout d'un expert : Un mouchoir de batiste pour la morve à monsieur ! Ça vaut pas une merde. Voyons la suite : un stylo Parker à capuchon en or ! On en tirera bien cent duros. Et ça ? Une montre, marque Oméga, plaquée or avec bracelet en croco, et un étui à cigarettes en même bestiole, appelée aussi saurien, avec dix clopes Lucki Strai ! Des bricoles ! Où qu'est le pèze ? Du calme, l'Enfant, ça vient, dit Antoñita Grand-Écart.

Le maquereau attrapa les billets de sa main libre, les déploya en éventail comme un jeu de cartes et émit un sifflement prolongé : L'ordure ! Sept grands formats ! T'as vu ça, Gueule d'Amour ? Il nous avait pas dit qu'il avait que quatre mille sur lui ? Et en plus, il voulait m'entuber ! Moi ! L'Enfant de la Doctrine !

De se voir en possession de cette petite fortune redoublait l'insolence de l'apache ; il se croyait le maître du monde. Y a plus rien, l'Enfant, annonça Antoñita Grand-Écart en montrant ses deux mains ouvertes, range le fric et taillons-nous !

L'Enfant de la Doctrine s'apprêtait à suivre ce conseil avisé, quand l'infirme croassa en désignant Prullàs : Et lui ? L'Enfant de la Doctrine haussa les épaules. Il a plus rien, répondit-il, tu veux quand même pas le manger de baisers… Qu'est-ce que tu penses faire de lui ? répliqua l'infirme. Le laisser ici pour qu'il aille porter plainte chez les flics ? Tu n'es pas dans ton bon sens, l'Enfant ! Ben, qu'est-ce que tu proposes, Gueule d'Amour ? La seule solution : le buter. Eh là, vous ne parlez pas sérieusement ! cria Prullàs.

L'Enfant de la Doctrine réfléchissait, sourcils froncés et menton plongé dans la poitrine. Ses yeux allaient de l'argent au couteau et du couteau à l'argent, comme s'il s'agissait de deviner dans ces objets inanimés le sens de ses actes. Qu'est-ce qui t'arrive, l'Enfant ? T'as les foies ? croassa l'infirme.

Gueule d'Amour, ça n'entrait pas dans le contrat. Par le con de sainte Engracia ! Soulager un cave, d'accord, mais le refroidir !…

Eh là, intervint Antoñita Grand-Écart, s'il doit y avoir violence, moi, je me tire ! Toi, tu restes là sans moufter, la menaça le maquereau, ou c'est toi que je descends la première !

Oui, oui, dit Prullàs, restez et persuadez ces individus qu'ils n'ont aucune raison de se méfier de moi : je n'ai pas la moindre intention de les dénoncer.

Il parlait avec une apparente légèreté, convaincu que cette exhibition verbale n'était qu'une farce orchestrée pour lui faire perdre toute velléité de résistance, mais ses jambes se dérobaient et la transpiration lui collait la chemise au corps. L'Enfant de la Doctrine pesait le pour et le contre de cette décision terrible : dans son esprit embrumé passaient des images d'horreur et de sang. L'infirme, s'apercevant de ses hésitations, l'excitait par des sifflements de serpent : Vas-y, l'Enfant, bute-le, tu vois pas que tout ça c'est du flanc ! T'es un homme ou pas ?

Bon Dieu de merde, Gueule d'Amour, c'est que comme ça, de sang-froid…

Les deux rufians perdaient du temps, embarqués dans un débat interminable où se mêlaient insultes et compliments. Prullàs profita du répit pour s'adresser de nouveau à Antoñita Grand-Écart : Ils ne parlent pas sérieusement, n'est-ce pas ? lui demanda-t-il en aparté. Je veux dire : ils ne veulent pas me tuer pour de bon ?

T'inquiète, dit Antoñita Grand-Écart, l'Enfant te fera pas de mal. Il a l'air d'un tigre, mais tout ça c'est que des mots… Au fond, c'est un petit agneau. Gueule d'Amour, c'est une autre chanson : si on l'empêchait pas, il te crèverait les yeux, il t'arracherait le palpitant de la poitrine, et après ça il te tordrait le cou, l'informa Antoñita Grand-Écart. Et tout cela pour sept mille pesetas ? demanda Prullàs. Gueule d'Amour déteste tout ce qui vit, et surtout les riches. C'est un vrai bochkéviche, ajouta-t-elle en baissant la voix. Puis elle soupira et dit, comme pour elle-même : L'Enfant, lui, il veut juste du pèze pour le dépenser en pinard et en traînées.

Et toi, demanda Prullàs qui avait détecté un soupçon d'amertume dans la voix de la poufiasse, qu'est-ce que tu vas retirer de cette aventure insensée ? Bah ! répondit-elle en ouvrant de nouveau les mains dans un geste de quasi-mendicité, il m'en reviendra bien un p'tit quelq' chose, et faut dire que j'en ai bien besoin ! Ma fille est pensionnaire chez les sœurs de la Merced : ça coûte la peau des fesses.

Écoute, Antoñita, se hâta de dire Prullàs en collant sa bouche à l'oreille de la poufiasse, ne te laisse pas impressionner par l'argent que tu viens de voir. Pour toi, cette somme est beaucoup, mais pour moi elle n'est rien : j'en ai bien plus. Aide-moi à m'échapper ; si je sors d'ici indemne, je te paye ta retraite. Parole d'honneur, je te tire de la rue. Je te loge et je te fais une pension, Antoñita. Tu auras de quoi vivre. Pense à ta fille et ne gâche pas sa vie et la tienne pour une misère. Antoñita, aide-moi à m'échapper !

Quoi ? Et à trahir mon homme ? s'exclama la poufiasse en mettant les poings sur ses hanches et en relevant la tête comme si elle s'apprêtait à chanter une *jota*. Ça, jamais ! Et, se retournant vers les deux rufians qui poursuivaient leur duel verbal, inconscients des machinations de leur victime, elle cria : Eh, vous autres, arrêtez vos conneries et faites gaffe, v'là l'artiste qui veut filer à la française !

*

Alertés par les cris de leur complice, l'Enfant de la Doctrine et Gueule d'Amour mirent immédiatement fin à leur controverse. Revenant à l'affaire en cours, le premier traçait des figures de tango avec sa lame et le second l'excitait avec un croassement diabolique : Coupe-lui la gorge, crève-lui le foie ! Que personne ne puisse dire qu'il a vu l'Enfant de la Doctrine se dégonfler à l'heure de la vérité !

Prullàs se cramponna à Antoñita Grand-Écart en cherchant la protection de ses maigres chairs. Au secours, Antoñita ! implora-t-il. Ne le laisse pas me toucher ! Dis-lui ce que tu sais bien : que pour sept mille malheureuses pesetas il va droit à l'échafaud et au *garrote vil* ! Antoñita, si tu l'aimes vraiment, empêche-le de commettre cette folie !

Le maquereau s'approcha en rugissant et en brandissant son surin. Écarte-toi, Antoñita, et laisse-moi faire ! Je vais te montrer comment l'Enfant de la Doctrine expédie un cave !

Antoñita, moi aussi je suis père… geignit Prullàs. Pense à ta fille ! Je pourrais faire sa carrière ! J'ai des amis à l'Université !

L'interposition de la poufiasse exaspérait le maquereau, tandis que l'infirme, pris de frénésie, tournait comme une toupie sur sa jambe valide, sans cesser d'émettre son grincement de corbeau : Tue-le ! Tue-le ! Ote-toi de là, salope ! hurla le maquereau.

La poufiasse se débattit pour se libérer de l'étreinte de Prullàs et celui-ci, dont les membres avaient cessé d'obéir aux ordres de son cerveau, tomba à genoux sur le pavé où il éclata en sanglots. Je vous en prie, ne me faites rien ! gémit-il. Laissez-moi vivre et je vous jure que vous n'aurez pas à le regretter ! Je vous donnerai de l'argent ! Encore de l'argent ! Tout l'argent que vous voudrez ! Fixez vous-mêmes combien, et vous l'aurez au centime près ! Mais ne me tuez pas, pour l'amour de Dieu ! Écoutez, j'ai des relations. Je peux vous obtenir une amnistie ; vous referiez votre vie, avec un casier judiciaire vierge… Et je vous ferais une rente, pour que vous n'ayez pas à travailler. Regardez-moi, regardez-moi, je vous le demande à genoux ! Gueule d'Amour a raison : je ne sers à rien, je suis un inutile, je ne mérite même pas qu'on prenne la peine de me tuer, et encore moins le risque… Pitié !

Ces prières et ces promesses, rendues presque inintelligibles par le tremblement et les sanglots, n'ébranlèrent guère les deux rufians. La lumière sourde d'un réverbère faisait briller la lame de la navaja qui décrivit un demi-cercle mortel dans les airs. Prullàs ferma les yeux. Il y eut un tumulte confus, le sang coula. En une fraction de seconde qui lui parut une éternité, il reçut un choc douloureux dans le sternum, il sentit un liquide mouiller ses extrémités inférieures et il s'effondra en avant. Au lieu de heurter le pavé, sa tête alla cogner contre un corps mou. Il entendit un blasphème et un gémissement d'agonie. Il ouvrit les yeux, vit le plastron de sa chemise trempé de sang, pensa : Je suis blessé mais je ne suis pas mort ; si on me conduit tout de suite à l'hôpital je pourrai peut-être en réchapper *in extremis* ; j'ai besoin d'urgence d'une transfusion, sinon je vais finir comme le pauvre Vallsigorri… Quel lamentable paradoxe !

Mince alors ! entendit-il croasser l'infirme. Espèce de maladroit, c'est ta gonzesse que t'as butée, l'Enfant !

Pets du Christ ! Est-ce que je pouvais imaginer qu'elle allait se mettre devant pour sauver ce tocard ?

Bah, la perte n'est pas grande, soupira Gueule d'Amour, c'était une conne. Dis pas ça, répliqua le maquereau. Pauvre Antoñita ! Elle a passé toute sa vie à bouffer de la morue pour assurer ma matérielle, et v'là que j'la tue ! J'ai pas fait attention ! Pauvre Antoñita ! C'est pas le moment de faire du sentiment, l'Enfant, insista l'infirme, finis le travail et barrons-nous. J'ai fait ça sans l'vouloir, Gueule d'Amour, t'es témoin. Elle y est allée toute seule, chercher le kyrieléison ! Tuer est une affaire d'hommes. Personne lui demandait de se mettre entre nous !

Ça, l'Enfant, le juge s'en tape, dit l'infirme, si les flics t'alpaguent, même le bon Dieu te sauvera pas du garrot. Alors, qu'est-ce qu'on fait ? dit le maquereau. Avant tout, on élimine le témoin et ensuite on les met en vitesse.

Cette conversation permit à Prullàs de comprendre ce qui s'était passé : soit pour lui sauver la vie, soit pour empêcher son jules de commettre un acte irréparable, Antoñita Grand-Écart s'était placée sur la trajectoire de la lame et avait reçu le coup qui lui était destiné. Maintenant, la poufiasse au grand cœur gisait sous ses yeux, inanimée. C'était son sang qui inondait ses vêtements et ses mains, c'était elle la masse molle sur quoi reposait sa tête. Consolation de courte durée : déjà l'Enfant de la Doctrine s'apprêtait à obéir aux exhortations de l'infirme et brandissait la navaja ensanglantée pour lui faire exécuter une nouvelle mission fatale.

5

Au même moment, non loin de là, au bistrot de Papa Ciruelo, deux hommes d'âge moyen et de sinistre figure, un gitan et un autre individu, charmaient leurs loisirs en sirotant de l'eau-de-vie et en jouant leur maigre capital aux cartes, à la lumière mourante d'une bougie.

Six reales, misa le gitan. Six reales ? C'est pas assez, gloussa l'autre. Tiens, voilà deux duros pour lancer la partie !

Le gitan battit les cartes et se caressa le menton de ses doigts couverts de bagues, secs comme des sarments. Je te vois bien en fonds ces derniers temps, compère, murmura-t-il. T'aurais de nouveau collé la pitchoune à un richard que ça m'étonnerait pas…

Avant de répondre, le gros homme se gratta le nombril à travers une déchirure de son tricot de corps et contempla d'un air mélancolique son ongle noirci par l'opération. Comment faire autrement, des fois ? soupira-t-il ensuite. On vit pas que de l'air du temps ! Mais faire du fric avec le cul, c'est pas d'un homme, et encore moins avec le cul de sa progéniture. Non, vieux frère, ce pèze-là, c'est mézigue qui l'a gagné tout seul en faisant marcher ses méninges. Putain de ma mère ! Y a pas de barrières pour celui qu'a de l'intelligence et de l'initiative. Putain de ma mère ! Ce pays est un pays de feignants, vieux frère. Displicine et culture, c'est ça qui nous manque !

Échauffé par ses propres paroles, il vida son verre d'eau-de-vie d'un trait et ponctua son ardente ingestion de succulents borborygmes. Le gitan se couvrit le visage. Eh, compère, lâche tes rots ailleurs, tu vas provoquer un incendie avec la chandelle !

Une silhouette extravagante remplit de son volume la porte du bouge ; elle hésita un instant et se dirigea tout droit sur les deux hommes : la décision n'avait pas été difficile à prendre, car ceux-ci étaient les seuls présents. T'es bien Villalba ? susurra-t-elle.

Le gros homme regarda de bas en haut l'étrange créature qui se courbait pour que le plafond bas ne fasse pas tomber son peigne. Instinctivement, le gitan porta la main à sa ceinture : c'était un homme maigre, à la peau jaunâtre, tondeur de chiens et, de ce fait, fort habile au maniement des énormes ciseaux qu'il portait toujours à la ceinture. Villalba l'arrêta d'un geste. Ici, y a rien à couper, dit-il ironiquement. Si, la langue, quand il faut, rétorqua le gitan.

C'est pas le moment de faire les marioles, le temps presse, les interrompit la mégère en secouant les cafards qui grimpaient sur sa jupe longue. Ze monte en scène dans cinq minutes. Si z'y suis pas, mon contrat il est rompu et alors comment que ze vais bouffer ? C'est zamais sûr, la vie de çanteuse.

Sans autre préambule, elle chuchota quelques mots à l'oreille du gros homme et celui-ci, en les entendant, donna un grand coup de poing sur la table. Puis il se leva en renversant sa chaise et lança au gitan un ordre à la fois angoissé et impératif : En route !

Les trois formes firent irruption dans la ruelle au moment où Prullàs s'apprêtait à recevoir le coup de grâce. Non sans soulagement, l'Enfant de la Doctrine changea d'avis au dernier instant. L'infirme s'irrita. Qu'est-ce qui se passe ? Pourquoi tu ne l'achèves pas ?

Replions-nous, Gueule d'Amour ! Y a des forces supérieures qui débarquent ! Le maquereau partit en courant et disparut dans l'obscurité des ruelles. Tu pourrais au moins m'attendre, dégonflé ! vociféra l'infirme.

Suivi de près par les ciseaux du gitan, Gueule d'Amour s'évanouit en fumée au premier coin de rue : il connaissait sur le bout des doigts chaque détour de ces endroits perdus et, tout éclopé qu'il était, il n'était pas un ennemi à dédaigner quand il était sur son terrain ; le gitan abandonna la poursuite et rejoignit le groupe aggloméré autour de la défunte. Prullàs pleurait et hoquetait sans vergogne, la tête plongée dans les mamelles opulentes de La Fraîche. Ça a été horrible ! Horrible !

Calme-toi, mon mignon, c'est fini. Le gitan remit les ciseaux dans sa ceinture et prit la situation en main : Faut débarrasser le plancher, dit-il. La rousse peut débarquer d'un moment à l'autre et si elle nous trouve en train de veiller ce corps, on sera pas sortis de l'auberge… C'est certain, convint Prullàs. Pauvre Antoñita qui m'a sauvé la vie au prix de la sienne !

Et mon cul, c'est du poulet ! s'exclama, par terre, Antoñita Grand-Écart. J'suis pas encore morte ! Mais j'le serai bientôt si vous m'portez pas à l'hôpital, et au trot ! Pas question ! trancha Villalba, l'ami a raison : faut filer. Mais quand même, dit Prullàs, vous ne pensez pas laisser cette pauvre femme comme ça, pour qu'elle perde tout son sang sur l'asphalte !

Qu'est-ce qu'on peut y faire ? rétorqua le gros homme. Vous voulez qu'on se présente à l'hosto en amenant une odalisse avec les tripes à l'air ? Si vous avez envie de vous payer ce cinéma, c'est votre droit, mais pour l'heure, mézigue et l'ami, on a fait notre boulot.

Il a raison, mon mignon, affirma La Fraîche. Y passera bien quelqu'un pour la secourir ; et si c'est pas cette nuit, ça sera demain matin. T'en fais pas : ces filles-là, c'est comme les chats, ça a sept vies.

Antoñita Grand-Écart se cramponna à son talon : Partez pas, par la Sainte Vierge, partez pas ! J'vais crever et j'ai une fille qu'est pensionnaire chez les sœurs de la Merced !

*

Ils s'éloignèrent tous les quatre dans les ruelles et cessèrent vite d'entendre les supplications de la poufiasse. Prullàs était très faible, et ils devaient le porter presque tout le temps. Villalba proposait de le reconduire chez lui, mais Prullàs s'y opposa : il ne voulait pas être vu à une heure pareille, dans cette compagnie, avec des vêtements sales et couverts de sang. Ils marchèrent un moment en silence sans savoir où aller, jusqu'à ce que Prullàs, en apercevant au bout d'un passage les lumières des Ramblas, ait une idée. Nous ne devons pas être loin de l'hôtel Gallardo, dit-il, c'est un endroit discret et j'y suis bien connu ; vous pourrez me laisser là et aller me chercher des vêtements propres. Mais il faudra m'avancer l'argent, ajouta-t-il, parce que ces malfrats m'ont dépouillé de tout ce que j'avais. J'vous fais crédit, répondit Villalba, magnanime.

Sur le chemin de l'hôtel, La Fraîche expliqua comment, voyant Prullàs sortir de la taverne de Mañuel en compagnie de Gueule d'Amour, et sachant qu'il avait sur lui une somme importante, elle avait décidé de le faire suivre par un garnement, lequel était revenu au bout d'un moment pour lui faire son rapport : La Fraîche avait compris que Prullàs courait un grave danger, elle avait laissé ses occupations et parcouru le quartier pour savoir où elle pourrait trouver de l'aide. Il ne lui avait pas été difficile de se faire indiquer Villalba, qui s'était vanté, ces derniers temps, de son association lucrative avec un monsieur de la haute. Son récit terminé, La Fraîche retourna en courant à son travail, dont elle avait été trop longtemps absente.

*

Le réceptionniste au gardénia à la boutonnière changea d'expression en voyant entrer Prullàs avec son escorte. Il semblait affolé et il s'agitait comme s'il hésitait entre s'abriter derrière le comptoir ou courir se réfugier en haut de l'escalier. Prullàs le rassura : Mes amis s'en vont tout de suite et je veux seulement me reposer un peu, dit-il. D'une main tremblante, le réceptionniste lui remit la clef. Dès que Villalba et le gitan eurent laissé Prullàs dans la chambre pour aller chercher les vêtements, ce dernier enleva son pantalon et le lança rageusement à l'autre bout de la pièce : la large tache sombre et l'odeur pénétrante témoignaient de son peu de virilité. La veste, la chemise et la cravate ensanglantées suivirent le même chemin. Sans avoir le courage de se laver, il se laissa tomber sur le lit et resta à regarder le plafond jusqu'à ce que l'on frappe à la porte. Entrez ! dit-il.

Mlle Lilí Villalba entra dans la chambre en tenant un paquet. Mon père m'a dit que tu avais besoin d'habits propres et j'ai pensé que tu aurais aussi besoin *de moi*, dit-elle. Oh, Lilí ! J'aurais préféré que tu ne viennes pas, s'exclama Prullàs, j'ai honte que tu me voies dans cet état.

Mlle Lilí Villalba défit le paquet et étendit les vêtements au pied du lit, puis elle enveloppa les vêtements sales dans le même emballage. En voyant le pantalon, elle se mit à rire. N'aie pas honte, fit-elle tendrement, mon père m'a tout raconté. Ta réaction est naturelle : nul ne t'oblige à être un héros. Ce sont des choses qui arrivent *à tout le monde*. Peut-être pas dans ton milieu, mais dans le mien, si. En tout cas, personne n'a à être au courant : ce sera notre secret ; *un de plus*. Regarde, j'ai apporté une serviette propre. Détends-toi et laisse-moi faire. Si tu étais venu me chercher, comme tu me l'avais promis, à cette heure tu ne serais pas dans cet état et tu n'aurais pas eu tellement peur. *Au moins*, tu pourrais t'excuser. Tu vois, j'ai encore la robe que je t'avais dite, elle te plaît ?

Et pendant ce temps dans la rue, sous la fenêtre, le tondeur de chiens égayait sa garde en chantant une vieille *copla* :

El arma le diera a Dios
y el corasón a Undebé
sólo por saber de sierto
si es fingío tu queré[1].

1. Je donnerais mon âme à Dieu / et mon cœur à Undébé / rien que pour savoir vraiment / si ton amour est feint.

Chapitre VIII

1

Devant Sebastiana, il justifia les affreux vêtements qu'il portait et le paquet de vêtements sales par une explication confuse et prolixe que la fidèle servante feignit d'accepter sans réserve. Je vais prendre une douche, dit-il ensuite, prépare-moi des habits propres et jette ces loques à la poubelle. Et le linge sale aussi ; ne donne rien à la teinturerie ; je ne les remettrai jamais. Quelqu'un a-t-il appelé en mon absence ? Sebastiana répondit que non. Mais ce matin, ajouta-t-elle immédiatement, juste avant votre arrivée, un garçon a apporté un colis. Il n'a pas dit de la part de qui. Il me l'a donné et il est parti en courant.

Une heure plus tard, après avoir pris son petit déjeuner et fini les mots croisés de *La Vanguardia*, réconforté par l'hygiène personnelle et la sensation de sécurité que lui procurait son foyer, il se souvint du colis mentionné par Sebastiana. Il le trouva sur la console de l'antichambre, posé contre l'un des candélabres : c'était un paquet de petite taille, méticuleusement enveloppé dans du papier ordinaire et ficelé ; le nom de l'expéditeur n'apparaissait nulle part. Il s'enferma dans le bureau et l'ouvrit : bien qu'il ne l'ait jamais vu, il reconnut tout de suite l'objet qu'il contenait. Un frisson lui parcourut l'échine. Comme cette chose a-t-elle pu finalement arriver jusqu'à moi ? se demanda-t-il. De ses doigts tremblants il ouvrit le portefeuille de Vallsigorri, dont l'hypothétique récupération avait bien failli lui coûter la vie. Plusieurs cartes de visite, une photo de son ancien propriétaire et le dixième de la loterie qu'ils avaient acheté ensemble à la taverne de Mañuel attestaient son authenticité. Dans le compartiment destiné aux billets de banque il y avait une feuille pliée en quatre. Prullàs la déplia et lut son contenu. Quand il l'eut lu trois fois et eut calculé les conséquences de cette révélation, il la replia, la remit dans le portefeuille, glissa celui-ci dans sa poche et sortit de chez lui.

*

C'était donc cela l'explication de ta conduite, n'est-ce pas ? s'exclama-t-il après avoir lu la lettre à haute voix. Gaudet haussa les épaules et ouvrit les bras, laissant entendre qu'il n'éludait pas la réponse, mais la justification. Prullàs rangea le papier dans le portefeuille et celui-ci dans sa poche ; il regarda son interlocuteur d'un air furieux : Tu le savais ! cria-t-il.

Oui, répondit le metteur en scène, mais je n'ai appris que tout récemment l'existence de cette lettre. Comment est-elle parvenue entre tes mains ? Je n'en ai pas la moindre idée, dit Prullàs, et je me fiche de le savoir. Oh, Pepe ! s'exclama-t-il avec plus de tristesse que de colère, comment as-tu pu me faire une chose pareille ?

Il traversa le salon et ouvrit les rideaux. La lumière implacable de midi envahit la pièce en révélant les murs écaillés, les meubles éventrés et poussiéreux, le sol couvert de livres, de journaux et de manuscrits, le pyjama sale, déteint, couvert de taches suspectes, le visage brouillé, l'expression épuisée et traquée du metteur en scène. Tu n'as pas le droit de me ridiculiser, dit Gaudet, referme les rideaux.

Prullàs eut de la peine pour son ami et fit ce qu'il lui demandait. La pièce se retrouva plongée dans la pénombre. Prullàs se rassit. Les deux amis gardèrent le silence. Puis Gaudet dit : Miguel Fontcuberta a toujours été un pauvre type. Il s'est marié avec Quiqui par caprice ; il n'a pas pensé aux conséquences d'une telle union, au sacrifice que celle-ci réclamait de la part de quelqu'un qui n'avait jusque-là vécu que pour son art. Peut-être aurait-elle dû le comprendre, elle, peut-être aurait-elle dû refuser. Mais les temps étaient difficiles pour tout le monde. Ce crétin s'est vite fatigué de la nouveauté. Quiqui soupçonnait son mari d'avoir une histoire de femme à Madrid ; c'était probablement vrai : Chicote, Pasapoga, El Biombo Chino, bref, Madrid *by night*. Mais pas besoin d'aller si loin : à Barcelone même, il a entretenu au moins deux filles et il a eu plusieurs brèves aventures, sans compter les fois où il a été vu dans un bordel. A plusieurs reprises, il a refilé à sa femme une infection répugnante et honteuse. Et puis, tu le sais, la médisance est le passe-temps favori des Barcelonais. Moi, je n'ai jamais rien entendu dire, l'interrompit Prullàs. Toi, tu n'écoutes jamais ; tu ne t'occupes que de toi, rétorqua le metteur en scène. Et sans attendre une réponse, il poursuivit : Vallsigorri n'était sûrement pas meilleur que Fontcuberta, mais au moins il la traitait bien et, en trompant son mari, Quiqui croyait effacer son humiliation. Seulement les femmes ne savent pas agir en froides calculatrices, et encore moins une artiste qui a son tempérament. Quand l'as-tu appris ? voulut savoir Prullàs. Oh, très récemment ! dit le metteur en scène. Quand Vallsigorri est venu me voir au théâtre, je n'ai pas voulu cacher sa visite à Quiqui ; c'est alors qu'elle m'a tout raconté. Elle était désespérée. Les années commencent à peser sur elle, et les rôles de ravissante idiote que tu continues à lui écrire sans la moindre pitié et qu'elle se voit obligée de jouer en matinée et en soirée, jour après jour, sur toutes les scènes d'Espagne… Tu ne connais pas le degré de méchanceté que peuvent atteindre les critiques de province. Chaque vacherie de la presse rendait plus évidente à ses yeux la perte inexorable des charmes et des privilèges de la jeunesse…

Ça alors ! Voilà que c'est moi qui suis coupable de tout ! s'exclama Prullàs.

La pauvre Quiqui, continua Gaudet, ne trouvait ni repos ni consolation. Sous prétexte de s'occuper de ma santé chancelante et de mettre de l'ordre dans ma vie chaotique de célibataire, elle venait souvent ici et me confiait ses peines et ses rancœurs. Bien malgré moi, je suis devenu son confident. C'est ainsi que j'ai pu mesurer l'ampleur de son drame. Quand, finalement, s'est produit l'assassinat de Vallsigorri, je me suis refusé à formuler la moindre hypothèse, même en mon for intérieur. Ma fidélité à une amie m'obligeait à espérer que l'on finirait par découvrir, en fin de compte, que cet acte terrible avait été l'œuvre d'une tierce personne.

Comme moi, par exemple ? dit Prullàs. Il n'y avait pas de courroux dans sa voix. Le metteur en scène répondit qu'il n'avait jamais douté de l'innocence de Prullàs. Mais tu as refusé de m'aider, répondit celui-ci, juste au moment où j'avais le plus besoin de toi, où le cercle des soupçons se rétrécissait autour de moi.

Je n'ai pas pu faire autrement, répondit Gaudet, visiblement abattu. Après l'interrogatoire auquel nous a soumis don Lorenzo Verdugones, Quiqui m'a révélé l'existence de la lettre. Elle l'avait écrite dans un moment d'égarement et elle avait profité de la soirée chez Brusquets pour la donner à Vallsigorri en catimini. Je me suis trouvé pris entre deux feux : je ne pouvais pas continuer à t'aider sans incriminer Quiqui, et je ne pouvais pas continuer à faire semblant de t'aider en te cachant un fait aussi important. J'ai décidé de me tenir à l'écart, dans l'espoir que tes investigations resteraient infructueuses et que l'affaire tomberait peu à peu dans l'oubli. Contrairement à ce que disent beaucoup de films, il y a des tas de crimes qui demeurent impunis. Il fit une longue pause, regarda longuement son ami et ajouta, en détachant chaque mot : J'espère toujours que ce sera la même chose pour celui-là.

Que veux-tu dire ? demanda Prullàs.

Gaudet se cala dans son fauteuil et contempla le plafond. Nous ne savons pas avec certitude qui a tué Vallsigorri, dit-il calmement. Il existe une lettre compromettante, c'est vrai, mais pour l'heure cette lettre est en ta possession. Don Lorenzo Verdugones ne la connaît pas, sinon il aurait déjà mis Quiqui à la disposition de la justice. En réalité, don Lorenzo Verdugones ne sait rien du tout : il dépend de toi pour résoudre le mystère. Dans ces conditions, si tu ne te laisses pas intimider par ses rodomontades, les choses en resteront au point où elles en sont, tout reviendra à la normale… Mais Vallsigorri a été assassiné ! l'interrompit Prullàs. Malheureusement, on n'y peut plus rien, répliqua Gaudet. Tu veux que le sang coule encore ? A quoi cela servira-t-il ? Tu sais que la personne qui l'a tué a probablement agi sans réfléchir, dans un moment d'aveuglement, qu'elle n'a pas l'âme d'un assassin. Il n'y a aucune raison de penser qu'elle puisse commettre un autre crime, car les circonstances qui ont motivé cet aveuglement ne se reproduiront jamais.

Oui, mais la justice, Pepe ? Quelle justice ? s'exclama Gaudet en devenant tout rouge et en se levant de son siège, comme propulsé par les ressorts qui en trouaient la tapisserie. Quelle justice ? Celle qui pardonne et glorifie le libertinage des hommes, tout en condamnant sans appel les pauvres femmes qui commettent un faux pas, obnubilées par leurs sentiments ?

Pepe, je t'en prie, arrête ! cria Prullàs. Tu parles comme un feuilleton de la radio. Et un assassinat n'est pas un faux pas, diantre !

Excuse-moi, mon vieux, mais ces choses me rendent malade, répondit le metteur en scène.

2

La célèbre actrice lui fit dire par la soubrette d'avoir la bonté d'attendre quelques minutes au salon. Madame n'a pas terminé sa toilette, balbutia la soubrette en rougissant et en ébauchant une révérence maladroite. Quel dommage, pensa Prullàs en lorgnant ses jambes du coin de l'œil, que les circonstances soient si peu propices, car c'est vraiment un morceau de choix !

La soubrette le laissa seul. Il se promenait nerveusement dans le petit salon en jaugeant d'un air maussade la solidité et la qualité du mobilier, la valeur des objets exposés dans la vitrine. Douze coups sonnèrent à la pendule posée sur la cheminée. Midi, se dit-il, et Quiqui est encore dans sa salle de bains, quel luxe ! Et elle trouve le moyen de se plaindre ! Bien des femmes accepteraient n'importe quoi pour vivre entourées d'un tel confort, et elle, au contraire, elle se trouve malheureuse. Encore que, qui sait ? se répondit-il à lui-même, tout ne soit peut-être pas égoïsme et calcul.

Près de la cheminée, il vit les pincettes, la pelle et le soufflet : tous accessoires tristement habituels des romans policiers qu'il aimait tant lire. Tandis qu'il caressait avec appréhension le manche de cuivre bruni de ces innocents ustensiles, la soubrette réapparut à l'improviste en portant un service à thé complet sur un plateau.

J'ai mis une tasse, pour le cas où Monsieur désirerait prendre aussi le thé, murmura-t-elle, les joues en feu. Et, d'une voix plus ferme, elle ajouta aussitôt : Madame arrive.

En effet, au même instant, Mariquita fit son entrée, habillée et coiffée avec le plus grand soin. On eût dit qu'elle avait tout fait pour composer l'image même de la respectabilité. La soubrette se retira et ils s'assirent tous deux devant la petite table sur laquelle était posé le plateau. Mariquita Pons prit la théière et le filtre, se servit adroitement une tasse, ajouta une tranche de citron et un dé de sucre.

A toi de parler, murmura-t-elle finalement sans lever les yeux de la tasse. Je suppose que Gaudet vient de t'appeler, dit Prullàs. J'étais au téléphone avec lui quand tu es arrivé ; c'est pour cela que je t'ai fait attendre. Tu ne t'imagines pas que je me lève à cette heure-ci ? Mais allons droit au but : qu'est-ce que tu crois savoir ? Quiqui chérie, c'est moi qui pose les questions. Et je te préviens que je suis de très mauvaise humeur, répondit Prullàs.

Il sortit le papier du portefeuille, le déplia, le montra à Mariquita Pons et le remit à sa place. La célèbre actrice se borna à lui lancer un regard dédaigneux et revint tranquillement à son thé. Cette lettre ne prouve rien, dit-elle. Je l'ai écrite, je ne vais pas le nier, mais ce n'est pas un crime. Au pire, un cri de passion et une imprudence. Il s'écrit tous les jours des milliers de lettres comme celle-là. Pour toi, c'est une nouveauté, parce que tu ne fréquentes que des analphabètes et des débiles mentales, mais nous, les femmes, nous avons une nature romanesque.

Le parfum sur les vêtements de Vallsigorri, c'était le tien, n'est-ce pas ? Tu l'as rencontré le jour où il a été tué, et peut-être dans sa propre maison…

C'est possible, répondit-elle ; et après une hésitation elle ajouta d'un ton résolu : Je suis allée chez lui ce soir-là. J'avais compris que j'avais fait une bêtise en lui donnant cette lettre. Ce que j'avais conçu comme quelque chose de blessant et de menaçant devenait une arme entre ses mains. Je l'ai appelé pour lui annoncer ma visite ; c'est la femme de ménage qui m'a répondu. Je ne lui ai pas dit qui j'étais, mais elle a probablement reconnu ma voix : ce n'était pas la première fois que je téléphonais, et les domestiques, par nature, n'ont pas les oreilles dans leur poche. Ça m'était égal. Je suis allée le voir, je lui ai demandé de me rendre la lettre. Il m'a dit qu'il ne l'avait plus. Il a essayé de me faire avaler un conte à dormir debout : qu'il ne l'avait même pas lue, qu'un pickpocket lui avait volé son portefeuille la nuit précédente dans une boîte de flamenco, tu te rends compte ! Naturellement, je n'en ai pas cru un mot, mais que pouvais-je faire ? J'ai rassemblé tout ce qui me restait de dignité et je suis partie. Il n'y avait personne dans la maison et personne ne m'a vue sortir, mais Ignacio Vallsigorri était encore vivant au moment de mon départ. Que je meure ici même si ce n'est pas vrai. Je peux te servir le thé ?

Prullàs dit que oui. J'aimerais mieux un whisky, pensa-t-il, mais je dois garder la tête claire. Il prit la tasse de thé ; tous deux burent l'infusion sans rien dire.

Quand j'ai appris qu'Ignacio était mort, poursuivit la célèbre actrice, j'ai oublié la lettre. J'ai tout oublié en recevant le coup terrible de cette nouvelle sans même avoir la consolation de pouvoir manifester l'effet dévastateur qu'elle me causait. Ne prends pas maintenant mon calme apparent pour un indice de culpabilité. Si je semble sereine, c'est parce que j'ai trop pleuré toute seule ; il ne me reste plus de larmes à verser. Mais je ne l'ai pas tué. Pour rien au monde, je ne lui aurais fait du mal ; je lui aurais tout pardonné. Et puis, ajouta-t-elle en reposant la tasse sur le plateau et en poussant un profond soupir, je suis trop vieille pour tuer. Je ne parle pas de la force physique, mais de la volonté. Je ne crois pas qu'il y ait jamais eu un temps, dans toute mon existence, où j'aurais été capable de tuer, car je hais la violence, mais c'est vrai qu'il m'est arrivé jadis, par rivalité, par colère ou par soif de vengeance, de souhaiter la mort de quelqu'un. Aujourd'hui, j'ai trop vécu pour souhaiter faire du mal à qui que ce soit, même à mon pire ennemi. J'ai vu mourir trop de gens et j'ai peur de la solitude qui me guette. Et surtout, j'aimais Ignacio. J'ai d'abord voulu qu'il ne soit qu'à moi ; j'ai lutté, inutilement ; ensuite, j'ai accepté de le partager avec d'autres, du moment qu'il continuait à m'aimer. A la fin, tout m'était égal : je voulais seulement savoir qu'il existait…

Mais dans la lettre tu le menaces de mort : c'est écrit là, et de ta main ! dit Prullàs. Des mots, des mots, des mots ! Que serait, sans les mots, l'ordinaire de notre morne vie ? déclama la célèbre actrice en enfonçant une cigarette dans le fume-cigarette en nacre et en portant son corps en avant pour que Prullàs lui donne du feu.

Prullàs alluma la cigarette, contempla le briquet et dit : En vérité, je ne te comprends pas, Quiqui : tomber amoureuse de ce coureur, à ton âge et avec ta position sociale ! Si ton mari te négligeait, tu aurais pu trouver un arrangement moins compliqué. Au théâtre, il y a des douzaines d'acteurs jeunes et séduisants qui auraient été heureux si tu… Dans la profession, nous connaissons beaucoup d'exemples : Maruja Ribera, Rosario Besaragua, Lolita…

D'un geste impérieux, Mariquita Pons arrêta net le sermon. Je t'en prie ! s'exclama-t-elle. Je suis une dame ! Et elle ajouta tout de suite, à voix basse, sur le ton de la réflexion : Ou j'ai voulu l'être. Ce fut l'erreur de ma vie. Notre erreur, Carlos, la tienne et la mienne. Nous n'aurions jamais dû permettre que le luxe nous corrompe !

Elle remplit les tasses et fuma d'une main qui ne tremblait pas. Prullàs pensait : Une personne qui a vu poignarder quelqu'un ne pourrait pas parler de ces choses aussi tranquillement ; ça, je le sais d'expérience. Elle dit peut-être la vérité ; ou elle l'a peut-être tué et ne se souvient pas de l'avoir fait, comme me l'a expliqué le docteur Mercadal. Ou alors je suis en train d'assister à une démonstration de son talent d'actrice.

Il s'était levé et se promenait dans le petit salon bigarré. Un miroir au mur appela soudain son attention : il y vit, reflété dans le petit salon imaginaire encadré de dorure, le visage de Mariquita Pons qui observait ses mouvements en croyant ne pas être vue. Ses traits s'étaient relâchés et accusaient le travail des ans : la peau fripée, le cou décharné, et des yeux presque éteints où ne se lisaient que la crainte et le découragement. Cette vision lui serra le cœur. Si j'en étais capable, dit-il, j'écrirais un autre genre de pièces, plus adaptées à tes dons et à ta catégorie artistique. Il m'arrive de penser que je devrais essayer, assumer le risque de l'échec ; mais ce n'est pas la peur qui m'en empêche. C'est que ça ne sort pas. Je regrette, Quiqui, mais je ne suis pas Ibsen.

Ne t'excuse pas, répondit la célèbre actrice, tes comédies sont très bonnes et le public les aime beaucoup. Comment ne les aimerait-il pas, avec leurs bègues et leurs cadavres dans l'armoire ? Tu l'as dit ! s'exclama Prullàs. Et ceux qui préfèrent Jean-Paul Sartre n'ont qu'à se mettre un parapluie où je pense !

La célèbre actrice écrasa sa cigarette dans un cendrier en cristal taillé et en inséra immédiatement une autre dans le fume-cigarette. Tu ne peux pas imaginer, dit-elle, les choses que les journaux écrivent sur moi.

Prullàs revint au sofa et alluma la cigarette de son amie. Tu as vraiment du temps à perdre, si tu lis les critiques. Les applaudissements du public ne te suffisent pas ? A la première du *Poignard à pompons* nous avons dû venir saluer à la fin de chaque acte et nous avons eu huit rappels au baisser du rideau, tu te souviens ? Et *Sandwiches de nègres* ? Six mois à l'affiche à Madrid et deux à Barcelone ; pour ne pas parler de la tournée ! Quelle importance, ensuite, si la presse nous déchiquette à belles dents ?

La célèbre actrice lui caressa la main et sourit mélancoliquement. Merci pour ces bonnes paroles, Carlos, mais inutile de te forcer. Nous nous sommes trompés. Que ça te plaise ou non, les choses sont en train de prendre un autre cours. Nous serons bientôt dépassés et ridicules. Nous le sommes déjà. Nous résisterons tant que durera notre public, mais nous partirons en fumée quand le dernier spectateur mourra de vieillesse. Ils se regardèrent fixement dans les yeux. Mariquita Pons ajouta sur le même ton : Je ne suis pas coupable, Carlos ; mais je ne suis pas non plus innocente. J'ai commis des erreurs impardonnables, mais avais-je le choix ? Elle observa ses mains et dans un murmure, comme si c'était à elles qu'elle s'adressait, elle ajouta : Si parfois tu avais fait un peu attention à moi ! Elle passa ses mains sur son visage et répéta : Je ne l'ai pas tué, Carlos. Tu me crois ? Bien sûr, voyons, répondit Prullàs. Il se leva et se dirigea vers la porte. En y arrivant, il se retourna et fit de nouveau face à la célèbre actrice. Le portefeuille de Vallsigorri, avec la lettre accusatrice, c'est toi qui me l'as envoyé, n'est-ce pas ? Mariquita Pons ne répondit pas, elle faisait des anneaux parfaits avec la fumée de sa cigarette. Comment l'as-tu obtenu ? Comme on obtient tout en ce monde, Carlos : en payant. L'individu qui te l'a vendu, c'était un infirme ? questionna-t-il encore. Mariquita Pons sourit. Infirme est un euphémisme ; il en faudrait quatre comme lui pour faire un homme complet. Tu le connais ? Oui, dit Prullàs, moi aussi, il a voulu me vendre le portefeuille… mais nous ne sommes pas parvenus à un accord. Pourquoi me l'as-tu envoyé ? Dans les romans policiers, l'héroïne aide toujours le détective, non ? répondit la célèbre actrice. C'est vrai, répliqua Prullàs. Et ton mari, il est rentré ? Oui, il est arrivé ce matin de Séville, complètement crevé, et il est allé droit au lit. Il a rapporté des gâteaux de San Leandro, tu en veux un ? Pas maintenant, merci, répondit Prullàs.

3

Sebastiana ouvrit la porte du bureau, les yeux exorbités ; elle pouvait à peine parler. Le monsieur est là, avec deux gardes d'assaut, annonça-t-elle. Quel monsieur ? Don

Lorenzo Verdugones ? demanda Prullàs. Non, l'autre, celui au crayon. Je leur ai dit d'attendre dans l'antichambre et ils y sont, avec les fusils et tout. Très bien, j'y vais. Pendant que je parle avec eux, mets dans une valise ma brosse à dents, mon rasoir, du savon, des lames, le blaireau et le reste. Et du linge de rechange. Je vous mets aussi des vêtements d'hiver, au cas où ? s'enquit Sebastiana. Eh là ! Il ne faut pas exagérer ! répondit Prullàs. Et ne fais pas cette tête, tu verras que tout finira par s'arranger le mieux du monde.

Dans le cadre précieux de l'antichambre, au milieu des rideaux, des miroirs et des candélabres, les deux agents en uniforme offraient un aspect incohérent et formidable. Vous êtes venu m'arrêter, Sigüenza ? demanda-t-il. Le fonctionnaire zélé consulta son bloc à spirale avec des yeux vitreux et dit : Monsieur Prullàs, c'est une situation pénible. Vous savez que je suis innocent, Sigüenza, dit Prullàs. Je ne fais qu'exécuter les ordres que j'ai reçus, monsieur Prullàs. Ah ! Et cela vous exonère de toute responsabilité, hein ? Vous n'avez donc pas suivi dans la presse les procès de Nuremberg ? Je ne m'entends guère en subtilités, monsieur Prullàs, répliqua le fonctionnaire zélé, mais si je n'exécutais pas les ordres qu'on me donne, ce serait le chaos, et d'ailleurs un autre viendrait à ma place pour les exécuter ; au bout du compte, ça reviendrait au même.

Prullàs décida de ne pas poursuivre sur le terrain glissant de la déontologie et demanda : Quelles preuves a-t-on contre moi ? Don Lorenzo vous en informera conformément au Code, monsieur Prullàs, répondit Sigüenza. Très bien, dit Prullàs, je vous suivrai de bonne grâce : je n'ai rien à me reprocher. Puis-je passer auparavant un appel téléphonique ? Autant que vous voudrez, répondit Sigüenza, on n'est pas chez les Soviets.

Prullàs s'enferma dans son bureau sans que nul l'y accompagne. Aucun personnage de mes comédies ne commettrait une négligence pareille, pensa-t-il avec satisfaction, tout en sortant la lettre de Mariquita Pons et en y mettant le feu avec son briquet. Quand le papier se fut transformé en un fin tégument noir et huileux, il s'essuya les doigts avec son mouchoir et retourna dans l'antichambre. Messieurs, dit-il en adoptant une attitude non dénuée d'arrogance, je suis à votre disposition.

*

Dans le couloir du Palais de Justice, ils trouvèrent don Lorenzo Verdugones. Le juge va nous recevoir tout de suite, annonça celui-ci. Un secrétaire franchit une porte pour prévenir le juge, lequel sortit au bout d'un instant, accompagné d'un individu habillé de noir avec une figure de carême. Après un long échange de politesses, l'individu à figure de carême s'en fut et le juge, se retournant vers le groupe formé par don Lorenzo Verdugones, Prullàs et Sigüenza, dit : Ce monsieur qui vient de partir n'est autre que le bourreau de Valladolid qui, de passage à Barcelone, est venu me présenter ses respects ; un excellent garçon, très sérieux, comme vous avez pu voir, et très appliqué ; et aussi un cas méritoire : d'origine extrêmement humble, il a su se faire une position seul, sans l'aide de personne. Abrégeons, trancha don Lorenzo Verdugones d'un ton sec. Il était de fort mauvaise humeur.

Dans le bureau du juge, la chaleur était atroce et, outre un léger relent de sueur, on respirait un air solennel et ténébreux ; on sentait bien que des paroles décisives y étaient prononcées chaque jour et que des opinions susceptibles de ruiner la vie de beaucoup de gens y prenaient naissance. Un énorme crucifix accroché au mur donnait à l'ambiance sa note obscurantiste. Veuillez vous asseoir, dit le juge, vous êtes ici chez vous.

Comme je l'ai déjà exprimé de façon réitérée, commença le hiérarque, j'éprouve pour M. Prullàs, ici présent, le respect et la considération que mérite son important travail littéraire, et aussi une certaine estime pour sa personne. Mais nulle considération, nul sentiment, et vous serez les premiers à le comprendre, ne peuvent s'interposer dans l'accomplissement de mon devoir. Je suis un serviteur de la chose publique ! La conduite observée par M. Prullàs, ici présent, en tout moment et particulièrement dans les jours qui ont précédé et suivi le crime, jointe aux circonstances qui entourent cette affaire capitale, ne me laisse pas d'autre issue : les faits m'imposent la voie à suivre de manière indiscutable.

Puis-je vous demander, avec tout le respect que je vous dois, sur quels éléments factuels vous fondez vos conclusions, don Lorenzo ? questionna le juge. Et avant d'avoir la réponse, il ajouta : Car, au vu de vos assertions, nous devrions peut-être donner à cette réunion un caractère plus formel, si je puis me permettre. La lumière jaillit des machines à écrire, comme dit notre proverbe. La dactylo attend dans la pièce à côté pour transcrire les paroles du prévenu.

Nous le ferons, répliqua don Lorenzo Verdugones, quand j'en aurai exprimé le désir. Le juge pâlit et se mordit les lèvres. S'adressant de nouveau à Prullàs, le hiérarque poursuivit : Pendant que vous vous agitiez en noyant le poisson et en faisant l'idiot, la police a effectué un travail exhaustif et fructueux, dont le résultat est que l'enquête est désormais bouclée. Dès le début, nous avions des soupçons, mais hier nous avons obtenu la preuve définitive.

Il sortit sa blague et son carnet de papier à cigarette, et commença à s'en rouler une avec son incompétence habituelle. Prullàs sortit son paquet et le lui présenta. Gardez-le, répondit l'autre avec une pointe de sarcasme, vous en aurez besoin en cabane. Prullàs perdit une bonne partie de sa contenance en entendant ces mots. Vous allez vraiment me mettre en prison ? balbutia-t-il. Il n'y a pas d'autre solution, cher ami, répondit le hiérarque. Je suis un serviteur de la chose publique ! Mais quelle sorte de preuve pouvez-vous avoir contre moi ? questionna-t-il encore. La preuve définitive ! dit don Lorenzo Verdugones. Il fit un signe à Sigüenza et celui-ci tira prestement de sa poche plusieurs feuillets dactylographiés qu'il tendit à son chef. Don Lorenzo Verdugones agita les feuilles dans l'air épais du cabinet. Le témoin a chanté comme un rossignol ! s'exclama-t-il. Le témoin ? dit Prullàs en tendant la main pour prendre les feuilles. Don Lorenzo Verdugones les mit hors de sa portée en éloignant le bras ; après quoi, lançant de temps à autre un coup d'œil aux feuilles et forçant la voix, il dit : Est-il exact, oui ou non, qu'interrogé par moi en temps et lieu utiles, le prévenu a déclaré avoir passé l'après-midi du jour où Vallsigorri a été tué à déambuler dans les rues de Barcelone et que, questionné ensuite pour savoir si quelqu'un l'avait vu dans ces circonstances, il a déclaré n'avoir été vu par personne de sa connaissance ? Et n'est-il pas également exact que ces déclarations sont constitutives du délit de faux témoignage, puisque, auxdits jour et heures, le prévenu ne se trouvait pas en train de « déambuler » mais dans un hôtel mal famé, sis rue de l'Union, où, selon ce que le prévenu lui-même a dit au réceptionniste, il avait « rendez-vous avec une personne » ? Et est-il exact, oui ou non, que le prévenu est sorti dudit hôtel, qu'il s'est rendu à pied dans un établissement public, sis également dans la rue susmentionnée, et qu'il y a ingéré des boissons toxiques ?

Un demi de bière ! l'interrompit Prullàs. C'est ça que vous appelez des « boissons toxiques » ? Un misérable demi d'une bière de tonneau qui, soit dit en passant, m'a rendu malade ?

Et ne serait-il pas plus exact d'affirmer, répliqua le hiérarque sur le même ton grandiloquent, que ce qui vous a « rendu malade » n'était pas un « demi de bière », comme vous dites, mais « une quantité considérable de liqueurs fortement alcoolisées, telles qu'anis La Asturiana et rhum

Negrita », ainsi que l'atteste la déposition de la responsable du débit qui vous les a servies ?

C'est faux ! cria Prullàs. Cette femme ment pour ne pas avoir à reconnaître le manque d'hygiène et la nocivité criminelle des produits qu'elle vend, la grosse truie ! Mais même si c'était exact, est-ce un crime de prendre une cuite ? Est-ce cela, la preuve irréfutable sur laquelle vous comptez asseoir ma culpabilité ?

Chaque chose en son temps, répliqua don Lorenzo Verdugones. Pour l'instant, veuillez écouter sans m'interrompre. Pendant que vous vous enivriez au bar du coin, ainsi qu'il a été dit et prouvé, s'est présenté dans l'hôtel susmentionné un monsieur, lequel, après avoir demandé une chambre et l'avoir payée d'avance, comme il est d'usage dans ce genre d'établissement, s'est retiré dans ladite chambre, non sans avoir informé le réceptionniste qu'il « attendait une personne » et l'avoir prié « de la faire monter dès qu'elle arriverait ». Bien entendu, le réceptionniste n'a pas vérifié l'identité de ce client ni fait figurer la mention correspondante sur le registre, pas plus qu'il ne l'avait fait auparavant pour le prévenu, infraction qui aurait dû lui valoir la fermeture de l'établissement par les autorités si l'évêché n'était intervenu, car, semble-t-il, des personnes très proches du palais épiscopal et même de hautes instances apostoliques ont placé leur épargne dans ce commerce lucratif. Que cela ne sorte pas d'ici. Soyez sans crainte, don Lorenzo, s'empressa d'assurer le juge.

Une fois ce monsieur dans sa chambre, poursuivit le hiérarque, le prévenu est revenu du bar « dans un état de grande agitation », il a demandé si la dame ou la demoiselle avec laquelle il disait avoir rendez-vous s'était présentée en son absence et, sur la réponse négative du réceptionniste, le prévenu a ajouté : « J'attendrai en haut, faites-la monter directement si elle vient. » Oui ou non, cela s'est-il passé ainsi, monsieur Prullàs ?

En effet, les faits se sont produits tels que vous les décrivez, dit Prullàs, mais je n'étais pas « dans un état de grande agitation ». J'étais seulement en nage à cause de la température caniculaire et peut-être un peu énervé par l'absence de ponctualité de la personne que j'attendais, probablement aussi un peu décomposé par les effets intestinaux de la bière. Quant à l'autre monsieur, j'ignore tout de ce qui le concerne. Monsieur le juge, prenez note de mes objections, je vous en prie.

Désolé, monsieur Prullàs, mais cette procédure ne dépend pas de ma compétence juridictionnelle, répondit le juge, je ne suis ici qu'en qualité de mousquetaire, si vous me permettez cette comparaison théâtrale.

Après un laps de temps difficile à estimer, continua don Lorenzo Verdugones en négligeant l'interruption, est entrée dans l'hôtel susmentionné une jeune personne que le réceptionniste « avait déjà beaucoup vue » en de précédentes occasions et qu'il considérait comme « de mœurs légères » ainsi que « de morale dissolue ». Cette jeune personne a dit au réceptionniste qu'elle attendait « un sien parent de passage dans la ville » auquel elle venait « rendre visite ». Le réceptionniste aurait-il l'amabilité de lui indiquer dans quelle chambre se trouvait son parent ? Le réceptionniste n'a su que répondre à cette question, car tant le prévenu que l'autre monsieur « avaient déjà exercé leur parenté avec la susdite jeune personne dans des rencontres antérieures ». Ne voulant pas favoriser un client au préjudice de l'autre, ni en indisposer aucun, le réceptionniste s'est borné à indiquer les numéros des deux chambres, sans spécifier qui occupait l'une et qui occupait l'autre, ni mentionner qu'un monsieur différent se trouvait dans chacune. Sans exiger du réceptionniste un éclaircissement complémentaire, la jeune personne est montée au premier étage, où sont situées les deux chambres. Elle en est redescendue au bout d'un moment et a quitté l'hôtel sans rien dire. Interrogé sur le temps que la jeune personne avait passé dans la chambre ou dans les chambres, le réceptionniste a répondu qu'il ne l'avait pas calculé sur le moment, mais que le passage de la jeune personne dans l'hôtel avait été « bref et insignifiant ». Pressé de préciser ce point, il a risqué le chiffre de cinq minutes. Était-il dans ses habitudes d'effectuer des visites aussi rapides ? Réponse : non, bien au contraire, la jeune personne étant, au jugement du réceptionniste, « de celles qui offrent un service soigné et très complet ». Le réceptionniste savait-il laquelle des deux chambres avait visitée la jeune personne ? Réponse : non, il n'avait pu s'en rendre compte car les chambres, comme il a été dit, se trouvent à l'étage supérieur. Il n'avait pas non plus entendu de bruit de portes pouvant lui permettre de formuler une hypothèse à ce sujet. Que s'est-il passé ensuite ? Passé un autre laps de temps, comparable à celui ci-dessus décrit, « le deuxième monsieur » est descendu avec l'air d'être « un peu affecté ». Sur le coup, le réceptionniste a attribué cet état d'esprit au fait probable que la jeune personne avait visité « l'autre chambre » ; cependant au bout de quelques minutes est descendu « le premier monsieur », « encore plus affecté » ; à dire vrai, « se conduisant comme un énergumène » et « les yeux injectés de sang », ce sont les termes exacts du réceptionniste, lequel, craignant d'être l'objet d'une agression, s'est empressé de dire qu'il n'avait fait « que ce qui lui avait été demandé ». Sans doute par l'effet de ces paroles, le prévenu a renoncé à ses projets violents et quitté l'hôtel en titubant.

Il reste à ajouter, poursuivit don Lorenzo Verdugones après une pause, que, confronté aux photographies correspondantes, le réceptionniste de l'hôtel n'a pas eu de difficultés à identifier M. Prullàs, feu M. Vallsigorri et une demoiselle qui répond au nom de scène de Lilí Villalba, fille d'un délinquant notoire, en compagnie duquel il a été établi que le prévenu est revenu quelques jours plus tard dans le même hôtel, avec les vêtements tachés de sang et en se comportant de façon aussi inquiétante et suspecte que celle qui vient d'être décrite.

Le hiérarque rendit les feuilles à Sigüenza, croisa les bras sur sa poitrine, fit face à Prullàs et dit : Après avoir entendu le récit abrégé des faits tels qu'ils ressortent de la déclaration sous serment des témoins, le prévenu a-t-il quelque chose à alléguer, ou est-il disposé à passer aux aveux ?

Aux aveux ? cria Prullàs. Mais puisque je n'ai rien fait ! Oh là là ! il est du genre qui donne du travail, commenta le juge. Et il ajouta, sur un ton persuasif : Les aveux constituent une circonstance atténuante. Allons, Prullàs, nous avons des preuves largement suffisantes que vous avez tué Vallsigorri ! Ne nous faites pas perdre plus de temps ! insista don Lorenzo Verdugones. Ce n'est pas vrai ! dit Prullàs. Je n'ai pas tué Vallsigorri et vous n'avez aucune preuve ; vous avez seulement la déposition d'un réceptionniste qui affirme que trois personnes se sont trouvées ensemble à un moment donné dans une maison de rendez-vous. Il ne sait pas si ces trois personnes ont pu se voir, ni si chacune de ces trois personnes était au courant de la présence des deux autres dans les lieux. Il a seulement vu entrer et sortir séparément ces trois personnes de l'hôtel. En soi, cette preuve est déjà sans valeur. Mais, pour comble, le réceptionniste ne nous connaît pas personnellement, il n'a jamais vérifié notre identité et il voit tous les jours défiler un tas de gens dans les mêmes conditions. Comment peut-il être aussi certain d'avoir bien vu Vallsigorri ce jour-là, et non quelqu'un d'autre ? On pourrait dire la même chose pour Mlle Lilí Villalba. Combien de jeunes personnes semblables ont défilé sous ses yeux ?

Don Lorenzo Verdugones interrompit l'exposé de Prullàs avec véhémence : Comment osez-vous qualifier ces témoignages de preuves sans valeur ! La déposition du réceptionniste établit de façon irréfutable la relation qui existait entre vous et Vallsigorri, ainsi que le mobile du crime ; ce fait est plus clair qu'une soupe d'asile. Et, pour vous, ce n'est pas une preuve ? Eh bien, permettez-moi de vous dire, monsieur Prullàs, que j'ai pris la peine de lire toutes vos comédies policières et que dans aucune je n'ai rencontré une démonstration aussi solidement étayée ! Et ce qui est bon pour vous l'est aussi pour moi ! D'après moi, continua-t-il plus calmement et en s'adressant surtout au juge, comme si l'opinion de Prullàs avait cessé de l'intéresser, les faits se sont déroulés de la manière suivante : le prévenu et Vallsigorri ont eu une violente discussion à l'hôtel Gallardo au sujet de Mlle Lilí Villalba, à l'issue de laquelle le prévenu est rentré chez lui, a dit à la servante qu'il allait à Masnou, s'est rendu ensuite chez le défunt qui était encore vivant, a sonné et, quand celui-ci l'a conduit au salon, l'a agressé avec un couteau de cuisine, causant sa mort instantanée. Après quoi, sa vengeance accomplie, il est parti pour Masnou, où il est arrivé tard dans la nuit, sans être vu de personne. Preuves sans valeur ! Je t'en foutrai, moi, des preuves sans valeur !

Le juge intervint de nouveau : Je vous conseille et même je vous ordonne de parler maintenant ; dans le cas contraire, vous subirez toute la rigueur de la loi. Parler ? dit Prullàs. Je n'ai rien à dire : c'est vous qui devez prouver ma culpabilité. Vous ne comprenez pas, insista le juge, votre culpabilité est suffisamment prouvée, au moins pour motiver votre inculpation. La seule chose qui puisse empêcher cette décision et les mesures conservatoires qui en découlent, c'est que vous nous offriez une version des faits différente et plus convaincante. Êtes-vous en possession d'un quelconque élément qui contredirait les accusations formulées contre vous ? Existe-t-il à votre connaissance d'autres personnes qui auraient eu un motif ou des motifs pour désirer la mort du dénommé Vallsigorri et qui auraient été en condition de la causer ? S'il en est ainsi, parlez, et nous vous laisserons partir ; sinon, je m'en lave les mains, comme nous l'enseigne le Saint Évangile.

Prullàs serra les dents et hocha négativement la tête. Don Lorenzo Verdugones se leva. Monsieur le juge, s'exclama-t-il en pointant un doigt vers le plafond, au nom des attributions que me confère ma charge et compte tenu des preuves réunies contre le prévenu, don Carlos Prullàs ici présent, auteur de théâtre de profession, mais considérant en même temps le principe sacro-saint de l'indépendance du pouvoir judiciaire, tel qu'il est solennellement établi dans l'organisation politique de notre nation, je mets cet individu à votre disposition afin qu'il soit jugé pour le crime d'avoir mis fin aux jours d'Ignacio Vallsigorri, en accord avec les dispositions du Code pénal et les articles correspondants de la Loi de procédure criminelle, et veuillez m'excuser si mon langage souffre d'une quelconque impropriété, mais je ne suis pas avocat !

Pour l'amour de Dieu, don Lorenzo, vous maîtrisez comme personne la langue du prétoire ! Quel dommage que vous n'ayez pas entendu l'appel de la robe : ah ! le grand expert en droit que vous auriez été, sinon ! Un vrai Juvence ! un Puffendorf !

Eh bien, inutile de parler plus longtemps, répondit le hiérarque. Et accélérez les formalités, Sigüenza, je suis en train de faire poireauter le maire de Tarrasa.

*

Dans un bureau fermé où la chaleur était accablante, une dactylo transpirante disposait alternativement papier officiel et papier carbone sur le chariot de la machine. Une fois terminée l'opération, Prullàs, debout devant la table, déclina sur les instances du juge ses noms complets, filiation, date de naissance, état civil, domicile et profession. Avait-il eu un contact personnel avec le dénommé Ignacio Vallsigorri y Fradí, actuellement décédé et habitant Barcelone ? Prullàs répondit affirmativement. Pouvait-il préciser la date dudit contact personnel ? Naturellement, le 9 août de l'année en cours. Dans quelles circonstances ? Dans une réception mondaine. Avait-il rencontré ledit individu postérieurement à la date susmentionnée du 9 août ? Non. Et antérieurement à cette même date, c'est-à-dire celle du 9 août ? Non plus. Il affirmait donc, sous son entière responsabilité, ne pas avoir rencontré le susdit feu Ignacio Vallsigorri de son vivant à l'exception de la seule et unique date antérieurement citée et postérieurement et de façon réitérée ? Prullàs hésita, un peu incertain du sens de la question, et finit par répondre que non.

Sur ces entrefaites, la dactylo interrompit l'interrogatoire parce que, dit-elle, elle avait écrit « oui » par erreur là où elle aurait dû écrire « non ». Après avoir effectué les corrections appropriées, elle lut l'additif à voix haute : « Constatons que le mot barré est remplacé par celui qui est transcrit ci-dessous, lequel étant valide au même titre que la biffure correspondant au mot remplacé ci-dessus et les deux également valides pour valoir ce que de droit dans le présent procès-verbal. » Elle leur demanda si cela leur semblait bien. Tous exprimèrent leur accord, sur quoi, le juge s'étant déclaré satisfait du procès-verbal, la dactylo procéda à l'extraction de la liasse de sa machine, sépara et rangea les carbones dans une corbeille, puis remit l'original et les copies au juge, lequel, après les avoir lus avec attention, les montra à Prullàs.

Lisez et signez en bas, si vous êtes d'accord, dit-il. Cette déposition n'est-elle pas un peu succincte ? demanda Prullàs. Nous en sommes encore à la phase des diligences préparatoires, répondit le juge. L'instruction doit avancer à pas comptés. Quant au procès-verbal en question, voyez vous-même : il ne vous compromet en rien. Signez ici.

Prullàs signa à l'endroit indiqué. Après lui, don Lorenzo Verdugones et Sigüenza apposèrent également leur signature en qualité de témoins, selon ce qu'expliqua ce dernier. La dactylo mit un double dans un dossier, donna l'original au juge et garda le double restant pour se ventiler la figure et les aisselles. Le juge relut encore une fois le procès-verbal et réitéra sa satisfaction devant le travail réalisé.

Il ne faut pas commencer la maison par le toit, dit-il d'un ton sentencieux. Et maintenant, monsieur Prullàs, ayez la bonté de venir par ici.

*

Ils passèrent dans une dépendance contiguë où deux gardes somnolaient, chacun sur sa chaise en bois. Ils se levèrent en voyant le juge entrer et remirent d'aplomb leur casquette plate. Conduisez le détenu en cellule, dit le juge. L'un des gardes sortit des menottes d'un tiroir. Ce n'est qu'une formalité, expliqua le juge, plutôt par principe que par nécessité. Et maintenant, vous voudrez bien m'excuser, monsieur Prullàs, mais d'autres affaires moins agréables que votre compagnie me réclament. J'ai été très heureux de faire votre connaissance et je vous souhaite beaucoup de succès pour la première de votre prochaine pièce. Ma femme et moi, nous sommes de grands admirateurs de Mariquita Pons. J'espère que tout ira bien pour vous.

Menotté et encadré par les deux gardes, il sortit dans un couloir encombré de gens de la plus basse condition. Sur son passage, la populace éclatait de rire, en le voyant, lui si élégant, expédié au gnouf. Bonjour, le nécessiteux ! lui cria une grosse femme. Les délinquants firent chorus. Prullàs marchait les yeux baissés, en imitant une scène de la Passion d'Esparraguera.

4

Ils descendirent par un escalier étroit dans le souterrain de l'édifice, suivirent ensuite un couloir sombre au plafond duquel couraient des tuyaux de différentes tailles. Au fond du couloir, un des gardes ouvrit une porte métallique très épaisse et ils débouchèrent dans une pièce carrée. Un gardien assis devant un pupitre lisait le *Dicen*. Il leva la tête en voyant entrer ses camarades et cligna des yeux comme s'il sortait d'une profonde méditation.

Celui-là va à la 3, dit l'un des gardes. Et à Prullàs : Déposez sur cette table le contenu de vos poches. Prullàs s'exécuta et le gardien du pupitre fit l'inventaire des objets et de l'argent avant de les ranger dans un tiroir. Puis il se fit remettre la cravate, la ceinture et les lacets de soulier de Prullàs. Après quoi le préposé sortit du tiroir du pupitre un trousseau de clefs, les passa en revue et les examina en y mettant tout le temps voulu avant de trouver celle qui convenait, se leva et précéda le groupe jusqu'à la porte d'une cellule. Le bruit métallique de la serrure et le grincement de la grille tournant sur ses gonds donnèrent la chair de poule à Prullàs.

Entre, lui ordonnèrent-ils. Une fois à l'intérieur de la cellule, ils lui enlevèrent les menottes, sortirent et fermèrent la grille. Prullàs se retrouva dans une pièce rectangulaire, sans aucun orifice aux murs, lesquels étaient entièrement couverts d'inscriptions minuscules et profondément gravées. Pour tout mobilier il y avait un châlit étroit scellé au mur du fond par des barres fixes. Dites donc, vous avez une idée du temps qu'on va me garder ici ? demanda-t-il. Ça dépend, fut la réponse. Et pour réduire l'attente, vous ne pourriez pas me prêter un journal ? Seulement si monsieur le juge l'autorise, répondirent les gardes avant de s'en aller.

Prullàs s'assit sur le châlit et attendit. D'une autre cellule sortaient des ronflements puissants et réguliers. Voilà un sage, pensa Prullàs, un vrai stoïcien. Comme on lui avait pris sa montre et que la seule lumière venait d'une ampoule rachitique pendant du plafond, il perdit vite la notion du temps. Cela faisait des heures qu'il n'avait pas mangé et il se sentait extrêmement faible. Pourtant, quand le gardien réapparut avec une gamelle pleine de pois chiches durs et froids, il ne put en manger une seule cuillerée. Pardon, monsieur l'agent, vous ne pourriez pas me faire apporter un sandwich d'un bar voisin ? Au jambon, au saucisson, ou ce qu'il y aura. Si vous avez de quoi payer, on peut essayer, répondit le gardien. Mon argent est dans le pupitre, là où vous l'avez mis, dit Prullàs, prenez le nécessaire. Ah non, monsieur ! Si je disposais des articles confisqués sans une autorisation écrite, je risquerais trop gros. Je peux vous signer une reconnaissance de dette, proposa Prullàs. Tu parles d'une affaire ! Si tu en prends pour trente ans, ça sera un billet de la sainte farce.

Au bout d'un moment, le gardien fut relevé par un autre avec lequel Prullàs tenta de renouer les négociations. Ce n'étaient plus la qualité de la nourriture et l'inconfort du lieu qui le préoccupaient, mais l'incertitude qui enveloppait son avenir. Je vous récompenserai abondamment si vous faites parvenir un mot à M. Gaudet, dit-il au gardien de nuit. Je n'ai pas d'argent pour le moment, comme vous le savez, mais M. Gaudet suivra mes instructions et délivrera une coquette somme au porteur de la missive.

Promesses, supplications, rien n'y fit. Allons, dit finalement le préposé, c'est l'heure de dormir, pas celle de jacasser. Les détenus furent conduits chacun à leur tour dans un réduit inondé de flaques, où l'on ne pouvait respirer, puis réintégrés dans leurs cellules respectives. C'est inadmissible ! protesta Prullàs. De quoi tu te plains, mon vieux, répliqua le préposé, personne ne t'a cogné dessus : tu dois être pistonné ! Et pour le reste, t'en fais pas : demain ou après-demain, tu seras transféré à la Prison modèle, et là-bas tu seras comme un coq en pâte.

*

Le lendemain matin, un troisième gardien, qui avait relevé celui de la nuit sans que Prullàs s'en aperçoive, ouvrit la grille de la cellule et lui dit : Eh, toi, sors de là ! Prullàs enfila la veste qu'il avait roulée et utilisée comme oreiller dans ses vaines tentatives pour dormir et obéit à l'ordre du geôlier. Sigüenza se tenait près du pupitre. Prenez vos affaires, monsieur Prullàs, dit le fonctionnaire zélé, avec une déférence insolite vu la situation, vous êtes libre. Ça alors ! Et à qui suis-je redevable de cette attention, Sigüenza ? dit Prullàs ironiquement. Sigüenza ne broncha pas. La loi ne fait pas de faveurs, dit-il, elle enferme le coupable et elle libère l'innocent. Et baissant la voix, comme s'il tentait de minimiser la signification de ce qu'il allait dire, il ajouta : L'assassin de Vallsigorri a été arrêté cette nuit.

Prullàs mit un certain temps à réagir. Qu'est-ce que vous avez dit ? Le véritable assassin… répéta Sigüenza. On l'a pris cette nuit ; en ce moment, monsieur le juge est en train de recueillir sa déposition. Si vous attendez un peu, on le conduira à coup sûr ici. Non, non, plus vite nous sortirons de cet endroit, mieux cela vaudra, répondit Prullàs. Qui est-ce ?

Sigüenza haussa les épaules. Personne de connu, répondit-il, un malfrat de bas étage. Ses yeux tristes s'humectèrent derrière les verres de ses lunettes, comme si ce qu'il venait d'annoncer lui causait une profonde déception. Le gardien avait posé les objets personnels de Prullàs sur le pupitre. Signez ici pour certifier qu'on vous a tout rendu. Prullàs signa. Je peux partir, maintenant ? Il faut croire que les circonstances vous favorisent, dit Sigüenza, pris par une affaire imprévue, le juge n'a pas eu le temps de rédiger la notification de votre inculpation, ce qui fait qu'il n'aura pas besoin de rédiger l'abandon des poursuites. Je suppose que vous avez hâte de vous laver et de prendre votre petit déjeuner. Si vous me le permettez, je vous vais vous raccompagner chez vous, je dispose d'une voiture officielle ; et pendant le trajet, si vous le souhaitez, je peux vous faire un résumé général des événements.

5

Ainsi qu'il l'avait promis, le fonctionnaire zélé rapporta ce qui suit : deux jours après la mort de Vallsigorri, un homme qui disait pouvoir fournir des éléments concernant l'affaire s'était présenté au commissariat de la rue Enrique Granados. Il avait justifié sa déposition tardive en invoquant son aversion naturelle pour les gens qui s'immiscent dans la vie de leur prochain, et plus particulièrement pour ceux qui n'hésitent pas à faire de faux témoignages, et aussi son appartenance, dans sa jeunesse, à une association aujourd'hui interdite par la loi, raison pour laquelle, et cela bien qu'il ait été absous en son temps par le tribunal de l'épuration, il gardait des antécédents, ce qui le rendait enclin à se conduire avec une extrême prudence à tout moment et en toutes circonstances : c'était du moins ce qu'avait dit l'individu, expliqua Sigüenza. Malgré tout, son sens civique et la crainte d'encourir le délit de rétention de témoignage l'avaient poussé à franchir le pas, toujours au dire du dénonciateur, ajouta Sigüenza. Cela précisé, il avait déclaré qu'il habitait depuis des années un appartement sis dans la rue Aribau, d'où l'on pouvait voir, puisqu'il se trouvait en face, l'immeuble de feu Vallsigorri ; que, la nuit du crime, il n'avait pas réussi à s'endormir à cause de la chaleur ; qu'il était sorti sur le balcon en pyjama dans le but de prendre le frais ; qu'étant là, il avait vu sortir de l'immeuble de feu Vallsigorri un individu dont l'allure et le comportement lui avaient paru hautement suspects ; qu'il n'avait pas, sur le moment, donné davantage d'importance à l'incident ; que sa vision de l'individu avait été rapide et très imprécise, du fait de la distance, de l'obscurité et de l'intrusion du feuillage dans son champ visuel. Un certain nombre de photos de délinquants fichés lui ayant été présentées, il n'avait pu procéder à une identification définitive de l'individu susmentionné, se bornant à en indiquer plusieurs dont les physionomies lui semblaient particulièrement sinistres, selon ses dires, poursuivit Sigüenza. Les photos sélectionnées par le témoin oculaire ayant été ensuite présentées au portier de l'immeuble de Vallsigorri, celui-ci n'avait pas tardé à indiquer l'un des individus comme étant l'amant attitré d'une ancienne domestique de M. Vallsigorri, celle-là même que le susdit M. Vallsigorri avait renvoyée quelques mois plus tôt parce que son comportement ne correspondait pas au niveau moral que l'on doit exiger d'une personne qui sert dans une maison digne et décente. Comme si cela ne suffisait pas, l'individu avait été condamné deux fois pour escroquerie et une autre pour tentative de vol avec effraction. On avait localisé son domicile actuel grâce à des indicateurs, et la force publique s'y était présentée. Les voisins ayant été interrogés, l'un d'eux avait assuré avoir vu le suspect rentrer le matin du crime en ajoutant que, malgré la distance et le peu de lumière, il avait pu distinguer parfaitement des taches de sang sur sa main droite. L'immeuble avait été placé sous surveillance permanente. A la tombée de la nuit, le suspect s'était présenté, marchant d'un pas pressé en rasant les murs et en se retournant à chaque instant pour s'assurer que personne ne le suivait. Arrêté et interrogé, il avait nié avoir connaissance des faits qu'on lui reprochait ; il n'avait même jamais entendu prononcer le nom d'Ignacio Vallsigorri. Cependant, il avait été incapable de donner un alibi cohérent pour la nuit du crime. Il avait dit être allé au cinéma, seul, voir un film excellent, avec un acteur très célèbre dont il avait oublié le nom, de même que le titre du film et l'histoire qu'il racontait ; il se souvenait seulement qu'il y avait beaucoup de chevaux, qu'on tirait énormément, et que la fille était très jolie et apparemment fort méchante, mais qu'à la fin elle se mettait du côté du garçon. On avait trouvé sur lui une modeste somme d'argent dont il n'avait pu justifier la provenance ; il avait affirmé qu'il travaillait comme livreur, mais il n'avait pas su dire ce qu'il livrait, ni où, ni pour le compte de qui. Finalement, convaincu de l'inutilité de persister dans son obstination et persuadé par la police, il avait accepté de signer des aveux en règle sans cesser pour autant de clamer son innocence à tous les vents. Et donc, l'affaire est terminée, conclut Sigüenza.

Prullàs, qui n'avait pas fermé l'œil de toute la nuit et avait expérimenté au cours de ces dernières journées plus d'émotions et de chocs que dans toute sa vie, avait du mal à comprendre la signification de ces explications. Mais pourquoi cet homme a-t-il tué Vallsigorri, s'il ne le connaissait même pas ? demanda-t-il. Quel était le mobile du crime ?

Aucun, répondit le fonctionnaire zélé. Le délinquant, avec la complicité de sa petite amie, avait sûrement pris une empreinte en cire des clefs de l'appartement. Plus tard, une nuit d'été, certain de l'absence du maître de maison qu'il supposait en vacances, le voleur s'est introduit dans l'appartement avec les fausses clefs. Il n'avait pas encore commencé à faire main basse sur le butin quand il s'est vu surpris par le retour inattendu de Vallsigorri. Pris de panique, il a tenté de fuir. Vallsigorri lui a barré le chemin. Le voleur tenait à la main le couteau avec lequel il s'apprêtait à forcer une serrure. Il y a eu rixe, et la malchance a fait le reste.

La voiture s'arrêta devant la maison de Prullàs. Mais si, pendant tous ces jours, vous étiez sur la piste d'un suspect, pourquoi ne pas me l'avoir dit ? demanda-t-il avant de descendre. Pourquoi m'avoir laissé poursuivre ma propre enquête, au risque de ma vie ?

Nous ne pouvions supposer que vous iriez vous fourrer dans la gueule du loup de façon aussi candide, répondit Sigüenza. Vous pensez bien que le traquenard de Gueule d'Amour n'entrait pas dans nos plans. En ce sens, vous avez commis une grave imprudence. De toute manière, l'Enfant de la Doctrine ne vous aurait pas fait de mal : c'est un brave garçon. Il nous rend de temps en temps des petits services, et nous, en échange, nous ne lui cherchons pas des poux dans la tête. Il n'est pas idiot et il sait très bien avec qui il faut garder de bonnes relations. Et puis, ajouta-t-il en fermant la portière de la voiture, il n'aurait pas osé toucher à une personnalité aussi illustre des lettres espagnoles.

Et le reste ? La scène du Palais de Justice, la nuit en cellule, quel sens cela avait-il ? demanda encore Prullàs. Ah ça !... don Lorenzo doit avoir ses raisons ; il ne me les confie pas, et moi, naturellement, je ne m'en mêle pas, répondit Sigüenza.

Le chauffeur fit démarrer la voiture. Prullàs s'agrippa à la portière. Et la lettre ? La voiture commença de rouler et il dut lâcher prise. Quelle lettre ? demanda le fonctionnaire zélé. Mais la voiture était déjà loin et sa voix se perdit dans le vacarme de la circulation. Le portier sortit Prullàs de ses réflexions. Ne restez pas au soleil, monsieur Prullàs. Fripé, sale, dépeigné et pas rasé, Prullàs attirait l'attention des passants.

6

Il crut se réveiller d'un long et profond sommeil, peut-être de plusieurs jours, mais en vérifiant l'heure et la date il s'aperçut de son erreur : il n'avait dormi que deux ou trois heures. Il était dans sa chambre, les rayons du soleil déclinant pénétraient par les fentes des persiennes. Il se leva avec effort : il se sentait toujours aussi fatigué, vidé, mais il lutta pour ne pas se rendormir. Son sommeil avait été peuplé des plus angoissants cauchemars. Il comprit qu'il lui faudrait beaucoup de temps pour récupérer la sérénité de jadis ; pour le moment, toutes les épouvantes semblaient avoir pris demeure dans son inconscient. Il se doucha, passa des vêtements propres et sortit. Trop faible pour conduire sa voiture, il prit un taxi qui le laissa à la porte du théâtre.

Bonifaci sortit de sa loge dès qu'il le vit entrer. Il lui demanda des nouvelles de sa santé avec son habituelle déférence. Comme cela faisait plusieurs jours qu'il n'était pas venu et qu'il n'avait pas prévenu, dit-il, il avait pensé qu'il était souffrant. Effectivement, il avait mauvaise mine, ajouta-t-il en élevant la lanterne sourde comme si c'était un sceptre, sans doute cette chaleur… Ils avaient pénétré dans le couloir. Il était heureux de le revoir, chuchota Bonifaci tout en le précédant dans les cintres. Son retour, ajouta-t-il, tombait vraiment très bien. Maintenant, les choses iraient beaucoup mieux, affirma-t-il, le remplacement avait été un succès. Tout marcherait désormais comme sur des roulettes, conclut-il. Maintenant, c'est sûr : la pièce sera un triomphe, don Carlos, comme toutes celles que vous écrivez.

Prullàs acquiesça. Pas besoin d'attendre et de voir la chose de ses propres yeux pour savoir de quel remplacement parlait Bonifaci.

JULIO : Mon Dieu, nous n'avions pas seulement un assassin dans la maison, mais deux !

CECILIA : Qui aurait pu prévoir ça ! Elle semblait si insignifiante !

LUISITO : Ouh ouh ouh !

CECILIA : Ne pleure pas, Luisito. Cette fille n'était pas pour toi. C'est une bonne chose de s'en être aperçu à temps. Imagine que tu aies fini par te marier avec elle, et tout d'un coup, sans prévenir, vlan ! elle t'aurait découpé en morceaux.

LUISITO : Ouh ouh ouh ! J'ai du cha-cha… j'ai du chagrin !

JULIO : Mais arrête donc de pleurer ! Il n'y a pas de raison de se mettre dans cet état, espèce d'idiot ; des fiancées, tu en trouveras autant que tu voudras, et même plus ! Il suffit juste de leur demander, tu verras ! De nos jours, les filles ne pensent qu'à se marier ! Ce qui sera difficile, ce sera de trouver une autre bonne qui sache repasser les chemises de popeline !

LUISITO : Ouh ouh ouh !

CECILIA : Mais puisqu'on te dit de ne pas pleurer… Sois un homme, voyons !

Elle lui donne une gifle.

LUISITO : Aïe !

LA BONNE : En tout cas, que ces messieurs-dames me permettent de leur dire, avec tout le respect que je leur dois, que ces messieurs-dames commettent une grave erreur. Le pauvre M. Todoliu, c'est un accident involontaire. Et Mme la comtesse de Vallespir, presque du pareil au même. Parce que, quand même, vous pouvez pas savoir comme j'ai été dégoûtée quand j'ai vu la tête de Mme la comtesse ici, le corps là, une jambe d'un côté et un bras de l'autre ! On est pauvre, mais on n'est pas désordre, et, question honnêteté, on n'a de leçons à recevoir de personne. C'est pas comme certaines qui passent leur temps à faire danser l'anse du panier.

ENRIQUE, *lui passant les menottes* : Cause toujours, ma belle : au commissariat ! On t'y fera avouer tes crimes !

La répétition terminée, Prullàs, Gaudet et Mariquita Pons se retrouvèrent dans la loge de cette dernière. Tous les journaux du matin avaient relaté la conclusion de l'affaire Vallsigorri, et tant le metteur en scène que la célèbre actrice étaient contents et soulagés. Enfin, dirent-ils à l'unisson, cet affreux cauchemar était passé. Nous t'avons appelé ce matin très tôt pour te féliciter, ajoutèrent-ils en se coupant mutuellement la parole, mais Sebastiana a refusé catégoriquement de te passer la communication ; d'abord elle a dit que tu n'étais pas à la maison, ensuite que tu te reposais. Cette femme est un authentique cerbère.

Prullàs ne partageait pas l'allégresse générale. Comment avez-vous fait ? demanda-t-il. Gaudet comprit le sens de la question et le mit au courant des événements : Mlle Lilí Villalba l'avait appelé à la première heure, le matin même, pour lui faire part de sa décision irrévocable de résilier son contrat avec le théâtre ; des raisons familiales l'obligeaient à quitter Barcelone sans délai, avait-elle expliqué. L'excuse était peu vraisemblable, mais Gaudet avait détecté dans la voix de la jeune actrice un tremblement de véritable angoisse. De sorte qu'il lui avait donné son accord, que pouvait-il faire d'autre ? Vu la proximité de la première, ajouta-t-il tout de suite, une telle défection aurait supposé une catastrophe s'il s'était agi de quelqu'un d'autre. Mais s'agissant de cette péronnelle, sa disparition constituait un vrai cadeau, affirma-t-il sans ambages. Avant midi, il avait trouvé une remplaçante disposée à reprendre le rôle de Mlle Lilí Villalba. Elle n'était pas aussi jolie ni aussi délurée que celle qui l'avait précédée, reconnut le metteur en scène, mais pour les qualités artistiques, quelle différence ! En quelques heures, elle avait appris par cœur le texte de la dernière scène et, sans l'avoir jamais répétée, elle l'avait mieux jouée que Mlle Lilí Villalba après un mois de répétitions quotidiennes.

Mariquita Pons lui tapota affectueusement l'épaule. Allons, mon vieux, ne sois pas triste ; des filles comme elle, il y en a des milliers. Tu devrais plutôt te réjouir d'être libéré d'un tel boulet, ajouta Gaudet, cette petite ne m'a jamais plu et ce dénouement confirme mes soupçons. Prullàs ne répondit pas. Gaudet et Mariquita Pons se regardèrent d'un air déconcerté.

Comme je te vois un peu déprimé, dit soudain Gaudet, je vais te raconter quelque chose de drôle ; tu vas rire.

Donc, hier après-midi, j'ai reçu une visiteuse des plus pittoresques. Elle venait de ta part, m'a-t-elle dit, en tout cas, elle avait ta carte. Et voilà que tout d'un coup, sans crier gare, elle s'est mise à chanter et à danser sur le palier. Tous les voisins sont sortis pour voir ce qui se passait et je ne savais plus où me mettre. Le spectacle terminé, elle m'a expliqué qu'elle était artiste, avec beaucoup d'expérience et de foi, mais qu'elle n'avait pas eu de chance jusqu'à maintenant. Si j'ai bien compris, tu lui avais dit que je pourrais lui ouvrir les portes du théâtre sérieux, et c'était pour ça qu'elle venait me voir. Elle m'a affirmé qu'elle n'était pas exigeante, qu'elle se contenterait de petits rôles de figurante ; ensuite, à la grâce de Dieu. Et là-dessus, elle m'a raconté une histoire rocambolesque selon laquelle elle t'aurait sauvé la vie.

Il y a quelque chose de vrai dans tout cela… dit Prullàs. Quant au personnage, que puis-je t'en dire ? La Fraîche n'est pas Margarita Xirgu, mais, pour l'enthousiasme, elle bat tout le monde. Et ce n'est pas une mauvaise personne. Tu pourras faire quelque chose ? Gaudet hocha la tête, contrarié. Pourquoi m'embarques-tu toujours dans des histoires impossibles ? dit-il. Tu connais la situation du théâtre mieux que moi. Ce maudit cinéma creuse notre tombeau. Il n'y a de travail pour personne, et encore moins pour quelqu'un comme La Fraîche. En Espagne, le théâtre appartient au passé, Carlos, quand t'en rendras-tu compte ? Pourtant, ajouta-t-il après une pause, je lui ai dit que si elle avait besoin de travail, si elle était vraiment acculée par la nécessité, je cherchais une femme de ménage ; et si elle savait cuisiner, laver et repasser, si ça lui était égal de s'occuper de la maison d'un homme célibataire et maniaque, je pouvais lui proposer un contrat à l'essai. Et que t'a répondu La Fraîche ? demanda Prullàs. Elle commence demain, répondit Gaudet. Et lorsque tu partiras pour l'Argentine ? Gaudet ébaucha un sourire malicieux. Eh bien, si nous nous entendons, nous irons peut-être ensemble, dit-il.

*

Pendant qu'il attendait un taxi au coin du théâtre, il acheta *El Noticiero* et *La Prensa*. Les deux journaux reprenaient à la page des faits divers, de façon succincte et avec une uniformité suspecte, l'information parue dans la presse du matin, tout en la complétant par quelques détails qui n'apportaient aucun éclairage nouveau sur le dénouement de l'affaire Vallsigorri. Du nom de l'individu arrêté, ils ne donnaient que les initiales : S. V. *El Noticiero* ajoutait une brève biographie de Vallsigorri et quelques phrases de circonstance sur la personnalité du défunt ; il s'agissait, de toute évidence, d'un raccord maladroit pour remplir le trou laissé par une suppression de dernière minute. Les deux journaux ne tarissaient pas d'éloges sur la brillante performance de la police. Une place beaucoup plus importante était donnée à la nouvelle annonçant que le tribunal de Nuremberg, après une longue délibération, avait condamné Alfred Krupp à douze ans de prison pour collaboration avec le régime nazi, ainsi qu'à la confiscation des actions de son entreprise qui, dorénavant, deviendrait une société anonyme avec participation de l'État. L'envoyé spécial à Nuremberg ne manquait pas d'indiquer que beaucoup voyaient, dans cette sentence démesurée, la main de puissants intérêts économiques, dont le poids avait réussi à maintenir le bandeau allégorique sur les yeux de la Justice pour mieux déséquilibrer le fléau de la balance.

Il faisait déjà noir quand passa un taxi libre. Il le prit et rendit le chauffeur fou en essayant de retrouver la maison des Villalba. Il ne se souvenait pas du nom de la ruelle ni de la manière d'y arriver ; il n'avait fait le trajet qu'une fois, dans un état de surexcitation, en suivant aveuglément les indications de Gaudet. Après avoir beaucoup tourné dans des rues misérables, peuplées d'êtres fantomatiques, il reconnut la place où campaient les gitans. Il fit arrêter le taxi et donna l'ordre au chauffeur de l'attendre pendant qu'il réglait une affaire. Réglez tout ce que vous voulez, mais moi je ne reste pas une seconde ici, répliqua le chauffeur. Je vous payerai le double, proposa Prullàs. Ah bon, dans ce cas… Mais ne lambinez pas, et faites attention : vous avez vu qu'il y a une tribu de gitans.

Il n'eut pas de mal à trouver le porche dans la ruelle. Il monta l'escalier, frappa à la porte à coups redoublés. Une femme en chemise de nuit et en bigoudis finit par sortir de la porte voisine sur le palier. Ça fait un bout de temps que j'entends qu'on frappe et je suis venue voir ce qui se passe. Elle ne semblait pas inquiète ni étonnée de ce remue-ménage intempestif.

Vous allez vous abîmer les poings à force de cogner, dit-elle à Prullàs, et tout ça pour rien : les Villalba sont partis ; le père, les femmes, le lardon de la fille aînée et les petits : la famille entière. L'appartement est vide. Ils ont même dû emporter les toiles d'araignées, à en juger par la façon dont ils ont chargé le charreton ! C'est à peine s'ils pouvaient le bouger, poursuivit la voisine, ils s'y sont tous mis pour le pousser, sauf le tout-petit qui pleurait, assis sur une ridelle.

Ils avaient fait leur déménagement en toute hâte, sans dire à personne où ils allaient ni quelle était la raison d'un départ aussi précipité. Quelqu'un avait fait remarquer que, la nuit précédente, Villalba avait reçu la visite d'un homme mystérieux, très bien habillé, avec un air d'autorité. Certains voyaient dans cette visite la cause principale de leur fuite. Mais la voisine n'ajoutait pas foi à ces histoires : chaque fois qu'il arrivait quelque chose d'imprévu, les gens trouvaient des causes extraordinaires, dit-elle, il y en avait qui disaient que tout ce qui se passait dans le monde était manigancé secrètement par les habitants d'autres planètes. Ils ont dû aller beaucoup au cinéma… commenta-t-elle. Mais, pour moi, les Villalba ont dû trouver que ça sentait le roussi pour eux. Une fois, ajouta-t-elle, elle avait entendu Villalba dire qu'il pensait à émigrer au Venezuela ou au Mexique, où, à ce qu'on disait, on pouvait faire fortune avec une relative facilité. Elle, cependant, n'avait jamais pris ces lubies au sérieux. Villalba était un inutile, affirma-t-elle, lunatique, mais surtout fainéant ; un homme perdu par la boisson, comme tant d'autres ; quand il revenait soûl du bistrot, c'est-à-dire presque chaque nuit, il faisait un raffut de tous les diables. Tous les membres du foyer sans exception avaient droit à leur ration de torgnoles, et bien servie. En ce qui la concernait, ce comportement ne la surprenait pas, ajouta-t-elle avec tristesse ; tout le temps de son mariage, elle était passée par le même calvaire ; tant que son mari avait été vivant, sa vie avait été un naufrage quotidien. Aussi, aujourd'hui, les voisins pouvaient bien la réveiller par leurs pugilats, elle ne se plaignait pas : il était mille fois plus agréable d'entendre ce sabbat à travers une cloison que de l'avoir chez soi. Seuls les enfants du clan Villalba lui faisaient de la peine, ajouta-t-elle avec une compassion sincère, certains étaient tout petits ; plus d'une fois, elle les avait pris chez elle en cachette de Villalba, elle les avait lavés et leur avait donné à manger. Je ne sais pas ce qu'ils vont devenir, maintenant, soupira-t-elle.

*

En sortant de la maison, Prullàs dirigea ses pas vers le campement des gitans où régnait la quiétude la plus absolue, comme s'il était désert ou comme si tous ceux qui y vivaient s'étaient retirés pour se reposer. Derrière une roulotte, il trouva un petit homme malingre, au visage encadré de larges pattes blanches, qui activait avec un soufflet les braises d'un four en argile. Prullàs lui demanda s'il connaissait un tondeur de chiens ; il avait besoin de lui parler et était prêt à récompenser généreusement toute information qu'il pourrait lui donner. L'homme au soufflet répondit qu'ils n'étaient pas tondeurs de chiens mais chaudronniers ; ils ne s'occupaient que de réparer les casseroles et les marmites, dit-il. Ce petit four, ajouta-t-il en continuant de ventiler les braises avec son soufflet, leur servait de forge : ils y fondaient le cuivre dont ils se servaient pour mettre des pièces aux ustensiles troués et ils le travaillaient ensuite sur une minuscule enclume. Ils réparaient aussi les baleines de parapluies. Prullàs ne l'écoutait pas. Entre les ombres massives des roulottes, il lui avait semblé distinguer la forme d'un ours couché par terre. Suivant son regard, le chaudronnier confirma sa première impression : il s'agissait en effet d'un ours dressé, venu de Bulgarie avec son maître ; l'ours et le maître avaient parcouru toute l'Europe à pied en dansant dans les rues et sur les places pour gagner leur pitance. Pour l'heure, ils étaient provisoirement les hôtes des chaudronniers. Prullàs le remercia de l'information et lui donna un abondant pourboire. Le visage du chaudronnier exprima la surprise : il ne comprenait pas ce qu'il avait fait pour mériter une telle récompense. C'est pour vous, et aussi pour l'ours, dit Prullàs en manière de justification.

*

Il fit arrêter le taxi devant l'hôtel Gallardo. Vous voulez encore que je vous attende ? protesta le chauffeur. Tant que tourne votre compteur, qu'est-ce que ça peut vous faire ? dit Prullàs. C'est que je m'ennuie. Achetez-vous une bande dessinée.

Le réceptionniste au gardénia à la boutonnière blêmit en le voyant entrer. Je vous jure sur la tête de ma mère que je ne voulais pas parler. Oui, sur la tête de ma mère. Mais on ne peut pas tenir tête à l'autorité. Et par ailleurs j'ai l'obligation de veiller à la sécurité de ma clientèle. Une bande de malfaiteurs, expliqua-t-il, avait attaqué plusieurs hôtels semblables à celui-là au cours des derniers mois ; ils plumaient ces messieurs les clients et, naturellement, ces messieurs les clients se gardaient bien de dénoncer les vols.

Les malfaiteurs œuvraient en toute impunité, dit le réceptionniste au gardénia à la boutonnière. Pour cette raison, ajouta-t-il, il se voyait forcé d'observer la plus grande prudence, de multiplier les précautions et de faire constamment appel à la collaboration de la force publique, à laquelle il communiquait sur-le-champ toute anomalie. Je vis sur des charbons ardents, conclut-il.

Ne vous inquiétez pas, dit Prullàs, je ne suis pas venu pour faire un scandale. Je veux seulement la chambre habituelle, si elle est libre. Le réceptionniste au gardénia à la boutonnière lui remit la clef. Prullàs monta au premier étage, entra et ferma la porte derrière lui. Une fenêtre de l'immeuble d'en face encadrait le spectacle apaisant d'une famille réunie autour de la table de la salle à manger : au centre fumait un poêlon en terre ; un homme d'âge mûr et un gamin mangeaient voracement, à grands coups de cuiller, la tête plongée dans leur assiette ; une femme entrait et sortait de l'espace visible sans raison apparente. Dans la quiétude de la nuit, on entendait le martèlement stéréotypé des publicités radiophoniques : Trois bols, cinq pesetas ! Six crayons Sindel, cinq pesetas ! Une combinaison en rayonne indémaillable, vingt-cinq pesetas ! Une passoire et un entonnoir, sept pesetas ! Exaspéré par cette cantilène, le chardonneret sautillait dans sa cage. Prullàs quitta la fenêtre et se laissa tomber sur le lit, fixa la fissure du plafond et eut beaucoup de mal à retenir un sanglot. Qui m'aurait dit, il y a à peine un mois, que cette chambre vulgaire et sordide finirait par être pour moi le paradigme du bonheur ! se dit-il. Ses réflexions lui firent peur. Il comprit soudain qu'il était la proie d'un sentiment irrésistible, absurde et douloureux, et aussi qu'il ne reverrait jamais la femme qu'il désirait avec un authentique désespoir. Il se redressa brusquement : cette pièce, imprégnée du souvenir véhément des heures heureuses, ne faisait qu'augmenter son sentiment de frustration. Il descendit l'escalier quatre à quatre, posa la clef sur le comptoir de la réception sans rien dire et quitta l'hôtel en courant. Le réceptionniste au gardénia à la boutonnière vit avec soulagement disparaître ce client solvable et courtois, mais dont la conduite, même dans un établissement destiné à abriter les variantes les plus effrénées de la concupiscence, avait été marquée à tout moment de graves irrégularités.

Chapitre IX

1

Comme presque chaque année, le mois d'août s'acheva par d'impressionnantes tempêtes, des ciels couverts, des coups de vent furieux, qui alternaient avec de brèves et incertaines périodes d'éclaircies. Les bains devinrent hasardeux et peu tentants : le sable était humide et, avec les orages, les algues emmêlées et verdâtres s'étaient accumulées sur la plage, où elles pourrissaient au soleil et dégageaient une odeur désagréable. La mer était agitée, les vagues puissantes déferlaient en rugissant sur la côte ; certains jours, leur violence semait la panique chez les baigneurs. Malgré tout, dès que l'instabilité du temps le permettait, les familles qui composaient la colonie des estivants continuaient de sacrifier au rite. Dans ces cas-là, Prullàs descendait lui aussi à la plage, ponctuel et scrupuleux, mais il ne participait pas à l'agitation générale ; il ne mettait même pas son maillot de bain. Tout habillé de blanc et coiffé d'un panama neuf, cadeau de Martita, il s'asseyait à l'abri de la tente, sur un pliant, et essayait de lire la presse quotidienne avec une application ridicule, en se battant contre les rafales de vent qui emmêlaient les pages et, souvent, les lui arrachaient des mains, pour la plus grande joie de la marmaille. De temps en temps, il abdiquait dans sa lutte contre le vent, levait les yeux des caractères imprimés et les fixait sur l'horizon où une légère frange grisâtre annonçait l'imminence de nouvelles averses et de nouveaux coups de tonnerre. Alors il était envahi par une grande tristesse et trouvait une excuse quelconque pour rentrer à la maison. Une fois là, il ne savait que faire. Comme il avait cessé de lire des romans policiers et qu'il ne pouvait se concentrer sur aucun autre genre de lectures, il errait d'un endroit à l'autre, les mains plongées dans les poches de son pantalon, contemplant les musaraignes, se heurtant aux domestiques et gênant les activités du foyer. Le matin, il était le dernier à se lever, il faisait une longue sieste après le déjeuner et, même ainsi, il vivait dans un état de somnolence permanente ; il se réfugiait continuellement dans les coins isolés. Pour la première fois, il consacrait beaucoup de temps à ses enfants et, à leur grande consternation, il s'était imposé l'obligation épuisante de les aider à faire leurs devoirs de vacances : une interminable série de problèmes arithmétiques et d'analyses grammaticales qui, loin du milieu scolaire, dans cette ambiance de farniente et de dissipation, semblaient avoir été conçus par un esprit malade.

Il ne recherchait pas les relations mondaines, mais il ne les fuyait pas non plus. Dans les réunions, il se montrait causant et spirituel comme à son habitude, et il ne se renfrognait que lorsque le ton général de la conversation tournait à la médisance, qu'il haïssait. Mais il n'était plus le même : désormais, son attitude semblait partagée entre la joie et l'ennui, l'intérêt et le dégoût ; il était difficile de discerner si la présence des autres l'assommait ou lui faisait plaisir, si sa volubilité était sincère ou si elle faisait partie d'une image publique qui altérait peu à peu sa véritable personnalité. Ceux qui le connaissaient bien voyaient passer de temps à autre sur son visage l'ombre fugace d'une émotion intense.

*

Avec Marichuli Mercadal, il n'avait plus eu d'autres relations que celles imposées par le hasard et le voisinage ; ils se saluaient et échangeaient de brèves banalités. De son côté, elle ne tentait pas le moindre rapprochement. Les journées pluvieuses, l'annonce de l'automne avec sa charge de mélancolie affectaient visiblement sa fille. Pour la première fois de sa vie, Alicia Mercadal semblait avoir pris conscience de son état précaire. Elle aussi, sur la plage, abandonnait parfois ses jeux pour laisser errer son regard sur l'horizon, comme si elle pouvait lire dans la brume qui couvrait les limites de la mer le présage d'une fin prochaine, la date imminente de l'appel irrévocable. Durant le jour, elle était gaie et participait aux amusements de son âge, mais, quand la nuit approchait, elle se mettait à pleurer avec désespoir ; et Marichuli Mercadal, même si son mari tentait de minimiser l'importance de cette instabilité qu'il attribuait, peut-être à juste titre, aux inquiétudes et aux états d'âme d'une adolescence précoce, se désolait de ne pouvoir apporter à sa fille la moindre consolation.

Paradoxalement, c'était cet abattement, parallèle à celui de Prullàs, qui lui permettait maintenant d'opposer un frein aux emportements d'une passion que jusque-là, quand elle était encore en possession de toutes ses forces, elle n'avait pu réussir à dominer et qui n'avait fait que croître. Désormais, son cœur était sec et son esprit vide ; même la constante présence physique de l'homme pour qui, à peine une semaine auparavant, elle aurait tout sacrifié ne parvenait pas à la tirer du marasme dans lequel elle avait sombré.

*

Tous les jours, à la tombée de la nuit, Prullàs partait pour de longues promenades sur la plage déserte. Il marchait vite, sans but précis, perdu dans ses ruminations ; parfois, un objet rendu à la terre par les vagues attirait son regard : une boîte de sardines rouillée, une bouteille vide, un soulier à la semelle béante qui semblait sorti d'un film de Charlot. Prullàs s'agenouillait près de ces pauvres épaves d'un naufrage imaginaire, les étudiait un moment et poursuivait sa marche plus absorbé qu'avant, comme si ces trouvailles avaient fourni une pâture à de nouvelles réflexions.

Un soir, ses pas le menèrent à l'extrémité de la plage, près du brise-lames. Il s'assit et resta là, extasié, à contempler la mer sous les derniers reflets du soleil. Un train rapide passa : le sol trembla, une pluie d'étincelles s'abattit sur les rails et une fumée noire encrassa le ciel violacé du couchant ; les mouettes posées sur le faîte de la digue s'envolèrent en poussant des cris lamentables. Puis, par contraste, il lui sembla que s'installait un silence oppressant. Le lieu solitaire, la lumière agonisante, les rochers sombres, le bruit des vagues et les cris tristes des oiseaux étaient le reflet exact de son état d'esprit, pensa Prullàs. Cette constatation lui fit monter les larmes aux yeux.

Il se reprit en avisant la présence d'un homme qui, du bout du brise-lames, marchait vers la plage en sautant avec agilité sur les rochers malgré son âge avancé et son embonpoint, et bien que chargé, de surcroît, des nombreux impedimenta du pêcheur à la ligne. Quand l'homme fut plus près, Prullàs vit que l'alerte pêcheur n'était autre que son beau-père. Il alla à sa rencontre et l'aida à descendre sur le sable. Puis ils reprirent ensemble le chemin de la maison. Le beau-père de Prullàs était d'excellente humeur ; sans prêter attention à la mine taciturne de son gendre, il exhiba fièrement le résultat de son habileté et de sa persévérance : trois petits poissons de toute évidence immangeables, qui se débattaient au fond de la nasse dans les affres de l'asphyxie.

Tu ne peux imaginer la joie que tu me donnes par ta présence parmi nous ! s'exclama-t-il ensuite avec impétuosité, en lui prenant le bras. Je ne me suis jamais mêlé de tes affaires et je comprends que le caractère particulier de ton métier t'oblige parfois à mener une vie peu conventionnelle, mais on a beau dire, j'ai toujours pensé que la place d'un homme est dans sa maison et dans sa famille. Un de ces jours, il faudra que nous parlions calmement. Je songe à me retirer des affaires, et j'aimerais que tu prennes en main… Pas tout de suite, bien sûr, non, rien ne presse. Petit à petit. Tout change si vite ! Tu vois, quand j'ai commencé à travailler, et bien avant, depuis des temps immémoriaux, un associé était un ami, presque comme un frère. On allait chez lui, on partageait avec lui les joies et les peines de la vie, il était le parrain de tes enfants et tu étais celui des siens… enfin, tu me comprends. Aujourd'hui, au contraire, les sociétés sont anonymes, tu te rends compte, anonymes ! On ne sait plus avec qui on fait équipe, à qui on peut ou on ne peut pas faire confiance. Aujourd'hui, une entreprise est une machine dirigée de n'importe où, de l'étranger, de Londres ou de Wall Street. Tu as vu ce qui est arrivé à ce pauvre Krupp. Mais je refuse que mon entreprise connaisse ce sort. Mon grand-père l'a fondée et il est resté à sa tête jusqu'à sa mort, puis est venu mon père, puis moi ; notre maison fait partie de la Catalogne, c'est un morceau de l'économie et de l'histoire de cette terre, et je ne veux pas qu'à ma mort elle puisse tomber entre les mains d'un abruti de Zurich ou d'ailleurs. C'est pour cela que j'ai pensé… Enfin, nous en reparlerons.

Prullàs acquiesça mécaniquement. Un instant, le soupçon l'effleura que les paroles de son beau-père cachaient un sens secret, que cet homme rusé savait plus de choses que son attitude affectueuse ne le laissait entendre ; mais il chassa immédiatement cette idée incongrue.

*

En entrant dans le village, ils croisèrent Roquet el dels Fems qui leur donna des prospectus annonçant le programme de la fête votive. Messe solennelle, joyeux orphéon, théâtre de marionnettes, feux d'artifice, bals splendides, jeux et concours pour les petits et les grands, prix magnifiques ! L'idiot riait aux anges, son imagination anticipant ce déluge de réjouissances. Prullàs, en revanche, en fut tout surpris.

Caramba, mon garçon, dans quel monde vis-tu ? dit son beau-père en riant. Ces derniers jours, ma femme et Martita ont fait deux escapades à Barcelone pour aller chez la modiste et le coiffeur, et tu ne t'en es même pas aperçu ! Tu parles d'un mari !

Eh bien, oui, c'est vrai, je n'ai rien vu, admit Prullàs.

L'ignorance de la loi ne dispense pas d'y obéir, répliqua l'autre. Hier, j'ai vu qu'on repassait mon smoking et le tien.

2

Le deuxième jour de la fête, vers cinq heures de l'après-midi, il se produisit un fait extraordinaire. Prullàs somnolait sur une chaise longue, sous un pin, *La Vanguardia* en équilibre précaire sur les genoux, quand ses enfants, en sueur et excités, vinrent interrompre sa léthargie. Papa, s'il te plaît, Papa, donne-nous de l'argent pour aller au tir ! lui dirent-ils. Encore ? bougonna Prullàs, mais Grand-père vous a déjà donné vingt duros ! On a tout dépensé ! Papa, s'il te plaît, Papa ! Prullàs leur donna un billet de vingt-cinq pesetas. N'achetez pas de glaces ni de cochonneries, et surtout pas de barbe à papa ! Les enfants promirent en faisant de leur mieux pour prendre l'air sérieux : cela ne leur semblait pas bien de montrer ouvertement leur absence d'intérêt pour celui qui venait de se laisser rançonner sans résistance. Avant de s'enfuir, ils lui dirent : Ah, Papa, il y a un monsieur qui te demande à la porte de la rue. Un monsieur ? Et vous ne pouviez pas me le dire avant ? Pardon, Papa, on avait oublié. Et il n'a pas dit qui il est ? Si, mais on n'a pas fait attention. Au revoir, Papa.

Prullàs se leva avec difficulté pour aller accueillir le nouveau venu. En repliant le journal, il lut le titre énorme qui annonçait qu'un tribunal supérieur avait cassé le jugement d'Alfred Krupp pour vice de forme dans la procédure. Le magnat allemand avait été remis en liberté et les actions de son empire industriel lui avaient été restituées. Tant de mal pour rien, pensa-t-il.

Devant le portillon, sous le soleil impitoyable de l'après-midi, il vit don Lorenzo Verdugones. Don Lorenzo, vous ici, de nouveau ! s'exclama-t-il. Ça alors, pour une surprise ! Mais entrez, entrez, vous allez fondre par cette chaleur. Ne vous en faites pas pour ça, répondit le hiérarque, je supporte toutes les rigueurs. Pardonnez-moi d'avoir tardé, les enfants ont oublié de me prévenir… Don Lorenzo interrompit les excuses : Les enfants, dit-il, sont la semence de l'avenir, le fruit encore vert de la nouvelle Espagne. Alors vous ne voulez pas entrer ? demanda Prullàs. Je préférerais que nous fassions un tour dans le village. J'ai aperçu les rues décorées, on voit tout de suite que c'est la fête. Ah, les vieilles traditions de l'Espagne ! Très bien, nous allons marcher jusqu'au Casino, dit Prullàs en interprétant la proposition de l'autre comme un désir de confidentialité.

*

Les deux hommes marchaient dans les rues désertes en cherchant l'ombre des arbres et des murs. Ils se taisaient. Aujourd'hui, cependant, à la différence des autres fois, ce silence tourmentait don Lorenzo Verdugones et s'accordait bien à l'état d'esprit de Prullàs : ni la curiosité, ni la peur, ni le ressentiment que pouvait provoquer en lui la visite inattendue du hiérarque ne suffisaient pour vaincre son apathie.

Il est possible, mais seulement possible, que je vous doive des excuses pour ce qui s'est passé ces derniers jours, dit enfin don Lorenzo Verdugones en faisant visiblement un effort. Dans le cas hypothétique où cela serait, je veux qu'il soit bien clair que je ne suis pas venu pour vous les présenter.

Don Lorenzo, ce que vous pouvez penser et dire me laisse complètement indifférent, répondit Prullàs. Ah ! Alors cela ne vous intéresse pas de connaître la raison de ma visite ? Non, ça ne m'intéresse pas, mais si vous voulez me la dire, dites-la-moi.

Don Lorenzo Verdugones s'éclaircit la gorge avant de poursuivre : Il y a deux jours, j'ai reçu la notification de ma mutation. C'est arrivé plutôt… inopinément, pour être sincère ; franchement, je ne m'y attendais pas. Évidemment, cela ne m'affecte pas le moins du monde. On peut servir la patrie partout ! En effet, approuva Prullàs, ce que vous faites, on peut le faire partout.

Ils firent un bout de chemin en silence. En approchant du Casino, la fumée huileuse d'un marchand de beignets les enveloppa. Don Lorenzo Verdugones huma avec délices l'odeur épaisse. *Buñuelos, polvorones, roscos* et *pestiños !* s'exclama-t-il. La cuisine de l'Espagne, ascétique et savoureuse ! Don Lorenzo, arrêtez de parler pour ne rien dire et racontez-moi une bonne fois pour toutes pourquoi vous avez été viré. Viré ? murmura l'autre en fronçant les sourcils. Je ne vois pas les choses sous cet angle. Voyez-les comme ça vous chante, don Lorenzo, mais la vérité c'est qu'on vous a fait un tour de cochon, qui prétendez-vous leurrer ? Allez, entrons plutôt dans le Casino, à cette heure il n'y aura pas âme qui vive, nous pourrons bavarder tranquillement et au frais.

*

Tout le village faisait la sieste et la salle du Casino était totalement vide. Ils tapèrent dans leurs mains et M. Joaquín apparut en se frottant les yeux avec les poings. Je ne fais jamais la sieste, dit-il, mais pendant les fêtes, qu'on le veuille ou non, on se couche à des heures impossibles. Je ne me plains pas, hé ! hé ! le commerce est le commerce. Après ça, les estivants s'en vont et, au village, nous restons en veilleuse, et plutôt deux fois qu'une, ajouta-t-il en introduisant deux doigts dans ses fosses nasales pour illustrer cette assertion. Servez-nous deux whiskies avec de la glace et de l'eau de Seltz, dit Prullàs. Pour moi, ça sera un double, précisa don Lorenzo Verdugones.

Don Lorenzo Verdugones but un grand coup et essuya sa fine moustache avec un triangle en papier presque transparent. Prullàs l'observait avec curiosité. Quel personnage, pensa-t-il. Quand il était investi de son pouvoir, je lui trouvais l'air d'un cuistre, et maintenant qu'il est dépouillé de tous ses attributs, je lui trouve l'air d'un cuistre à la puissance trois. Et à voix haute, s'adressant à son interlocuteur silencieux, il dit : Don Lorenzo, personne ne nous écoute, dites-moi la vérité, étiez-vous impliqué dans la conspiration de Saint-Jean-de-Luz ?

Le hiérarque en disgrâce posa son verre sur la table et regarda Prullàs de bas en haut. Pourquoi cette question ? Pour rien, répondit Prullàs, j'ai pensé que cela pouvait être la cause de votre destitution éclair. De ma mutation ? Non, non, absolument pas, répondit l'autre en toute hâte, ma loyauté au régime est sans faille ! D'ailleurs, l'histoire de Saint-Jean-de-Luz a été une farce. Vous vous rendez compte, la vieille aristocratie provinciale : un ramassis de branleurs syphilitiques. Et pendant qu'ils conspiraient au vu et au su de tout le monde en se faisant plumer autour des tables de baccara, le chef de l'État et don Juan de Bourbon réglaient leurs différends à bord de l'*Azor*. Il fit signe à M. Joaquín de lui servir un autre double whisky et ajouta : C'est désormais officiel, dans un mois, Son Altesse royale don Juan Carlos viendra à Madrid pour y recevoir l'éducation qui convient à son avenir historique. Le futur de l'Espagne est en bonnes mains ! M. Joaquín apporta le whisky, Prullàs offrit des cigarettes et ils fumèrent tous les trois. Puis M. Joaquín se retira, par discrétion et par prudence.

Je vais vous faire un aveu, poursuivit don Lorenzo Verdugones au bout d'un moment, je quitte la Catalogne avec une certaine tristesse. Oui, monsieur, contre toute attente, j'ai fini par me prendre d'affection pour cette belle et noble terre : l'activité opiniâtre de ses industries, la grâce de ses églises romanes, ses plages baignées de soleil, la plaine fertile de l'antique Ilerda… et Barcelone, cité joyeuse, laborieuse et cosmopolite qu'immortalisa Cervantès ! Magnifique région ! Dommage que les Catalans l'enlaidissent beaucoup.

Il fuma un moment en silence, ressassant son ressentiment, après quoi il reprit : Je ne supporte pas les Catalans. J'ai passé plusieurs années à les flatter dans tous mes discours, et aujourd'hui je peux enfin proclamer mes sentiments sans fard. Soyez sans crainte, don Lorenzo, je suis sûr qu'ils sont réciproques, dit Prullàs d'autant plus tranquillement qu'il savait que l'autre ne l'écoutait pas.

Quand on m'a envoyé dans ce coin de la péninsule, poursuivit le hiérarque en disgrâce, j'y suis venu avec réticence mais aussi avec les meilleures intentions. Je me suis appliqué à résoudre les graves problèmes qui y existent ou, en tout cas, à les traiter. Et voyez comment les Catalans m'ont payé de mes peines. Race de Judas ! Ils me disaient oui à tout, et ensuite ils n'en faisaient qu'à leur tête. Ils étaient tous obséquieux, mais personne ne m'aimait. J'ai connu la solitude du pouvoir, mon cher Prullàs ! Tout ce que j'ai fait pour gagner leurs cœurs n'a servi à rien : mettre fin à la pénurie de ravitaillement et de matières premières indispensables pour la production, instaurer une politique de construction de logements sous l'égide des pouvoirs publics, liquider le banditisme dans la Sierra de Cadí, autoriser les sardanes, que sais-je ? Et eux ? Rien ! Chacun pour soi, et quant au bien commun : le boycott. En Catalogne, les forces économiques agissent au détriment de leur propre peuple. Quel pays arriéré, monsieur, oui, arriéré ! C'est le libéralisme archaïque, celui du siècle dernier, le serpent du mercantilisme qui relève sa tête venimeuse pour se dresser contre la prospérité de l'Espagne. Cette fois encore, nous devons affronter le vieil ennemi, comme Ramiro Ier qui refusa de payer l'infâme et exécrable tribut des cent vierges ; comme don Pelayo, Recaredo y Wamba, comme le Cid, le comte Fernán González et don Gonzalo de Cordoue, plus connu sous le nom de Grand Capitaine.

Prullàs le laissa déblatérer ; quand l'autre eut épuisé son stock de rhétorique nationale, il en profita pour revenir à la charge : Mais alors, s'il ne s'agissait pas de la conjuration monarchique, que s'est-il passé, don Lorenzo ? Qui a eu votre peau ? Don Lorenzo Verdugones commanda d'une voix forte un autre double whisky. Vous ne devinez pas, monsieur le détective ? s'exclama-t-il ensuite, pour répondre à la question de Prullàs : Ces fumiers du Consortium des farines !

Ah, je comprends, maintenant, dit Prullàs : les voleurs de blé ont eu le dessus, c'est bien ça ? Et Fontcuberta était réellement le cerveau de l'opération, comme vous le disiez…

Bah ! Fontcuberta n'est qu'un pion sur l'échiquier, une simple marionnette, dit don Lorenzo Verdugones. Il y a beaucoup de gens impliqués, d'ici et d'ailleurs ; des noms connus…

Vallsigorri ? demanda Prullàs. Je suppose, et aussi cette espèce d'avocat véreux… Maître Sanjuanete ? Oui, et d'autres, et d'autres. Ils étaient tous dans la combine ! Vous vous souvenez du soir où nous nous sommes rencontrés chez Brusquets ? Un nid de frelons, tous prévaricateurs et profiteurs. Dans cette caverne d'Ali Baba, avec leurs coupes de champagne, leurs havanes et leurs petits-fours, il étaient en train de tondre le peuple affamé sous notre nez ! Ils ont pétri leurs fortunes avec le pain de la patrie ! M. Joaquín posa le verre de whisky sur la table et repartit à toute allure en entendant le ton qu'avait pris la diatribe. Don Lorenzo Verdugones éclusa la moitié du whisky et ajouta d'un air dolent : Si on m'avait laissé faire, j'aurais nettoyé le pays de ces sangsues, mon cher Prullàs ; j'aurais extirpé cette tumeur maligne, si l'on ne m'avait pas ôté le scalpel de la main. Mais ils m'ont devancé, hélas, ils ont des protecteurs puissants, très haut, vous m'avez compris. Au Pardo ? insinua Prullàs. Ne mêlez pas le Caudillo à cette affaire ! répliqua l'autre. J'ai seulement dit « très haut ». Même à la Sainte Cène, il y avait un traître, et pourtant c'était le Christ lui-même qui les avait choisis ! Hélas ! j'aurais pu amputer le membre gangrené. Mais juste au moment où j'étais sur le point d'y arriver, quand je croyais les tenir dans ma souricière, ils m'ont devancé. Quelqu'un a mouchardé. Et vous savez qui ?

Ne me dites pas. Poveda.

Non, mon cher, Poveda travaille pour moi, dit l'autre en riant. Puis son visage redevint sombre. Sigüenza ! Qui m'aurait dit ça ! J'avais déposé toute ma confiance dans ce foutriquet, mon cher Prullàs, et au bout du compte, comme vous voyez, il m'a doublé. Moi qui l'avais traité comme mon fils ! Comment tirerons-nous l'Espagne de son arriération séculaire, avec des gens comme ça ? Il y avait dans la voix du vieux lutteur un tremblement proche du sanglot et dans ses yeux le voile sentimental d'une cuite.

Don Lorenzo, si vous voulez que je vous dise la vérité, je me moque de cette histoire comme de ma première chemise ! dit Prullàs. Et vous n'avez pas volé ce qui vous est arrivé, pour avoir voulu réformer le monde quand personne ne vous avait sonné. Le héros en disgrâce regarda son interlocuteur avec plus d'affliction que de colère. Ah ! répondit-il, cela vous est facile de parler ainsi, vous qui passez votre vie à écrire des niaiseries et qui vivez de l'argent de votre beau-père. Mais, moi, j'ai consacré toute mon existence à la patrie, bordel ! J'ai risqué mes couilles au Cuartel de la Montaña, à l'Alto de Los Leones de Castille et à Teruel. Ces couilles-là, mon cher Prullàs ! Et il est triste de voir une vie entière, brûlée sur l'autel d'un idéal, finir en quenouille dans la flaque sordide du vol et du brigandage. Bordel de merde, mon existence entière en feu de paille ! Où sont les gogues ? Je suis en train de me pisser dessus.

Prullàs lui indiqua la porte et don Lorenzo vida le whisky, écrasa sa cigarette dans le cendrier et se leva. Je reviens tout de suite, mon cher Prullàs. Ne partez pas, dit-il, j'ai encore quelque chose d'important à vous exposer. On peut servir la patrie partout ! Où dites-vous que sont les gogues ?

*

Au bout d'un moment, le héros en disgrâce revint en titubant et se rassit. Nous sommes à sec, murmura-t-il en observant son verre vide avec perplexité. Vous feriez mieux de ne pas boire davantage, don Lorenzo, dit Prullàs, surtout si vous devez conduire pour rentrer à Barcelone. Oh, ne vous inquiétez pas pour ça ! J'ai encore la voiture officielle et le chauffeur en uniforme, ils n'oseront pas me les enlever. Je suis décoré de San Fernando ; je n'en suis pas réduit à prendre le train. D'ailleurs, je ne suis pas ivre. Mais vous avez peut-être raison : nous ferions mieux de ne pas boire davantage. Nous devons conserver la tête claire pour aborder la question que je veux vous poser, mon cher Prullàs, la tête claire et le cœur ferme. Mon cher Prullàs, je vous l'ai dit en diverses occasions et je vous le répète maintenant : vous me plaisez. Le cœur ferme ! J'ai de l'affection pour vous ; je ne m'attends pas à ce que vous me rendiez la pareille, mais je vous aime bien. Bien sûr, nous avons parfois eu des désaccords, c'est vrai, mais ça n'empêche pas que vous me plaisez. Considérez-moi comme votre ami. Un ami sincère... et ferme... comme le cœur. Voilà ce que j'étais venu vous dire. Non, attendez, ne m'interrompez pas. Ce n'est pas tout. Voyez-vous, depuis que Sigüenza m'a joué ce tour de salaud, j'ai réfléchi et je suis arrivé à la conclusion que cela pourrait peut-être vous intéresser de venir avec moi, pas comme secrétaire, mais comme homme de confiance. Vous êtes discret, loyal, et vous savez vous y prendre avec les gens. Dans notre besogne quotidienne, il est très important de savoir s'y prendre avec les gens. De l'entregent et un cœur ferme, mon cher Prullàs ; vous avez l'un et moi j'ai l'autre. Considérez ma proposition. Que me répondez-vous ?

Prullàs prit, avant de répondre, le temps nécessaire pour trouver les mots adéquats. Don Lorenzo, dit-il enfin, on ne m'a jamais fait une proposition aussi peu intéressante. Le héros en disgrâce soupira. A la vérité, je ne pensais pas que vous accepteriez, mais je ne voulais pas partir sans avoir essayé. Ne craignez rien, vous ne m'avez pas offensé par votre refus ; à votre place, j'aurais probablement fait la même réponse. Il n'y a aucune raison pour que vous abandonniez le théâtre ; la vie de bohème, les applaudissements du public, la célébrité... Pour ne pas parler des jolies filles. C'est cela, n'est-ce pas ?

Non, don Lorenzo, ce n'est pas cela, répondit Prullàs. Justement, ces derniers jours, j'ai pris la décision d'abandonner le théâtre et d'entrer dans les affaires. Nous en avons déjà parlé, mon beau-père et moi ; il m'a donné son accord et je commencerai à travailler dans une de ses entreprises à l'automne. *Arrivederci, pollo !* sera mon chant du cygne. Si j'ai refusé votre proposition, c'est qu'elle ne me tente pas. Et boutonnez votre braguette.

Très bien, très bien, acquiesça le héros en disgrâce, en manipulant gauchement les boutons de sa braguette, vous avez tous les droits du monde de vous moquer. Allez-y, haro sur le baudet ! En fin de compte, c'est moi le fautif : je sais, je sais, je me comporte d'une manière grotesque et indigne. Je me sens un peu malade ; c'est à cause de cette chaleur infernale et de cette odeur répugnante de beignets qui me donne des nausées. Et puis j'ai dû dire une bêtise, je le reconnais. Tout homme a son point faible, comme dit Frederic March. Non, s'empressa-t-il de préciser en apercevant le regard amusé de son interlocuteur, je n'aime pas le cinéma, je trouve que c'est une ânerie solennelle ; mais de temps en temps, pour me distraire de mes soucis... Bon, il se peut que je ne sois venu ici que pour chercher cette humiliation ; Dieu sait comment fonctionne le subconscient... Mais tout ça ne vous autorise pas à vous croire supérieur à moi, mon cher Prullàs. Vous êtes un nigaud si vous vous croyez supérieur à moi. Et je vais encore vous dire une bonne chose : votre position vous semble très confortable, mais vous ne pourrez pas la conserver ; tôt ou tard, vous devrez prendre parti. Et si vous ne le faites pas, d'autres le feront pour vous. Il est possible qu'ils l'aient déjà fait, depuis longtemps, sans que vous vous en soyez rendu compte. Vous voyez ? Ça y est, ajouta-t-il en montrant sa braguette boutonnée.

Don Lorenzo, vous avez raison, répliqua Prullàs, votre conduite est véritablement grotesque. Et pour conclure, je veux qu'une chose soit claire : vous avez commencé en disant que vous ne veniez pas me présenter vos excuses pour ce qui s'est passé ces dernières semaines. Eh bien, sachez que si vous étiez venu me présenter vos excuses, je ne les aurais pas acceptées. Je ne me crois pas supérieur à vous, don Lorenzo, mais il est fort probable que je le sois. Il me semble que nous avons épuisé les sujets de conversation.

Vous savez mieux que moi ce qui vous convient, dit don Lorenzo Verdugones en se levant de nouveau. Garçon, la douloureuse ! Pas question, don Lorenzo, dit Prullàs, vous êtes venu me rendre visite et c'est donc à moi de vous inviter : nul désaccord ne saurait nous faire enfreindre les lois sacrées de l'hospitalité. Monsieur Joaquín, mettez le tout sur mon compte !

Don Lorenzo se mit en marche vers la porte, accompagné de Prullàs. Le ministère de l'Intérieur, dit-il en arrivant sur le seuil, a désigné pour me succéder le colonel Vergara, celui avec qui vous m'avez entendu parler au téléphone, l'autre fois ; c'est un garçon de grande valeur ; si vous avez besoin un jour de quelque chose, n'hésitez pas à faire appel à lui. Même si l'affaire Vallsigorri est close, il se peut qu'elle vous cause encore quelques petits désagréments. S'il en était ainsi, tant le colonel Vergara que Sigüenza lui-même vous rendront service avec plaisir. Quoi qu'il arrive, je vous souhaite beaucoup de succès avec votre pièce, n'oubliez pas de présenter mes hommages à votre épouse, et suivez mon conseil : enlevez le bègue. Il fit un pas en avant et franchit avec décision la ligne séparant l'ombre fraîche de la salle et la lumière ardente de la rue. Allons bon ! s'exclama-t-il en se protégeant les yeux de son avant-bras, j'ai dû laisser mes lunettes de soleil dans la voiture. Tant pis, courage, et sus au taureau !

Prullàs tendit la main, que l'autre serra brièvement et avec force. Profitez du trajet pour dormir, dit Prullàs. Merci, c'est ce que je vais faire, dit don Lorenzo Verdugones. Puis il s'éloigna de quelques pas, s'arrêta au milieu de la chaussée, fit demi-tour et s'exclama en retrouvant sa voix tonitruante : Si vous changez d'avis, faites-le-moi savoir ! La patrie manque cruellement d'hommes comme vous et comme moi, mon cher Prullàs. Il faut que quelqu'un marche à l'avant-garde, forme les rangs et encadre les tièdes !

Il bomba le torse, claqua des talons et salua le bras tendu, sous le regard perplexe d'une vieille qui finissait d'installer sur le trottoir un étal de pois sucrés et de lupins.

3

L'éclat éblouissant des fusées, des roues et des cascades du feu d'artifice brillait encore dans les yeux, le crépitement du bouquet final vibrait encore dans l'air, et la brise de mer apportait l'odeur de la poudre dans les moindres recoins, lorsque les estivants, en tenue de soirée, couverts de parfums et de bijoux, firent leur entrée dans le Casino. Les gens du village s'étaient massés dans la rue pour assister, cette année encore, à cette exhibition d'élégance et d'honorabilité. Malgré l'heure avancée, profitant de la tolérance des jours de fête, les enfants de la colonie étaient là, eux aussi, accompagnés de la domesticité, pour voir défiler leurs parents. Du coin de l'œil, Prullàs distingua ses fils juchés sur un muret du trottoir d'en face, d'où ils pouvaient contempler le spectacle tout à leur aise. Cette vision le tira de son apathie. Dans bien des années, pensa-t-il, quand nous serons presque tous morts, ils conserveront toujours le souvenir de ces années heureuses ; peut-être cette lointaine perspective est-elle la seule justification de la futilité de nos existences.

*

Dans la salle de billard décorée de banderoles et de guirlandes, M. Joaquín et ses fils, tous trois vêtus sobrement de gris sombre, recevaient chaque couple avec un empressement croissant et en inclinant cérémonieusement le buste. L'orchestre jouait une valse dans le jardin. Le ciel était resté toute la journée sans nuages et rien ne laissait penser qu'une averse viendrait gâcher la fête. La nuit était tiède, ce qui n'avait pas empêché les dames de venir déposer, dans l'après-midi, châles, écharpes et capes au vestiaire du Casino pour se prémunir contre la fraîcheur.

Prullàs laissa Martita et ses beaux-parents se livrer à un laborieux échange de salutations et de compliments avec d'autres estivants et chercha refuge au comptoir, tenu, en remplacement de M. Joaquín et de ses fils, par une jeune personne inexpérimentée et rougissante que le docteur Mercadal était en train d'engueuler affectueusement.

Ah, Prullàs ! dis-moi ce que tu penses de ça : je demande un whisky et cette demoiselle me sert une dose ridicule, comme s'il s'agissait d'un sirop pour la toux… ou d'un laxatif ! Allons, ma petite, laissez-moi cette bouteille et je vais vous montrer comment on s'y prend. Et mettez un autre verre avec de la glace pour mon ami.

L'éminent chirurgien se servit une dose bien tassée et en versa une autre, identique, à Prullàs. Ils burent à la fin des vacances. Marichuli Mercadal les rejoignit, profondément préoccupée : en entrant, elle avait découvert Alicia dans la foule et elle avait eu l'impression que sa fille n'était pas assez chaudement vêtue. Je lui ai dit de mettre son chandail angora qui est bien chaud et qui lui va très bien, mais elle n'a rien voulu savoir, elle a mis sa blouse grenat qui est mince comme du papier à cigarette. Elle ne m'écoute jamais, elle est têtue comme une mule, se lamenta-t-elle.

Laisse-la donc, il ne lui arrivera rien, dit le docteur Mercadal, je t'ai dit mille fois de ne pas te faire tant de souci pour cette pauvre Alicia. Se faire du souci est inutile et cette attitude de surprotection finira par créer une relation de contre-transfert susceptible d'affecter le développement de son identité. Je crois que je prendrai bien un whisky, moi aussi, dit Marichuli Mercadal avec un geste las, mais ne m'en sers pas une telle quantité, s'il te plaît. Je ne savais pas que tu buvais du whisky, dit Prullàs. Je commence aujourd'hui, répliqua-t-elle. Elle avala une gorgée et eut un frisson qui ressemblait plutôt à une convulsion. L'éclair de démence que Prullàs avait déjà remarqué passa brièvement dans ses yeux. On danse ? lui demanda-t-il.

*

Ils descendirent l'escalier qui menait au jardin. La piste de danse était éclairée par des douzaines de lampions japonais. Merci de m'avoir tirée de là, murmura-t-elle. Je ne supporte pas cet imbécile, non vraiment je ne le supporte pas ! Un jour, je l'assassinerai. Au nom du ciel, ne dis pas des choses comme ça, même pour plaisanter ! dit Prullàs en l'enlaçant. Il respira le parfum que dégageaient les cheveux de sa cavalière et s'exclama : Comme tu sens bon ! Quel parfum as-tu mis ? Arpège, répondit Marichuli Mercadal, mon mari l'a acheté à un petit trafiquant et m'en a fait cadeau il y a quelque temps ; pourquoi me demandes-tu cela ? Par curiosité. Comment te sens-tu ? Mal, répondit-elle, quand nous rentrerons à Barcelone, ils veulent me faire subir une petite opération. Ils disent qu'elle me libérera de ma dépression. Oui, dit Prullàs, ton mari m'en a parlé. Et tu crois que je dois accepter, Carlos ? Tu crois vraiment que je dois me laisser faire une lobotomie ? Prullàs hésita : Franchement, je n'en ai pas la moindre idée, dit-il au bout d'un moment. Mais si ton mari le dit, il a certainement ses raisons : il ne veut que ton bonheur.

L'orchestre jouait un *danzón*. C'était le début de la soirée et peu de couples dansaient. Personne ne leur prêtait attention. Prullàs perçut la chaleur qui montait des épaules de Marichuli Mercadal et la vibration que son corps transmettait à travers sa robe. Il commençait à subir l'effet de l'ivresse produite par le whisky, le rythme de la danse, la douceur de la brise nocturne ; il eut envie de rester toujours ainsi et souhaita que ce *danzón* dure éternellement. Elle refusait de le regarder, mais Prullàs comprit qu'il suffirait d'un mot de lui, d'un simple geste, pour que le mur dressé entre eux s'écroule. Martita passa près de lui aux bras d'une connaissance, lui sourit et lui fit un clin d'œil ; il répondit sur le même mode à ce signe de complicité et de tendresse. Le morceau s'acheva, il y eut des applaudissements, et l'individu qui avait dansé avec Martita demanda à Prullàs la permission de danser le morceau suivant avec Marichuli Mercadal. Prullàs lui céda la place et quitta la piste. Il eut soif et décida de retourner au bar.

Tandis qu'il remontait l'escalier, un inconnu le salua avec un mélange de timidité et de familiarité. Vous ne vous souvenez pas de moi, monsieur Prullàs ? Non, vraiment, excusez-moi. Je vous en prie, je vous en prie, dit l'inconnu, c'est bien naturel ; mais la mémoire vous reviendra quand je vous aurai dit mon nom de scène : je suis le diabolique docteur Corbeau. Ah ça alors ! Et quel bon vent vous ramène ici, mon cher Corbeau ? Le visage de l'illusionniste s'éclaira d'un sourire de satisfaction. J'ai été engagé pour jouer dans la fête des enfants, expliqua-t-il, vous vous rendez compte, quelle chance ! Si j'ai bien compris, ils comptaient sur Li Chang, mais au dernier moment celui-ci n'a pu venir pour des raisons de santé, ils ont été pris de court, et comme j'avais laissé mon adresse à M. Joaquín pour le cas où il en aurait besoin, eh bien, il a fait appel à moi... et me voici, avec mes boîtes à double fond et mes poudres de perlimpinpin.

Vous m'en voyez ravi, mon cher Corbeau, dit Prullàs. Merci, répondit l'illusionniste, l'été jette ses derniers feux et jusqu'à mai prochain, avec les premières communions, je devrai me serrer la ceinture, c'est pourquoi un bon engagement comme celui-là tombe à pic. Pour être sincère, je ne m'y attendais pas, surtout après ce regrettable incident… Heureusement, ajouta-t-il avec un soupir de bonheur, les gens oublient tout et pardonnent tout du moment qu'ils voient un spectacle qui les amuse, même un spectacle aussi usé que celui du diabolique docteur Corbeau. Notre métier nous fait parfois connaître des périodes de vaches maigres, mais nous pouvons toujours rester sûrs d'une chose : les gens se passeront plutôt de manger que de nous voir, vous êtes bien d'accord avec moi, monsieur Prullàs ?

Ils étaient arrivés au bar, où un fils de M. Joaquín s'occupait de la clientèle, tandis que la serveuse novice, les joues en feu, lavait et essuyait les assiettes, les coupes et les couverts en faisant un bruit d'enfer. Prullàs demanda un verre d'eau, le vida d'un trait, puis, s'adressant au docteur Corbeau, dit : Vous avez tout à fait raison, mon cher Corbeau, cette conviction est la seule chose qui nous permette de ne pas sombrer. Commandez ce qui vous fait envie et dites qu'on le mette sur mon compte.

Il serra la main molle de l'illusionniste et retourna dans le jardin. Une fois là, il chercha des yeux Martita mais ne la trouva pas.

*

Sur l'estrade de l'orchestre, aux pieds des musiciens, était assis Roquet el dels Fems. Bien qu'il suffise d'acheter un billet pour participer à la soirée, un accord tacite dont les origines se perdaient dans la nuit des temps faisait que celle-ci était le bal des estivants, la cérémonie par laquelle la colonie clôturait officiellement la saison. Seul Roquet el dels Fems, par ses caractéristiques particulières, était exempté de cette règle discriminatoire, en vertu d'un accord également tacite et jamais remis en cause, même s'il provoquait une réprobation unanime. Voilà pourquoi il était là, stupide et heureux, les yeux au ciel et balançant la tête à contretemps, à suivre les évolutions des couples et à rire chaque fois que le saxophone jouait. Prullàs vint s'asseoir à côté de lui. L'orchestre se remit à jouer et les couples de danseurs se reformèrent. Prullàs et Roquet contemplèrent un moment cet îlot de félicité au milieu de la violence et de l'incertitude ; c'était un monde à part, condamné sûrement à disparaître, mais encore entier, survivant précaire et obstiné de son propre passé. A la vue de cet aimable spectacle, après l'agitation des dernières semaines et le découragement des derniers jours, Prullàs se sentit en paix avec lui-même. Pour la première fois, il comprenait que tout se réduisait à une formule simple : que les années n'étaient pas passées en pure perte pour lui, qu'il avait mûri et qu'il était en train de vivre l'ultime été de sa jeunesse. Maintenant, il se voyait tel qu'il était : un homme adulte sans situation ni emploi rétribué, et sans autre avenir que la nostalgie. Il n'était en définitive qu'une pièce de ce prodigieux engrenage, exempt de mérite et de faute, simple héritier d'un passé à la construction duquel il n'avait pas participé, mais dont le destin l'obligeait à accepter les conséquences. Maintenant, il comprenait que Gaudet avait eu raison dès le premier moment : sa carrière était terminée, ses plaisanteries, ses jeux de mots et ses gags ne produisaient plus aucun effet sur la sensibilité nouvelle du public, parce que tout, dans la société, était sur le point de changer radicalement, tout sauf cette paix, durement conquise et âprement défendue contre les embûches de toutes sortes. Maintenant, il comprenait que c'était cela, la vie qui lui était dévolue, et que, tant que les circonstances n'en disposeraient pas autrement, tout effort pour la changer était, depuis toujours, condamné à l'échec.

Pour chasser ces pensées, il sortit son paquet de cigarettes blondes, en alluma une et en offrit une autre à Roquet el dels Fems. Celui-ci accepta avec gratitude et se la coinça derrière l'oreille. Fume-la, mon vieux, lui dit Prullàs. On me défend de fumer, dit l'idiot. Pas un jour comme aujourd'hui, répondit Prullàs.

DU MÊME AUTEUR

Le Mystère de la crypte ensorcelée
Seuil, 1982
et « Points », nº P459

Le Labyrinthe aux olives
Seuil, 1985
et « Points », nº P460

La Vérité sur l'affaire Savolta
Flammarion, 1987
et « Points », nº P461

La Ville des prodiges
Seuil, 1988
et « Points », nº P46
Point Deux, 2013

L'Île enchantée
Seuil, 1991
et « Points », nº P657

L'Année du déluge
Seuil, 1993
et « Points », nº P38

Sans nouvelles de Gurb
Seuil, « Point Virgule », 2001
et « Points », nº P1549

L'Artiste des dames
Seuil, 2002
et « Points », nº P1076

Le Dernier Voyage d'Horatio II
Seuil, 2004
et « Points », nº P1343

Mauricio ou les Élections sentimentales
Seuil, 2007
et « Points », nº P1994

Les Aventures miraculeuses de Pomponius Flatus
Seuil, 2009
et « Points », nº P2405

Bataille de chats
Madrid 1936
Seuil, 2012
et « Points », nº P2994

La Grande Embrouille
Seuil, 2013
et « Points », nº P3273

Trois Vies de saints
Seuil, 2014
et « Points », nº P4039

RÉALISATION : IGS-CP À L'ISLE-D'ESPAGNAC
IMPRESSION : NORMANDIE ROTO IMPRESSION S.A.S. À LONRAI
DÉPÔT LÉGAL : JUIN 2015. N° 123471 (1502245)
– Imprimé en France –

Éditions Points

le cercle

Le catalogue complet de nos collections est sur Le Cercle Points, ainsi que des interviews de vos auteurs préférés, des jeux-concours, des conseils de lecture, des extraits en avant-première…

www.lecerclepoints.com

Collection Points Signatures

P91. Les Grands Cimetières sous la lune, *Georges Bernanos*
P201. Portrait de l'artiste en jeune chien, *Dylan Thomas*
P261. Remise de peine, *Patrick Modiano*
P511. Aventures dans le commerce des peaux en Alaska *John Hawkes*
P658. Une comédie légère, *Eduardo Mendoza*
P728. La Splendeur du Portugal, *António Lobo Antunes*
P980. La Pianiste, *Elfriede Jelinek*
P1145. La Fascination de l'étang, *Virginia Woolf*
P1658. L'Épouse hollandaise, *Erik McCormack*
P1856. Le Jardin de ciment, *Ian McEwan*
P1857. L'Obsédé (L'Amateur), *John Fowles*
P1858. Moustiques, *William Faulkner*
P1859. Givre et Sang, *John Cowper Powys*
P1860. Le Bon Vieux et la Belle Enfant, *Italo Svevo*
P1924. Bright Lights, Big City, *Jay McInerney*
P1925. À la merci d'un courant violent, *Henry Roth*
P1926. Un rocher sur l'Hudson, *Henry Roth*
P1927. L'amour fait mal, *William Boyd*
P1991. Mason & Dixon, *Thomas Pynchon*
P2021. Une saison ardente, *Richard Ford*
P2022. Un sport et un passe-temps, *James Salter*
P2023. Eux, *Joyce Carol Oates*
P2081. G., *John Berger*
P2082. Sombre comme la tombe où repose mon ami *Malcolm Lowry*
P2083. Le Pressentiment, *Emmanuel Bove*
P2084. L'Art du roman, *Virginia Woolf*
P2133. Le Saule, *Hubert Selby Jr*
P2134. Les Européens, *Henry James*

P2182. Héros et Tombes, *Ernesto Sabato*
P2183. Teresa l'après-midi, *Juan Marsé*
P2236. Badenheim 1939, *Aharon Appelfeld*
P2237. Le Goût sucré des pommes sauvages, *Wallace Stegner*
P2278. Le Radeau de pierre, *José Saramago*
P2279. Contre-jour, *Thomas Pynchon*
P2340. Vie de poète, *Robert Walser*
P2341. Sister Carrie, *Theodore Dreiser*
P2342. Le Fil du rasoir, *William Somerset Maugham*
P2432. Les Boucanières, *Edith Wharton*
P2475. La Guerre et la Paix, *Léon Tolstoï*
P2487. La Fille du fossoyeur, *Joyce Carol Oates*
P2564. Mémoires d'un antisémite, *Gregor von Rezzori*
P2565. L'Astragale, *Albertine Sarrazin*
P2604. Nuit et Jour, *Virginia Woolf*
P2605. Trois hommes dans un bateau (sans oublier le chien !) *Jerome K. Jerome*
P2699. L'Art et la manière d'aborder son chef de service pour lui demander une augmentation, *Georges Perec*
P2775. La Geste des Sanada, *Yasushi Inoué*
P2781. Les Enfants du nouveau monde, *Assia Djebar*
P2782. L'Opium et le Bâton, *Mouloud Mammeri*
P2800. Le Voyageur à la mallette *suivi du* Vieux Quartier *Naguib Mahfouz*
P2873. L'Amour d'une honnête femme, *Alice Munro*
P2918. Les Deux Sacrements, *Heinrich Böll*
P2919. Le Baiser de la femme-araignée, *Manuel Puig*
P2984. Débutants, *Raymond Carver*
P3005. Docteur Pasavento, *Enrique Vila-Matas*
P3033. Les oranges ne sont pas les seuls fruits, *Jeanette Winterson*
P3073. Lucy, *William Trevor*
P3105. Les Hauts-Quartiers, *Paul Gadenne*
P3106. Histoires pragoises *suivi du* Testament *Rainer Maria Rilke*
P3107. Œuvres pré-posthumes, *Robert Musil*
P3122. Quarante et un coups de canon, *Mo Yan*
P3132. La Fin de l'exil, *Henry Roth*
P3133. Requiem pour Harlem, *Henry Roth*
P3174. Rentrez chez vous Bogner, *Heinrich Böll*
P3175. La Symphonie des spectres, *John Gardner*
P3298. Écoute-moi, Amirbar, *Álvaro Mutis*
P3334. Crazy Cock, *Henry Miller*
P3335. Soifs, *Marie-Claire Blais*
P3336. L'Œuvre de Dieu, la part du Diable, *John Irving*
P3391. Qu'est-ce que vous voulez voir ?, *Raymond Carver*

P3392. La Confiture d'abricots et autres récits
Alexandre Soljénitsyne
P4036. La Maison des feuilles, *Mark Z. Danielewski*
P4073. Fille de Burger, *Nadine Gordimer*
P4139. Le Coq rouge, *Miodrag Bulatovic*

Éditions Points

Le catalogue complet de nos collections est sur Le Cercle Points, ainsi que des interviews de vos auteurs préférés, des jeux-concours, des conseils de lecture, des extraits en avant-première…

www.lecerclepoints.com

DERNIERS TITRES PARUS

P4042. Banquise, *Paul-Émile Victor*
P4043. La Lettre à Helga, *Bergsveinn Birgisson*
P4044. La Passion, *Jeanette Winterson*
P4045. L'Eau à la bouche, *José Manuel Fajardo*
P4046. Première Personne du singulier, *Patrice Franceschi*
P4047. Ma mauvaise réputation, *Mourad Boudjellal*
P4048. La Clandestine du voyage de Bougainville *Michèle Kahn*
P4049. L'Italienne, *Adriana Trigiani*
P4050. L'Inconnue du bar, *Jonathan Kellerman*
P4051. Une disparition inquiétante, *Dror Mishani*
P4052. M. Pénombre, libraire ouvert jour et nuit, *Robin Sloan*
P4053. Harmonium, *Wallace Stevens*
P4054. Belém *suivi de* Moscow, *Edyr Augusto*
P4055. Solo. Une nouvelle aventure de James Bond *William Boyd*
P4056. Le cintre était sur la banquette arrière, *Alain Rémond*
P4057. The Kid, *Sapphire*
P4058. Brigitte Bardot. La femme la plus belle et la plus scandaleuse au monde, *Yves Bigot*
P4059. Al-Qaïda en France, *Samuel Laurent*
P4060. Dans le Pavillon rouge, *Pauline Chen*
P4061. La Petite Copiste de Diderot, *Danielle Digne*
P4062. L'Effrayant Docteur Petiot. Fou ou coupable ? *Claude Quétel*
P4063. Le Couteau jaune. L'affaire Dany Leprince *Franck Johannès*
P4064. Thèse sur un homicide, *Diego Paszkowski*
P4065. Thé vert et arsenic, *Frédéric Lenormand*
P4066. Étouffements, *Joyce Carol Oates*
P4067. Rien dans les poches, *Dan Fante*

P4068. Pain, éducation, liberté, *Petros Markaris*
P4069. No Bank, *Hugues Le Bret*
P4070. Elle marchait sur un fil, *Philippe Delerm*
P4071. Maudite Éducation, *Gary Victor*
P4072. L'Autre, *Sylvie Le Bihan*
P4073. Fille de Burger, *Nadine Gordimer*
P4074. Une vie de passions formidables, *Luis Sepúlveda*
P4075. Le Mystère Goldman. Portrait d'un homme très discret *Éric Le Bourhis*
P4076. Eux, *Claire Castillon*
P4077. La Plus Belle Histoire de la philosophie *Luc Ferry et Claude Capelier*
P4078. Les Apparitions, *Florence Seyvos*
P4079. Entre les jours, *Andrew Porter*
P4080. L'Humour au féminin en 700 citations *Macha Méril et Christian Moncelet*
P4081. L'assassin court toujours. Et autres expressions insoutenables, *Frédéric Pommier*
P4082. Devance tous les adieux, *Ivy Edelstein*
P4083. Contre vents et marées, *Denis Ledogar*
P4084. Cœur pur. Journal zen et lettres de Maura « Soshin » O'Halloran, *Maura O' Halloran*
P4085. Dans l'abîme du temps, *Howard Phillips Lovecraft*
P4086. L'Appel de Cthulhu, *Howard Phillips Lovecraft*
P4087. La Couleur tombée du ciel *suivi de* La Chose sur le seuil *Howard Phillips Lovecraft*
P4088. Meurtre à Tombouctou, *Moussa Konaté*
P4089. L'Empreinte massaï, *Richard Crompton*
P4090. Pianotrip. Tribulations d'un piano à travers l'Europe *Lou Nils et Christophe Clavet*
P4091. Don Fernando. Le seigneur de l'Amazone *Fernand Fournier-Aubry*
P4092. En finir avec Eddy Bellegueule, *Édouard Louis*
P4093. Le Duel, *Arnaldur Indridason*
P4094. Demain à Santa Cecilia, *María Dueñas*
P4095. La Joie, *Mo Yan*
P4096. Les Convalescentes, *Michèle Gazier*
P4097. La Lettre oubliée, *Nina George*
P4098. Ce qui n'est pas écrit, *Rafael Reig*
P4099. L'Enfance des dictateurs, *Véronique Chalmet*
P4100. Hexagone, *Lorànt Deutsch*
P4101. Dark Horse, *Craig Johnson*
P4102. Dragon bleu, tigre blanc, *Qiu Xiaolong*
P4103. Le Dernier Message de Sandrine Madison *Thomas H. Cook*

P4104. L'Empereur aux mille conquêtes, *Javier Moro*
P4105. Mélancolique anonyme, *Soprano*
P4106. Les Mots croisés du journal *Le Monde* n° 2. 80 grilles *Philippe Dupuis*
P4107. Une imposture, *Juan Manuel de Prada*
P4108. Ce qui est arrivé aux Kempinski, *Agnès Desarthe*
P4109. Les Rouges, *Pascale Fautrier*
P4110. Le Témoin invisible, *Carmen Posadas*
P4111. Quels sont ces chevaux qui jettent leur ombre sur la mer ?, *António Lobo Antunes*
P4112. Désirable, *Yann Queffélec*
P4113. Allmen et les dahlias, *Martin Suter*
P4114. Le garçon qui ne pleurait plus, *Ninni Schulman*
P4115. Trottoirs du crépuscule, *Karen Campbell*
P4116. Retour à Niceville, *Carsten Stroud*
P4117. Dawa, *Julien Suaudeau*
P4118. Sept années de bonheur, *Etgar Keret*
P4119. L'Invité du soir, *Fiona McFarlane*
P4120. 1 001 secrets de grands-mères, *Sylvie Dumon-Josset*
P4121. Une journée, une vie. Fragments de sagesse dans un monde fou, *Marc de Smedt*
P4122. Tout ce qui compte en cet instant. Journal de mon jardin zen, *Joshin Luce Bachoux*
P4123. Guide spirituel des lieux de retraite dans toutes les traditions, *Anne Ducrocq*
P4124. Une histoire personnelle de la Ve République *Alain Duhamel*
P4125. Ce pays qu'on abat, *Natacha Polony*
P4126. Le Livre des secrets, *Fiona Kidman*
P4127. Vent froid, *C.J. Box*
P4128. Jeu d'ombres, *Ivan Zinberg*
P4129. Petits moments de bonheur volés, *Francesco Piccolo*
P4130. La Reine, le Moine et le Glouton, *Shafique Keshavjee*
P4131. Crime, *Irvine Welsh*
P4132. À la recherche de mon fils. Toute une vie sur les traces d'un explorateur disparu, *Edgar Maufrais*
P4133. Un long printemps d'exil. De Petrograd à Saigon. 1917-1946, *Olga Ilyina-Laylle, Michel Jan*
P4134. Le Printemps des enfants perdus, *Béatrice Égémar*
P4135. Les Enfants du duc, *Anthony Trollope*
P4136. Portrait d'une femme sous influence, *Louise Doughty*
P4137. Le Pyromane adolescent *suivi du* Sang visible du vitrier *James Noël*
P4138. Lamb, *Bonnie Nadzam*
P4139. Le Coq rouge, *Miodrag Bulatovic*